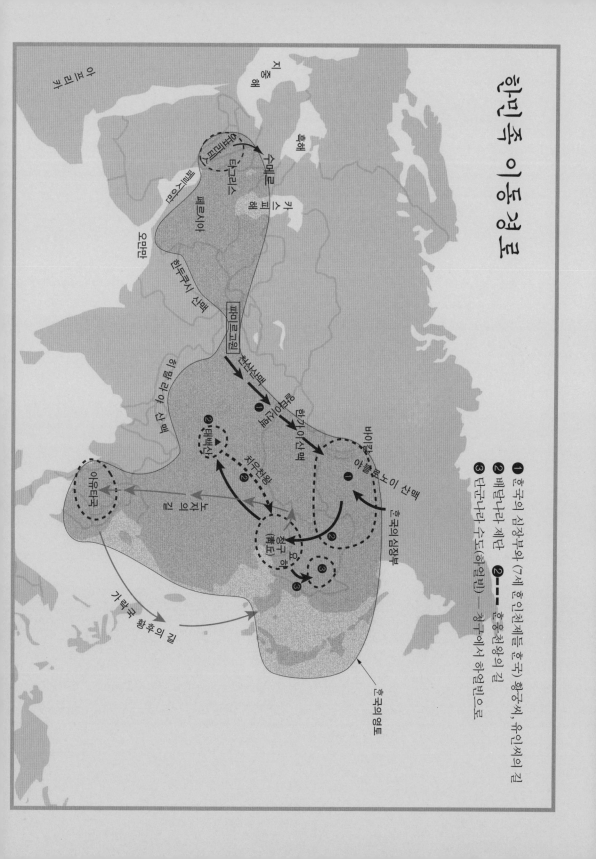

일민족 이동경로

① 훈국의 섭정부위 (7세른 인척제들 훈국) 황주씨, 뉴인씨의 길
② 배멸나라 제단 ②━━ 훈중천왕의 길
③ 단군나라 수도(하얼빈) ━ 청구에서 하얼빈으로

앞의 '한민족 이동경로' 지도는
우리 민족이 그 시원지 파미르고원에서 출발하여 바이칼호수,
흥안령 일대를 거쳐 한반도에 이르는 일대 역정을 표시한 것이다.
이 경로에서 보듯 우리 민족은 유라시아에서 출발하여 만주를 포함,
지금의 중국 대륙 전역을 수천년 동안 지배, 호령했던 불세출의 역사를 갖고 있다.
이 책은 이 이동경로 하나하나의 처음과 끝을 세밀히 추론, 분석하여
우리 상고사의 절연된 부분을 복원한다.

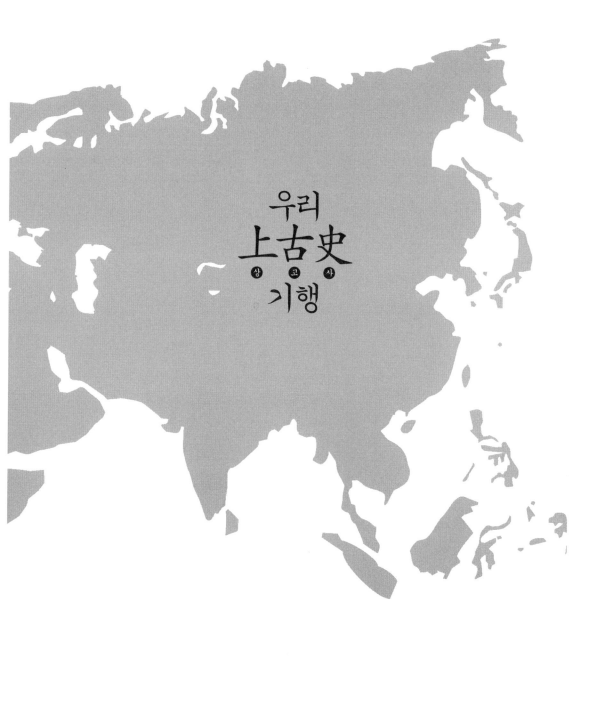

우리
上古史
상 고 사
기행

우리 上古史 기행

－발로 확인한 桓檀古記, 符都誌의 실상

1판 1쇄 발행 ｜ 2012년 6월 25일
1판 4쇄 발행 ｜ 2019년 1월 30일

지은이 ｜ 지 승
펴낸이 ｜ 양기원
펴낸곳 ｜ 학민사

등록번호 ｜ 제10-142호
등록일자 ｜ 1978년 3월 22일

주소 ｜ 서울시 마포구 토정로 222 한국출판콘텐츠센터 314호(㉾ 04091)
전화 ｜ 02-3143-3326~7
팩스 ｜ 02-3143-3328

홈페이지 ｜ http://www.hakminsa.co.kr
이메일 ｜ hakminsa@hakminsa.co.kr

ISBN 978-89-7193-206-3 (03200), Printed in Korea

이 도서의 국립중앙도서관 출판사도서목록(CIP)은 e-CIP홈페이지(http://www.no.go.kr/ecip)와
국가자료공동목록시스템(http://nl.go.kr/kolisnet)에서 이용하실 수 있습니다.
(CIP제어번호 : CIP2012002659)

우리
上古史
상 고 사
기행

발로 확인한 桓檀古記, 符都誌의 실상

글·지 승(智勝)

학민사
Hakmin Publishers

책머리에

　　8년 전이던가? 한 출판사가 내 사는 움막에 찾아와서 〈훈단고기(桓檀古記)〉를 변중해 달라는 주문을 하고 갔다. 돌아서서 생각을 하니 일변 어이가 없었다. 내가 왜 그 생각을 못 했을까 싶은 자괴심 때문이었다. 일제 초기에 계연수(桂延壽)가 편찬했고 이유립(李裕岦)이 스승의 유지를 따라 60년 뒤에 세상에 내놓은 책이 〈훈단고기〉다. 그때가 단기 4312년(서기 1979)인데 우리 국토에서 미처 알려지기도 전에 일본의 카시마 노보루(鹿島昇)라는 자가 먼저 주해를 놓는 바람에 사단이 벌어졌다.

　　그래서 세상에 나오자 마자 〈훈단고기〉는 위서니 진서니 하는 시비에 휘말린 것이다. 카시마 노보루가 〈훈단고기〉에 발 빠르게 주해를 놓은 것은 어렵지 않게 까닭을 들추어 볼 수 있다. 과거 식민지 시절에 저들이 '조선사편수회' 라는 것을 두고 조선의 역사를 멋대로 날조하고 마구잡이로 망가뜨린 것을 기억할 것이다. 그런데 조선역사의 뿌리가 되는 〈훈단고기〉가 나왔다면 저들로서는 자연히 급한 마음이 생길 수밖에 없었으리라.

　　카시마 노보루의 주해는 조선의 뿌리역사를 한껏 훼손하고 폄하하다 보니 지나친 억측과 고의적인 왜곡이 도처에 드러나는 것이어서 차라리 마음이 놓인다. 세상에 어느 학자가 그것을 책으로 쳐주겠는가에 생각이 닿으면 웃음이 나기 때문이다. 그런데 정작 문제는 그것에 기대어서 자국의 역사를 끝까지 일천한 쪽으로 몰고 가려는 세력이 우리한테 있다는 사실이다. 이것은 웃어치울 만큼 간단하지가 않다. 지금 전국에 뿌려진 대학에서 역사학을 강의하는 교수의 90% 이상이 이런 세력이거나 이 세력에 동조하는 것이 우리 실정이다. 바로 이 세력들이 부추긴 결과였을 것이다. 용산에 국립박물관이 들어서자 초대 관장을 지낸 이가 바로 조선사편수회에서 이마니시(今西龍)의 촉탁보조를 했던 이병도의 손자였다. 생각해보라. 이게 정신이 있는 나라인가?

이병도가 조선사편수회에 있었다는 사실만으로 그 자를 미워하는 것이 아니다. 광복이 되고 새 나라가 들어설 때에 소위 역사 교과서라는 게 신라를 뿌리로 하는 삼국사로부터 시작되고 있다. 이것은 민족역사의 중대한 범죄다. 오늘 저 서토인들이 고구려를 자기들의 부속국가로 자리매김하려 드는 것은 배달나라 조선의 역사를 우리 스스로 긁어 없앴기 때문에 그런 것이다. 바로 이병도가 교과서를 그렇게 만들었다는 건 천하가 아는 일 아닌가?

오늘 대한민국에 가장 큰 문제가 있다면 광복 이후 친일파를 청산하지 못하고 나라살림을 시작했다는 점이다. 이승만이 반민특위를 해체하고 친일파를 들어 쓴 것이 첫 단추가 잘못 꿰어지면서 나라꼴을 내리 엉망으로 몰아간다. 지금까지도 그들이 대한민국을 걸터타고 경영하면서 대부분의 기득권을 나누어 갖는다. 정치, 재벌, 사법, 언론, 교육 그리고 많은 분야에서 내놓고 주인행세를 하고 있다. 그런 생각으로 늘 분해하는 내가 어째서

〈훈단고기〉를 확실한 진서(眞書)라고 변증할 생각을 못했을까?

나는 30년 동안 상고사를 해왔다. 삼국사기는 기왕에 모화주의자가 남긴 찌꺼기여서 우리의 혼이 없고, 삼국유사는 혼이 있으되 1565년의 배달 역사와 2096년의 단군조선 역사가 들어있질 않아 ─ 합해서 3660년 ─ 민족의 뿌리를 알 수가 없다. 말하건대 한 국가역사는 곧 그 국민을 먹여서 살리는 긍지와 자부심으로 통한다. 그렇기 때문에 힘들고 어려울수록 고단한 현실을 극복하는 지혜나 용기도 언제나 역사라는 버팀목이 있어서 가능해진다. 그런 법이다. 여기에 역사의 참 뜻이 있다.

연변대학의 조선문제연구소에 적을 두고 흑룡강 일원의 대흥안령 산맥과 소흥안령 산맥을 누벼 뒤지고 다닐 때는 조선민족의 뿌리에 붙어 있는 비늘조각을 줍느라 아무 겨를이 없었다. 몽골족 만주족 허절족 시바족 어원커족 다굴족 어룬춘족을 몇 차례씩 더듬고 다니면서 그들이 우리처럼 몽골반점을 가진 형제들이라는 것과, 저들 풍속습관이 한 뿌리에서 갈라진 다른 가지라는 것을 알고 혼자서 기뻐했던 기억들이 새롭다.

그리고 드러나는 조선족의 뿌리 비늘이 뱀의 비늘이 아니라 용의 비늘임을 확인하면서 지치는 발걸음에 애써 힘을 모았던 추억도 그립다. 그렇게 쏘다닌 세월이 4~5년이다. 그 후 다시 황하와 양자강 지역을 두루 밟고 다닐 적에 자꾸 돌아다 보이는 것은 불타버린 문적에 대한 아쉬움이었다. 백제가 망할 때 사비성의 역사창고가 불타지 않았던들, 또 고구려가 함락되던 날 평양의 사고가 살아남았던들 오늘에 와서 민족역사를 펼쳐보는 일이 이토록 힘들지는 않을 것이다.

그러나 배달국의 제후였던 삼황오제(三皇五帝)들의 능묘(陵廟)가 오늘 엄연히 서토대륙의 복판을 누르고 있는 것을 확인할 때는 서토대륙이 그대로 배달나라 조선의 국토였다는 심증도 거듭거듭 확인되고 있었다. 일찍이 공자가 〈서전(書傳)〉을 저술하지 않았다면, 그리고 안향이 주자학을 수입하지 않았다면, 조선의 역사는 다르게 이어졌을 것이다. 그러나 흘러간 물은 다시 돌이킬 수가 없으니 이제 와서 그런 바램이 무슨 소용이랴.

미움과 분노로 견디기 어려운 시간들이 있었다. 혼자서 가지는 야속한 노여움에 울음을 씹은 것도 여러 번이었다. 그러나 기대와 희망으로 자신을 추스르면서 견뎌 온 세월이었다. 그렇게 나름으로 애써 온 30년의 결과를 이제 단재 선생께 돌려 드린다.

4345년 5월
채운산 우거에서 **지 승(智勝)**

차례 우리 上古史 기행 - 발로 확인한 桓檀古記, 符都誌의 실상

여섯째 마당 단군왕검의 조선나라

첫째
마당

꿈꾸는 반도인

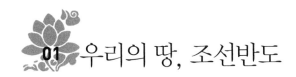01 우리의 땅, 조선반도

극동의 서울, 조선반도

아시아의 동쪽 물가에 새우등으로 꼬부려 붙은 반도는 한 마리 토끼가 서쪽을 향해 앞발을 모아들고 앉은 듯한 형상을 하고 있다. 백두에서 흘러내린 압록강과 두만강이 국경이 되고부터 그려지는 지도가 얼핏 그렇다는 말이다.

그러나 예로부터 이 반도의 지형은 여러 가지로 이야기가 되면서 구구한 해설과 억측이 따랐다. 우선 서토의 지나인들은 허리 굽은 노인네가 자기네 국토를 향해 공손히 허리를 굽혀 읍(揖)을 하는 것이라고 했다. 한가한 여유를 즐기는 토끼도 아니고, 하필 인생의 온갖 쓰라림을 건너와서 패배와 복종의 의미로 읍을 한다는 의미로서의 해석인 셈이다.

거기에 질세라 그 땅에 사는 주인들은 반대의 해석으로 응수했다. 무슨 허약한 노인네가 아니라 대륙을 향해 힘차게 솟아오르면서 아가리를 벌리고 포효하는 범의 형상이라는 것이다. 우선은 반도에 갇혀 있지만 여차하면 웅크린 몸을 펼쳐 뛰어오르면서 다시 대륙을 걸터타고 앉을 힘을 기르는 중이라는 뜻에서다. 과거의 서토 대륙은 우리의 땅이었고 지금도 우리는 그 땅을 기억하고 있다. 비록 쫓겨나서 한 때 움츠리긴 했지만은, 우리가 가진 생각과 기상은 국토가 여실하게 증명하지 않느냐? 하는 식이다. 자위적인 해석인 셈이다.

뽕잎을 갉아먹는 누에에 비긴 것도 그렇다. 뽕잎은 어차피 누에가 먹어 치우기 마련인 것. 너희가 사는 대륙이 비록 크고 너르다 해도 그것은 누에를 위한 뽕잎일 뿐이다. 기다려라. 서두르지 않고 차근차근 먹어 줄 테니까. 이것은 호랑이보다도 한 술 더 뜬 표현이다. 두만강과 압록강을 한계로 해서 대륙에 붙어 있는 반도는 아닌 게 아니라 뽕잎에 엎드린 누에요, 뽕잎을 한창 갉아먹는 누에로 보아서 옳다.

그러나 누에는 결국 고치를 지으면서 번데기로 들어앉는다. 생의 마감인 것이다. 그래서 한국의 산천은 누에의 생리를 닮아 집을 짓고 나면 살림살이가 느는 대신 자꾸 줄어들어서 종당에는 망한다는 속신(俗信)이 있는 것이다. 지금도 시골 고샅길에서 만나는 구식 노인네들이 '집은 사서 들어야지 지어서 드는 법이 아니라'는 이야기를 하는 까닭이 그래서다.

그러나 근본이 다른 민족과 국가살림 사이에서 서로의 자존과 긍지 혹은 패권과 우월감을 다투어서 옥신각신 밀고 당기면서 생긴 말이고 보면 한낱 기 싸움의 그 언사에 무슨 내용이나 무게가 있을 것은 아니다. 정작 문제가 되는 것은 그 반도를 둘러싸고 있는 지정학적 조건이 어떠냐가 중요할 터이다.

지도를 놓고 보면 우리의 조선반도는 동경 125도에서 130도 사이에 동서의 너비가 놓여 있고, 다시 북위 33도에서 43도 사이가 남북의 길이로 되어 있다. 거기가 이른바 삼천리강토요 금수강산이다. 그 반도의 동쪽 바다를 한 뼘쯤 비켜서 일본열도가 방패처럼 태평양에서 몰아 부치는 거친 파도를 막고 있고, 서쪽으로는 숨통이 겨우 트일 만한 바다를 건너면 양팔로 껴안기에는 너무 벅찬 거대한 대륙이 펼쳐진다. 남쪽으로는 한없이 내달려도 좋을 것 같은 일망무제의 태평양이 뻗어 있으나, 대륙으로 이어지는 북쪽은 다시 거대한 러시아와 서토의 지나 대륙이 위압적으로 막고 있어서 그 무게를 지탱하는 것조차 힘겨워 보인다.

지정학적으로 보는 조선반도는 열강들의 틈서리에 끼인 작은 국토다. 그러나 다시 생각해보면 극동의 중심에 놓여 있는 이 조선반도야말로 주변을 에워싸고 있는 인근의 강대국들을 휘어잡기에 더 없이 좋은 터전일 수가 있다. 아니 중국과 러시아, 그리고 일본을 장악하는 데서 빠질 수가 없는 반드시 필요한 지점이 바로 우리의 조선반도라는 이야기다. 그것은 극동의 중심부에서 호령을 날릴 수 있는 유일한 사령탑으로 준비된 데라는 의미가 우선 크지만 그 국토가 지니고 있는 천혜의 조건들을 한번 생각해 보라. 조선반도야말로 극동의 서울이 되기에 더 없이 좋은 곳이라는 것을 깨우칠 것이다.

무엇보다 우리의 반도에는 항구가 많다. 삼면이 바다로 되어 있기도 하지만 크고 작은 항구를 그렇듯 아기자기하게 거느린 볼 만한 반도는 세계의 어느 곳에도 유례가 없다. 더욱이 부동항(不凍港)이다. 청진항과 이웃인데도 러시아의 블라디보스토크는 겨울철만 되면 두 자 두께의 얼음이 어는 바람에 배가 아예 꼼짝을 못하는 곳이다. 6.25를 휴전협정으로 매듭지을 때 그들이 바로 얼지 않는 청진항을 탐내어 선을 그었다는 것은 우리가 아는 대로다.

세계사를 보아도 항구의 조건이 좋은 것은 언제나 국익에 우선 했다. 옛 로마의 역사가 그렇고 그리스가 그렇다. 핀두스 산맥이 국토의 대부분을 차지해 버려서 생활의 물자를 밖에서 구할 수밖에 없는 그리스인들은 일찍부터 항구의 물길을 열고 이웃과의 교역을 시작했던 것이다. 그리스 신화

우리 上古史 기행 - 발로 확인한 桓檀古記, 符都誌의 실상

와 함께 서양문명의 초석이 되었다 할 그들은 지금까지도 그 전통이 남아서 세계의 선박 국가들의 맏형 노릇을 톡톡히 하는 중이다.

로마 역시 지중해 물길을 휘젓고 다닐 항구가 없었다면 부자가 된다는 건 애초에 꿈도 꾸지 못했을 것이다. 그들은 초기부터 항구에서 배를 몰고 나가 이웃 나라를 침략하는 것을 목표로 삼았다. 그리하여 그리스를 정복하고 크레타를 정복하고 드디어 지중해 연안을 다 먹어 치우더니 정복의 채찍을 유럽과 아프리카는 물론 아시아에까지 휘둘렀고, 그렇게 약탈해 온 물자로 부를 누렸던 것이다.

이런 것은 항구의 조건이 나쁜 이스라엘과 비교해 볼 때 훨씬 선명해진다. 아마 지구상에서 히브리민족 만큼 이재(利財)에 밝고 돈에 악착한 민족은 어디에도 없을 것이다. 그들은 태어난 아이가 숫자를 세고 돈을 헤아릴 만큼 머리통이 굵어지면 20달러짜리 통장을 하나 만들어서 맡기고는 그 돈을 늘리도록 훈련을 시킨다고 한다. 물론 그 통장이 아이의 일생을 따라 붙는다는 것은 두 말의 여지가 없다.

그들 아이는 자라면서 각종 투자와 증권에 귀재가 되고 돈을 피처럼 아끼는 구두쇠가 되지만 대신 확실한 이윤이 보장되지 않는 모호한 투자나 위험한 모험에서는 늘 비켜서는 영리함을 보인다. 유대인들이 공장을 짓지 않는 것도 말하자면 그런 것의 하나다. 생산업이란 자칫 위험 부담을 안기 때문이다. 가령 같은 물건을 만드는 데가 여럿이어서 서로 간에 경쟁을 하다 보면 자재를 구하는 대목에서 애를 먹을 수도 있고 만들어 낸 제품이 탐탁치를 않아 생각지 않은 손해를 볼 수도 있을 것이다. 갑작스런 기계고장으로 인한 애로사항도 있을 것이고, 생산된 물량이 너무 많아서 당하는 피해도 있을 수 있다. 더욱이 공장은 언제고 불이 날 수가 있지 않은가.

그래서 그들은 남들이 생산해 놓은 물건에만 손을 댄다. 그러니까 장사꾼으로 나서서 유통구조에다 눈독을 들인다는 이야기다. 장사꾼이야 시절 따라 형편 따라 이문이 많은 것만 손을 대면 그만이고 설사 골라 들었던 물건이라 해도 핑계를 대고 놓아 버리면 손해 볼 일은 없는 터다. 왜 미련하게 반드시 남는다는 보장도 없는 생산업에 뛰어들어서 죽을 애를 쓸 것인가. 그들의 그런 영리함은 이제 세계의 금융을 쥐락펴락하는 자산가[1]로 발돋움하여 유럽이나 아메리카는 물론 아시아와 아프리카에까지 세력을 확장하는 중이다. 물론 그들이 그렇게 된 데는 먹을 것을 충분하게 내주지 못하는 이스라엘의 척박한 풍토를 먼저 문제 삼을 수 있다.

겨우 2만 평방킬로미터 남짓한 땅덩이가 모래와 돌멩이뿐인 사막지대여서 애초에 농사를 지을 수 없는데다가 산이라는 것도 나무 하나 제대로 볼 것이 없는 바위투성이여서 목축을 하자고 해도 우리처럼 무슨 방목으로 짐승을 거둘 조건이 전혀 아닌 것이다. 사막의 돌 틈서리에 여기저기 보이는 풀을 찾아 염소나 양 몇 마리씩을 부지런한 지팡이로 몰고 다니면서 서둘지 않으면 살아남을 수가 없는 땅이다. 한 마디로 구약성서의 전면에 펼

---

1) 2003년 9월 11일 뉴욕에 있는 쌍둥이 빌딩이 비행기 테러로 무너지면서 세계를 경악케 한 사건은 그 건물 안에 엄청난 금괴와 달러를 쌓아 놓고 아메리카는 물론 세계의 금융을 주무르던 유대인의 은행을 겨냥한 것이라는 설이 있다. 그 테러의 진의가 하필 유대인의 은행을 노렸다는 것은 여러 면에서 생각할 여지가 있지만, 1875년 뉴욕에 쿤 놉 앤드 컴퍼니 은행을 창설할 당시부터 유대인들이 미국의 금융에 관여한 것은 사실이다. 바로 그 은행의 창설 이사인 '쿤' '놉' '볼프' 이 세 사람이 유태계 독일인이었으니까. 그러나 그 무렵을 전후해서 유대인들은 이미 유럽의 굵은 은행들을 석권하고 있었고, 그런 여세를 몰아 신생국 미국의 은행을 자기들 계획대로 움직일 수 있게 체계화했다는 것이다. 오늘 유럽에 있는 국제 채널의 대부분의 은행이 유대인들에 의해 움직인다는 것, 그리고 그들의 그런 힘이 이제 아시아를 향해 밀려들고 있다는 것에 대하여 우려하는 목소리들이 있다.

처지는 이스라엘의 강퍅한 풍토가 그들 유대민족을 마침내 지독한 구두쇠에다 돈밖에는 모르는 고리대금업자로 만들었던 것이다.

만약에 그 땅이 그리스나 로마처럼 지중해 물결을 갈아엎을 큰 배를 정박시킬 수 있는 항구 조건을 가졌었다면 오늘의 세계사는 아마도 달라졌으리라. 그런데 무슨 형벌인지 큰 배를 띄울 만한 항구 한 개가 없었다. 항구라고 하면 겨우 그물질이나 할 조각배들이 말뚝에 묶여 있는 포구 정도였다. 그리고 그런 어부들이 예수의 눈에 띄어서 부름을 받았다는 이야기는 신약에도 자주 나온다.

극동의 심장부라고 할 수 있는 조선반도의 긴 해안선에 크고 작은 항구가 얼마든지 갖추어졌다는 것은 조선반도가 곧 극동의 사령탑이요 서울일 수 있는 여건으로 통한다. 물론 항구가 많기로는 일본열도가 훨씬 더 하다. 그러나 외진 바닷가에서 태평양이나 마주 보면서 기껏 조선반도의 방파제 노릇이나 하는 그곳을 여기 극동의 사령탑 자리로 여기기에는 조건이 터무니없이 모자란다. 누가 보기에도 일본은 변두리 번국(藩國)이 제격이다.

조선반도가 중심이 되는 것은 아무래도 중국이라는 서토 대륙이 있어서 가능한 이야기다. 바로 그 서토가 있고 서토를 아울러 극동을 한 울타리 살림으로 가정할 때에만 이 반도는 서울일 수가 있다. 미국과 소련이 38선을 긋고 각기 한 쪽 땅을 차지한 것도 속생각은 중국이라는 거대한 대륙에 대한 야심이 있기 때문이요, 영국이나 프랑스가, 또 독일과 스페인이 이 반도에 미련을 갖는 것도 기실은 서토를 장악하기 위해서이지 손바닥만한 이 반도 안에 무슨 보물이 있어서가 아니다.

탐이 나는 것은 중국이다. 황하와 양자강을 끼고 있으면서 엄청난 쌀과 밀을 쏟아 내는 세계적인 곡식창고가 있기 때문이요, 금이나 은, 구리나 주석 등의 각종 철광은 물론 유럽이나 아메리카가 가지지 못한 기후풍토는 장차 인류의 생활환경과 각종 경제, 산업의 부를 생산해내는 보고가 되고도 남을 터라 그 대륙에 욕심을 내는 것이다.

그리스와 로마 시절부터 늘 물자의 궁핍과 식량에 쪼들려 배가 고픈 나머지 마침내 칼을 거머쥐고 남의 국토를 무시로 침범하면서 침략과 약탈로 살아온 것이 서양인들이다. 훔치거나 빼앗는 것이 부끄러움이 아니라 청빈과 겸손이 오히려 죄악이 되는 풍토였다. 그러다 보니 수단과 방법을 따지지 않고 물자는 그저 쌓아 놓고 보는 것이 훌륭한 덕목이었다. 친한 친구의 얼굴에도 총을 겨누는 것이 예사였고 당연할 수 있었다. 그들이 그렇게 살아왔다는 것은 단적으로 그들의 언어가 굴절어인 것으로 증명된다.

끊임없이 어미와 어형을 바꾸어 가면서 현란한 유머와 기발한 위트가 쉴 새 없이 창출되는 뛰어난 언어. 그래서 어떠한 경우라도 쉽게 감정을 드러내거나 모진 말을 하는 법이 없지만, 대신 상대방의 기분을 전혀 다치지 않고도 제 몫의 이익은 반드시 찾아와야 되는 것이 저들의 언어다. 그런 언어를 구사할 수밖에 없도록 살아 온 저들이 가히 세계의 노른자위나 다름없는 중국을 차지하고 싶어 하는 것은 차라리 당연할 것이다.

조선반도와 서토대륙은 피차간에 패권을 다투어 실력을 겨룰 수밖에 없도록 조건이 되어 있다. 울타리 사이로 귓속말을 속삭이고 담장 너머로 음식그릇을 나누면서 정분을 다져 가는 개인의 살림이 아니라 자국의 이익을 위해서는 전장의 살육도 마다할 수가 없는 국가끼리의 살림살이인 탓이다. 바로 그런 국가살림을 전제할 적에 조선반도의 지정학적인 조건이 극동의 어느 곳보다 당연히 우위를 차지한다.

외진 구석지에서 파도하고나 싸우는 섬나라 일본을 욕심 낼 인심은 어차피 없다. 오히려 그 일본이 대륙으로 진출하고자 할 때 발판을 삼아야 할 땅으로써 조선반도는 불가피하게 요구될 뿐이다. 미국이나 영국 같은 서양 세력이 대륙으로 들어가는 관문으로 삼을 곳도 관망과 출입 조건이 좋은 조선반도가 제격일 터다. 더욱이 항구조건이 좋다 보니 정략적인 면에서 모든 것이 이보다 더 좋을 수가 없다.

중국으로서는 자기네 땅의 노른자위 건너서 그 노른자위에 눈길이 닿는 반도 하나가 있다는 것이 기분 좋을 리 없다. 차라리 그 반도가 없이 동해바다가 탁 트여 있다면 자기네 땅을 노리는 눈빛이 없을 것이요, 섬나라 일본을 만만하게 위협하면서 바다가 주는 풍성한 자원을 마음껏 차지할 수 있을 것이다. 그런데 어쩌자고 반도는 생겨나서 대륙을 엿보게 하는 것일까?

국토와 국력

역사를 톺아 보건대 하나의 국토가 가지는 조건은 곧 그 국민의 국력과 직결되는 함수관계에 놓인다. 그러나 그런 함수라는 것도 국민이 어떤 정치를 펴느냐에 따라 국가의 힘이 늘기도 하고 줄기도 하는 것이지 조건이 좋다고 해서 반드시 결과가 좋았던 것은 아니다.

로마나 그리스를 보아도 그렇다. 그리스는 흔히 최초의 시민의회정치로 이야기되지만, 그 시절 의회의 주제가 되었던 것은 주로 인간의 지혜를 기본으로 신의 뜻에 위배되지 않는 삶을 위한 정도의 것이었지 요새처럼 산업에 의한 경제나 무슨 정보에 의해서 우위를 점하는 시절의 정치가 아니었다. 그것은 오늘 우리가 만나는 그리스의 신화와 그 신화에 바탕을 둔 빼어난 미술품들이 증명하는 대로이지만, 당시 그리스인들이 추구한 덕목이라는 것도 '지혜' '정의' '용기' '절제'였던 것이다. 말하자면 삶의 의미를 기름진 향락이나 행복에 둔 것이 아니라 올림포스에 사는 신들의 뜻[2]에 따라 건전하고 소박한 삶을 살고자 했다는 이야기다.

로마는 처음부터 물자가 부족한 자기네 국토조건의 한계를 깨닫고 부족한 물자를 외국에서 가져오자 했으므로 전쟁에 의한 정복과 약탈이 국가적 목표가 될 수밖에 없었다. 아펜니노 산맥이 국토의 대부분을 차지하고 있는 이탈리아 반도는 그러나 동쪽으로 트인 아드리아해와 남쪽으로 열린 이오니아해, 그리고 서쪽으로 펼쳐진 티레니아해의 여건이 이스라엘과는 사뭇 달랐다. 큰 배가 닿는 항구를 충분히 개발할 수가 있었기 때문이다. 그들은 곧 소용에 닿는 대로 항구를 열어 배를 띄우고는 강력한 군대를 앞세워 정복을 시작했다.

그리하여 드디어 지중해 연안에 맞닿는 모든 국토를 점령하였고, 아프리카에까지 식민지를 둘 수 있었다. 흑해를 건너 아시아의 터키와 시리아,

---

2) 당시 그리스인들이 숭배한 신은 올림포스에서 안브로샤라는 불사의 열매를 먹고 살았던 제우스를 비롯한 열 두 신이었다. 벼락을 던지는 제우스, 제우스의 아내 헤라, 지혜의 여신 아테네, 미의 여신 아프로디테, 바다의 신 포세이돈, 인간에게 불을 훔쳐다 준 프로메테우스, 술의 신 디오게네스, 의약과 음악의 신 아폴론, 달을 상징하면서 사냥을 좋아하는 처녀 신 아르테미스, 전쟁의 신 아레스, 대장장이 신 헤파이토스, 상업의 신이면서 전령의 신이기도 한 헤르메스를 꼽지만, 세는 사람에 따라 다른 신의 이름이 나오는 수도 있다. 오늘날 신이라고 하면 전능과 사랑 혹은 권위와 복수로 상징되는 히브리민족 신 야훼를 꼽지만, 유럽이 야훼에게 점령당하기 전까지는 유럽에 흩어져서 살던 수천 개의 민족이 각기 자기들의 신을 믿으면서 각자의 종교를 가지고 있었다. 여기서 말하는 헬라의 신들이 유독 수천 년의 세월을 넘어서도 꾸준하게 읽혀지고 변함없이 회자되는 것은 그 신들의 갈등과 사랑, 절망과 희열이 인간의 속성과 매우 가깝다는 데 있을 것이다.

이란 등을 포함한 내륙 깊숙한 곳까지 파고들어서 '모든 길은 로마로 통한다'는 한 때의 유행어를 낳게 한 것이다. 당연히 로마는 그것 때문에 부자가 되었지만 무자비한 살육과 약탈이 자행되었음은 물론이다.

굴욕의 역사를 만든 사람들

지정학적인 조건으로 본다면 조선반도는 이탈리아 반도와 여러 면에서 비슷하다. 조선반도의 면적이 22만 평방킬로미터라면 이탈리아반도는 30만 평방킬로미터 남짓이다. 곡식을 내주는 들판보다 산악지대가 대부분인 것도 그렇다. 1년 동안 내리는 비의 양에서는 1천 3백mm인 우리가 1천mm로 기록되는 저들보다 3백mm 가량 많아 보인다. 그래서 국토의 중심부가 북위 38도 선에 놓이는 우리는 쌀농사 위주지만, 국토의 중심지인 로마가 북위 42도 선이 관통하는 저들은 비교적 건조하고 서늘한 기후 탓에 포도와 올리브 농사가 많다.

생산되는 것이 그러하다면 그것을 자원으로 살아가는 사람들의 식생활 방식이나 가옥구조, 의복의 형태까지 달라진다는 건 자명한 이치다. 더욱이 동양과 서양의 확연한 풍토 차이에서 오는 오래된 인습이나 관념이 다르다 보면 도저히 합쳐질 수 없는 것들이 있을 수밖에 없다. 그러나 그런 이야기가 아니다.

이탈리아 반도나 조선반도는 다 같이 다른 나라에 둘러싸여 있다. 그리고 삼면이 바다이고 한 면만 대륙으로 이어졌기 때문에 대륙으로 진출하지 않고는 국토가 힘을 쓸 수 없는 한계에 부딪힌다. 동시에 언제나 대륙에서 밀려오는 위협과 불안을 느끼면서 긴장할 수밖에 없다. 또 무방비로 열려 있는 바다는 언제라도 예상치 못 한 공격을 불시에 당할 수 있는 조건일 수가 있다. 이런 조건의 국토는 자칫 외국의 군대가 함부로 넘나들면서 자기들의 이익을 챙겨 가는 시장마당이 될 우려가 있다. 그러나 그 국토의 국민이 확실한 줏대와 배짱을 가지고 있다면, 그래서 일관성 있는 경영을 해간다면 주변에서 모여드는 시끄러운 힘은 오히려 막대한 이익이 될 수가 있다.

바로 그 점에서 로마는 성공을 했지만 우리는 그렇지 못했다. 왜 로마가 한 일을 우리는 해보지 못 하고 굴욕의 역사로 그 좋은 조건을 몽땅 낭비하고 말았는가. 여러 이유가 있을 것이다. 그렇게 된 내역을 한 번 따지기로 든다면 책임을 피하지 못할 곳이 많다. 우선 국가살림의 백년대계를 계획하고 내다본다는 교육의 책임이 클 것이고, 그 교육이 제 구실을 하도록 이념의 북극성을 제시할 책임이 있던 종교도 힐책을 면치 못할 것이다. 민중의 살림을 총체적으로 내려다 본 사상가였던 사람이 책임을 피하지 못한다면, 민중이 버는 밥을 먹고 무위도식을 해도 좋았던 선비나 산 속에서 도를 닦던 중도 책임에서 자유로울 수 없다.

그러나 한 마디로 묶는다면 당대 위정자의 책임이 가장 클 터이다. 정치는 그 모든 것을 뭉뚱그리는 재능이요, 또 뭉뚱그려진 현실을 이끌어 가는 산 힘인 탓이다. 로마가 로마일 수 있었던 것은 바로 그 대목에서 밥을 먹고 힘을 쓰고 돈을 버는 인간현실의 삶에다가 눈을 대고 정치를 했기 때문이요, 갓 쓰고 도포 입는 조선의 선비는 한갓 성리학의 백일몽에 취해서 국민이 밥을 어떻게 버는지 옷을 어떻게 버는지 몰라라 하고는 저희 끼리나 아는 이기설(理氣說)을 놓고 이(理)가 어떻고 기(氣)가 어떻고 떠들다가 나라를 거덜 낸 것이다.

이 국토의 조건을 가지고도 동양의 로마가 되지 못한 것은 전적으로 성리학을 가져다가 정치의 당위로 삼은 이조[3]의 선비들에게 있었다. 성리학은 요새 말로 철학이요 문학이지 경제학이 아니다. 한 마디로 정신 살림에 속하는 것이지 의식주가 나오는 육신살림은 될 수가 없는 터다. 그런데 그걸 들여다보면서 무극(無極)을 논하고 태극(太極)을 논한 것은 고픈 배 틀어쥐고 구름 밖의 이상향을 살림살이 삼은 것에 지나지 않는다. 조선이 망한 것은 당연할 수밖에 없지만, 그리 된 데에는 그것으로서의 까닭이 있을 것이다. 같은 조건을 가지고도 한 쪽은 세계를 제패하는데 한 쪽은 식민지 노릇이나 했다면 무엇인지 몰라도 밝혀져야 할 근본이 있을 것이다. 그 근본 된 것을 여기서 한 번 따져 보자는 이야기다.

---

[3]　조선을 이조라고 말한 것은 일제 강점기부터다. 그러니까 전주이씨네 조선이라는 뜻으로 일본인이 조선을 낮게 폄하 한데서 나온 말이다. 그러나 나는 나라를 그 꼴로 만들어서 결국 왜놈한테 내 준 그들 조선의 양반이나 사대부를 생각할 적에 조선이라고 부를 마음이 애초에 없다. 서양인들의 표준으로는 한 개의 왕조가 2백 년 이상을 지속한 일이 없다지만, 고작 임금 따위나 잘 섬기는 것을 충(忠)으로 가르치고 땀을 흘려서 세금을 내는 국민은 짐승 부리듯 외면한 채 허세나 부리다가 망한 나라는 역시 전주이씨네 왕조가 옳을 듯싶다.

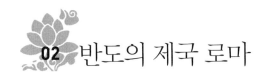

02 반도의 제국 로마

로마의 태동

지중해의 다리라는 이름에 걸맞게 지중해의 중심에 놓인 이탈리아 반도의 지형조건이 조선반도와 비슷하다는 이야기는 이미 전제했다. 그러나 그 반도는 대륙으로 이어지는 북쪽을 알프스 산맥이 가로타고 있어서 북으로 진출하는 것도 북에서 내려오는 것도 어렵게 만든다. 나폴레옹이 군대를 이끌고 그 산악지대를 넘으면서 '내 사전에 불가능은 없다'고 했던 것은 그 지역이 그만큼 험준 했기 때문이다. 반도라고는 하나 출입의 통로가 사실상 막혀 있다면 육지라 해도 섬의 조건에서 크게 다르지 않을 것이다. 더욱이 우리가 살펴보자는 것은 인간이 오직 두 다리로 오가던 시절의 인류 살림 아닌가.

이탈리아 반도에 있었던 옛 로마를 살펴보자고 했으나 정작 로마가 강성한 힘을 떨치던 시절의 이야기는 이 자리에서 적당하지가 않다. 우리가 알고자 하는 것은 그런 강성한 힘이 어디에서 왔는가 하는 것이지, 그 힘의 크기가 궁금한 것은 아니기 때문이다. 그러니까 줄리어스 시저나 옥타비아누스의 업적을 말하는 것은 의미가 없고, 그들이 그런 업적을 남기게 된 힘의 근원이 어디에서 출발하고 시작하는가를 캐는 것이 중요하다는 뜻이다.

로마가 태동하던 역사적 시기를 B.C 8세기에서 B.C 3세기에 닿는 기간으로 잡으면 무리가 없으리라고 본다. 그 기간의 초기에 바로 로마인 로물루스가 등장했고, 또 켈트인이 나타나 그 풍토에 동화되는 동안 로마는 충분히 강하게 단련되었다고 보기 때문이다.

물론 B.C 3천 년 무렵인 석기시절부터 지중해 인종이 살았었다는 흔적이 있다. 그리고 B.C 2세기에 들어와서도 로마는 그리스를 정복하여 로마 문명의 실제적인 기초를 아직 닦고 있었다는 것을 모르지 않는다. 그러나 모든 초점은 짧고 명료하게 나타내는 것이 좋은 법이다. 그래야 듣는 이가 분명해질 수 있어서다. 이것이 내가 로마의 태동기간을 짧게 잡는 이유이지만, 이것 역시 전문가가 못되는 사람의 피상적인 의견이고 보면 질타를 면하지 못할 수도 있을 것이다.

강성한 왕조나 국가를 세운 배경에는 대개 어느 민족이나 부족 이름이 따라다니기 마련인데, 로마 건국에는 이상하게 그런 이름이 보이지 않는다. 어린 아기로 테베르강에 버려졌다가 늑대의 젖을 먹고 양육되었고, 뒷날 목동인 파우스툴루스의 눈에 띄어 그의 손에서 자라났다는 로물루스와 레무스 쌍둥이 이야기가 바탕이 될 뿐이다. 형제의 패권싸움에서 레무스는 로물루스 손에 죽고, 결국 형 로물루스가 로마를 건설하고 초대 왕이 되는데 로마는 그의 이름을 딴 것이라는 정도다. 그것이 역사에는 B.C 753년으로 적힌다.

로물루스는 군신(軍神) 마르스의 아들이다. 어머니 레아 실비아는 전설상의 영웅 아스카니우스가 세운 왕국 알바롱가[4]의 왕 누미토르의 딸이었

---

4)   이탈리아 중부지역에 있는 오늘의 카스테칸돌포의 옛 이름이다. 알바롱가 왕국은 B.C

는데, 쌍둥이 아들과 함께 테베 강에 버려져서 죽은 비운의 왕녀였다. 그러나 아버지를 군신[5] 쪽으로 끈을 대는 것은 로물루스가 이미 예사 사람이 아닌 것을 의미한다. 그것은 침략과 약탈을 위해 늘 전쟁 속에서 살아야 했던 로마였기 때문에 강력한 군신의 지위를 호국의 신 반열에 넣을 만큼 가볍게 할 수 없었다는 필연과도 통한다.

서구인의 굴절어는 그들 역사의 반영

대체로 동양의 역사를 보다가 유럽의 역사를 만나면 대뜸 판이 달라지는 것을 느낀다. 한 개의 민족이 오래 견뎌 내는 예가 없다. 거대한 왕국을 세우고 욱일승천의 기세로 주변을 타 누르지만 몇 백 년을 지속하는 왕조가 없는 것이다. 언제나 새로운 민족이 나타나서 새 왕국을 세우기 마련이고, 그러는 사이에 지난날의 왕조는 안개처럼 슬그머니 사라지고 만다. 너

7세기에 들어서 망했지만 로마 시절에는 귀족들의 별장이 많았다고 한다. 그만큼 환경이 좋은 곳이었다. 오늘 바티칸이 천체관측소를 둔 곳도 이곳이고, 로마 교황들이 별장을 두는 곳도 늘 이곳이다.

5)   로마에서 군신의 위치는 최고의 신 주피터의 다음 자리에 해당한다. 그리스 신화에서는 제우스 다음 서열을 포도와 술의 신 디오게네스로 꼽는데 로마는 전쟁의 신인 것이다. 그리스 신화에서는 전쟁의 신 아레스를 꼽기는 하면서도 서열을 높이 치지 않고 늘 후미에 둔다. 또 여차하면 아레스를 아예 빼고 곡물의 신 데메테르를 넣는 수가 있다. 이런 로마 신화와 그리스신화의 차이는 곧 그들 국민 된 사람들의 기질의 차이일 것이다. 그것만이 아니다. 서양인들이 말하는 3월(March)은 바로 마르스에서 유래한다. 또 당시의 로마책력은 오늘의 3월이 정월이었고 10월이 끝 달이었다. 우습지만 11월과 12월은 없었다. 그 첫 달과 마지막 달에 마르스를 기념하는 국가적인 제의(祭儀)로 유명한 전차경주대회를 열었다. 국가의 수호신인 마르스를 기쁘게 하기 위해서다.

나 없이 늘 뿌리가 뽑혀 있는 사람들 같아서 무언가로 안심이 안 되는 분위기에 싸여 있다.

이것은 한문문화권으로 묶어 내는 동양의 역사와는 아주 대조적인 차이다. 우리 같으면 대개 한 개의 민족이 어느 국토를 타고 앉으면 아주 뿌리를 내려온 역사다. 조선반도는 말할 것도 없지만 섬나라 일본도 예외가 아니다. 중국인의 역사[6]가 어느 정도 복잡하게 얽힌 것 같아도 그 역시 항상 그 지역에 둥지를 틀고 살아온 민족들끼리 한 때의 패권을 다투어서 그런 것이지, 서양인들처럼 민족이동이 시작되거나 부침의 밀물썰물이 무성하다가 왕조가 아주 사라져서 없어지는 역사가 아니다.

여기서 놓치지 말아야 할 것은 서양인들이 쓰는 굴절어가 바로 뿌리 뽑힌 역사살림을 하는 동안에 점점 발전하고 구체화했다는 점이다. 오늘 서구문명의 밑둥이라고 할 수 있는 그리스와 로마, 그리고 로마가 몰락하면서 시작된 유럽인들의 민족대이동기의 역사 시절이 바로 굴절어를 영글게 만든 중요한 기간이었다는 뜻이다. 물론 출생부터가 먹을 것이 적게 나는 풍토였으므로 그런 언어의 싹은 애초부터 준비된 것이지 하필 민족대이동

---

6)   중국에서 전쟁이 가장 많았던 때는 춘추전국 시기일 것이다. 178개의 나라가 252년 동안 치고받은 횟수가 무려 450회였다고 기록되어 있다. 그러나 순전히 자기들끼리 패권을 다투어서 생긴 전쟁이지 남의 민족이 섞여 든 일은 없었다. 중국인의 역사에 이민족들이 섞였다면 오호십육국(五胡十六國) 시절이다. 4세기 초부터 5세기 초에 걸쳐 황하를 걸터타고 일어났던 민족으로 흉노, 갈(羯: 흉노의 일파로 산서성 일대에서 세력을 키워 후조를 세움), 강(羌: 티베트계의 유목민으로 후진을 세움), 저(氐: 역시 티베트계지만 농사와 목축을 병행한 점이 다름. 전진을 세웠고 우리나라에 처음 불경과 불상을 보낸 것도 이 사람들이다), 선비를 꼽는데 한족(漢族)에 의해 늘 야만인 취급을 받던 이들은 자기들의 시절이 오자 漢이라는 글자를 '부끄러운 사내'라는 뜻으로 고쳐 불렀다. 巨漢, 羅漢, 恥漢, 惡漢, 怪漢, 醉漢 등의 이름은 거기서 유래한다.

같은 사건을 통해서 갑자기 나타났다는 말이 아니다. 천형(天刑)으로 받아 가지고 나온 싹들을 그들은 그 기간 동안에 충실하게 길러 낼 수가 있었을 뿐이다.

사과나무의 사과는 열 개뿐인데 사과를 나눠 먹을 사람은 늘 한 두 사람, 혹은 서너 사람이 많다. 그래서 생기는 다툼질이다. 누가 먹고 누가 먹지 못하는가. 먼저 힘이 센 놈이 제 몫을 주장할 것이다. 근육의 힘은 없어도 머리가 비상한 놈은 이런저런 명분이나 핑계를 대서 제 몫을 챙길 수 있다. 여우처럼 간사하고 아첨을 잘하는 놈이라면 힘센 쪽에 붙거나 꾀 많은 편에 서서 제 가족을 굶지 않게 할 수 있다. 결국 힘도 없고 꾀도 없고 간사하지도 못한 등신 머저리는 제 몫을 챙기지 못한다. 그렇다고 손을 놓고 있다가는 굶어 죽을 것이다. 죽을 수가 없는 생명들은 마침내 생존의 마지막 단계에서 훔치기로 든다. 생명의 절대적인 가치는 생존에서 시작하기 때문이다. 그러나 훔치는 것도 그리 만만한 노릇은 아니다. 결국 훔치는 것도 못 하고 얻어낼 만한 언사도 없다면 그들은 자기 풍토에서 도태될 수밖에 없었다.

그래서 굴절어가 감성보다 이성을 앞세우는 언어로 자라 온 것이다. 그들은 감정을 앞세워서 자기주장을 하다가 손해를 보는 일이 없다. 울컥울컥 치미는 감정을 다스리지 못 해 마구잡이로 말을 쏟아내고 종당에 가서 손해 보는 일이 거의 없는 사람들이다. 동시에 아무리 위급한 상황을 만나도 허둥거려 정신을 못 차리는 대신 냉철한 판단으로 여유를 보인다. 그만큼 논리적이고 합리적이지 않으면 그들은 살아남지 못했을 것이기 때문이다.

그것은 그들의 역사살림이 떠돌이였다는데 있다. 우리가 한 곳에 정착해서 뿌리를 내린 살림살이를 해 왔다면 저들은 늘 보따리를 메고 떠돌면서 하루하루를 고달프게 살아왔다고 할 수가 있다. 내 국토 남의 국토를 따질 겨를이 없이 그저 먹을 것이 있고 입을 것이 있다면 찾아가서 고단한 몸을 눕혔고, 그곳이 바닥나면 다시 새로운 고장으로 눈을 돌리면서 살아온 사람들이다. 충돌은 어차피 생기게 마련. 상황 따라 상대가 약하면 힘으로 눌렀지만 강하면 간교한 꾀를 쓰거나 비굴한 웃음으로 달래야 했다. 감정을 앞세워 허세를 부리고도 제 몫이 온전할 수 있는 고립어의 풍토가 아닌 것이다.

그것은 먹을 것을 적게 내주는 그들의 풍토 그 환경이 문제였다. 유럽 전체를 놓고 보아도 5천 킬로미터가 넘는 강줄기 하나가 없다. 어엿하면서도 미끈하게 국(局)이 큰 아시아가 아니다. 너른 들이 있을 턱이 없는 것이다. 푸른 들판이 아주 없는 것은 아니지만 그것으로 그들 인구를 다 먹인다는 것은 어림도 없는 일이다. 밥은 열 그릇인데 먹을 사람은 열하나 열둘이다. 특히 구두쇠 유대인들을 길러 낸 이스라엘은 더해서 밥 열 그릇에 사람이 열 셋 열 넷 되는 비율이다.

한 끼 두 끼만 그렇다면 부족한대로 나누어 먹고 다음 끼니를 기다리면 되겠지만, 이건 한 두 끼에 끝나는 소풍놀이가 아니다. 일상의 생활이 늘 그런 곳이다. 먹을 입에 비해서 밥은 몇 그릇 꼴로 항상 모자란다. 아버지 때도 그렇게 살았고 할아버지들도 그렇게 살았다. 아니 하늘과 땅이 열린 이래 사람의 살림살이가 시작되고 나서부터 그런 곳이다. 영원히 부족할 수밖에 없다.

어느 부족이나 민족을 막론하고 피차가 그러했으니 자연히 서로의 가진 것에 눈독을 들일 수밖에 없었고, 돈이다 싶으면 빼앗을 궁리를 안 할 수가 없었다. 내 것은 지켜야 되지만 남의 것은 무조건 빼앗고 보는 식이다. 그것을 잘하는 것으로 알았다. 생존을 위한 도둑질은 그래서 선이었지 결코 악이 될 수 없었다.

그런 생활환경에 적응하면서 건진 것이 그들의 언어라는 이야기다. 도덕이나 윤리보다는 재치와 유머가 튀는 언어. 전체를 아울러서 하나로 묶기보다는 늘 개인과 개체가 강조되는 현란한 색채를 쉴 새 없이 뿌리는 언어인 것이다. 비좁은 땅에서 서로의 어깨를 부딪치고 살아온 사람들의 역사를 읽으면서 우리하고 다르다고 여긴 것은 바로 다를 수밖에 없는 그들의 호흡이 바닥에서 올라오는 탓이었으리라.

라틴 동맹에 의한 이탈리아 반도 통일

이탈리아 반도에는 대개 네 개 내지 일곱 개의 민족이 복작거리고 살았던 것으로 되어 있다. 라틴 민족과 사비니 민족, 움브리아 민족, 그리고 에트루리아 민족이다. B.C 7세기에 나타났다가 사라진 페니키아인과 B.C 4세기에 북방에서 내려온 켈트인, 그리고 B.C 6세기에 들어와서 그리스계의 폴리스에 의해 해상권의 힘을 잃게 되는 카르타고인 등을 더 칠 수도 있다.

고대인들의 생활에 민족이 다르다는 것은 얼른 말해서 섬기는 신이 달랐다는 말로 통할 수가 있다. 신이 다르다는 것은 도저히 함께 살 수가 없다는 것을 의미한다. 뿌리와 줄가리가 현저히 다른 탓이다. 그렇게 되면 기름과 물처럼 서로 겉돌기 마련이다.

인간의 살림살이라는 게 아직 제정일치(祭政一致)를 못 벗어나는 소박한 시기였으므로 느끼고 생각하고 움직이는 전체가 신앙이 바닥에 깔릴 때다. 당연히 일상생활의 어떤 것도 기도로 시작해서 기도로 마쳤을 것이다. 그러자면 기도 자체가 생활의 내용이 될 정도로 많을 수밖에 없다. 그런데 기도의 형식이 다르고 부르는 신의 이름이 다르다고 생각해 보라. 그들한테서는 이미 무슨 화합이나 우애가 생길 수가 없다. 그것이 그들의 운명이다.

종교가 다르면 왜 화합이 어려운가. 주는 것 없이 미운 감정이 생기는 탓이다. 아무 이유가 없는데도 싫어지는 기분이다. 이것은 작은 문제가 아니다. 무슨 그럴만한 이유가 있어서 밉다면 오히려 풀기가 쉬운 법인데 이건 아무 까닭이 없는데도 얼굴만 마주치면 싫은 기분이 들고 나중에는 생각만 해도 정나미가 떨어진다. 그냥 무조건하고 밉고 싫은 것은 바로 종교가 다른데서 오는 기분이 그러해서다.

지금도 피차의 종교가 다른데서 오는 전쟁이 있다. 반세기를 두고도 결말이 없는 중동전쟁이다. 어느 한 쪽이 끝장나기 전에는 피차에 그만 둘 생각이 없어 보인다. 인류가 누 천년 동안 쌓은 경험을 가지고도 종교끼리의 화합이 이렇게 어려운데, 단순히 원초적인 감각만으로 살았던 시절이야 더 말할 필요도 없는 일이다. 그러니 불가불 인습이나 전통이 피차에 다른 사람들은 그래서 같은 신을 섬기는 사람들끼리 동아리를 이루어서 살 수밖에 없다.

그러나 같은 민족끼리 충분하게 살아지느냐 하면 역시 그렇지는 못하다. 부족한 물자 때문에 서로가 필요한 대로 교환을 위해서 성문 밖으로 나설 수밖에 없다. 그러나 다른 민족을 만나야 된다는 건 물자의 궁핍보다 먼저 그 민족의 관습과 버릇을 잘 알고 매우 조심해야 하는 부담이 따른다. 무심한 말 한마디가 저쪽 종교의 비위를 덧내게 할 수도 있고, 조심성 없는 행동 하나가 기분을 다치게 할 수도 있다. 그것은 자칫 전쟁의 불씨가 될 위험이 있었다. 그런 위태위태한 분위기, 결코 합쳐질 수가 없는 사람들의 팽창된 분위기가 자기들의 구역만 벗어나면 언제 어디서든 만연해 있었을 것이다.

그들 중에 비교적 세력을 가진 민족은 에트루리아인들이었다. 이탈리아 반도에 그들이 나타난 것은 B.C 10세기 경이지만 반도의 노른자위라 할 수 있는 파다나 평원을 깔고 앉아서 B.C 7세기부터 5세기 사이에 큰 세력으로 군림했던 사람들이다. 흔히 초기의 문명이 큰 가람에서 시작되듯이 이들 역시 포강을 끼고 일으킨 문명이기 때문에 볼만한 것이 있었다. 특히 사후의 세계를 믿었던 듯 여러 부장품과 함께 나타나는 복잡한 문자는 아직까지 해독되지 않은 것이 많은데, 그들의 그런 숨결은 로마의 여명기에 지대한 영향을 끼친 것으로 되어 있다. 그들 민족은 B.C 4세기부터 로마에 밀리다가 B.C 90년에 마침내 로마의 병합으로 끝을 본다.

큰 세력 중의 하나로 움브리아인들이 있다. 에트루리아인이 포강을 끼고 살았다면 이들은 그 남쪽에서 아펜니노 산맥을 걸터타고 살았다. 오늘의 움브리아 자치주가 한 옛적 움브리아민족을 그리는 향수에서 나온 것일 수도 있지만, 실은 15세기에 들어와서 종교적인 회화로 명성을 떨쳤던 '움브리아파' 화가들을 기념하는 데에서 기인한다. 경건하고 온화한 숨결을 바탕으로 감미로운 인물들을 합리적으로 조화시키는 그들만의 독자적인 구성은 마침내 훌륭한 일가를 이루었던 것이다.

움브리아인들이 쓰던 언어가 후일 이탈리아어의 근간이 되었다고 한다면 무엇인가로 이들의 영향이 훨씬 크고 직접적인 것이 있을 듯싶은데 유감스럽게도 나타나는 것이 없다. 전설로만 전하던 움브리아가 역사의 수면 위로 올라온 것부터가 우연하게 출토된 청동판에 새겨진 몇 줄의 명문에 의해서였을 정도니 그 청동판이 만일 땅에 묻혀 있었다면 아직도 움브리아는 전설 속의 민족일 것이다. B.C 4세기부터 성문을 밀고 나와 로마인들과 거래를 시작했고, B.C 295년에 로마의 시민권을 부여받으면서 로마에 동화된 민족이다.

다음으로 사비니 민족을 들 수가 있다. 로마와 함께 로마를 일구면서 자웅을 겨루었던 사람들로 비교적 짧은 역사기간을 살았던 이들이다. B.C 7세기 무렵부터 로마에는 이른바 7언덕이라 불리는 작은 도시국가가 있었다. 그것이 유명한 우르프스 폴리스다. 그러니까 근본이 다른 민족들이 각자 한 구역씩을 차지하여 서로간의 기득권을 주장하는 사이에 형성된 순전히 힘의 균형으로 유지되는 폴리스다.

서로의 힘을 겨루어서 밀고 당기는 알력이 늘 팽배할 수밖에 없는 이 연합국가는 로마가 통일을 이룰 때까지 지속된다. 사비니인들 역시 B.C 268년 로마의 시민권을 부여받기까지는 로마와 패권을 다투는 사이였던 것이다. 당연히 이들에게는 특별한 것이 있었다. 미신적인 관습의 종교성향이 워낙 강해서 오늘까지도 로마인의 피 속에는 그들의 종교관습이 남아 있다. 그 정체성이 무엇인지는 모르지만 그 토양에 본래로 전해진 토속신앙임에는 틀림이 없을 것이다. 기독교와 달리 그 풍토의 숨결에서 건진 것이라면 매우 흥미가 생기지만 이제 알 수가 없으니 아쉬운 일이다. 그러나 이들 역시 역사의 무대를 한 번 내려간 뒤로는 다시 나타나는 일이 없다.

라틴어로 '포에니'라 불렸던 카르타고인들도 그렇다. 항구 조건이 좋은 덕택에 지중해 상거래의 주도권을 장악하여 무역통제를 통한 각종 상업동맹으로 한때 페니키아 같은 강대한 국가를 주물렀던 이들이지만, B.C 146년 로마와의 패전은 더 이상 국가로서의 역사를 쓸 수 없게 했다. 시칠리아 서부와 사르데냐 섬 전체를 쥐락펴락 했던 페니키아 민족도 B.C 7세기의 한때 전성기를 지나서는 곧 시드는 형세였고, 켈트족 역시 침입 초기에는 로마에게 큰 우환거리가 되었으나 아드리아 해안에 정착한 후로는 이렇다할 만한 활동이 없었다. 그리고 백년쯤 지나자 로마의 켈트족은 흐지부지 되고 만다.

로마라면 대뜸 떠오르는 것이 있다. 스펙터클한 전차 경주와 눈에서 불꽃이 튀는 검투사들이다. 물론 시저 시절에 와서 절정을 이루었기 때문에 로마가 부흥하고 나서의 이야기지 아직 기반을 잡아가던 무렵의 이야기는 아니다. 그러나 B.C 7세기부터 반도의 중심부인 라티움 지방에 몇 개의 도시를 건설하고 라틴동맹을 맺어 온 라틴인들이 세운 로마라고 하면 이의가 없을 것이다. 로물루스나 레물루스 역시 라틴인이기 때문이다.

로마는 한 시절의 검투사들을 기념하는 기념관이 지금도 남아 있고, 그들의 신 아레스를 기쁘게 하면서 열광했던 원형의 그라운드가 여전히 관광객들을 발걸음을 붙잡는 곳이다. 채찍으로 노예를 부리면서 귀족들의 부를 늘렸고, 그런 상류계급들을 위한 연극과 음악이 번지면서 문명이 전파되었지만, 그들의 그런 전투적이고 공격적인 리듬의 율동 흐름은 오늘도 지구촌 곳곳에서 번성하고 있다. 이번에는 그것을 로마의 문명으로 부르지 않고 구라파 문명 혹은 아메리카 문명으로 부르는 것이 다를 뿐이다.

로마가 로마일 수 있었던 것은 굴절어를 파생할 수밖에 없었던 그들 척박한 풍토의 정신과 기개가 합쳐져서 이룩해낸 결과로 말해질 수 있다. 이렇게 몇 개의 강한 민족이 녹아 하나의 국가로 형성되면서 마침내 B.C 2세기에 들어와서 그리스를 정복하게 된다. 그리스 역시 굴절어를 쓰는 사람들이었으니까 척박한 환경 속에서 늘 먹을 것에 비상한 관심을 가지고 있었으므로 그리 만만하게 국토를 내줄 사람들이 아니었으나 워낙 강성한 힘으로 밀고 들어오는 로마를 당할 수는 없었던 것이다.

로마는 힘은 세어도 머리가 비어 있는 위인 같아서 그때까지의 역사에는 이렇다 하게 내놓을만한 문명이 없었다. 그래서 찬란한 그리스 문명과 문화를 그대로 가져다가 제 것으로 각색할 수밖에 없었을 것이다. 그리스 신화와 로마 신화가 쌍둥이로 닮아 있는 것이 그래서 그런 것이고, 조각미술이나 음악에서조차 한 탯줄에서 나온 것처럼 방불한 것이 다 그런 연유에서다.

그후 로마는 줄리어스 시저를 만나 극에 달하는 전성기를 이룩하게 되고 '모든 길은 로마로 통한다'는 한때의 유행어가 생겨날 만큼 강한 국가가 된다. 국토의 삼면이 바다인 것을 이용하여 뱃길을 열고 주변의 나라들을 정복하여 물자를 마구잡이로 약탈 해 들이는 것이 일이었다. 그런 상황에서는 그 국토를 향한 어떤 세력도 오히려 그 국토에 녹아들어서 힘이 되어버리는 결과로 변전할 수밖에 없었던 것이다.

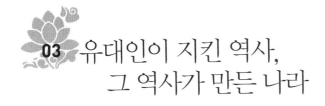

03 유대인이 지킨 역사,
그 역사가 만든 나라

역사를 지켜낸 민족

흔히 위대한 민족을 꼽으라면 유대민족부터 치는 것이 서양인들이다. 여러 이유가 있을 것이다. 우선 돈을 숭상하는 것이 서양인들이니 유대인들의 돈을 보고 위대한 민족이라 여기기도 할 것이요, 그 돈을 모으고 증식하는 재주에 감탄하여서 그렇기도 할 것이다. 또 노벨상을 가장 많이 타낸 민족이라는 점에서 그럴 수도 있다. 그러나 드러내서 유대민족이 위대하다 할 것은 그들이 민족의 역사를 지켜 왔다는 사실이다.

그냥 지켜 온 역사가 아니다. 유대인들은 제 국토를 잃어버리고 떠돌이로 살아온 세월이 3천 년이 넘는다. 국토가 없이 떠돌아다니면서도 민족의 기록을 보관한 것이다. 이것은 피가 나는 노력이 없고는 안 될 말이다. 아니 몇 번씩 자기를 죽을 구덩이에 버리면서도 그 기록을 놓지 못하는 산 신앙이 없이는 안 될 말이다.

이제 유대민족의 역사 이야기를 소개하려 한다. 역사는 기록으로 남겨져야만 완전하고, 또 기록으로 전하는 역사라야 산 역사가 된다는 사실을 생생한 증거로 보여주는 민족이 유대민족이라는 생각에서다. 유대민족만큼 역사를 잘 보존해온 사람들은 인류 전체를 놓고 봐도 다시 있을 것 같지가 않다. 그리고 잘 보존해온 역사 덕분에 3천 년이나 국토가 없이 떠돌다가도 마침내 자기 조국임을 주장할 수 있었고, 어찌되었든 그 주장이 받아 들여졌다는 것도 매우 이례적인 일에 속한다.

　　지금 중동에서 잊을만하면 살아나는 이슬람과 유대교 사이의 불씨도 실은 유대인들이 이스라엘을 독점하려는 데서 기인한 것이다. 문제를 들여다보면 유대민족의 한정 없는 욕심이 발단이다. 이스라엘은 전 면적이 2만 7천 평방킬로미터 남짓한 땅으로 3천 년 훨씬 전부터 이슬람을 믿는 아랍인들이 살아온 땅이었다. 그런데 어느 날 갑자기 유대민족이 나타나서 그 땅에 대한 자기들의 연고권을 주장했다. 역사적으로 보아 틀림없는 사실이라며 기록을 펼친 것이다. 그때가 제2차 세계대전이 끝나던 무렵이었다.

　　이슬람과 유대교는 한 조상에서 갈린 다른 민족이다. 그들의 까마득한 조상에 아브라함이 있었고, 그 아브라함에게는 두 아들이 있었다. 86세에 첩 하갈의 몸에서 난 이스마엘과 100살에 본처 사라에게서 난 이삭이다. 야훼는 이삭을 선택하면서 이스마엘을 광야에 살도록 운명 지웠기 때문에 이스마엘은 어려서부터 광야에 살게 되는데 그 광야가 바로 가나안이었다. 비록 적자로 선택되지는 못했지만 야훼는 이스마엘에게 큰 민족을 이루는 복을 약속했으므로 그는 드디어 12방백의 장이 되어 자손이 북부 아라비아 사막과 이집트, 그리고 유프라테스 강 사이에 널리 퍼지는 민족이 되었다.

　　선택된 이삭이지만 처음부터 모든 것이 뜻대로 수월할 수는 없었다. 큰 일을 맡기자는 사람일수록 반드시 큰 시련을 겪기 마련이지만 황폐한 사막에다 몸을 붙이고 사는 이들이었으므로 고통의 여건이 유별났고 또 자심했던 것이다. 마흔 살이 되어 어렵게 장가를 들었으나 예순이 되어도 아내 리브가한테서는 태기가 없었다. 그러다가 쌍둥이 형제를 낳게 되었는데, 그 형제의 운명은 태중에서부터 정해지고 있었다. 형이 동생을 섬기도록 된 것이었다.

형 에서는 성격이 대범하고 시원스런 사람이었으나 동생 야곱은 치밀하고 현실적인 사람이었다. 임종을 앞둔 이삭이 에서를 축복하고자 할 때 야곱은 술수를 써서 형의 축복을 가로챈다. 결국 정해진 운명을 피하지 못하고 각본대로 된 셈이었다. 그러나 야훼를 섬기는 야곱의 신앙심만은 아무도 따를 자가 없었다. 장성한 그는 외삼촌의 딸 라헬에게 어렵게 장가들어 거기서 요셉을 낳는다.

요셉 역시 '장자의 명분을 팥죽 한 그릇으로 바꿔 낸' 아비 야곱을 닮았는지 고자질 잘하고 꾀가 많아서 제 보신책에는 이골이 난 사람이었다. 그것이 다른 형들의 미움을 사게 되어 형들은 그를 애급의 대상들에게 팔아넘겼다. 그러나 비극은 반전된다. 그는 거기서 우연한 꿈 해몽으로 국가 재정을 책임지는 요직을 맡게 되었고, 격심한 흉년으로 애급까지 곡식을 구하러 온 형들을 만나게 된다. 그것이 어쩌면 야훼가 정한 그들의 운명이었을 것이다. 그리하여 그의 감때사나운 형들과 부친이 몽땅 가나안을 떠나 요셉이 있는 애급으로 이주를 한다. 그것이 모세의 홍해 탈출까지 이어지는 그들 유대민족의 애급생활이다.

그러니까 오늘의 이스라엘 민족과 아랍민족은 아브라함에게서 갈라진 한 핏줄의 사람들이다. 그들의 과거는 그렇다 치고 다시 중동으로 되돌아가 보자. 3천 년 이상을 그 땅에서 살아온 아랍인들에게는 아닌 밤에 홍두깨가 따로 없을 일이었지만 그들이 내보이는 묵은 기록 앞에서는 당장 할 말이 없었다. 자기들은 그에 맞설 만한 기록이 전무했으므로 억세게 밀고 들어오는 그 기세를 감당할 수 없었던 것이다. 결국 그 땅에서 함께 살도록 양보하는 수뿐이었고 그들의 정부수립을 인정하기에 이르렀다. 그때가 1948년이었다.

그러나 유대인들은 만족해하지 않았다. 우리네 상식으로는 정부수립을 인정하고 함께 살게 해준 것만으로도 고맙게 생각할 일인데 그들은 그것 이상을 요구했다. 그 땅을 다 내놓으라는 새로운 주장을 편 것이다. 그리하여 정부를 수립하던 1948년과 49년에 제1차 중동전쟁을 일으켰고, 56년에는 수에즈전쟁이라 불리는 2차 분쟁을 일으켰으며, 67년에는 3차 중동전쟁이라는 이른바 6일전쟁, 73년에는 라마단전쟁이라는 제4차 중동전쟁을 일으켰다. 그후로도 크고 작은 분쟁이 산발적으로 이어지면서 오늘까지 계속되는 중이다.

유대인들의 도를 넘는 몰염치 때문에 예수님까지 싫어진다는 사람들을 가끔 만난다. 그렇게 한도 끝도 없이 제 주장만 하고 상대방 생각은 털끝만큼도 않는 종족은 지구상에 다시는 없으리라는 것이 유대민족을 지켜본 사람들의 논평이다. 그렇게 지나친 요구를 하고 제 욕심만 주장하는 데도 그들 편을 드는 사람은 있게 마련이다. 바로 그들의 역사를 읽고 그 역사 속에 숨 쉬는 그들의 신을 받아들인 사람들이다. 기독교인들이 그렇다. 냉정한 이성으로 옳고 그르고를 따지기 전에 기분이 먼저 유대민족 편을 드는 탓이다.

역사를 기록하는 것은 이렇게 중요하다. 그리고 기록을 보관하는 것은 기록 이상으로 중요하다. 유대민족은 어려운 조건 속에서도 역사를 기록했고, 그 기록을 지켰기 때문에 오늘 세계의 거의 모든 곳에 저절로 자기들 편을 드는 동지를 만들었다고 볼 수 있다. 기록한 역사를 지키지 못해 제 뿌리를 잃어버리고 사대모화에 제 민족 뿌리를 대다가 다시 식민사관에 쓸개를 내주는 등신노름을 하는 쪽과는 얼마나 대조적인가.

성서가 유대민족의 역사 기록이라는 것은 누구나 알고 있다. 그리고 성서중에서도 구약이 중요하고, 구약성서에서도 모세5경이라 일컫는 창세기와 출애굽기, 레위기, 민수기, 신명기가 핵을 이루고 있다는 것도 알 만한 사람들은 다 안다. 그러나 핵심이 되는 이 모세5경이 여섯 세기에 걸쳐 옛 전통이 현실에 알맞도록 끊임없이 고쳐졌다는 것을 아는 사람들은 그리 많지가 않다.

모세5경에 머금어진 역사는 대부분 그들 백성 가운데서 생겨난 역사다. 첫째로 어느 지역에 한 가문이 있다면 그 가문에서 출발하여 그 가문이 커져서 된 씨족, 그리고 씨족이 번창해서 된 부족의 역사다. 부족이 커지면 민족이 되지만 민족이 되는 데까지는 언급이 없다. 당연하다. 히브리민족으로도 불리는 유대민족은 그들 부족의 열 두 지파에서 쫓겨난 범죄자들이 모여서 헤브라이라고 하는 특별한 집합체를 이루고, 이들 헤브라이에서 비로소 히브리라는 유대족이 출발되고 있어서다.

그리고 당연하게 범죄자들이 모여서 집합체를 이루는 과정의 이야기는 기록에서 생략시키고 있다. 모든 역사가 그렇듯이 이런 이야기는 언제나 정사(正史)가 아닌 야사로 전하게 마련이고, 그래서 야사를 중시하는 소수에 의해서 밀전(密傳)되기 때문이다. 그러나 이 내막에 관한 이야기는 궁금하더라도 좀 미루자. 지금은 무엇보다 모세5경의 핵심을 캐는 것이 중요해서다.

히브리민족의 역사서, 구약

먼저 창세기는 '생명과 역사의 시원'을 시작하는 서두로서의 말이다. 그러니까 시작이다. 그래서 세계와 인류의 시원을 창세라는 말로 앞에다가 두고 있다. 천지를 이레 동안에 창조한 야훼는 이어서 천지의 주인이 될 인간을 창조한다. 그것도 자기의 형상을 닮은 인간이다. 여기에서 우리는 인간을 사랑하는 야훼의 지순한 사랑을 느낄 수 있다.

야훼의 사랑은 이어진다. 자기를 닮은 인간에게 창조주의 의지가 아닌 인간의 생각과 의지대로 살아가도록 자유를 준 것이다. 물론 자유는 방종이 아니어서 책임이 따른다. 어느 쪽을 선택하든 선택은 자유지만 거기에 따르는 책임은 피할 수가 없다는 뜻이다. 동시에 인간의 이 자유는 야훼로서도 침범할 수 없는 절대의 성역이 된다. 인간이 아무리 옳지 못한 선택을 해도 그 자유를 허락한 신은 차라리 울고 있을지언정 당신이 허락한 자유를 다칠 수가 없다. 인간의 자유를 지키는 것은 신 자신의 율법일 터이므로.

선악과로 상징되는 이 대목을 충격 없이 읽는 사람이 있다면 그는 다음 구절을 읽을 자격이 없다고 나는 본다. 야훼의 인간 사랑이 이 대목만큼 분명하고 통째로 쉽게 드러나는 데가 다시는 없기 때문이다. 만약 이 대목이 빠진다면 어떻게 기독교가 자기네의 신 야훼를 절대적 사랑이라고 할 수가 있을까? 바이블 전체의 비중과도 맞설 만한 이 선악과 이야기는 생각컨대 불교에서 성불(成佛)이라는 말로 표제를 삼는 것과 상통할 것이다.

그러나 인간의 '자유의지'는 에덴에서부터 잘못된 데로 쓰인다. 뱀의 꾐에 넘어가서 그토록 먹지 말라던 열매를 따먹은 것이다. 악의 유혹은 달콤하여서 처음부터 뿌리치기가 어렵다는 이야기일까? 보암직도 하고 먹음직도 한 동산 복판의 열매. 이것은 야훼가 허락한 인간의 자유가 결국은 '선택의 의지'였음을 암시한다. 따라서 천국을 마다하고 스스로 지옥을 선택한 아담과 이브는 하릴없이 천국에서 추방될 수밖에 없다.

지상에서 시작된 인간의 생활이 야훼를 극도로 실망시킨 두 번째 사건은 노아의 방주를 통해서 나타난다. 야훼는 인간들의 끝내 잘못된 선택을 징벌하기 위하여 단단히 결심을 한 후 신심이 깊은 노아에게만 방주를 준비시킨 다음 40일 동안 장대비를 퍼붓는다. 창세기라는 큰 단원은 인간의 자유의지가 결국 선하게 쓰이지 않고 악하게 쓰이는데 대한 야훼의 한숨소리를 듣는 것으로 끝난다.

출애굽기는 구약에서도 심장 부분이다. 유대민족을 어떻게 만들어 내고 어떻게 간수하며 또 해방시키는지를 가장 확실하고 명료하게 보여주기 때문이다. 그러므로 출애굽의 속뜻을 모르는 사람은 성서 전체를 모른다는 말과 맞통할 수 있다. 야훼는 이 부분에서 십계를 주고 유대민족과 당신 사이에 하나의 계약을 설정한다. 십계를 잘 지키기만 하면 자자손손 영구히 번영과 복을 보장하겠다는 것이다. 그러므로 선택된 것은 유대민족 뿐이라는 것이 결론일 수 있다.

그러나 그렇게만 끝난다면 유대민족이 아닌 다른 민족은 야훼를 섬길 필요가 없을 것이다. 어차피 축복은 유대족에게만 있는 것이요, 나머지는 들러리에 불과할 테니까. 허나 신약의 예수가 나와서 '율법이 사람을 구속케 하는 것이 아니라 자유케 하기 위하여 있다'는 새로운 해석을 내리고, 바리새적인 모든 것에서 율법을 해방시키는 것에 주목하면서 출애굽을 읽어야 한다.

출애굽은 모세가 이집트에서 핍박받는 유대민족을 이끌고 홍해를 건너는 사건인데 시기적으로는 B.C 1250년이다. 야훼의 율법인 십계명은 일단은 야훼와 유대민족 사이에 세운 계약의 징표이지만, 어느 민족이든지 야훼의 이름을 부르고 야훼의 계율을 지키면 곧 야훼의 백성이 되는 것이다. 다시 말하면 모세의 구약에서는 선택된 백성은 오직 유대민족 뿐이지만 신약의 예수에 이르면 율법에 대한 해석이 달라서, 누구든지 야훼를 섬기고 계율을 따르면 곧 그 백성이 된다는 식이다.

레위기는 레위지파 기록으로 그들 12지파 중에서 사제계급으로 선택된 부족의 이야기다. 출애굽 다음에 바로 기록되는 것은 그들 율법에 대한 권위 때문이겠지만 신학자들은 바빌론 귀양살이에서 풀려난 직후의 기록으로 보는 것이 정설이다. 일상생활에서 가지는 유대족들의 전통과 풍습에 관한 기록이 대부분으로, 그릇된 성관계를 금할 것과 사제가 지켜야 할 규정 같은 대목이 눈에 띈다.

민수기는 애굽에서 나온 이스라엘 자손들이 광야에서 헤매던 시절 이야기다. 그러니까 젖과 꿀이 흐르는 약속된 땅으로 찾아가는 과정에 한 시절 험난한 여행 아닌 여행을 하게 되는데 그 시절이 이에 해당한다. 당연히 길고도 지루한 힘겨운 길이다. 그런데 그 과정에서 호구조사가 이루어진다. 이 편을 민수기라고 부르는 것도 실은 호구조사를 실시했다는 뜻이다.

호구조사는 왜 했을까? 이스라엘 민족 전체를 군대화하기 위해서다. 앞날을 내다볼 때 그것은 참으로 불가피한 노릇이어서다. 또 전체 행렬을 갖추고 진군할 적에는 중심에 반드시 '계약의 궤'가 있다. 그렇게 신은 그들 속에 항상 함께 있다는 것을 보여주는 것이다. 여기서 우리는 척박한 풍토에서 악착하게 살아남아야 되는 저들의 어쩔 수 없는 토양의 숨결과 만나게 된다. 동시에 지금 중동에서 끊임없이 불씨가 되고 있는 유대족과도 만나게 된다.

신명기는 두 번째 율법이라는 뜻이다. 야훼와 유대족 사이에 세운 계약이 자꾸 느슨해지고 있기 때문이다. 계약에 충실하면 번영을 누리며 행복할 것이고 불충실하면 땅까지 잃고 말 것이다. 다른 신을 믿으라고 꾀는 예언자나 점쟁이는 마땅히 돌로 쳐 죽여라. 또 7년에 한 번씩은 빚을 탕감해 주되 동족에게는 그렇게 하고 이방인에게는 삭쳐 주지 마라.

여기까지가 이른바 모세5경이다. 야훼와 유대민족 사이에 어떤 계약이 이루어졌고 어떻게 이행이 되어 왔는지가 속속 드러나는 이야기가 주종을 이룬다. 약속 이행은 선이고 복이지만 약속을 조금치라도 어기면 당장에 복수에 가까운 형벌이 따른다. 출애굽기 어느 대목에서 '나를 섬기는 자는 그 복이 자손의 천 대에 미치겠지만 행여 나를 성나게 하면 그 죄를 자손의 삼사 대에까지 묻겠다'고 한 것이 전혀 농담이 아니었음을 실감케 한다.

다음은 소위 '역사서'라 하여 여호수아기, 판관기, 사무엘 전후서, 열왕기 전후서가 나온다. 여호수아는 모세가 죽고 나자 모세를 대신하여 야훼가 선택하여 세운 선지자다. 모세5경에 이어서 여호수아를 기록한 것은 지극히 합당한 처사일 것이다.

여호수아 기록은 그들의 기원 13세기 전에 가나안 땅을 정복하는 내용이다. 가나안은 야훼가 약속한 '젖과 꿀이 흐르는 땅'이다. 그토록 기름진 땅에 사는 사람은 요새의 아랍민족으로 그들의 선조 아브라함에게서 갈려 나간 이스마엘의 후손들이다. 그러나 누구의 땅이 되었든 그것은 상관이 없다. 야훼가 한 번 자기 백성에게 약속을 했으면 그 백성은 빼앗아서 가지면 그 뿐이다. 이 대목에서 빠뜨릴 수 없는 것은 약속된 줄을 알면 노력해서 쟁취하는 의무가 온전히 인간의 몫이 된다는 점이다.

선악과를 먹고 에덴을 쫓겨나는 인간에게 야훼가 이렇게 말한 것을 기억하라. '내가 너에게 잉태하는 고통을 크게 더하리니 네가 수고하고야 자식을 얻을 것이며, 또 땅은 너희로 인하여 저주를 받았으니 종신토록 수고하여야 그 소산을 먹으리라.' 그래서 가시덤불과 엉겅퀴를 내는 땅에 마주 붙어서 얼굴에 땀이 흘러야 겨우 채소 나부랭이를 먹는 인간의 자유가 완성된 것이다. 어느 지역을 약속했으면 그 지역의 원주민을 몰아내고 빼앗아 가지는 것은 그래서 순전히 백성의 몫이다. 그것이 에덴을 쫓겨난 인간의 피하지 못 할 업보요 동시에 자유인 것이다.

판관기는 역동적인 역사과정을 서술하는데 중점을 둔 기록이다. 그 시기는 B.C 1200년부터 약 180년에 걸치는 동안이다. 계속된 정복으로 그들의 땅은 넓어졌다. 여호수아가 죽고 나자 지파들은 군주제를 실현하고자 한다. 경험을 통하여 자라는 역사의 속성으로 보면 당연할 수도 있다. 자기에게 속한 백성이 딴 마음을 먹는 것을 야훼는 야속한 노여움으로 바라본다. 그러나 그렇게 하지 말라고 훈수는 둘지언정 직접적으로 나서서 말릴 수가 없는 것이, 야훼가 인간의 자유와 당신 사이에 세운 스스로의 율법임을 어찌하랴.

마침내 백성들은 갈망하는 군주제를 실시한다. 군주제 다음에는 새로운 신을 찾는 것이었다. 드디어 그들은 바알[7]을 섬겼다. 그토록 염려하던 일이 마침내 터진 것이다. 그러나 이번에는 야훼도 쳐다보고만 있지는 않았다. 다른 신을 섬기는 일이, 아니 다른 우상을 선택한 것이 얼마나 큰 실수라는 것을 똑똑히 가르치려 든 것이다.

룻기는 다른 서에 비해 분량이 매우 적다. 그렇지만 다른 편이 담아내

---

7)   가나안은 '젖과 꿀이 흐르는 땅'으로 말해지는 평원이다. 그 땅에서는 농경이 가능했으므로 가나안 사람들은 종래로 농경 신을 믿어 왔다. 다시 말해 사막의 신 야훼는 그 사람들의 환경과 잘 맞을 수가 없다고 생각한 것이다. 그 농경 신이 바로 바알이다.

지 못한 이방인의 이야기 — 그 이방인이 야훼를 섬기는 유대민족에 합류함으로써 구원을 받는다는 매우 이색적인 내용으로 되어 있다. 나는 이 편이 있음으로써 반드시 유대민족이 아니어도 야훼의 구원이 증명되었고, 동시에 세계의 모든 민족이 야훼의 대열에 동참할 수 있는 계기를 만들었다고 보는 쪽이다.

이 책 안에는 그 시대의 부계(父系) 풍습을 엿보게 하는 재미있는 이야기가 수록되어 있다. 아들이 죽자 며느리에게 친정으로 돌아가서 개가를 권하는 시어머니의 말에서 그것이 묻어난다. "나는 이미 늙었으므로 내 태집에는 아이가 생길 수 없으니 나는 네 신랑감을 다시 생산할 수가 없다"는 것이다. 이 부분에서 그들 부계사회가 감추고 있는 희한한 비밀이 드러나고 있음을 볼 수가 있다.

사무엘서부터는 이스라엘이라는 민족국가가 착실한 기반 위에서 안정되어 가는 과정의 이야기이다. 그러니까 사무엘이 태어나 유대민족의 결속을 다지고 나면, 뒤를 이어서는 사울이 왕국을 설립하고, 그 뒤를 잇는 다윗이 탄탄한 신앙심으로 더욱 국민을 묶어서 야훼에 대한 충성심을 공고히 한다는 내용이다.

그때가 대개 B.C 11세기 경으로 우리 같으면 제22대 단군왕검인 색불루(索弗婁)임검 무렵으로, 나라의 힘이 줄어들어 수도를 길림에서 영고탑으로 옮기던 무렵이요, 중동에서는 철제무기에 이력이 난 아리안이 이란고원에 나타나서 페르시아 건설의 초석을 다지던 무렵이다. 이집트에서는 쿠푸왕의 피라미드가 바야흐로 유행을 타서 제5왕조가 크고 작은 피라미드를 수도 없이 짓는가 하면, 그리스가 있는 발칸 반도에서는 트로이 전쟁이 끝난 후 새로운 문명의 기운이 태동하던 때다.

에브라임 산악지대에 엘카나라는 수브인이 있었다. 그에게 아내가 둘 있었는데 한나와 브닌나였다. 브닌나와는 달리 늦도록 자식을 낳지 못한 한나는 야훼께 간구하여 사무엘이란 아들을 얻는다. 사무엘은 태중에서부터 야훼께 바쳐졌으므로 처음부터 야훼의 사람으로 운명지워졌다. 그리고 그렇게 태어난 사무엘에게 야훼는 유대민족의 역사를 지게 한다. 그래서 이 편을 사무엘서로 한 것이다.

약속의 땅 가나안에서 원주민 블레셋 사람들을 꺾고 자기들의 기반을 갖자 유대인들은 여호수아 때부터 움이 자란 군주제를 마침내 실현하게 된다. 첫 번째 군주는 사울이다. 다른 사람 머리 위로 어깨가 드러난다는 사울은 풍채가 좋은 것 말고는 별로 내세울 것이 없는 인물이다. 그러나 야훼를 향한 신앙심만은 누구보다 앞섰으므로 야훼는 그를 선택한 것이다.

왕정시대를 열고 첫 번째 왕이 된 사울은 언약의 궤를 중심으로 백성을 결속하고 진일보한 이스라엘 왕국을 건설했으나 자기 다음에 왕이 되는 다윗에게는 못난 짓을 수 없이 한다. 소년 다윗은 블레셋 거인 골리앗을 물매에 감은 돌멩이 하나로 쓰러뜨리고 이스라엘 역사 위로 올라서는 영웅인데 그를 죽이지 못해서 안달이다. 여러 번 참회도 하고 다시는 그러지 말자고 자신을 추스르다가도 다윗이 군중의 인기를 얻는 걸 보면 문득 끓어오르는 질투심과 시기심을 주체 못하는 것이다. 그러다 그의 시대는 끝나고 야훼의 각본대로 다윗이 등장한다.

미장부 다윗은 신앙심도 깊었지만 지혜롭고 재주 있는 사람이었다. 그가 수금을 잘 타서 사울의 궁전에 들어갔다는 사실만으로노 여러 가지를 암시한 셈이다. 군사와 정치를 배우고 유능한 사람들과 교제하면서 궁중의 좋고 나쁜 점을 미리부터 알게 한 것은 그를 위해서도 유대민족을 위해서도 괜찮은 일이었다. 그는 열 두 지파의 추천으로 왕이 되었지만 백성을 섬김으로써 야훼께 순종한 가장 이상적인 왕으로 기록되고 있다.

수도를 예루살렘으로 옮기고 블레셋 사람에게 빼앗겼던 법궤—계약의 궤—를 수도로 옮겨왔다. 이렇게 해서 이스라엘 전체를 통합시킨 공로를 뺄 수 없지만 예루살렘의 왕좌를 영원토록 지킬 사람이 바로 다윗의 피를 받고 태어난다는 예언자 나단의 말씀이 훗날 예수를 통하여 증명되고 있다는 점을 중시하지 않을 수 없다. 그러나 그가 자기의 신앙심을 샘물처럼 읊어 낸 150편의 시편은 또 하나의 상아탑으로써 기록되어 있다. 종종 유대인 교회의 찬송가라고도 말해지는 이 시편은 매 편마다 거짓 없는 신앙심이 토로된 종교시이기도 하지만 훗날의 예수가 특히 시편을 사랑하여 많이 암송했고, 마지막 십자가의 절규[8]가 바로 시편 속의 내용이었다는 점에서도 깊은 의미를 지닌다.

다음은 열왕기다. 다윗이 죽고 나자 아들 솔로몬이 뒤를 잇는다. 그리고 예루살렘에다 야훼의 전을 짓고 그 전 안에 법궤를 안치한다. 또 왕궁을 짓는다. 이 두 건물을 짓는데 무려 20여 년의 세월과 노력이 든다. 다윗이 수도를 옮기어서 초석을 놓았다면 솔로몬은 그 초석 위에 기틀을 견고하게 쌓은 셈이다.

솔로몬은 지혜가 뛰어난 사람이었다. 한 번은 강보에 싼 아기를 든 두 여인이 나타나서 두 사람 모두 자기의 아이 임을 주장했다. 증인이 될 사람도 없고 누구의 아이인지 증빙될 만한 단서도 전무했으므로 어려운 재판이 될 수밖에 없었다. 그러나 솔로몬은 망설이지 않았다. 강보에 싸인 아이를

---

8)　원어로는 '엘리 엘리 라바 사박다니'였다고 한다. 번역하자면 '나의 하나님, 나의 하나님. 어찌하여 나를 버리시나이까'이다. 십자가의 혹독한 고통을 인간의 육신으로 참아내기 어려워서 토해 낸 절규로 말해진다. 흔히 이 절규에서 예수의 인간적인 너무 인간적인 연민을 느낀다고들 말한다.

두 쪽으로 나누어서 두 사람에게 나누어주라고 했다. 무사의 칼날이 치켜들리고 막 내리치려는 순간 한 여인이 안 된다고 나섰다. 그리고 자기의 아이가 아니니 아이를 통째로 저 여인에게 주라고 포기했다. 그러나 솔로몬은 아이를 포기한 여인이야말로 진짜 어머니라고 판정했다. 아기를 차마 두 쪽으로 나눌 수 없는 것이 어머니의 마음이라고 판단한 것이다. 흔히 솔로몬의 지혜를 말할 적에 자주 인용되는 사건이다.

그러나 그런 내용이 중요한 것은 아니다. 열왕기 전편을 관통하는 정신은 야훼의 백성은 다른 신을 섬길 수 없다는 내용이다. 혹 도덕적으로나 율법적으로 잘못된 것, 이를테면 남의 유부녀를 넘본다거나 돈을 부당한 방법으로 취한 것은 얼마든지 용서될 수가 있고 통과될 수 있지만, 야훼 이름이 무시되거나 소홀히 대우되면 거기에는 반드시 복수에 가까운 징벌이 따랐다.

역대기는 아담에서 시작된 유대민족의 역사가 어떤 과정을 거치면서 자라 왔는가를 되짚어 본 것이다. 주로 유대왕국의 멸망과 바빌론 포로생활, 페르시아 고레스 왕의 해방령까지의 이야기가 관심 있게 조명되었다고 할 수 있다. 그러니까 그들 민족이 야훼의 뜻에 얼마나 충실했는지, 아니면 어느 시대가 어떻게 불성실했는지 되돌아보고 야훼의 곁으로 다가설 명분을 재정립하려는 의도로 쓰였다고 볼 수 있다.

에스라와 느헤미야 역시 바빌론 귀양살이에서 풀려나 돌아와서 새롭게 조직되는 공동체 이야기를 서술하고 있다. 그러나 강조하는 뜻은 늘 하나다. 오직 유대의 신 야훼를 섬기는 것만이 살길이요 그것을 정의라고 가르친다. 또 다른 역사서인 **토비트, 유딧, 에스델, 마카베오**도 마찬가지다.

예수가 태어나기 200년경에 쓰였다는 토비트는 팔레스타인을 비롯한 중동 전체가 그리스 제국의 영향 아래 있던 때다. 따라서 백성들은 자칫 그리스 전통이나 문화에 흔들릴 수 있었다. 그런 때일수록 자기들의 신앙과 전통에 대한 가치를 재발견하지 않으면 안 되는 것이다. 유딧, 에스델, 마카오도 자기들의 신앙을 재점검하고 붙들어 두기 위해서 쓰인 것들이다.

욥기, 시편, 잠언, 집회서, 전도서를 지혜의 서라고 한다. 그리스 식민지 아래서 간섭을 받고 살던 때, 그래서 부당한 착취를 당하면서 살던 때, 유대민족의 정체성 내지 개인의 자아실현을 위해서는 참으로 솔로몬적이고도 신적인 지혜가 요구되고 있었다. 그리스 문학과 철학이 어디라 없이 판을 치고 있었고, 사회의 변두리로 밀려나지 않기 위해서는 그들의 전통과 관습을 받아들여야 되는 위기였다. 그래서 이 지혜의 서에는 그런 환경에서 난관을 극복한 이야기가 나온다. 방법은 지극한 신심 외에는 있을 것이 없다.

우스 땅의 욥은 슬하에 아들 일곱과 딸 셋이 있었고, 양이 7천 마리, 낙타가 3천 마리, 겨릿소가 오백 쌍, 암 나귀가 오백 마리나 되는 동방사람들 중 '가장 큰 자'였다. 야훼에게서 욥을 시험할 수 있는 기회를 얻어낸 사탄은 욥을 철저하게 파멸시킨다. 일곱 아들과 세 딸을 빼앗고 그 많던 재산을 다 날리게 한 후 그의 몸에 차마 눈뜨고 볼 수 없는 악창을 창궐케 한다. 냄새가 지독해서 옆에 갈 수도 없었다. 그러나 욥은 야훼를 원망하지 않았다. 잿더미에 주저앉아 기왓장으로 진물이 흐르는 상처를 긁으면서도 입에서 나오는 건 오히려 야훼를 찬양하는 말이었다. 욥은 시험을 이기고 나자 전보다 더 큰 축복이 찾아온다.

시편과 아가는 요새의 유행가나 시집에 가깝다. 그러나 내용 없는 한 시절의 유행가 따위가 실렸을 리는 없다. 공자가 주(周)나라 유행가를 정리한 것이 〈시경(詩經)〉이라면, 세종이 박연을 시켜서 정리한 당대의 음악은 아악(雅樂)이다. 그러나 여기 성서에 실린 유대인들의 시나 음악은 그것들보다 훨씬 강도가 세다. 가사 내용은 결혼축제 때나 불렀음직하지만 가사를 관통하는 신앙의 힘은 다른 가능성을 완벽하게 배제하고 있다. 시편 역시 시종 그런 신앙고백서라는 게 옳을 것이다.

잠언은 말 그대로 교훈이 되고 경구(警句)가 됨직한 짧은 말들이 모아진 것이다. 그러나 신앙심에 넘치는 솔로몬과 여타의 현자들이 주옥같은 말씀을 줄줄이 내놓고는 있지만 유대인들의 신앙을 빼고 나면 도대체 엿 한가락도 못 바꿀 만큼 쓰잘 데가 적다.

집회서, 전도서, 이사야, 예레미야, 지혜서, 애가 등도 도토리 키재기 같아서 시종 거기서거기에 닿는 것들로 천편일률의 한 맛에 한 값이다. 물론 제목이 다르고 기록한 시대나 기록한 사람이 다르니 꼭 한 맛에 한 값이라는 게 한참 무식한 소리겠지만, 요컨대 태평양 물이나 대서양 물이나 짠 것은 일반이듯, 어느 제목에 들어가도 야훼를 섬기고 기쁘게 하면 선이 되고 정의가 되지만, 야훼를 모르면 악이 되고 불의가 된다는 내용이다.

히브리민족의 기원은 범법자 집단

사막의 숨결에서 건진 종교라 유장한 강물과 초원에 기대어서 살아온 사람들이 본다면 시종 숨통이 막히는 획일적인 당위와 독선이 도대체가 엿값도 안 된다고 여겨질 것이 뻔하다. 그리고 우애와 화합으로 인류가 한 가족이 되려는 21세기에서 저런 해로운 것이 종교로 남아 있다는 것이 선뜻 이해가 안 될 것이다. 그러나 옆 사람들이 무어라고 하든 그들은 자기들의 신을 믿고 신앙을 지킨다.

이쯤에서 저들 열 두 지파의 부족이 히브리라는 하나의 민족으로 태어나는 과정을 들여다보자. 어느 사회 어느 집단을 막론하고 범법자는 생겨나기 마련이다. 이들이라고 예외가 될 수는 없다. 범법자가 생긴다. 가뜩이나 메마른 사막이다. 따라서 그들 인심이라는 것도 강퍅하고 거칠밖에 없다. 감옥을 만들고 가두고 하는 것은 먹을 것을 풍부하게 가진 초원의 전통이지 그런 인심과 여유가 그들한테 있을 리가 없다. 범법자는 집단에서 추방시켰다. 사막으로 내 몬 것이다. 그것은 죽음으로 직결된다.

그러나 모두가 죽는 것은 아니다. 용하게 살아남는 자도 있었다. 악착한 성정을 발휘하여 사막을 뒤져 방울뱀이나 전갈을 찾으면 그것을 먹으면서 견뎠지만 차츰 사람들의 천막을 엿보고 훔치면서 살았다. 그러다가 자기처럼 쫓겨난 부랑자를 만나면 따질 것 없이 한 덩어리가 되어 집단을 이루었다. 성안에서는 이들을 헤브루(hebrews)로 불렀다. '쫓겨난 자' '도망자' '훔치는 자' '제외된 자' '나쁜놈' 그런 뜻이다.

시간이 가면서 헤브루들은 점점 늘어난다. 결국은 헤브루 집단이 커지는 것이다. 예나 이제나 범법자라는 것은 성정머리가 사납고 포악하기도 하지만 겁이 없고 힘이 센 법이다. 아니면 사특한 머리가 너무 잘 돌아서 어차피 범죄를 할 수밖에 없는 자도 있다. 그런 자들이 집단을 이루었다면 그 다음은 무엇을 할지 불문가지다. 그들의 대담한 행동은 좀도둑질이나 하는 것이 아니고 떼거리를 지어 내놓고 강도짓을 하는 쪽으로 발전한다.

처음에는 외지고 눈에 띠지 않을 만한 천막을 찾아서 먹을 것을 구하지만 나중에는 마을을 통째로 터는 것이다. 살인과 방화는 어차피 그들의 생업이므로 헤브루들의 떼가 휩쓸고 가면 마을은 자욱한 방화의 연기와 살인의 피비린내가 진하게 남기 마련이었다. 그렇게 마을들은 쑥대밭이 되어가고 헤브루 집단은 점차 커지는 사이 새로운 질서가 요구되고 있었다. 신앙을 통일할 필요를 느낀 것이다.

첨에는 눈에 잘 띄지도 않았고, 띄었다 해도 그것이 문제가 될 만큼 급한 것이 아니었으므로 대충대충 넘어 온 것인데, 이제는 피할 수 없는 중대한 문제로 떠오른 것이다. 각기 다른 마을, 다른 성에서 쫓겨난 자들의 집단이라 각자의 신이 다른 것이다. 밥그릇을 앞에 놓고도 부르는 신이 다르고, 몸에 병이 나도 서로의 신이 달랐다. 약탈을 하러 나갈 때도 그렇고 가져온 전리품을 나눌 때도 각자의 신을 부르면서 하는 기도가 달랐다.

보이지 않는 신을 섬기다가 당장 살아 있는 사람들이 함께 살 수가 없는 처지를 당한 것이다. 이것은 중대한 문제였다. 그러나 헤브루들은 이 절박하고 절실한 문제를 그들답게 해결해 버린다. 가장 힘센 자가 '내 앞에 다른 신을 두지 말라'고 한 것이다. 모세가 시나이 산에서 야훼로부터 돌 판에다 받아왔다는 십계명의 첫 장은 실은 그렇게 해서 출현한 것이다. 그리고 그들 헤브루가 이스라엘 전 국토를 점령하는 날 헤브루는 히브리 (hebrai) 민족으로 태어난다.

많은 사람들이 반대할 줄로 안다. 그러나 근거가 없는 말이 아니고 그들 신학자들이 공공연하게 이 문제를 이야기한다. 히브리민족은 아브라함으로부터 시작되었다는 것을 모르지 않지만, 앞에서 밝힌 대로 구약성서가 5~6백년의 시간을 두고 끊임없이 개작되었다는 것을 배경에 세우면, 히브리 민족의 기원설은 충분히 설득력을 가질 것으로 여겨진다.

개작되지 않았다면 지금의 아랍민족도 아브라함의 자손이니 마땅히 야훼를 섬기는 민족으로 남았어야 옳을 것이다. 이치가 그렇지 않은가? 그러나 긴 세월 동안 자기들만의 전통을 점검하고 거기에 합당한 쪽으로 민족 역사를 고쳐 왔기 때문에 이스마엘 쪽은 돌아다보지 않았고, 그들이 알라 신을 섬기는 사람들이 되었어도 무방한 것이다. 이 말을 뒤집어서 하자면 야곱의 자손들도 그 동안 어떤 신을 어떻게 섬겼는지 사실은 내막을 알 수 없지 않느냐는 이야기와 통할 수도 있다.

결국 '젖과 꿀이 흐르는 땅 가나안'을 놓고도 구약의 시대부터 오늘까지 줄기차게 싸우는 당위도, 또 그 땅이 이삭의 후손인 자기들에게 야훼가 약속한 땅이라는 일방적인 주장도 어디까지가 진실이고 어디서부터 거짓인지 모를 지경으로 보는 이들을 혼란에 빠뜨린다.

성공한 민족

유대인들은 요람에서부터 어머니가 읽어 주는 구약성서를 들으면서 자란다고 한다. 동양인이 배내 적에 태교를 하는 것처럼 그들은 핏덩이 적부터 제 사막의 혼을 확인하고 다지면서 자라는 것이다. 그것만이 아니다. 국토를 주장하고부터 아랍과의 전쟁을 반세기가 넘도록 쉬지 않고 해오지만 그들의 국가예산은 국토방위 몫보다 교육비에 더 많은 몫을 할애한다고 들었다. 그리고 교육 예산의 70%를 유년기에다 투자한다는 것이다. 그러니까 가장 확실하게 유대인을 만든다는 이야기다.

역사는 기록을 잘 해 두어야 한다. 그러나 잘해 둔 기록을 지키는 것은 기록 이상의 것이다. 바로 그 점에서 유대인은 성공을 한 민족이지만 우리는 기록을 해 놓고도 지키지를 못해서 오늘 정체성이 없는 민족이 되었다고 할 수 있다. 생각해 보라. 사마천의 〈사기〉나 진수의 〈삼국지〉에 나오는 '동이열전'을 들여다보면서 자국의 역사를 알아야 하고, 왜놈 사학의 앞잡이가 쓴 원고를 교과서에 그대로 올려서 민족의 눈을 멀게 한 국민들이 과연 민족의 정체성을 논할 자격이 있겠는가.

비통한 심정으로 말하거니와 우리는 정체성이 없는 슬픈 민족이다. 사비성이 함락되던 날 그 많던 백제 역사가 불길에 싸였고, 고구려에 당나라 군대의 진흙 발이 닿던 날 고구려 역사가 없어져 버렸다. 자국민의 손으로 쓴 〈삼국사기〉가 있다 하나 추악한 모화주의 사관에서 비롯된 것이라, 그 또래 모화사상에 물든 유생들이라면 모를까 오히려 읽어서는 안 되는 것이 김부식의 기록이다. 140년 후에 일연의 〈삼국유사〉가 그런대로 민족의 정서나 분위기를 전하는 시늉을 하지만 그 역시 국토의 크기를 말하는 데서는 취해 볼 것이 없다.

04 다시 일어서는 조선반도인

살아있는 한민족의 피

나는 단기 4281년, 그러니까 해방이 되고 3년째 되던 해에 태어났다. 지금은 거짓말 같이 춘궁기가 없어졌지만 그때만 해도 진달래가 피던 봄철이면 허기를 못 끄는 아이들이 온 산천을 쏘다니며 진달래를 뜯어먹는 일이 흔했고, 시냇가에 물이 오르는 버드나무를 만나면 호드기보다도 먼저 연하게 핀 강아지 밥을 따서 볼이 미어져라 우겨 넣기에 정신이 없었다. 부드러우면서도 달보드레하게 혀 안에 감기던 강아지 밥은 먹을수록 허천나고 배고프던 진달래보다 굴풋한 창자에 무던히 위로가 되던 기억이 새롭다. 어쨌거나 진달래는 먹을 수가 있어서 '참꽃'이라는 이름을 얻었다고 했다.

지금도 나는 자운영 꽃이 붉은 전라도 봄 들판을 떠올릴 적이면 어김없이 꼴망태 메고 남의 논두렁을 하염없이 건너다보던 춘궁기의 배고픈 추억을 잊을 수가 없다. 내가 다닌 초등학교에서는 도시락을 가져오지 못하는 대부분의 아이들이 점심시간에 2km가 넘는 마을까지 점심을 먹으러 다니기 때문에 오후의 첫 시간은 늘 허성거리기 마련이었다. 작문시간에는 어김없이 등장하는 주제가 보릿고개 넘기가 마천령(摩天嶺)보다 힘들다는 것이었고.

　학용품이라는 것도 공책은 마분지 수준을 간신히 넘는 것이었고 연필은 심이 약해 부러져 나가는 것이 절반이었으며 희미해서 침을 묻혀야만 쓸 수 있었는데 너나없이 형편이 궁해 아이들은 몽당연필에다가 대나무를 잘라대기가 일쑤였다. 미술시간에 쓰는 12색의 크레용은 태반이 이름만 알고 있을 뿐 가지고 다니지 못하는 처지였다.

　해방이 되고 새 천지가 되어서 반상의 차별이 없어지자 글에 포원이 진 무식한 민중이 앞을 다투어서 제 자식을 학교로 내몰기는 하였으나 마음만 앞서 있을 뿐 현실은 더디었던 것이다. 더욱이 동족끼리 한 바탕 전쟁을 치르고 난 후였으니 그 폐허에 남은 것이 있을 리 없었다. 마음이 앞서는 곳에 쌓인 절망의 흙먼지는 당연히 좌절로 이어졌을 수밖에 없지만 당시의 한국인에겐 모든 것이 너무 어려워 보인 것이 사실이다.

　그러나 정작 큰 어려움은 뒤에서 준비되고 있었다. 대통령 이승만이 반민특위(反民特委)[9]를 해체해 버린 것이다. 그리고 친일세력들끼리 머리를 맞대고 앉아 헌법이라는 걸 만들기 시작했다. 국가의 정통성이야 기왕에

---

9)　민족 반역자, 부일 협력자, 모리 간상배를 처벌하기 위하여 1948년 9월 제헌국회가 제정한 반민족행위처벌법에 의해 국회 내에 설치된 특별위원회. 그러나 당시 친일세력을 그대로 국정에 투입하여 써먹고 있던 이승만은 이 법령의 시행을 철저히 방해하였고, 일제 경찰을 그대로 이어받은 경찰로 하여금 반민특위 주도 국회의원들과 직원들을 테러, 구속함으로써 반민특위의 활동을 무력화시켰다. 당시 순수한 민족적 자각과 기분에서 일어난 이 운동이 그대로만 갔더라면 친일세력을 청산하고 민족 살림을 시작할 수가 있었는데, 이승만이 대통령이 되고 나서 '뭉치면 살고 헤어지면 죽는다' 는 말로 국민한테 너스레를 떨고는 이 법을 무력화시켜 버렸다. 결국 친일파만 뭉쳐 살도록 나라꼴을 만든 것이다.

판이 그르게 돌아갔지만 민족의 정체성까지 참혹하게 엉망이 되는 마당이었다. 국민보건을 책임지는 의료법*이라는 것도 서양의사들 먹고살도록만 해주었을 뿐 국민의 건강 따위는 안중에 없었다. 민족 살림의 첫 단추가 잘못 끼워지던 그 어름의 대한민국은 요새 월드컵 응원처럼 신나게 외쳐댈 만한 그런 대한민국이 아니었다.

그때 우리는 공공연하게 이런 말을 뱉었다. 식칼 하나를 반듯하게 못 만드는 데가 여기 한국이라고. 그러나 이런 비아냥거리는 자조가 나오는 저변에는 반드시 그럴만한 이유가 도사리는 법이다. 반민특위가 해체되고 장차 친일파가 판을 치게 된 나라에는 아무 희망이 보이지 않았던 것이다. 배고픔과 헐벗음 속에 치러 내는 것은 여전히 착취와 수탈이었다. 해방이 되고 광명천지가 되었다고는 하나 세상이 어둡기는 이조시대에 진배없었다. 문맹자가 태반이었으니 그럴 만도 했다.

그런데 5.16이 일어나고 어쩌고 하는 사이에 차츰 보릿고개가 없어졌다. 그 시절을 돌아다보면서 박정희를 고마워하는 사람이 많다. 단군 이래의 성군이라고 추켜세우는 말까지 당시에는 있었다. 그러나 내 생각에 4.19 혁명정신을 정면으로 짓밟으면서 쿠데타를 일으킨 그가 아첨배의 말처럼 단군 이래의 어진 임금이라고 할 만큼 공적이 있는 것 같지는 않고 당

---

*   의료는 병을 쉽게 다스리고 또 값이 싸야 한다. 그래야 국민이 건강 할 수 있다. 그런데 우리 의료법은 병을 어렵게 낫게 하고, 값은 비싸게 드는 서양인들 의료법을 도입해 쓰고 있다. 현재 병원에서 하는 짓이 그렇다는 말이다. 환자를 열에 두 세명만 고쳐내는 것이 서양 의술이다. 그런데 병원에서 못 낫는 병을 거의 고쳐내는 민중의술은 아예 법으로 금지시켰기 때문에 병을 낫게 하고도 쇠고랑을 차는 것이 우리의 실정이다. 황종국의 「의사가 못 고치는 환자는 어떻게 하나」라는 책이 있다. 의료 재판을 3년 해본 재판장 황종국이 상식이 전혀 안 통하는 의료 현실을 여러 각도에서 상세하게 고발하고 있다.

시 보릿고개를 없앤 것은 순전히 국민의 힘이었다고 보인다.

국민의 높은 교육열은 스스로의 역량을 키웠고 그리하여 모든 기량이나 재능 면에서 남이 못하는 일을 우리는 능히 추어내고 소화해 냈으리라 싶어서다. 당시 남미에서 일어난 노오만의 녹색혁명 바람이 북미를 지나 유럽을 넘어서 아시아로 불어 올 때 필리핀이나 차이나에서는 다 성공을 못했지만 우리가 홀로 다수확에 성공할 수 있었던 것도 말하자면 그런 것 중의 하나가 아닐까?

독재자 박정희가 일찍이 내건 서정쇄신이란 선심도 그렇다. 중국처럼 국민이 문맹 속에 잠겼었다면 독재자는 더 할 나위 없이 다행스러워서 쾌재를 했을 것이다. 그런데 이 나라 국민은 전혀 그렇게 되어 있지가 않다. 고려의 유교정치를 지나 이조의 성리학을 거치는 동안 서민대중이 지배층한테 당한 글의 횡포가 이만저만한 것이 아니었다. 그 국민들이 해방이 되고 반상차별이 없는 새 천지가 열렸다니까 자식을 일제히 학교로 내몬 것이다. 그 결과가 오늘의 학력 인플레 현상을 낳았다고도 할 수 있다.

아무리 논두렁에서 쇠똥을 밟는 농투산이도 면소의 서기한테 무시를 당할 만큼 배움에서는 모자라지가 않다. 과거의 까막눈 백성이 아닌 것이다. 그런 국민을 상대로는 우민정책이 통할 리가 없다. 더구나 일반백성이니 노백성(老百姓)이니 소리를 듣던 시절에 체험해온 지독한 관존민비는 관의 사소한 횡포에도 자칫 침소봉대로 해석하려는 위험이 있는 판이다.

어차피 못 먹을 떡이라면 그 떡을 차라리 민중에게 나누어주고 선심이나 쓰는 것이 현명할 것이다. 독재자 박정희는 아마 그렇게 생각하지 않았을까? 이제 와서 그 속내를 까볼 수는 없는 노릇이지만 서정쇄신의 깃발은 그렇게 어부지리로 얻어낸 것이기가 쉽다.

보릿고개가 없어지면서 모든 것이 시나브로 풀리기 시작했다. 무엇보다 관청이란 데가 문턱이 낮아졌고 관료들의 부정부패도 드러나게 줄어들었다. 저 암울한 60년대와 70년대를 인권운동을 하는 쪽에서 본다면 잘못된 것 투성이겠으나 경제가 기지개를 켜고 일어나던 면에서 본다면 꽤나 긍정할 면이 있었다. 박정희는 나름으로 소신을 가지고 그 무렵의 역사무대에 올라온 인간이었다고 나는 본다.

사회가 겉으로나마 안정권에 들어서자 그 동안 위축돼 있던 내면의 힘들이 분출하기 시작했다. 맨 처음 서독에 광부로 갈 노동자를 뽑는다니까 정작 노동자는 없고 대학을 나온 사람들이 광부를 지원하고 나섰다. 60년대 후반이었을 것이다. 그때가 처음 해보는 인력수출이었는데 온 나라가 들썩거릴 만큼 굉장한 사건이었다. 프로권투에서 세계챔피언이 나온 것도 그 무렵이었다. 갑자기 자신감들이 생기고 열정들이 넘쳤다. 너 나 없이 그런 기분이 들었다.

70년대에 들어서면서는 볼만한 업적들이 있었다. 전태일 분신사건으로 상징되는 동대문 평화시장의 노동착취는 그 시절의 한 사례였지만, 그런 노동자들의 희생 위에는 백억 불 수출이라는 제법 웅장한 상아탑이 서기도 했다. 6.25 이후 매년 30억 불[10])씩을 미국 무상 원조에 기대어 오던 형편에서 일으킨 실적이었으니 가히 기적이라 할 만한 사단이었다.

그리고 나서 대기업들의 중동 진출이 줄줄이 이어졌다. 갑자기 대한민국이 세계의 한 축으로 부상하는 것 같았다. 그리고 그런 땀과 노동 뒤에는 어김없이 한국인의 우수한 창조성과 놀라운 기술력이 입증되어 세계를 감

---

10) 당시에 우리가 받는 무상원조 액수가 그랬다. 황금으로 계산하면 꼭 트럭 한 대 분량이라는 기록을 〈신동아〉에서 읽은 기억이 난다.

탄케 하고 있었다. 맨손뿐인 우리에게 밑천이 있었다면 아마 하늘이 내린 창조성이리라. 이것은 조상님의 혼으로부터 내림한 세계의 어느 민족도 가지지 못한 우리만의 독창성이다. 아득한 시절 신시에서부터 흘러 온 '홍익인간' 정신이요 '재세이화'의 푯대로 기억되고는 있지만, 사실은 그 윗대 한인 할아버지 시절부터 우리의 핏대에 흐르기 시작했을 민족혼이다. 또 장차는 각박해지는 인류 살림을 평화와 박애정신으로 먹여 살리는 양식이 될 것임에 틀림없다.

우리들 핏대 속의 이 면면한 가능성은 이미 세계인이 깊은 관심을 가지고 주목하고 있다. 6.25 이후 폐허에서 일으켜 세운 경제대국으로써의 면모가 그럴 만은 하지만, 다방면에 걸친 여러 성과는 '식칼 하나를 반듯하게 못 만들던 여기 한국⋯'을 어느 나라 공산품보다 국산품이 우수하여서 국산품을 먼저 찾는 자부심으로 바꿔 놓은 것이다.

특히 30년을 두고 기능올림픽을 휩쓰는 데에는 세계가 경이적인 놀라움을 가지고 바라보지 않을 수가 없었다. 도대체 저들이 누구냐는 것이다. 솜씨로 하는 것이면, 손재주를 부리는 것이면 도저히 한국인을 따라잡지 못한다는 것이 기능올림픽 때마다 확인되는 추세에 있다. 하긴 2차 대전 때에도 그런 일이 있기는 했다.

당시만 해도 소총이 큰 무기여서 소총 생산에 심혈을 기울일 때였다. 소총은 총열이 생명이다. 그런데 군국주의 일본이 소총 열을 생산하는데 일본에 머리 좋은 젊은이를 6개월간 교육해서 쓰는 일을 조선의 젊은이가 3개월이면 마스터하는 것을 보고 내심 불안을 삼추지 못했나는 것이나. 같은 무렵 만주에서 중국 팔로군이 험한 유격훈련을 받으면서 짧은 시간에 험한 코스를 다 돌다 보니 연일 안전사고가 끊이지를 않고 있었다. 그런데 같은 장소에서 훈련을 받으면서도 조선인은 단 한 건의 사고도 당하지 않았다고 한다.

70년대 세계 프로 권투를 한국이 석권했던 일을 기억하고 있다. 10체급에서 챔피언이 세 명 네 명이 끊이질 않고 있었다. 그리스 시대부터 서양인들은 권투를 하고 레슬링을 해온 사람들이다. 그리스 신화에 나오는 신들의 경기에서 벌써 그런 종목이 나오고 있기 때문이다. 그런 무대에서 해방 전후에 레슬링과 권투를 시작한 우리가 불과 수십 년의 경험을 가지고 세계를 제패했다는 것은 역시 타고난 체력과 기량이 아니고는 안 되는 일이다. 그렇게 생각하면서 올림픽 경기의 각종 메달 종목을 한 번 떠올려 보라.

시작만 하면 금메달이 우리 차지가 되는 양궁은 우리가 이족(夷族)[11]이어서 활의 감각이 지금도 피에 흐르고 있어서라고 치자. 핸드볼은 시골 노

---

11) 큰 활을 가진 민족이라는 뜻으로 우리를 가리키는 고유어가 되었다. 공자가 〈춘추〉를 편찬할 적에 동이(東夷), 서융(西戎), 남만(南蠻), 북적(北狄)이라 하여 중국을 에워 싼 사방의 민족이, 창처럼 모질고(戈), 벌레처럼 아둔하고(虫), 들개처럼 사납고(犭) 하여 문화가 없음을 멸시하였는데, 오직 동쪽에 민족이 큰 활을 가지고 산다 하여 우수한 민족으로 천명한 바 있다. 왜 큰 활을 가지면 문화민족이 되나? 활은 단순한 사냥도구가 아닌 인격연마의 수단인 탓이다. 옛 글에 활을 세 번 당기어서 다 맞추지 못하면 반드시 그 자세에 문제가 있음이니 스스로 자세를 살피라고 한 것이 그것이다.(三矢不中必反軀) 공자가 살던 당시 중국 사람의 활은 그 크기가 2자 5치 화살이 1자 8치였다. 거기에 비하면 우리 활은 활이 10자 5치에 살이 10자 2치였다. 우리 민족을 가리켜서 이족이라 할 만 했던 것이다. 활이 컸다는 것은 이 사람들이 무언가 활과 가까운 생활을 했었다는 뜻이지만, 국궁에 비하면 양궁은 감각 면에서 비교가 안 된다. 우선 활 한 바탕의 거리가 140m이다. 양궁은 고작 40m이다. 옛 사람은 활 바탕의 거리로 리(里)의 단위를 삼았으니 1리가 400m, 10리가 4,000m 곧 4km였던 것이다. 양궁은 가늠자가 달리고 무슨 바람 조절기가 달리고 해서 흡사 소총을 조준하듯 해서 쏘지만, 국궁은 순전히 손의 감각에 의존하는 그야말로 진짜 활의 감각이 아니고는 안 된다. 그런데 그런 활의 후예가 가늠자 달린 활로도 메달을 놓친다는 건 아무래도 이상하다.

인네들은 잘 알지도 못하는 비인기종목이다. 배드민턴이 그렇지만 펜싱도 그렇다. 그런 것들이 있는 줄조차 잘 모르고 있었는데 금메달이 나왔다. 금메달을 쉽게 생각할 일이 아니다. 그런 것을 거국적으로 좋아하는 소위 종주국이라는 데서는 국민 모두가 그 스포츠에 대한 관심이 유별난 법이다. 국민 스포츠이기 때문에 우선 선수층이 두껍고 그 스포츠에 대한 이해력이 높다. 따라서 경기장이 많고 시설이 잘 되어 있는 것도 간과하지 못할 점이다. 또 관심이 지대하기 때문에 열의와 선수의 사기가 직결되는 응원에서 같을 수가 없다. 그런데 인기종목도 아닌 나라에서 그런 종주국을 제치고 금메달을 딴다는 것은 거의 기적에 가깝다.

특히 탁구에서 중국을 넘어선다는 게 그렇다. 탁구 인구만 해도 한국민 전체보다 많은 수가 라켓을 들고 있는 데가 중국이다. 그 중에서도 탁월한 기량을 가진 사람을 고르고 골라서 선수로 뽑는다. 그런 중국이 왜 새 발의 피나 다름없는 조그마한 한국에게 막상 라켓을 들면 쩔쩔매는가.

우리에 비하면 일본은 돈도 많고 인구도 많다. 결국 선수층이 두껍다는 이야기지만 거기에 선수를 키우는 열정은 더 크다. 오랜 역사를 가진 야구의 실례를 보자. 한 사람 선수를 발탁하는 데도 그들은 혼신의 힘을 기울이지만 일단 뽑힌 선수를 키우는 데는 더 땀을 쏟는다. 야구만 그런 것이 아니라 선수라면 일단 충실히 키우고 보는 것이 그들 국민성이다. 과거 우리나라 바둑 기사들이 모두 일본에서 공부하고 커 왔다는 걸 생각해 보라. 자기 편 소속이 아니라 하여 선수를 방해하거나 훼방하는 우리나라와는 다른 것이다.

그런 일본이지만 2006년 미국에서 처음 개최한 월드야구 대회에서조차 한국을 이겨 보지 못했다. 30년간은 일본을 이길 수 없다는 생각이 들게 해주겠다고 호언장담을 했지만 결국 망언이 되고 말았다. 야구뿐이 아니다. 축구도 그렇고 권투도 그렇고, 조그마한 한국한테 무엇 하나 마음대로 이겨 보지 못한다. 일본의 야구경기장이나 빙상경기장은 한국에 비교할 바가 아니다. 우리는 그들에 비기면 동네 경기장 수준을 넘지 못하리라는 것이 대체적인 평가다. 그런 조건에서 연습을 해 가지고 시합에 나가는데 나가면 일본을 이기는 것이다. 그것은 조선인 피의 감각이 일본인에 비해 월등 앞서는 것이 있어서 그렇다.

올바른 역사는 민족자존을 위해 쓰여져야 한다

우리 조상님들은 일찍이 여기 동방에다 첫 문명의 횃불을 올리고 인류의 살림에서 무지의 어둠을 몰아낸 이들이다. 머리를 들어 천문을 살피고 고개를 숙여 지리를 살핀다. 머리 위에 하늘과 발 밑에 땅을 예사로 보지 않았다는 뜻이다. 한없이 단순하고 간편한 짓이요 쉽고도 질박한 일상의 모습이지만, 그렇기 때문에 추호의 거짓도 통하지 않는 신명과의 직접적인 교감이 거기에서 이루어졌던 것이다.

그리하여 그것이 사람의 살림과 어떤 연관을 갖는지, 그리고 사람이 거기에 어떻게 순응해야 하는지 지혜를 짰던 것이다. 하늘이 덮어 주고 땅이 실어 주는 은택 속에 살면서 그 질서와 숨결에 위배되지 않고자 무던히 애를 쓴 것이다. 그러다가 때로는 점을 쳐서 신명의 뜻을 묻고 때로는 제사를 지내서 인간의 정성을 보임으로써 모자라는 허물을 가리고자 했던 것이다.

우리의 핏대 밑을 흐르는 피에는 유구한 세월을 그렇게 자연과 합일하면서 살아온 가락이 켜켜이 쌓여 있다. 때로는 28수의 별을 보면서 하늘의 호흡을 추스르던 시절이 있고, 때로는 십간(十干) 십이지(十二支)로 천지의 숨결을 고르던 시절의 기억이 들어 있다. 일만 팔천 세를 살았다는 천황씨를 이야기하고, 사신인수(蛇身人首)의 복희씨를 논하고, 시절이 좋으면 공·맹도 괜찮지만 어쩌다가 어수선할라치면 토정(土亭)[12]이 나오고 정북창(北窓)[13]이 나오고 송구봉(龜峰)[14]이 나온다. 참으로 어쩔 수가 없

---

12) 토정비결로 유명한 이지함의 호다. 이름보다 호로 더 알려진 것은 그의 토정비결이 민간에서 갖는 친근감 때문일 것이다. 실제로 그는 음양, 수리(數理), 의약, 복서(卜筮), 천문지리에 밝았다고 한다. 이것은 그가 당시 주류를 이루던 성리학이 외면한 민족학문에 더 천착했음을 의미한다. 생애의 대부분을 마포강변의 흙담집에서 지냈기 때문에 그런 호가 생겼다지만, 선조 6년에 포천현감이 되었다가 임진강의 범람을 예견하고 많은 인명을 구제한 것은 그의 학문이 실사구시에 있었음을 말한다. 당대 성리학의 대가 조식이 마포 흙담집에 우거하는 그를 찾아보고 도연명에 비유하였다는 말은 유명하다.

13) 조선 중종 때 내의원제조 정순붕의 아들인 정렴(鄭磏)의 호. 이 사람도 역시 이름보다 호가 세상에 알려진 인물이다. 천문지리와 음양술수에 밝았는데 자기가 누릴 천수가 73세인 것을 명이 짧은 친구에게 30년을 나눠주고 43세로 타계해 버렸다. 죽기에 앞서 자기의 장례에 쓸 만장을 손수 써놓고 죽었는데 '하루에 천 잔의 술을 마시고, 일생에 만 권의 서책을 읽었다. 복희씨 이전의 일만을 입에 담고, 세상사는 종래로 입에 올리지 않았다. 안회는 삼십에도 아성이라 일컫는데, 나는 한 것 없이 오래 살았다.(一日飮盡千鍾酒 一生讀破萬卷書 高談伏犧以上事 俗說從來不掛口 顔回三十稱亞聖 先生之壽 何其久)' 그러나 아비 정순붕이 을사사화의 공로로 유관(柳灌)의 가족을 적몰하여 노비로 삼았을 때, 갑이(甲伊)라는 여종이 주인 유관의 원수를 갚으려 한 음모에 걸려 갑이를 멋모르고 침실로 가까이 하다가, 마침내 배꼽에 멧돼지 갈기를 박고 죽는 것을 막지 못했으니, 하늘이 허락한 노릇은 그로서도 불가항력이었던가?

14) 율곡과 동시대를 살았던 천민 출신의 성리학자 송익필의 호다. 일찍부터 신분에 한계를 느껴 초시를 한 번 본 후로는 과거를 단념하였다. 그의 문하에서 김장생, 김집, 정엽, 서성, 정홍명, 강찬, 김반 등의 학자가 배출되어 문벌이 제법 일가를 이루었는데도 세상에서는 한사코 한미한 일사(逸士)로 말하고자 하는 것은 재능을 가지고도 등용되지 못한 당시 사회제도를 심판하는 기분이 들어 있었다고 본다. 항간에서 임진왜란을 김덕령한테 맡겼으면 3년, 정평구한테라면 3개월, 송구봉은 3일 걸러서 끝냈을 것이라

는 피의 까닭이요 우리로서도 미처 모르는 울림의 가락이다.

마을 앞에 장승을 세우고 검줄을 늘여 검님 샌님을 찾으면서 빌어 온 민족이다. 세월이 수상하면 갑자기 십승지(十勝地)가 회자되고 병마가 액을 몰고 오면 여전히 무당굿을 한다. 도참은 시도 때도 없이 유효하고, 부적이나 주문은 현대의학의 뒷전에서 충실하게 숨을 쉰다. 마치 자기들이 매도한 민중의술*을 힘 있는 자리에 있는 관료일수록 쉽게 불러서 쓰고는 이내 돌아보지 않는 것처럼, 현대과학의 뒤안길에는 우리의 초기문명이 그렇게 천대받는 모습으로 그러나 여전하게 살아 있는 것이다.

그런 살림살이의 흔적이 아직도 남아서 우리는 어떤 경우 역경(易經)을 논하고 천부경을 아는 체 한다. 그러나 얼마나 알아서가 아니다. 경전에 대한 기억마저 확실한 것도 아니다. 다만 단군의 자손으로 아직 이 땅에 살고 있다는 증표가 사대와 외세에 탁해질 대로 탁해진 피의 원초적 일을 그렇게나마 하고 있는 것이다.

문명의 실패꾸리, 혹은 문화를 감는 실패꾸리는 그것을 일구는 데 든 경험과 세월을 바탕으로 하기 때문에 일단 경험된 것이거나 지나온 것은 되풀이되거나 다시 푸는 법이 없다. 그것이 역사의 버릇이다. 언제나 익숙한 경험이어서 손에 익은 대로 저절로 실현이 가능할 뿐이다. 동시에 그 실패꾸리는 뒤로 갈수록 감기는 양이 많게 마련이다. 따라서 끝날 무렵 반 바퀴

고 하는 것도, 그 말이 실효성이 있어서가 아니라 불운 속에 살다간 그들을 동정해서 생겨난 말일 것이다.

*   우리들 고대의 민중의술은 서양 의술이 전혀 모르는 경락(經絡)을 알고 있다. 우주의 사계의 호흡이 있듯 사람의 몸에도 일정하게 흐르는 정기(精氣)의 법칙이 있다고 본다. 흔히 12경락이라 하는데, 신경계통의 병을 쉽게 고치는 것이 바로 경락의 이해에서 나온다.

나 한 바퀴는 시작할 때의 서른 바퀴 스무 바퀴에 해당하고 중간의 아홉 바퀴 열 바퀴와 맞먹게 된다. 인류의 문명이 처음에 시작될 때에는 천년이나 백년의 세월로도 진보가 더디었지만, 오늘날에는 10년이나 1년을 가지고도 능히 강산을 변케 한다는 말이다.

서구과학이 순수한 우리 피를 함부로 휘저은 것이 이미 오래다. 그 이전에 문적이 없는 우리 역사를 마음껏 매도하고 날조한 일제의 식민사학이 있었고, 자국에서 우리의 손으로 스스로 깎고 줄인 〈삼국사기〉 같은 사대주의 역사가 번성했던 탓으로다. 우리 같이 오랜 역사를 지녀 온 민족이 문적이 없어서가 아니다. 여러 차례의 전란으로 소실되고, 〈삼국사기〉 때문에 없어지고, 식민 시절에 아주 씨가 져서 없어진 것이다.

뿐이 아니다. 어쩌다가 불구덩이에서 살아 나온 벌레처럼, 맷돌에서 좀 살아나듯 살아남은 문적이 있으면 그것을 귀하게 여겨서 민족 본래의 모습이 어떠했는지 살펴보자는 생각은 없고 제 감각에 맞지 않는다 싶으면 사정없이 위서로 매도하는 어리석은 횡포를 서슴지 않는다.

작금에 〈훈단고기〉라는 서책이 있다. 일제가 조선사편수회[15]를 만들

---

15)   1919년 '기미만세사건'이 일어나자 일제는 억누르는 무단정치에서 어루만지는 문민정치로 방향을 전환한다. 그 과정에서 조선사편수회가 만들어지는데 조선인의 정신을 조상에 대한 환멸과 멸시의 생각으로 개조하는 것이 일차 목적이었다. 그러기 위해서는 무엇보다 조선의 역사부터 고쳐져야 한다. 그렇게 생각한 일제는 1938년까지 모든 수단을 동원한다. 그리하여 1922년부터 본 기관을 설치하고 조선의 서책을 쓸어들이는 한편, 회장, 고문, 위원, 간사로 기구를 구성하였다. 당시 조선인 고문으로는 이완용이 있었으며 이병도는 수西龍의 촉탁보조원이었다. 그 시절 조선사편수회가 조선역사에 손을 댄 것은 두고두고 한스러운 일이다. 특히 한사군과 삼한(三韓)에 대한 기록들이 그러하다.
본래 삼한은 옛 고구려 영토를 넘어서는 거대한 지역으로, 요녕성은 불한, 길림성과 흑룡강성 일대를 신한, 두만강 압록강 이남이 말한이다. 한사군도 오늘의 난하를 중심 한 만주 일원에 있었다. 그것들을 모두 압록강 이남에 있었다고 조작해 놓은 것이다. 이외

어서 이 땅에 책을 그물질하기 전에 계연수란 분이 민족의 뿌리 될 만한 글 조각을 어렵게 모아 엮어 낸 책인데, 이 기막히는 기록을 한사코 위서로 주장하는 세력이 있다. 그들이 누군가? 바로 조선사편수회에서 일본의 개 노릇을 했던 이병도의 세력들이다.

역사의 잿더미에서 건진 몇 낱 안 되는 불씨니 만치 잘만 하면 이 불씨를 살려서 모화사대주의를 몽땅 불살라 버리고, 어엿하고 미끈한 우리의 본래 기상을 다시 추스러서 세울 수도 있을 터요, 친일파들이 주장하는 엉터리 거짓말과 미친 짓거리들을 정리할 기회로 삼을 만도 하련만, 바로 그렇기 때문에 그들은 더러운 야합으로 진실을 짓밟는 것이다.

그들은 또 말할 것이다. 학문의 자세는 막연한 추론이나 기분을 앞세우기보다는 분명하고 확실한 실증적 증거에 의한 주장이 받아들여지는 법인데 재야사학자들의 주장은 실증적 증거가 없는 것들이라 받아들일 수가 없다고. 그러나 그들의 실증이라는 건 이른바 대학이라는 공인된 데에서 얻어들었다는 것 말고는 더 이상 검증된 것이 없다.

우리는 그 대학이란 데가 바로 이병도의 아류들이 모인 곳이요, 지금도 우리 역사를 일본에 가서 배우고 일본 대학에서 석사 박사를 해오는 자들에 의해 이루어지고 있는 집단에 불과하지, 옳게 학문적 정통성을 인정할 수 있는 데는 아니다. 실증사학이라는 허울 좋은 말은 한갓 그들끼리 나누는 헛된 명분일 뿐 천하의 대의는 아니라는 이야기다.

그렇다면 무엇으로 역사의 정통적인 푯대를 삼을까? 그 민족자존을 위

___

에도 통탄할 것이 '고조선 문제' '부여와 옥저 및 동예' '패수고' '몽촌토성고' '가락국사'가 몽땅 이병도 이름으로 발표되었다. 이병도는 "일정시대의 이야기지만 —조선사편수회 내에서의 이야기일 것이다— 나의 새로운 문제 제시와 새로운 학설이 연달아 발표되자 모 일본인 학자는 '반역아'라는 웃음의 말을 한 적이 있다"고 너스레를 떤다.

해 쓰인 역사라야 올바른 정통성이 된다 할 수 있다. 동시에 역사는 그냥 사건을 단순하게 기록만 하는 것이 아니다. 쓰는 사람의 심지와 생각이 들어가서 비로소 역사를 역사로서 아울러 내는 것이다.

그것이 '춘추필법'의 대의다. 일찍이 공자가 그런 선례를 남긴 일이 있지만 누구도 자기 국토와 자기 민족의 자존을 비켜서서 역사를 쓴 일이 없기 때문이다. 또 생각해 보면 어차피 그 일을 위해 쓰일 수밖에 없는 것이 역사이기도 하다. 차제에 춘추필법이라는 말이 무엇을 가리키는 것인지 뜻을 한 번 캐 보자.

〈춘추〉[16]는 공자가 집필해서 만든 노(魯)나라의 역사다. 그러니까 은공(隱公)으로부터 애공(哀公)에 이르는 12공들의 242년에 걸친 편년체 역사다. 당시 역사는 궁중 사관(史官)들의 독자적인 직무에 해당했기 때문에 사관이 아닌 공자가 역사에 손을 댔다는 것은 엄밀하게 말하면 주제넘은 짓이었다고 할만 하다. 그러나 평소 분수에 맞지 않는 말과 행동을 경계한 공자가 분수를 넘어선 짓을 했다면 필시 까닭이 있을 것이다.

그랬다. 공자는 당시의 사관들이 전혀 생각지 못한 역사의식과 가치관을 가지고 첨삭을 가함으로써 단순한 궁정 연대기가 아닌 춘추필법을 창출한 것이다. 공자는 확실하게 천하의 명분을 바로 세우고 인륜을 밝히려

---

16) 시간이 봄과 가을로 서로 바뀌어 옮기는 것을 상징한 말로 '1년간' 이란 뜻인데, 주(周) 왕조 이후 편년체 역사를 기술하는 상징어가 되었다. 〈오월춘추〉〈여씨춘추〉〈십육국춘추〉 등이 그런 예이다. 그러나 공자가 〈춘추〉를 지은 후로는 오직 노나라의 역사를 지칭하는 말이 되어버렸다. 누구도 두려워하지 않는 그 서슴없는 직필 때문이었다. 그 직필 속에는 공자 특유의 주관이 숨을 쉰다. 그가 역사에 '첨삭'을 한 것이 그렇다. 역사에서 '춘추'를 말할 때는 공자의 '첨삭필법'을 의미한다. 그러나 그 첨삭필법에는 '자국의 이익을 위해서' 라는 또 하나의 원칙이 있음을 알아야 한다.

하여 〈춘추〉를 쓴 것이었다. 도덕이 땅에 떨어지고 난신적자가 횡행하는 시기에 그런 그릇된 세태를 보면서 한숨이나 끄는 것은 자기답지 않은 일이라고 그는 생각했을 것이다.

그러나 공자도 감출 것은 감춘다. 아니다. 바로 감출 것은 감추고 부풀릴 것은 부풀리기 위하여 사관도 아닌 자신이 직접 나섰다고 해야 옳다. 그러자면 첨삭이 필요할 수밖에 없었던 것이다. 그는 자기 조상의 역사에 부끄러운 일이 있어서는 안 된다고 생각했다. 그리하여 다섯이나 되는 임금이 시해 당한 것에 대해서는 미끈하게 접어 버렸다. 내쫓긴 왕도 있었지만 당연히 은폐했다. 그리고 나서 세상이 떠들고 일어날 것을 의식했던지 입가심으로, 사회가 존경하는 사람과(尊者) 세상에서 어질다고 칭송하는 분(賢者)과 제 어버이 되는 이(親者)는 허물될 만한 것을 말하지 않는 것이 예라고 아주 못을 쳐버렸다.

그가 말한 예는 곧 군자가 지켜야 할 당시 사회의 율법이었다. 그래서 공자가 확실하게 지적하고 모범의 효시가 된 이 춘추필법의 정론은 후세로 오면서 그대로 역사의 붓을 든 사관들을 고정관념으로 길들인다. 〈사기〉를 집필한 사마천, 〈전한서〉를 쓴 반고, 〈후한서〉의 범엽을 이으면서 차분히 정비된 버릇은 〈자치통감〉을 남긴 사마상여나 〈삼국지〉로 유명한 진수에게 닿으면 당위가 되어 버린다.

그들은 어떤 경우에도 제 나라의 치부는 숨기는 역사를 쓴다(爲邦避陋). 언제든지 저는 높여서 말하고 상대는 낮춘다(自尊他卑). 또 제 일은 상세하게 말하지만 남의 일은 대충하고 넘어간다(詳內略外). 이러니 중국 역사를 읽다 보면 세상이 마치 중국이란 나라를 위하여 있는 것 같은 기이한 착각에 빠질 수밖에 없다.

역사 광복은 온다

이제 본론으로 돌아가자. 그러니까 무슨 말이냐? 천하의 난신적자를 벌벌 떨게 했다는 공자의 춘추필법이 결국은 제 국토의 자존을 위해 쓰였다는 말이다. 공자가 〈춘추〉에서 그런 모범을 보이자, 그것이 역사를 쓰는 당위가 되어서 후세의 역사가들이 모두 공자의 전철을 따랐다는 말이다.

그런데 이 국토에서 실증사학을 자처하는 자들은 대체 어느 국토의 자존을 위해 역사를 한다하는 자들일까? 말마다 일본학자의 학설(?)을 끌어다 대고 대목마다 그들의 말을 인용할 뿐 우리 쪽 기록은 쳐다보려고도 않는다. 도대체 왜 그러는 것일까? 설사 배운 것은 더럽게 배웠다고 해도 그 감각을 옳게만 쓰자 하면 제 심장에서 뛰는 피의 고동을 듣겠는데 그런 양심의 가책도 없더라는 말일까?

도대체 단군의 국토에서 나온 단군의 기록을 두고 미심쩍다 하고 단군의 기록이 아니라고 한다면 일본의 학자가 일본의 입장에서 하는 소리는 과연 신빙성이 있다는 것일까? 그런 그들의 주장이 옳다고 한다면 그것은 결국 일본을 위한 역사요 왜놈을 돕는 변두리 역사가 될 뿐이지, 제 주장 제 줏대로 저를 위해 쓰는 역사는 아닐 것이다.

나무는 보면서 숲은 보지 못한다는 말이 있거니와 그들은 숫제 눈을 감아서 숲을 아예 보지 않으려 한다. 그렇다면 나무든 숲이든 간에 처음부터 관여를 않는 것이 차라리 옳을 것이다. 책이란 베끼는 과정에서 한 두 글자가 원본과 자칫 달라지는 것이니 워낙 많은 글자에서 실수가 있을 수밖에 없어서일 테요, 더러는 원본의 뜻을 더 살릴 요량으로 필사자가 일부러 글자를 바꾸기 때문일 것이다. 더욱이 수백 년 전의 문적을 베낄 때에는 언어의 풍속이 자주 변하고 여러 번 굴절하기 때문에 확실한 뜻을 전달하자면 필사자의 재량에서 그런 일이 비일비재했을 것이다. 이제 〈훈단고기〉 안에 몇 개의 단어가 '문화'니 '산업'이니 하는 옛 시절에 없던 말이 들어 있다 하여 그것을 꼬투리 잡아 전체를 부정하겠다니 도대체 그 배짱이 어떻게 생겨서 그런 것일까?

이병도가 어떻게 살았고 내 국토 내 조국의 역사를 해롭게 하는 일에 어떻게 앞장 서 왔다는 걸 안다면 그한테 배웠다는 사실만으로도 부끄러움을 느낄 터인데, 그와 한 가지로 주장이 굳센 것은 이 국토가 여전히 친일세력이 활개를 치는 광복이 안 된 국토여서 그것을 믿고 그럴 것이다. 그러나 광복은 온다. 사필귀정이라 일러 오지 않는가.

그들은 평안남도 대안시 덕흥리에서 고구려 고분이 발굴되었을 때처럼, 또 요하 넘어 요녕성에서 우리의 옛 무덤이 발견되었을 때처럼 억지와 떼거지로 맞서려고 할 것이다. 고구려 고분에서는 우리들 삼한 시절 강역의 한계가 단재가 말한 그대로였는데, 저들은 할 말을 못 찾아 그 앞에서 침묵했고, 요녕성 고분에서는 버젓한 조선의 복색이 그대로 출토되어 중국의 고고학자들조차 거기가 조선의 국토였음을 인정하는데, 유독 한국의 실증사학자라는 자들은 조선의 복색이 아니라 지나의 복색이라고 우기는 해프닝을 벌렸었다.

그러나 그런 억지는 오래 가지 못하는 법이다. 우선 그들의 양심이 아주 없는 것은 아닐 터이니 언젠가는 제 양심의 무게에 주저앉는 때가 있기도 할 것이지만, 대명천지에서 버젓하게 일어나는 노릇이란 언제까지 손바닥으로 다 가릴 수가 없는 법이니 말이다.

둘째
마당

잃어버린 역사

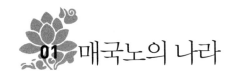

01 매국노의 나라

불타버린 사적

어느 시대에나 전쟁은 있었다. 전란의 화마가 휩쓸고 지나간 곳에는 견디나는 것이 없다. 특히 찾으려는 목표물이 있어서 군대를 일으킬 때 그 군대는 목표물을 찾기 마련이고 그 표적이 나타날 때에 어떻게 되리라는 건 불문가지다. 일찍이 고구려에 그런 전쟁이 있었다. 고구려의 서책을 노리고 당시 위(魏)나라의 관구검(毌丘儉)이 쳐들어온 것이다. 제11대 동천왕 18년이었다. 수도인 환도성이 함락되고 임금이 황초령을 넘어 피난을 하는 위급한 상황이었지만 국토를 넘본 본격적 침략이 아니었기 때문에 저들은 그들이 노린 전리품을 잔뜩 싣고 물러갔다.

책을 얻기 위해서 일으킨 전쟁이 있었다고 한다면 상식적으로 믿으려고 안 할 것이다. 그러나 서토인(西土人)들이 조선의 문적(文籍)에 대해 탐착한 연원은 실로 오래다. 전쟁을 일으킬 수밖에 없는 까닭이 그들로서는 충분했다고 할만 하다. 그리고 그 연원을 추어 올라가면 놀랍게도 공·맹에 닿는다.

그것이 그리된 연원은 차차 살피기로 하자. 그들은 그 책을 저본으로 하여 본격적인 '동이전'[1]을 쓴다. 전쟁을 해서 훔쳐간 책을 밑천 삼아 그 나라의 역사를 썼다고 한다면 읽어보지 않아도 그 나라를 위하여 쓴 것이 아니라 제 나라의 이익을 위해 썼으리란 걸 알만 하다. 그 선입감은 맞다. 그들이 그렇게까지 해서 훔쳐간 책으로 우리 역사를 썼다면 그들로서는 그만한 당위가 있는 것이다.

　그런데 책을 도둑맞은 우리는 한심하게도 그들의 기록을 기초해서 우리 역사를 이야기한다. 그것이 〈삼국사기〉 이후 우리 역사요 해방 이후의 우리 꼴이다. 그러면서도 거기에 대한 부끄러움도 없다. 왜 우리가 그들의 서책 속에 자구(字句)를 파다가 우리 쪽 역사를 보게 되었는지 생각해 보는 사람도 없고 오히려 그것을 당연한 듯이 여긴다.

　가령 우리 역사에 낙랑, 현도, 진번, 임둔이라고 하는 소위 한사군이 있다. 시기적으로 앞선 사마천의 〈사기〉에는 낙랑, 현도, 진번, 임둔이라는 이름이 없고 홰청, 기후, 평주, 추저를 한사군[2]으로 기록한다. 그것도 한반

---

1)　단재의 〈삼국지〉 동이열전 교정(東夷列傳校正)에 의하면 위진(魏晉)시대의 사관 진수가 〈삼국지〉를 짓는데 거기에 처음 동이전이 들어가게 되었다고 한다. 그 내막을 보게 되면 동천왕 때 관구검이 훔쳐간 책이 저본이라는 것이다. 물론 범엽이 지은 〈후한서〉에도 '동이열전'은 들어 있다. 그러나 범엽은 진수보다 백여년을 늦게 태어나서 남북조시대를 살았던 사람으로 진수의 〈삼국지〉를 바탕으로 동이열전을 지어서 후한서에다 꽂았기 때문에 효시는 진수일 수밖에 없다는 주장이다.

2)　위만조선을 멸한 한무제가 그 땅에 두었다는 한나라 영토. 그러나 사마천의 기록에는 상식으로 납득이 안 되는 석연치 않은 구석이 많다. 당시의 위만조선은 오늘의 난하를 경계로 한나라와 대치하고 있었다. 중앙정부와 워낙 멀어서 그쪽 지역은 포기하다시피 했던 곳으로, 위만이 한나라로 오는 조공의 길만 막지 않았다면 아무 문제가 없었을 것이라는 게 사마천의 주장이다. 그러나 위만조선은 멸했다 해도 결국 중앙정부의 명령은 통해질 것 같지 않아 그 일에 공로가 있는 사람들한테 네 조각으로 쪼개서 봉토를 했다는 게 〈사기〉 내용이다.

도 내륙에 있었다[3)]고는 말한 일이 없다. 압록강 이북의 만주벌 깊숙이 있었던 이름이다. 그러던 것이 사마천을 지나서 반고의 〈한서〉에 이르면 낙랑, 현도, 진번, 임둔이라고 이름이 나타나기는 한다. 그러나 지역에는 거짓말이 없다. 〈한서〉 '지리지'에 낙랑과 현도를 오늘의 북경에서 오히려 가까운 난하(灤河)와 만주의 서북쪽에 있는 대능하(大凌河) 지역으로 설명했기 때문이다.

그러던 것이 어이없게도 우리들 교과서에서 낙랑, 현도, 진번, 임둔으로 열거되면서 한반도 내륙에 한사군이 있었다고 기록된다. 우리 역사를 줄일 목적으로 서책을 훔쳐 간 서토에서도 그렇게까지 엉터리로는 차마 생각지 못한 노릇을 조선 사람이 나서서 손수 해주었기 때문이다.

그것이 바로 일제 강점기에 이병도 이름으로 발표된 한사군이요, 이런 것이 식민사학인데 광복이 되고 난 지금도 그것이 여전히 옳은 것으로 주장되고 있다. 생각해 보라. 공룡만큼이나 컸던 자국의 역사를 한사코 도마뱀으로 깎고 줄이자는 자들은 우리 집 얼간이들 외에는 없다. 일본인도 서토의 지나인도 다 자기네 조상은 훌륭했다 하고, 지나간 역사는 없는 것도 있었다며 과대포장으로 부풀려서 뿌리를 북돋운다.

자국의 역사를 그렇게 만들고 싶은 것은 공자의 춘추필법을 말하지 않아도 사람의 본성이다. 사람이 제 할아버지 할머니를 좋게 말하고 제 집안

---

3)   오늘의 북경에서 가까운 난하(灤河)의 이름은 당시에는 패수(浿水)였다. 한나라가 위만조선을 멸망시키고 그 땅에 한사군을 두었다고 했으면 위만조선의 땅에서 한사군을 찾는 것이 마땅하다. 그런 한사군의 위치를 두고 낙랑을 대동강 유역에서, 진번을 자비령에서, 임둔을 함경남도에서, 현도를 압록강의 중류인 동가강(冬佳江) 유역에서 찾는 것은 순전히 이병도가 한사군을 그렇게 연구결과로 발표해왔기 때문이다. 〈한서(漢書)〉 지리지에는 낙랑군과 현도군만 보일 뿐이며 진번군과 임둔군에 대해서는 언급이 없다.

역사를 한사코 크고 높게 말하려 드는 것은 본성이 그리해서다. 그런데 사대모화를 하고 친일사학에 물든 자들은 자국의 역사를 한사코 보잘것없는 쪽으로 이끌고 유도한다.

크고 어엿한 것은 볼 줄도 모르면서 하찮고 시답잖은 것에는 애써 확대경을 댄다. 그러면서 우리 조상들은 한결같이 가녀리고 못나빠지게 착하기만 해서 남의 국토에 한 번도 군대를 몰고 쳐들어간 적이 없었다고 선전해서 국민의 기를 죽이고 의욕을 잃게 하여 사기를 위축시킨다.

그렇게 된 원인을 추어 보면 사사로운 제 집안 원험 때문에 당나라 군대를 빌려다 삼국통일을 하고 고구려 국토를 잃어버린 김춘추가 괘씸하다. 거기에 어쩌다 한때 잃어버린 조상의 국토를 영영 민족의 기억에서 긁어버린 사대모화의 원흉 김부식[4]이 어이가 없다. 그리고 마지막으로 앞

---

[4]   고려 선종 때 예부시랑을 지낸 근(覲)의 아들. 그의 충실한 모화사상에 감동한 송나라 선비들이 김근의 문집에다 소화집(小華集)이라는 제목을 달아 주자 그는 감읍했다. 김근에게는 아들이 둘 있었는데 큰아들 김부식(金富軾)은 소동파의 이름 소식(蘇軾)에게서 딴 것이고, 둘째 김부철(金富轍)은 소식의 아우 소철(蘇轍)의 이름에서 취한 글자다. 김근의 모화 숭배가 이와 같았다. 그러니까 김부식은 태어나기 전부터 지독한 모화주의 종자로 운명지어진 셈이다. 김부식이 〈삼국사기〉를 쓴 배경에는 '서경천도 사건'이 있다. 왕건 태조가 유언으로 남긴 '훈요십조'에 고려의 수도를 장차 평양으로 옮길 것을 말했는데, 그리하면 그 땅의 명당 기운으로 장차 36나라가 우리나라에 조공을 바친다는 것이었다. 그러나 훈요십조의 전체 내용으로 보면 고구려의 정신을 이어서 옛 영광을 회복하자는 것이니, 결국은 서토(西土)를 중국(中國:세계의 복판이고 중심이라는 뜻인데 공자가 춘추에서 처음으로 한 말)으로 섬기지 말고 한판 뜨자는 것이다. 이 훈요십조에 의지하여 정지상, 윤언이─윤관의 아들─ 등이 반정부 운동으로 국민의 선동을 획책하는데 이것이 '묘청의 난'이다. 그때 '서경토벌군'을 이끈 정부군의 우두머리가 김부식이었다. 이때 김부식의 하는 짓을 보면 전혀 사내답지 못한 못난 짓이 많다. 결국 김부식의 정부군이 이기고 나서 그로부터 5년 후에 〈삼국사기〉가 나온다. 단재는 서경천도사건을 조선사 천년 이래에 가장 의미 있는 혁명으로 평가하고, 국수

역사의 실수를 빤히 알면서도 일본의 앞잡이가 되었던 이병도[5]에 이르면 이가 갈린다.

아마도 이들의 이름은 배달민족 역사에서 오랫동안 지워지지 않을 것이다. 설사 민족이 본래의 기상과 영예를 미끈하게 되찾는 시절이 온다 해도 뱃속에 든 벌레처럼 민족의 기운을 갉아먹고 피를 먹으면서 배반의 세월을 살아온 이들의 이름만은 이마에 남은 인두자국처럼 흉한 생채기가 되어서 오래오래 남을 것이다.

신라의 김춘추와 이성계의 위화도 회군

김춘추에게는 소지랑(炤智朗)이라는 딸이 있었다. 자라서 대야성의 성주 김품석의 아내가 되었는데 대야성을 공격한 백제의 계백이 성을 빼앗으면서 성주와 성주의 아내를 죽여 버렸다. 선덕왕 15년이었다. 김춘추는 사랑하는 딸의 죽음에 원한을 품었다. 그래 처음에는 고구려를 찾아가 동맹

파가 사대모화파한테 진 것이 오늘의 조선을 이 꼴로 만들었다고 탄식했다.

5) 이완용과 한 집안이다. 이완용이 할아버지뻘이고 이병도가 손자 항렬이다. 만약 이승만이 '반민특위'를 해산하지 않고 민중이 가는 대로 역사가 흐르게 했더라면 오늘 대한민국이 이렇지는 않을 것이다. 우선 친일파의 학설이 힘을 얻지 못했을 터이니 대학 강단에 친일학자가 없어서 민족정기를 바로 세우고 바로 가르치는 풍토가 되었을 것이다. 또 박정희나 전두환 같은 정치군인이 나오지 못했을 것이며, 인권이 존중되는 사회가 되었을 것이며, 친일언론의 싹을 그때에 잘랐다면 기업과 노동의 문제에서 부익부 빈익빈이 이렇게 심각하진 않을 것이다. 고려 때 '묘청의 혁명'이 실패로 돌아간 것이 한이라고 단재는 한숨이지만, 해방 직후에 민족정기를 바로 세울 수 있는 기회를 우리는 또 그냥 보내고 말았다.

을 제의했다. 연개소문은 처음에는 들을 만하더니 나중에는 연금을 당하는 사태가 되었다.

마침 백제의 성충이 찾아와 연개소문에게 "고구려가 당과 전쟁을 않는다면 모르겠지만 만약 전쟁을 하게 된다면 당이 백제에 들어와 백제의 쌀을 먹으면서 양쪽에서 공격을 할 터인데 감당할 수 있겠소? 신라는 지리적으로 너무 외진데다 배신하기를 좋아해서 전에 백제와 함께 취한 고구려성 열 개도 신라가 혼자 차지한 것을 귀공이 알 터인데 이제 또 유리해지면 배신하지 않는다고 어찌 장담하겠소?" 하고 백제와의 동맹이 유리함을 설득했다.

일이 틀어졌을 뿐만 아니라 도리어 신라가 차지하고 있는 고구려 성 열개의 반환까지 요구받게 된 것이다. 자칫 죽을 수도 있다고 위기를 느낀 춘추는 연개소문의 총신 선도해에게 가만히 비단 한 필을 선물하고 살아나갈 계책을 물었다. 선도해는 춘추에게 고구려의 민담이 적힌 책을 한 권 보냈는데 춘추는 거기서 살 꾀를 찾아 탈출에 성공한다. 남해 외진 섬에 용왕의 딸이 죽을 병이 들어서 육지에 사는 토끼를 꾀어다가 간을 얻자 했는데 토끼는 제 간을 밖에다가 두고 왔다고 술책을 부리고 살아나간다는 이야기다.

동맹에 실패하고 돌아온 김춘추가 두 번째로 찾은 데가 당나라였다. 당태종 앞에 엎드린 김춘추가 한 말을 들어 보라. "소국이 상국한테 조공을 바치고 싶어도 인방의 나라가 길을 막고 있으니 원컨대 길을 터서 조공을 바치게 하소서." 신라가 아직까지 조공 따위를 입에 올린 일이 없다는 것은 여기 김춘추의 말에서도 나타난다. 따라서 동등한 주권국가였다는 것도 드러난다. 신라에서도 진흥왕 이래 신라의 연호를 쓰고 있었던 것이다.

김춘추는 함께 간 아들 인문과 법민에게 신라의 옷을 벗기고 당나라 옷을 입히는 한편 신라의 연호 대신 당나라 연호를 약속했다. 스스로 계단을 내려가 무릎을 꿇고 제후국을 자처한 것이다. 이 대목에서 붓을 놓고 잠시 생각해본다. 어느 아비가 제 자식 중하지 않을까만 김춘추에게 있어 소지랑이라는 딸은 당태종과 같은 동등의 사내에게 그런 수모를 자처할 만큼 컸던 것일까? 국가의 체면을 깎아가면서 스스로 무릎을 꿇는 제 얼굴에다 당장 침을 뱉는 것 같은 이세민의 멸시에 찬 눈길을 어찌 참아냈을까.

그 소인배는 돌아오는 길에 당나라 조정의 옷을 가져다 신라 조정의 관복을 삼았다. 또 고구려를 침략하다 안시성에서 왼 눈을 잃고 애꾸가 된 당태종이 임의로 첨삭을 해서 만든 '해동역사'를 가지고 들어왔다. 그 잘난 것을 신라의 귀족들에게 유포시키고 정식 교육기관인 국학(國學)에서 그 자제들에게 가르침으로써 첫 모화의 병균을 퍼뜨린 것이다.

〈삼국사기〉가 복색을 말하는 대목에서 "진덕왕 재위 2년에 김춘추가 당에 들어가 당의 제도를 승습하겠다고 청하니 당태종이 허락하고 겸하여 의대를 내려주므로 드디어 돌아와 시행하여 이속(夷俗)을 화속(華俗)으로 바꾸었다"는 내용이 적히게 되는데, 그것을 적고 있는 김부식이 역시 모화주의자였으므로, 앞과 뒤의 부절이 상응하여 이속이니 화속이니 하는 글자들이 당연하게 놓이고 있다. 김춘추가 수입한 모화의 병균이 내부적으로 창궐하면서 고려에 들어서 갑자기 과거제도가 생긴 것도 우연은 아니다.

왕건임검은 '훈요십조'를 남기면서까지 단군의 얼을 소생시키라고 당부했건만 손자 대에 이르러 그 유훈이 물거품이 되고 만다. 광종임금이 후주에서 사신을 왔다가 병이 들어 머물게 된 쌍기를 귀화시켜 그의 말을 듣고 과거제도를 채택한 것이다. 그리고 그 해로 당장 진사 일곱 명을 뽑는다. 이제 조정으로 진출하기 위해서는 유교를 공부해야 하는 시대가 도래

한 것이다.

그러고 나서 안향의 성리학 수입이 또 큰 변수가 된다. 그것이 이조에 와서 정치의 밑천이 되는 것이다. 주자학 수입도 처음에는 별 것이 아닌 듯이 보였다. 안향은 처음 만나는 주자학에 흥미를 느끼고 그것을 손수 베껴 왔던 것이다. 그러나 백이정이나 권부 같은 굵은 선비가 안향의 제자가 되는데 특히 권부에게서 주자대전이 나오는 것을 한 사건일 것이다. 백이정 문하에서 이제현과 이충좌가 나오고 권부는 이곡, 이인복, 백문보를 길러 내었다. 이들에게서 다시 이색, 정몽주, 김구용, 박상하, 이숭인, 박의중, 하륜, 윤소중, 정도전, 길재, 권근, 권우, 변계량, 조용 등의 걸걸한 인물이 배출되었다.

보다시피 고려 말의 굵은 선비들은 태반이 주자학을 했을 정도로 주자의 성리학은 절대적인 자리매김이 된 셈이다. 태종 이방원도 이들과 어울리다가 고려를 뒤엎을 때 거사를 함께 했고, 왕자의 난에 묻어 들어서 이방원의 배다른 형제를 참살한 것도 하륜이었다. 그러다 나중에는 '무극 태극이 사람 잡고 이발 기발이 집안 망친다'는 말이 나돌 정도로 성리학의 폐해는 극심해졌다.

정치가 이조로 넘어오면서 '위화도 회군'을 뺄 수 없다. 이성계의 위화도 회군은 고려에서 넘어온 주자학과 함께 민족의 골수를 말리는 해독이 되기 때문이다. 사건의 발단은 명나라가 과도한 공물을 요구하여 고려조정의 어깨를 무겁게 한데 있었다. 그러는 중에 철령위(鐵嶺衛)를 설치하고 철령 이북의 땅을 요동도사(遼東都司)의 관할에 두겠다고 통고해 온 것이다. 그리고 그 사이에다가는 역참을 무려 70개나 둔다는 것이었다.

그 내용이라는 것이 이렇다. 철령은 함경남도 안변과 강원도 회양 사이에 있는 지역으로서는 높지도 않을 685m의 고개다. 고개의 북쪽을 관북지방이라 하고 동쪽을 관동으로 일러온다. 그런데 두만강 안쪽 깊숙한 오지에다가 명나라가 직할지를 두겠다고 나왔다. 그렇게 되면 70개의 역참은 자연스럽게 받아들여야 할 판이다.

역참이 무언가. 글자로 보면 요새 정거장이란 말인데, 특히 정치와 외교와 통신 면에서 주로 정거장을 삼을 판이니, 국가의 모든 명령과 문서가 역참을 통하여 오고 갈 것이다. 외국에 사신 행렬이 뻔질나게 드나들면서도 그들은 자기네 국토의 땅이니 아무 거리낄 것이 없을 것이다. 그들의 군대가 당연하게 주둔하고 온갖 민폐를 끼치게 되겠지만 자기네 땅에 자기네 군대 머문다는 데 무슨 할 말이 있겠는가. 결국 고려를 우습게 보아도 한참 우습게 본 것이다. 그게 서토를 우러러 까닭 없이 사대를 해온 결과였다. 왜가 명을 치겠으니 길을 열라는 것과 일맥 비슷한 이야기다.

마침내 고려에서도 분통이 터졌다. 깜박 잊고 있던 자존심이 생각난 것이다. 그리하여 거국적인 힘으로 군대를 모으고 말을 모으고 군량을 모았다. 군대가 5만이 넘었고 말이 2만 2천 필에 가까웠다. 모처럼의 북벌이다. 국민들도 오랜만에 생기가 돌고 힘이 드는 중에도 각오들이 있었다. 신라가 저희 귀족들만 챙기고 민중을 무시한 통일을 한 후 처음 들어보는 낭보다. 그러나 현실을 들어 북벌을 반대하는 세력이 있었다. 수문하시중 이성계였다.

그는 네 가지 불가론을 주장했다. 작은 나라가 큰 나라를 거스르는 일이 옳지 않다는 것이며, 여름철에 군사를 동원하는 것이 불가한 일이며, 요동으로 군대를 움직일 경우 왜가 준동하게 되면 대책이 없으니 불가며, 장마에 활줄이 늘어지고 아교가 풀리면 무기가 부실한데다가 무더위에 전염병이 돌 수 있으니 병력이 사기가 줄 것도 생각해야 한다며 불가를 말했다.

그러나 최영이라고 이 생각을 못해서 북진의 병력을 일으켰을까?

사대에 정신을 팔다가 드디어 내 집 마당에 자기들 초소를 짓겠다는 소리를 듣고 정신이 들어서 일으킨 싸움인데 여전히 '작은 나라가 큰 나라를 거스르는 것이 옳지 않다'고 한다. 그러나 뜬소문에도 쉽게 무너지는 것이 어리석은 민중이다. 밑도 끝도 없는 불안한 소문이 송도를 출발하면서부터 나돌더니 갈수록 도를 더해갔다. 마침내 루머에 휘청거리는 부대는 탈영병을 내기 시작했다.

위화도에 이르렀을 때는 속출하는 탈영 때문에 사기는 말이 아니었고, 마침 장마철이 되어 연일 내리는 비에 물이 불어서 압록강을 건널 수가 없는 형편이었다. 압록강을 등지고 선 이성계는 사기를 잃은 군대 앞에서 그예 하지 말았어야 될 말을 뱉고 말았다. "압록강을 범하면 상국을 범하는 것이니 그 화가 당장 나라와 백성에게 올 것이다." 그리하여 명나라를 치러 갔던 나라의 군대는 창을 거꾸로 잡고 도리어 총사령관 최영을 죽이고 서울의 임금을 범하는 도적떼가 되었다.

이쯤에서 생각해본다. 하늘이 이 민족을 사랑하지 않아서 처음에 김춘추를 내어 모화의 병균을 수입하게 했고, 안향으로 하여금 백성의 실제생활과는 동떨어진 성리학을 다시 수입해 이조의 당파싸움을 준비시켰으며, 이성계에게 민족의 구토를 회복할 마지막 기회를 몰수하게 했을까? 또 김부식의 〈삼국사기〉는 어쩌자는 것이며, 이병도의 식민사학은 왜 나왔을까.

상고 시절의 번쩍번쩍하고 드레지고 어엿하던 역사 이전의 민족 살림을 생각해보면 이 민족이 정녕 이대로 거꾸러질 민족은 아닐 것이다. 머리 위의 파란 하늘은 나라마다 민족마다의 하늘이고, 제각금으로 인식의 값이 다른 하늘이지만, 삼황오제를 내시고 그 분들에게 동방의 문명을 열도록 하신 우리의 숨결 속에 있는 하늘은 이 민족의 앞날을 두지 않고 그저 내지는 않으셨을 것이다.

그렇다면 사자의 살을 파먹는 벌의 애벌레가 사자한테서 생겨나듯 민족을 망치는 김춘추 같은 독이 어쩌자고 우리들 속에서 저절로 생겨나는가. 밖으로 천적이 없는 사자는 결국 제 살 속에서 크는 벌의 애벌레로 인해 죽는다는데 우리의 운명도 우리 속에서 생겨난 매국노 종자에 의해 쓰러지는 운명일까?

죄인 김부식

〈삼국사기〉를 쓴 김부식은 제 아비 때부터 사대모화를 했다는 이야기는 앞에서 비친 바 있다. 이 자가 〈삼국사기〉를 왜 쓰게 되었는지 그리고 이것이 왜 모화주의자 책이라고 비난을 받는지 그 내용을 보자. 그런데 〈삼국사기〉의 배경에는 이른바 '묘청의 난'이라는 '서경천도' 사건이 있고 서경천도 사건이 나오는 배후에는 왕건임검의 훈요십조[6]가 있다.

---

6)   제 1조, 우리나라의 대업은 반드시 부처님의 호위하는 힘을 입었다. 그러므로 선종(禪宗)과 교종(敎宗)의 절을 창건하고 주지를 임명하여 분수(焚修)하여 각각 그 업을 다스리도록 하라. 뒷세상에 간특한 신하가 정권을 잡아 중의 청탁을 따라 사원을 다투어 서로 바꾸고 빼앗으면 꼭 이를 금지할 것이다.
제 2조: 모든 사찰은 모두 도선(道詵)이 산수의 순하고 배역한 것을 점쳐서 개창한 것이다. 도선이 말하기를 "내가 점쳐서 정한 외에 함부로 더 창건하면 지덕을 손상시켜 왕업이 장구하지 못할 것이다" 했으니, 짐은 생각컨대 뒷세상의 국왕, 공후, 후비, 조신들이 각기 원당이라 일컬으면서 혹 더 창건한다면 크게 근심되는 바이다. 신라 말기에 사탑(寺塔)을 다투어 짓더니 지덕을 손상시켜 망하게까지 되었으니 경계하지 않으랴.

제 3조: 적자 적손에게 나라를 전하고 집을 전하는 것이 상례라 하지만 요의 아들 단주(丹朱)가 불초함으로 요는 순에게 선위했으니 실로 공심인 것이다. 무릇 원자가 불초하거든 그 형제 중에서 뭇 신하들이 추대하는 자에게 전하여 주어 대통을 계승하게 하라.

제 4조: 우리 동방은 옛날부터 당의 풍속을 본받아 문물과 예악이 모두 그 제도를 준수하여 왔으나 나라가 다르매 사람의 성품도 다르니 반드시 구차스럽게 갖게 하려 하지 마라. 거란은 짐승의 나라이므로 풍속도 같지 않고 언어도 역시 다르니 부디 의관제도를 본받지 말라.

제 5조: 짐은 삼한 산천의 지리의 도움을 힘입어 대업을 성취하였다. 서경은 수덕(水德)이 순조로워 우리나라의 지맥의 근본이 되니 마땅히 사시의 중월(中月)에는 행차하여 백날이 넘도록 머물러 나라의 안녕을 이루도록 하라.

제 6조: 연등(燃燈)은 부처님을 섬기고 팔관(八關)은 천령(天靈)과 오악(五嶽) 명산대천과 용신을 섬기는 것이다. 뒷세상에 간특한 신하가 가감을 건의하는 자가 있으면 꼭 그것을 금지할 것이다. 나도 역시 당초부터 마음에 맹세하고 회일(會日)에는 국기(國忌)를 범하지 않았으며, 임금과 신하가 함께 즐겼으니 마땅히 삼가 이에 응하여 행할 것이다.

제 7조: 왕이 신하와 백성의 마음을 얻는 매우 어려운 일이다. 그 마음을 얻으려면 요점은 간하는 말을 따르고 참소를 멀리 하는데 있을 뿐이니, 간하는 말을 따르면 성스럽게 되며, 참소하는 말은 꿀과 같으나 믿지 않으면 참소가 저절로 그칠 것이다. 또 백성을 부리되 시기에 맞추어서 부리고, 부역을 가볍게 해주고, 납세를 적게 해주며, 농사 짓는 이의 어려움을 알아주면 스스로 민심을 얻어 나라가 부하고, 백성이 편안해질 것이다. 옛 사람이 말하기를, 고소한 미끼가 있는 곳에는 반드시 고기가 몰려오고, 상을 중하게 주는 곳에는 반드시 훌륭한 장수가 있고, 활을 당기는 앞에는 반드시 새가 피하고, 인덕을 베푸는 곳에는 반드시 선량한 백성이 있다고 하였으니. 상벌이 정당하면 음양이 순조로울 것이다.

제 8조: 차령(차령산맥) 이남과 공주 강 밖은 산형과 지세가 모두 배역하였으니 인심도 역시 그러하다. 그 아래의 주, 군 사람이 조정에 참여하여 왕후나 국척(國戚)과 혼인하여 나라의 정권을 잡게 되면, 혹은 국가를 변란하게 하거나, 혹은 백제의 통합 당한 원망을 품고 임금의 거동하는 길을 범하여 난을 일으킬 것이며, 또 일찍이 관청의 노비와 진(津), 역(驛)의 잡척(雜尺)에 속해 있던 무리들이, 혹은 권세 있는 사람에게 의탁하여 신역(身役)을 면하고, 혹은 왕후나 궁원(宮院)에 붙어 말을 간사하고 교묘하게 하여 권

고려를 다스릴 왕건임검이 후손들은 반드시 이렇게 하라고 전하는 유언인 셈이다. 고려는 고구려를 잇는 나라인 만큼 고구려의 정신과 기백이 없어서는 안 된다는 내용인데, 특히 4조와 5조가 서경천도 사건의 빌미가 된다. 서경(西京)은 지금의 평양이다. 고려의 서울 개성은 지리적으로 외진 곳에 가려져서 외적의 침략에 대비하기는 좋지만 대신 북쪽으로 나가는 데는 더디다. 그러나 평양은 북에서 오는 군대가 쉽게 닿는 만큼 북진에는 빠르다는 이점이 있다. 장차 고구려의 구토를 회복할 뜻이 있는 왕건임검은 그래서 서경천도를 강조한 것이다.

혼히 고려를 불교를 숭상한 나라로 알지만 모르는 소리다. 4대 광종임금 때 과거제도가 실시된 이후 귀족층은 유교를 좇고 있었다. 출세를 위해서는 너 나 없이 유교경전을 파고 공자 맹자를 논했던 것이다. 자연스럽게 걸걸하던 고구려 정신은 시들어갔으며, 대신 유교의 나약한 사상이 뭉게구

세를 정신을 어지럽힘으로써 재변을 일으키는 자가 반드시 있을 것이니, 비록 그 선량한 백성일지라도 마땅히 벼슬자리에 두어 권세를 쓰지 말게 할 것이다.

제9조: 모든 제후와 뭇 관료의 녹봉은 나라의 크고 작은 것에 따라 이미 제도를 정하였으니 늘이고 줄일 수는 없다. 또 고전에 말하기를 공적에 따라 녹을 제정하고 사사로운 정을 따라 주지 않는다 했으니, 만약 공 없는 사람이나 친척과 사사로이 친한 사람들로 헛되이 국록을 받게 하면 백성이 원망하고 비방할 뿐만 아니라, 그 본인들도 역시 길이 복록을 누리지 못할 것이니 꼭 이를 경계할 것이다. 또 강하고 악한 나라로 - 거란 - 이웃을 삼고 있으니 편안한 때에도 위태로움을 잊지 말 것이다. 병졸에게는 마땅히 보호하며 구휼하고 부역을 참작하고 면제해 줄 것이며, 해마다 가을에는 용맹하고 날랜 인재를 사열(査閱)하여 그 중에서 뛰어난 자는 적당하게 계급을 올려 줄 것이다.

제10조: 나라를 가지고 집을 가진 이는 근심이 없을 때 경계를 하여야 할 것이니, 널리 경사를 모아 옛 일을 거울삼아 오늘날 일을 경계하라. 주공으로서도 무일(無逸) 일편을 성왕에게 바쳐 경계하였으니, 마땅히 그림을 그려 벽에 걸어두고 출입할 적에 보고 살필 것이다.

름처럼 번져갔다.

그렇다고 고구려 혼이 아주 죽은 것도 아니었다. 출세의 길에서 비켜서 있는 바닥 백성들에게는 피에서 우는 고구려 소리가 있었다. 그들은 상류층이 선왕의 법도가 어떻고 공맹이 어떻고 떠드는 소리를 알 리 없었고, 신라 때 하던 대로 검님 샌님 찾으면서 절에 다니고, 고목나무에 치성 드리면서 사는 무지랭이 백성일 뿐이었다.

왕건임검의 훈요의 뜻은 사실 이런 백성들을 겨냥해서 준비된 것이었고, 이제 상류층의 벼슬아치들을 건너뛰어서 백성들에게 닿고 있는 셈이었다. 훈요십조를 잘 들여다보면 불교를 내세우는 것은 어디까지나 표면이요 이면은 민족 본래의 정신과 기상을 살려나가자는 것이다. 삼한의 산천(三韓山川)과 오악(五嶽)의 명산대천을 말하는 것이 그 소식이요, 연등과 팔관을 당부하는 것이 그것이다. 불교를 이용하여 결국 우리 얼을 지키자는 생각이다.

시절이 어수선하면 으레 유언비어가 나돈다. 어디서 무슨 산이 며칠 동안 울었다더라. 어디에서는 강물이 뒤집혔다더라. 용마가 나서 장수를 기다린다더라. 참새가 암탉과 교미를 했다더라. 며칠을 앓던 노파가 갑자기 남정네가 되었다더라. 장수가 났다더라. 바위가 사람 울음소리를 낸다더라. 갑자기 땅이 둘러꺼지면서 마을이 파묻혔다더라. 술청이고 장마당이고 사람이 많이 모이는 곳이면 으레 번들거리는 눈총들이 술렁이면서 새로운 소문을 찾았다. 밑도 끝도 없고 확인된 것도 없었다.

이런 백성의 기운을 업고 몇몇 사람이 떨치고 일어났다. 묘청, 정지상, 윤언이, 김수한, 김안 등이었다. 그러나 하늘은 우리에게 기회를 주지 않았다. 이것이 역사 복을 못 탄 민족이 제 역사를 남의 서책 속에서 찾으면서도 부끄러움을 모르는 단초가 된 것이다. 단재의 지적대로 이것은 국풍파(國風派) 대 한학파(漢學派) 간의 싸움이었다. 조선 1천년 역사에서 큰 혁명의 기운으로 일으킨 마지막 기회였는데 물거품이 되고 만 것이다. 한학파에게 국풍파가 그에 꺾여버렸다. 그리하여 사상적 종살이 정신적 종살이가 이로부터 시작되었다고 단재는 탄식한다.

서경천도사건을 통해 김부식의 어엿하지 못한 좀스러운 행동을 좀 보자. 김부식이 서경원정의 원수가 되어 송도를 떠날 적에 정지상과 김수한 김안 등은 벌써 목이 잘린다. 묘청이 갑자기 일을 벌이면서 송도에 있던 그들의 모의가 드러났기 때문이다. 군인이었던 윤언이만이 김부식의 부장이 되어서 서경을 바라고 함께 갔는데, 사건이 종식되고 나자 윤언이를 묘청의 일파로 몰아 죽이러 들었다.

예나 이제나 정치란 이로울 적에는 쓰고 별 볼일이 없다 싶을 때는 내치는 것이 한 풍속이니 그렇다 치자. 그러나 〈삼국사기〉 쓴 선비가 그래서는 안 된다. 역사를 쓰는 선비의 양심은 정치꾼의 기회주의와 같을 수 없다는 이야기다. 정치를 할 때는 정치꾼일 수 있고 역사를 쓸 때는 선비정신에 돌아가는 것 아니냐고 할 수 있다. 그러나 그럴 수 없다. 그게 기회주의라는 것이다. 역사를 쓰는 붓은 칼보다 강해야 한다. 그래야 역사를 쓸 자격이 있다. 〈삼국사기〉가 더럽게 된 것도 결국 김부식이가 주물렀기 때문에 그런 것이다.

김부식의 못난 짓은 서경에 가서 더 볼만 하다. 처음에 사람을 7~8회나 서경에 보내서 항복을 권한 일이 있는데, 사태가 자기에게 유리해지자 묘청의 목을 들고 항복하러 간 윤첨(尹瞻)을 오히려 옥에다 잡아넣었다. 평양에 남은 조광은 기왕에 용서받지 못할 줄로 알고 끝까지 버티어서 일찍 끝날 싸움이 결국 1년 2개월을 끌었다. 북쪽의 국경을 넘으면 신흥세력 금나라가 불길처럼 일어나고 있고, 안에서는 사기가 저하된 국민이 서경사건을 못볼 것처럼 여기는 판에 제 개인의 공을 확실히 해 두고자 이런 추태를 벌인 것이다.

이런 인격이 역사에다 무엇 하나 보태 줄 리가 없다. 김의 그런 태도는 문신들이 무신들을 깔보는 풍조가 되어 후일의 정중부 같은 무관이 문신 정권을 뒤엎는 쿠데타를 안겨 주었을 뿐이다. 서경파를 잡고 나자 임금의 명을 받고 곧 〈삼국사기〉 편찬에 들어간다. 김으로서는 국풍파에 대한 원한도 있으므로 붓대가 곱게 돌지 않으리라는 건 예상된다.

그러나 그의 핏줄에 무슨 구정물이 흐르는지 이건 아예 서토의 양아들이 되겠다는 태도다. 저들이 우리 땅을 침범한 것은 '토벌'이라 하고, 우리가 저들을 공격한 전쟁에는 '도둑질'이라고 썼다. 저들이 우리에게 변상한 것은 '포상'이라 쓰고, 우리 쪽에서 상을 내린 것은 '조공'이라고 한다. 어이가 없다기보다는 기가 막히다는 표현이 옳을 것이다.

〈삼국사기〉를 쓰기 위해 5년 동안 네 차례나 중국을 건너다니면서 중국의 사서를 수집했다는 열성으로도 알 수 있는 일이다. 〈자치통감〉〈삼국지〉〈남북사(南北史)〉〈수서(隋書)〉〈책부원구(册府元龜)〉〈신당서(新唐書)〉〈구당서(舊唐書)〉가 김이 수집해들인 책이다. 이 책들 안에 '동이전'이니 '동이열전'이니 '만이열전(蠻夷列傳)' 또 '위서열전' '이역열전(異域列傳)' '북사열전(北史列傳)' '북적열전(北狄列傳)' '외국열전(外國列傳)' '사이부록(四夷附錄)' 등이 있다. 각 제목들마다 고구려 신라 백제가 들어 있고, 더러는 말갈 발해가 들어 있다. 그러나 어느 것이고 예외를 누지 않고 '중국을 높이고 상대편은 낮추'기 위해 쓴 것들이라 우리의 지난날 모습이 형편없이 축소되어 있다는 것은 불문가지다.

그런데 가증스럽게도 〈삼국사기〉 연표에서 김은 이렇게 말하고 있다.

해동에 나라 있는지는 오래 되었다. 기자가 주나라의 왕실에 작위를 받음으로부터, 위만이 하나라 초에 이르러서 왕을 참칭할 때까지 연대가 아득하도록 이어졌으나 문자가 빠진 탓에 자세히 상고할 수가 없다. 삼국이 정립됨에 이르러서는 세대를 전해오는 것이 더욱 많았다. 신라는 56왕에 992년이고, 고구려는 28왕에 705년이고, 백제는 31왕에 678년이었다. 그 처음과 끝을 가히 상고할 만하므로 이에 삼국의 연표를 꾸민다. 당나라 고언충의 말에 "고구려는 한나라 때부터 있던 나라로 이제까지 9백년이라고 한 것은 잘못된 것이다" 했다.

당나라 사람이 오히려 고구려 역사를 9백년이라 하는데, 김부식은 굳이 7백년으로 본다. 김은 본래 경주가 본향으로 신라 왕족의 끄트머리다. 김춘추의 곁가지거나 그 비슷한 것인지 모른다. 그래서인지 신라를 처음부터 적자로 세운다. 나는 〈삼국사기〉를 김부식이 제 또래의 유생들이나 나눠보자고 쓴 사서(私書)라고 생각한다. 그것 이상의 의미는 둘 수가 없다. 그가 열전에 등장시킨 인물을 보라. 인물이 모두 50명인데 신라인이 40명이다. 고구려가 7명이고 백제가 3명이다.

또 연표에서 "문자가 빠진 탓에 자세히 상고할 수가 없다"고 했지만 그가 제 손수 모아들인 우리의 역사가 얼마인지 아는가? 〈해동고기(海東古記)〉〈삼한고기(三韓古記)〉〈고구려고기(高句麗古記)〉〈신라고사(新羅古事)〉〈선사(仙史)〉〈화랑세기(花郎世記)〉 등이다. 그것들을 몽땅 쓸어다가 영영 볼 수 없는 데다 깊이 감추어 놓고 제가 쓴 〈삼국사기〉만을 세상에 유포한 까닭에 우리 역사가 파묻히게 된 것이다.

김부식은 애당초 이 국토에 태어나지 말았어야 했다. 그 편이 서로를 위하여 차라리 무던했겠는데, 글을 잘하고 글씨에 능했던 것이 오히려 제 핏줄을 난도질하고 천고에 역적이 되는 밑천이 된 것이다. 재주도 좋은데 써야만 복이 되는 것이지 나쁘게 쓰면 재앙이 된다는 것을 그가 몰라서였을까?

민족사의 왜곡자 이병도

결론부터 말한다면 이병도의 글은 대부분이 사서(邪書)다. 역사에 나쁜 놈이 되고 역적이 되는 것은 대개 머리가 좋고 재주가 있어서 그렇게 되는데, 그 재주와 좋은 머리를 반드시 사악한데 쓴다는 공통점이 있다. 가까운 예로 을사오적[7]으로 일컫는 민족반역자들이 그렇고, 이병도가 또한 그렇다. 몰라서 그렇게 되는 것이 아니라 제 하는 행위가 어떻다는 것을 제 양심이 잘 알면서도 눈앞에서 얼른대는 미끼의 유혹에 지는 것이다.

이병도의 결정적인 허물은 조선사편수회에서 일본이 우리 역사를 날조하는 '짓거리'를 도왔다는데 있다. 이것은 개인의 실수를 넘어서 역사적 범죄에 해당한다. 더구나 이병도의 글이 해방된 나라에서 교과서가 되었다는 건 민족을 또 한 번 망친 폐족(廢族)행위요 영원히 씻을 수 없는 매국노가 된 것이다. 그리고 그의 학문(?)을 잇는 아류들 또한 '죽을 길'로 들어선 자들이다.

어느 때 제자가 맹자에게 물었다. 사람이 이 세상에 왔다가 여러 형태로 살고 가는데 어떻게 사는 것이 옳게 살고 바르게 사는 것이냐고. 그는

---

7) 내부대신 이지용(李址鎔), 군부대신 이근택(李根澤), 외부대신 박제순(朴齊純), 학부
    대신 이완용(李完用), 농상공부대신 권중현(權重顯)이다.

그 시절에 자주 논의되는 군자나 선비의 실수 없는 길을 물은 것이다. 그때 맹자의 대답이 이러했다. 사이불망자수의(死而不忘者壽矣)! 죽은 다음에도 잊지 못하는 사람이 옳게 사는 것이라는 말이다.

이로써 본다면 한때의 명예를 위해 혹은 구차한 밥을 벌기 위해 제 민족을 배신하고 국토를 배반하면서 제 학문적인 양심을 속인 이 자들은 치욕스런 오명이 을사오적처럼 따를 것이다. 이것이 죽을 길이 아니고 사는 길인가? 맹자가 오늘 이 자들을 봤더라면 '너희는 이미 죽어서 시체로 사는 놈들이고 너희 자손까지 시체를 만드는 놈'이라고 일갈했을 것이다. 도참사상을 중심으로 한 〈고려시대의 연구〉 또 〈고조선 문제〉〈한사군 문제〉〈부여와 옥저 및 동예〉〈삼한문제〉〈패수고〉〈몽촌토성고〉〈가락국사〉 등이 모두 깊숙한 밀실에서 총독부의 배경을 업고 조선사편수회에서 쓴 원고들이 이병도 이름으로 발표된 것이나 사실은 누가 썼는지도 모를 것들이다.

나는 졸저 〈훈붉나라 이야기〉에서 이병도를 논평하는 '식민사관 그리고 인화(人和)의 거울'을 마련하고 그가 발표한 한사군 문제가 어떻게 허위인지에 대해 이야기했고, 그의 식민사관의 관점이 어떻게 교묘하게 되어 있는가를 집어 말했기 때문에 다시 말할 생각은 없다. 그러나 이병도의 손자가 국립중앙박물관의 관장이라는 것을 알고 인화를 말한 것을 후회한다. 이승만 정권 때 송병준의 손자가 한국은행 총재를 했다는 것과 무엇이 다르랴 싶어서다.

정말 이래도 되는가. 해방이 되고 60년이 넘는데 이렇게 하나도 달라진 것이 없더란 말인가. 서울에 빌딩이 숲을 이루고 10년 전에 서울을 옛날로 말하는 판에 친일세력들의 발호는 어디 한군데 달라진 것 없이 이렇게 똑같다면 이 나라 대한민국은 도대체 희망이 있는 것인가 없는 것인가. 정녕이 나라에는 등신 머저리들만 국민 노릇을 하지 않는 한 이럴 수는 없을 터이다.

　대통령*이 과거사를 짚고 넘어 가자는 말에 제1야당이 들고일어나서 야당 탄압이라고 목청을 세우는 것을 보고 인화를 말할 일이 아니라고 진작에 느끼기는 했다. 죄를 묻겠다는 것이 아니라 비틀린 과거사가 역사의 행진에 발목을 잡고 또 걸림돌이 되고 있으니 부득이한 노릇이라고 달래다시피 했으나 친일들의 목소리는 여전했다. 드골은 제2차 대전 당시 독일에 부역한 자들을 깨끗이 숙청해놓고 "이제 신탁은 있어도 반역자는 없을 것"이라고 말했었다. 설사 또 신탁의 세월이 온다고 해도 국가를 배신하는 부역자는 다시 나오지 않으리라는 장담이다. 그만큼 무섭게 부역의 책임을 물었고 배신한 죄를 철저하게 처단했던 것이다.

　독일이 프랑스를 점령한 기간이 불과 5년인데, 그 동안에 독일 편에 가담한 죄를 법의 이름으로 처형한 숫자가 자그마치 2만이다. 그런데 우리는 36년이나 식민지 생활을 하고도 친일부역자를 단 한 명도 처형해보지 못했다. 민족을 배반한 고급 친일파의 대부분이 국립묘지에 묻혀 국가유공자 대우를 받는 것이 여기 대한민국이다. 그런 나라이니 대통령이 야당의 눈치를 보아가며 말을 조신하게 할 수밖에 없고, 야당은 기세를 돋우고 눈을 시퍼렇게 뜨는 것이다.

　지금이 어느 땐가. 정신 바짝 차리고 해방이 되고도 광복은 물 건너에 있는 이 국토의 현실을 똑바로 직시해야 할 때다. 이제 문맹에서 깨어나 학력도 높은 수준이 되어 있으므로 이병도가 하나만 있는 것이 아니라 정

＊　노무현대통령 당시의 일이다. 한나라당이 반대를 하는 바람에 국회에서 부결되었다. 그러나 민간단체가 들고 일어나 거국적으로 모금을 시작했다. 애초에 3개월을 한정으로 모금을 시작했는데 일주일만에 목표액을 초과하는 이변이 생겼다. 그만큼 국민의 관심은 크고 뜨거웠던 것이다. 그것으로 '친일인명사전'이 만들어진 것이다.

치 언론을 우선해서 사법은 물론 교육과 재벌을 포함한 사회의 모든 분야에 고루 널려있는 것을 보아내야만 한다. 그래서 그들의 죄가 더 깊어지기 전에 민족의 품으로 돌아오도록 해야 한다.

다시 이병도 개인에게로 돌아가자. 역사를 망치고 민족을 망친 원흉이 되어 끝내 참회하지 않은 채 저 세상으로 간 이병도는 아직 죽지 않았다. 그가 쓴 원고가 살아있는 한, 아니 그의 원고가 교과서로 나도는 한 살아있는 자다. 공자 맹자가 아직 죽지 않은 것처럼, 세종대왕과 이순신이 살아있는 것처럼 이병도도 살아있다. 이제 그의 혼, 그 반민족인 넋에다가 우리는 물으면서 단죄해야 한다. 한사군을 한반도 안에다가 설정한 죄. 삼국 이전의 삼한을 반도 안에 올챙이로 기록한 죄를 역사가 물을 것이다. 가락국은 그렇게나마 인정을 했지만 당나라에서도 해동성국(海東盛國)이라 하여 두려워했던 '대진국'을 거론조차 안 한 죄도 물을 것이다.

일본이 조선의 역사를 날조하고 자기네 이익을 위해서 조선사편수회를 설립한 것은 나무랄 수 없다. 국가 간에는 어차피 그런 일이 일어나기 마련이다. 우리도 과거에 일본의 기운을 꺾기 위해 비슷한 짓을 한 적이 있다. 일본인이 자기들의 상투를 '촌마개'[8] 라고 하는 것이나 여자가 '기모노'[9]

---

8)   상투는 상두(上斗)가 본 이름이다. 남근을 상징해서 하늘을 받치는 정수리에 세운 것인데 북두칠성에서 딴 것이다. 북두칠성은 하늘에 뿌려진 28수를 장악하고 시간과 계절을 조절한다. 그게 북두칠성이 하는 일이다. 그래서 북두칠성의 호흡을 파악하여 역사상 처음 태음력을 만들었던 우리의 선조들은 정수리에다 상투를 세우고 다시 하늘 모양을 닮은 둥근 갓을 썼다. 상투를 짤 때 일곱 번을 돌려 감는 것이 그래서다. 천하를 호령하는 사내들의 자존심인 셈이다. 왜놈이 상투를 배우겠다고 하자 그 남근의 이름부터를 하필 '좆마개'로 하도록 했다. 알다시피 남근은 구멍이 막히면 안 된다. 그리고 빳빳이 서야할 남근을 정수리 밖으로 밀어내면서 슬쩍 눕혀버렸다. 머리에 쓰는 것이면 둥근 갓이 옳은 데, 발에다 신는 버선으로 가르친 것도 그런 맥락이다.

를 입는 것이 그런 것이다. 일본의 기운을 누르려는 석굴암 부처님은 그 시선이 곧 바로 교또(京都)에 닿는다지 않은가. 석굴암이 만들어지던 때는 일본의 수도가 교또였기 때문이다.

국가와 국가끼리의 다툼질은 역사가 더 자라서 지구촌이 한 떨기의 꽃으로 인식되기 전까지는 이어질 것이다. 민족과 민족 사이에 시새움이 있고 알력이 따르는 것은 어쩔 수 없이 더 오래 갈 것이다. 한 마을이 네 것 내 것의 구분이 없이 절대의 공산화(共産化)를 이루었다 해도 내 형제 내 가족은 역시 따로 소중하게 느껴지는 것이 사람의 본성이다.

이치가 이렇거든 시절 따라 내 동족을 늘 외면한 채 오히려 사대모화를 하고 친일을 하고 그렇게 동족 속에 살면서 동족을 배신한 너희의 죄를 너희가 아느냐? 너희는 지금도 깨닫지 못하고 있다. 그래서 너희의 친일행위가 계속되는 중이다. 이승만이 반민특위를 해체할 때 너희들의 세상이 영원하리라고 쾌재를 했겠지만 역사는 자란다. 그래서 해로운 독은 끝내 뱉어내고야 만다. 작금에 〈친일인명사전〉을 국회가 반대하는데도 민중의 의지와 힘이 모여 만든 것이 그런 것이다.

이완용이 손자가 또 송병준[10]이 붙이가, 제 할애비의 매국노 짓거리를

---

9) 상복(喪服)에서 기모노는 생겼다. 그 옷을 입고 항상 곡소리나 하라는 뜻이었을 것이다. 기모노는 속옷이 없다. 그리고 허리에는 어디에서고 펴고 누울 수 있는 간단한 수건을 휴대한다. 그것이 기모노의 정장이다. 아무 데서나 자리를 펴고 누울 준비를 마친 셈이다. 일본여자가 유난히 남편한테 곰살스런 것도 바로 이런 까닭과 무관하지 않을 것이다.

10) 친일단체 '일진회'를 조직하여 군수물자를 조달하는 한편 경의선 철도부설공사에 무료봉사의 노역을 자원했다. 을사조약에 앞서 '일진회선언서'를 발표하여 우리의 외교권을 이양하라고 했으며, 헤이그 밀사사건 때는 이완용과 함께 고종의 양위를 강요하였다. '일한연방안(日韓聯邦案)'에 앞장 서 유세를 하고 다녔으며 일본수상 가쓰라에

부끄럽게 여기기는커녕 당당하게 나서서 부끄러운 재산을 찾겠다고 하여도 아무렇지도 않고, 오히려 국가가 합법적으로 그 재산을 찾아주는 데야 무슨 말을 더 하랴. 박정희의 새마을 노래처럼 그것이 잘 사는 것이고 부지런히 사는 것인지는 모르겠지만 확실한 점은 민중이 깨어나고 있다는 것이다. 들으니 친일파재산환수법이 국회를 통과하였으므로 4백여 명의 친일파들 재산이 국가의 이름으로 환수될 것이라고 한다. 이것이 역사가 자라고 있고 깨어나고 있다는 증거다. 사필귀정(事必歸正)이다.

_____

게 1억 원이면 조선을 팔겠다고 했던 인물이다. 일본이 조선을 병탄하도록 도운 그의 행적은 이루 다 말할 수가 없는데, 그런 공로가 인정되어 특별히 자작을 받았다.

이족(夷族)의 역사를
서토역사로 호도한 공자

02

사고를 불태워라

그러나 이런 것은 우리 쪽에서 자처해서 모화사대의 근간을 마련했던 것이요 서토에 지나인들이 한 노릇은 이것 정도가 아니다. 그들은 공자 맹자 때부터 우리 역사를 날조하는데 안간힘을 써왔다. 오늘 그들의 '동북공정(東北攻征)'은 그러니까 공·맹 시절부터 아구를 트고 자라온 셈이다.

관구검처럼 전쟁을 통해 서책을 훔치기도 했지만 가져갈 수 없으면 불을 질러서 태워버렸다. 백제가 망할 적에 사비성의 사고가 그렇게 없어졌다. 그 불은 설인귀가 지른 것이었다. 백제에 가서 사비성에 입성하거든 무엇보다 먼저 역사 창고를 없애라는 제 임금 고종의 밀명을 받고 와서 한 짓이었다.

십 년 후에 고구려가 망하던 날도 먼저 불길이 일어난 곳은 사고(史庫)였다. 역시 당나라 고종의 특명을 받고 온 설인귀 짓이었다. 그 불길은 무려 4개 월 여를 꺼지지 않았다고 기록되어 있다. 진시황의 아방궁을 태운 불은 석 달을 탔다는데 고구려 사고가 넉 달을 탔다고 하면 그 역사 창고가 어떠했을지 쉽게 상상이 되지 않는다. 사비성의 사고는 정확한 숫자가 없이 그냥 수개월이라고만 했고 고구려의 사고는 4개월 여라고 했으니 아무튼 엄청나게 많은 책이 잿더미가 되었음을 알만 하다. 그때의 책은 종이보다는 비단에 쓴 것이 더 많고 가죽오리로 묶은 죽간(竹簡)이나 목간(木簡)도 상당했을 것이다. 그래서 타는 속도가 일반 건축물과 달리 더디게 진행되었을 것이다. 어쨌든 우리의 역사는 그때 다 없어졌다고 나는 생각한다.

이 대목에서 잠시 생각해 보자. 전쟁에서 방화는 시키지 않아도 하기 마련인데 왜 굳이 임금이 사고에 방화를 명령했을까. 명령하지 않아도 궁궐은 화염에 덮여서 없어질 것이고 그렇게 되면 역사 창고고 뭐고 다 없어지게 마련이다. 그런데 왜 안심이 안 된 사람처럼 역사 창고에 유별난 집요함을 보이느냐다. 그 집요함의 역사적 근거는 공자에서 시작된다.

공자의 위서, 서전

공자는 일생에 다섯 권의 책을 저술했다. 〈예기〉 〈춘추〉 〈주역〉 〈서전〉 〈시전〉이다. 〈시전(詩傳)〉은 한나라 때부터 '모시(毛詩)'[11]라 했고, 〈서전(書傳)〉은 원래 '상서(尙書)'[12]라 한다. 이것이 유가의 5경이다. 시전과 서

---

11) 한나라 때의 모형(毛亨)과 모장(毛萇)이 끊어질 뻔한 시전을 전한 데서 붙여진 명칭이다.

12) 尙은 높인다는 뜻이 들어 있다. 그러니까 尙書라고 하면 '높여야 할 글' 혹은 '높여야 할 기록' 이다. 공자가 자기 저술에 이런 이름을 붙인 것은 그것이 중국역사에 기초가 될 것을 알았기 때문이라고 할 수 있다. 실제로 상서는 서토역사에서 초석이 되었으니

전과 주역을 경(經)으로 대접하기 때문이다. 이 중에 작정을 하고 쓴 역사서가 〈상서〉와 〈춘추〉다. 〈춘추〉는 공자가 태어난 노나라 역사지만 〈서전〉은 서토 전체를 위해서 쓴 서토의 역사다. 여기서 우리가 관심을 가지고 보아야 될 것은 〈서전〉이다. 장차 동이족과의 관계에다 영원한 초석을 삼고자 만들어 둔 책이기 때문이다.

먼저 궁금증이 앞선다. 〈춘추〉에다 첨삭의 가필을 했듯 〈서전〉에도 첨삭이 있었느냐는 것이다. 물론 가필이 있었다. 공자가 역사에 손을 대는 것은 제 노리는 목표가 있었기 때문이다. 목표가 있는데 첨삭의 가필이 어찌 빠질 수 있을 것인가. 〈서전〉의 내용을 일삼아 조사해 보지 않아서 전체가 몇 편이나 되는지는 알 수 없으되, 〈서전〉 편찬을 위해서 3,240편의 글을 모았다는 말로 짐작해보면 10분의 1, 20분의 1에도 못 미친다. 또 여기에 보태진 내용은 몇 편이나 될 것인가.

그리고 보면 어느 부분에 한정된 가필이 아니고 전체가 첨삭으로 된 책으로 보아야 옳을 것이다. 자료의 전체를 읽고 그리고 충분히 소화하고 나서 자기 의중대로 마음껏 편집을 해버리는 식의 아주 뱃속 편한 첨삭의 결과가 〈서전〉일 것이다. 역사적 경험으로 보면 그릇이 큰 인물일수록 실수의 과오도 크게 남는다. 그 그릇의 크기와 인품의 영향이 그렇게 만들고 있어서다. 그리고 그 실제의 예를 지금 공구(孔丘)에게서 발견하는

'국가를 위해 부끄러운 것은 감추고' '상대는 낮추고 자기는 높이며' '자국의 이야기는 상세히 하되 남의 땅 이야기는 대충 한다'는 원칙이 후세의 사가들에게 충실히 지켜졌기 때문이다. 그러나 워낙 감출 수 없는 삼황오제 이야기는 후세 사가들에게서 점차로 이야기되다가 원나라 역사가 증선지(曾先之)에 이르러 전체가 드러난다. 그것은 증선지가 한족(漢族)이 아닌 동이민족 계열 사람이기 때문이기도 하지만, 서토의 문명의 역사 시작이 삼황오제에서 비롯되고 있어서다.

중이다.

그 증거 될 만한 것은 〈서전〉의 첫 장이 되는 요전(堯典)은 순전(舜典)에서 시작되고 있지만 차차 살펴보기로 하자. 〈서전〉은 순전히 동이족을 염두에 두고 만들어진 책이다. 공자가 살았던 2천 5백 년 전의 주(周)나라는 소위 화하족(華夏族)의 문화라 할 만한 것이 전혀 없고 모든 문화의 뿌리가 동이족에게서 나온 것 일색이던 때였다. 〈춘추〉를 짓고 나서 공자가 세상에다 한 말을 앞에서 소개한 바 있다. 존자(尊者)와 친자(親者)와 현자(賢者)의 허물은 말하지 않는것이 예라는 것이다. 그렇게 서전의 첨삭도 그 말로 미끈하게 얼버무린 셈이었다.

〈서전〉에 첨삭이 있었다는 것은 그냥 해보는 심증의 말이 아니다. 중국 상고의 임검[13] 삼황오제가 빠져 있는 것이 첨삭의 증거다. 특히 인문(人文)의 문명을 말하면서 어떻게 삼황오제를 뺄 수 있는가. 서토문명의 효시는 태호복희씨에 의해서다. 그 어른이 바로 제사법을 만들고, 그물을 얽어서 새와 짐승을 잡는 방법을 내고, 혼인법을 가르치고, 팔괘의 획을 그어서 인간들이 캄캄한 미래를 내다볼 수 있게 만들었다는 분이다. 나무를 구부려서 따비와 쟁기를 만들고, 그것으로 땅을 뒤엎어 씨 뿌리고 거두는 농사일을 가르친 신농씨(神農氏)도 서토 문명에서 빠질 수 없고, 배와 수레로 교통의 편의와 여행을 가르친 헌원씨(軒轅氏)의 공적도 빠뜨려서는 안 된다.

그리고 삼황이 일으킨 문명을 단계적으로 발전시켜서 천하의 인민으로 하여금 그 혜택을 고르게 누릴 수 있도록 만든 소호금천씨와 전욱고양씨,

---

13) '임금'이라는 낱말은 한자의 任儉에서 나온 말로 보인다. 단군왕검의 王儉을 壬儉 혹은 任儉으로 표기한 데가 있는데 '검'을 '잇'는 '잇검'의 뜻으로 해석되어서다. 壬과 任은 뜻이 같은 글자다. 그러므로 '임금님'이란 원래 말은 '임검님'이 옳다

그리고 제곡고신씨를 빼서도 안 된다. 그런데 그 분들을 모두 모른 체 하고 하필 끄트머리자락에 따라 붙는 제요도당씨와 제순유우씨를 머리로 삼은 저의가 무엇인가? 그것이 제 목적대로 제 편리대로 일을 꾸미는 자의 편집의도였다고 말해질 수 있는 것 아닌가?

하긴 요·순(堯舜)도 오제의 임검들이긴 하니 삼황오제를 전부 뺀 것은 아닐 수 있다. 그러나 〈서전〉을 통해서 공자가 적통으로 세우고 싶은 것은 주나라다. 속셈이 거기에 있기 때문에 앞머리를 하(夏)로 시작한다.

그러면 하를 바로 시작했느냐? 그랬을 수도 있다. 그러나 그렇게 되는 날에는 〈상서〉는 경이 되는 대신 천하의 웃음거리가 되었을 것이다. 공자 당시로서는 삼황오제가 너무 시퍼렇게 살아있어서 만약 그 임검들을 공자가 손바닥으로 가리려든다면 웃지 않을 사람이 없을 때였다. 이 대목에서 공자는 많이 생각했을 것이다.

중국을 위한 역사를 쓴다면서 자칫하면 이족을 위한 역사가 될 위험이 있다. 그러나 공자는 역시 공자였다. 삼황오제 중에서 중국 쪽으로 당길만한 임검을 찾자. 그것도 될 수만 있으면 뿌리가 깊은 삼황보다 뿌리가 깊지 않은 오제 중에 있어야 하고, 가능한대로 이족의 정서와 친숙하지 않은 폭돌한 임검이어야 한다. 그 친숙하지 않고 폭돌한 부분이 뒷날 중국문명의 한 기초가 된다면 더 바랄 것이 없는 일이다. 아마 그렇게 생각했을 것이다. 거기에 맞아 떨어진 임검이 바로 요·순 임검이었다.

그래서 〈상서〉는 요·순으로 머리를 삼는다. 하나라는 요·순에다 연대서 몸뚱이로 만든다. 까닭이 그러해서 서토문화의 근간이랄 수 있는 오제 중에서도 소호금천씨 전욱고양씨 제곡고신씨를 미끈하게 뺐다. 끄트머리의 제요도당(帝堯陶唐)과 제순유우(帝舜有虞)로 시작을 삼으면서 될 수만 있으면 입을 다물겠다는 태도가 완연하다. 그래 요 임검에 대해서도 할 말이 많으련만 그 말을 참고 순 임검에 가서야 입을 트는 것이다.

　당연하다. 요 임검의 치적을 자세히 말하다가는 오행(五行)사건이 바로 튀어나올 판이다. 그것이 요 임검한테 내세울 수 있는 유일한 공적일 수 있지만, 동시에 동이족과 마찰을 일으킨 민감한 부분이기도 해서 차라리 요 임검에 대해서는 말을 삼가는 게 나으리라고 생각했을 것이다.

　〈상서〉에 요전(堯典)은 사실상 순전(舜典)에 들어 있다. 당연하게 요전에는 극히 상식적인 이야기가 간단하게 적혀 있을 뿐이다. 너무 간단한 내용이라 후일 청나라 강희 때에 와서 위작 시비에 휘말린 일까지 있다. 해의 뜨는 방향이 별자리의 위치와 무관하지 않음을 살피어 1년 4계가 어떻게 진행되는가를 알았다는 천문에 관한 이야기가 실려 있고, 홍수로 황하가 넘쳐 나서 보좌하는 이들과 여러 가지로 걱정하고 의논하는 내용이 들어 있다. 그러나 순 임검에 대해서는 꽤나 구체적이다. 정치의 내용과 제사의 내용, 그리고 천문을 살피어 책력을 만들고 천하를 순시해서 어진 사람을 발탁하고 천하의 직분을 맡긴 이야기가 차례대로 나온다.

　여기까지 만으로도 첨삭 투성이다. 별자리를 살피어 계절을 알고 1년이 365일 하고도 5시간 48분 46초라는 것은 복희씨 무렵에 다 밝혀진 내용이다. 굳이 순 임검 때에 와서 혼천의(渾天儀)를 제작할 일이 없고, 요 임검이 사방에 별자리 살필 관리를 파견하지 않아도 되는 일이었다. 〈상서〉를 요순으로 시작하면서 그 시대에 그런 관찰이 이루어졌다고 해두는 것은 바로 그들이 문명을 시작했다고 말해두고 싶어서였을 것이다.

　공자가 〈춘추〉를 쓴 까닭이 당시의 제후국들 중에서 노나라를 적통으로 세우기 위해서였다면, 〈상서〉는 동이족과의 미래관계를 내다보고 그가 손수 초석을 놓은 작업이었다고 보면 된다. 한 마디로 두려웠을 것이다. 장차 동이의 문명이 인류를 먹여 살릴 것은 뻔한 일인데 그러면 내가 살고 가는 이 땅은 무어냐. 이곳은 문명이 없는 한낱 야만에 지나지 않고 삼황오제를 배출한 배달나라 문명만이 드러나리라. 공자는 그 대목에서 참을 수가 없었을 것이다. 그리하여 〈춘추〉에서 가한 솜씨를 발휘하여 자기가 살고 가는 국토를 위해서 역사를 고쳐두자고 생각했을 것이다.

〈서전〉이 날조된 기록이라는 건 우공(禹貢)편에서 쉽게 드러난다. 요 임검 때 9년 홍수가 있었다. 순(舜)이 섭정을 하고 있었는데 곤(鯀)을 시켜서 물을 다스리게 했다. "넘실거리는 홍수는 넓은 땅을 뒤덮고, 질펀한 물은 산을 잠기게 하고 언덕 위에 오르며, 거친 기세는 하늘을 찌를듯했다"라고 기록되어 있는 물이다. 곤은 8년이나 애를 쓰고도 실패했다. 그래서 순은 국법에 따라 곤을 우산(羽山)에서 죽였다. 이번에는 곤의 아들 우(禹)를 시켰다. 우는 13년을 애쓴 결과 마침내 천하의 물길을 잡는데 성공했다. 그리하여 천하를 구주(九州)로 나누고 조정에 공물을 바치게 만들었다. 우공은 하후씨(夏后氏)가 공물을 받았다는 뜻이다. 그는 그 공로가 인정되어 순 임검의 천하를 선양받고 하나라를 세운 것이다.

9년 동안 홍수가 졌다면 천하의 하천이 넘쳤을 법하다. 날조라는 건 지금부터다. 청해성 파안까라 산맥에서 발원하여 동으로 길게 흐르면서 중국 문명의 젖줄 노릇을 해온 5,400km가 넘는 황하, 티베트고원에서 시작한 물줄기가 6,300km나 되는 양자강, 양자강과 황하 사이의 호북평원을 적시는 만만치 않은 강 한수(漢水)와 회수(淮水)의 물줄기를 나막신을 신기도 하고 진흙 썰매를 타기도 하고 혹은 배를 타기도 하면서 도도하게 흐르는 흙탕물 속에서 토목공사를 했다는 것이다. 이것은 삼태기와 가래를 들고 13년 동안에 해낼 수 있는 일이 아니다.

그런데 우공편에서는 어디서 나오는 물은 어느 곳으로 흐르게 하고 어느 산에서 시작되는 물줄기는 어느 산을 뚫어 어떻게 돌렸다는 식으로 하나하나 설명을 하는데, 그가 다닌 하늘 아래의 지역이 낱낱이 소개가 되고 있다. 너무나도 놀라운 기록이다. 그 적힌 지명만 돌아다닌다고 해도 다리품으로 다니자면 13년으로는 부족했을 것이다. 헌데 현대식 중장비로도 난제라 할 그런 토목공사를 넘쳐나는 급물살 속에서 했다니 믿어지는가?

헌데 중요한 것은 요 임검의 나라를 도(陶)라 하고 그 서울을 당(唐)이라고 했다. 천자문에도 그렇게 되어 있다. 제요도당(帝堯陶唐)이라고 하면 제왕 요는 나라를 도로 서울을 당으로 한 임검이었다는 말이다. 그 나라가 어디였을까? 요새 산서성 황하의 물가 임분시(臨汾市)가 그곳이다. 지금도 한 옛적 요임금의 정부를 기념하는 요도구(堯都區)가 있다. 말이 좋아 서울이고 나라이지 요즘이라면 작은 군(郡) 살림도 채 안 되는 규모였을 것이다. 그것은 17대를 존속했던 하나라가 지금의 하남성을 지나는 황하 언저리의 작은 나라였던 것으로도 알 수 있는 일이다.

그렇다면 그런 작은 나라에서 그런 큰물을 가로맡았다는 게 요령부득이다. 돈이 들어도 큰돈이 들 것이요, 인민을 부역에 동원한 대도 그런 작은 나라로는 계획을 세울 수가 없다. 그 때는 거기가 한웅천왕들의 붉달나라였고 요 임검은 제후국의 군주였다. 그런 물을 맡아 나섰다면 당연히 중앙정부인 붉달나라였을 것이다. 한웅천왕들이 한 일은 공자가 모은 3,240편의 자료에 다 있었겠지만, 공자가 그 일을 모두 감추고 우공편을 무리하게 짜 맞추었을 것이다.

삼황오제를 빼면 18대를 이어 선 한웅천왕들의 배달나라 살림살이는 비교적 감추기 쉽다. 그래서 제 나라 역사를 불에서 건지지 못한 후세의 국민들은 공맹을 조술하면서 사대모화를 하는 사이에 과거시험장에서 〈서전〉이 논의되다 보니 결국 제 역사를 없애기 위해 지은 책으로 출세를 해온 셈이다.

맹자의 거짓말

맹자는 한 술 더 뜬다. 공자도 모르는 그런 엉터리 거짓말을 어디서 주 웠는지 사뭇 창작을 하고 있다. 〈맹자〉 '만장(萬章)'에서 보는 순임금의 기록이 그렇고 '고자(告子)'에 보이는 동이족 이야기가 그렇다. 하긴 스승이 시(詩)를 쓰면 제자는 산문으로 부풀리기 마련이라 맹자의 엉터리 거짓말을 꼭 나무랄 일이 아닌지도 모른다.

우리의 '부도지(符都誌)'[14]에는 순의 아버지 이름이 유호씨(有戶氏)[15]

---

14)   우리 민족의 개벽신화가 들어있는 가장 오래 된 역사책으로 신라 초기의 박제상이 지었다. 개벽신화뿐 아니라 삼황(三皇)의 첫 번째 임검인 태호복희(太昊伏羲)가 '배달국'의 다섯 째 임검이신 '태우의(太虞儀)한웅천왕'의 열 두 번 째 아드님이었다고 되어 있다. 삼황오제는 모두 우리 민족이요 우리 '훈아비'들이다. '부도지'는 '천부경'의 도시 살림을 기록했다는 뜻이다.

15)   유호씨(有戶氏)는 유인씨(有因氏)의 손자다. 그리고 유인씨의 두 아들이 유순과 유상이다. 얼핏 보아도 이름 앞에 놓이는 유는 그들 가계의 성일 것이다. 그렇다면 캄캄한 그 시절에 이미 부계의 상징인 성이 있었다는 것일까? 성을 갖는 데는 두 개의 원칙이 있다. 우선 제 조상을 알고 그 조상들이 태어난 땅을 알고 있는 사람이라면 그 땅 이름을 자기들의 성으로 삼는다. 다음으로 어떤 사람이 덕망이 높아 임금에게 발탁되어서 벼슬을 얻게 되면 그의 첫 조상이 태어나 땅 이류를 찾아내서 성으로 하사 받는 경우다. 그런데 파미르 고원에서 지유에 고장이 생겨 신표를 나누어 가지고 떠났던 황궁씨의 아들 유인씨로부터 부계의 징표이자 높은 문화사회의 상징인 성이 있었다고 하면 쉽게 끄덕거릴 사람이 몇이나 될까? 그러나 확실한 것은 '부도지'나 '훈단고기'를 모르는 저 서토인들의 사서에서도 순에 대한 호칭은 제순유우씨(帝舜有虞氏)라 하여 확실하게 유(有)를 강조했다는 점이다.

다. 신시(神市)의 관료였고 순(舜) 외에도 상(象)이라는 아들이 있었다. 처음으로 오행법을 내놓는 요에게 미혹되어 부도의 법을 배반하는 아들 순을 미워하여 작은아들 상으로 하여금 군대를 일으켜 공격케 한 적이 있다. 그 전쟁에서 요는 유폐되어 죽고, 순은 창오산으로 도망하여 죽었으며, 요의 두 딸인 순의 이비(二妃)는 소상강(瀟湘江)에 투신하여 죽었다.

이렇게 사건이 확실한데 맹자는 순의 아버지를 고수(瞽腴)로 명명했다. 그리고 새로 얻은 후처와 거기서 낳은 상(象)과 셋이 짜고 순을 죽일 궁리만 했다는 것이다. 눈동자가 없는 장님을 수(腴), 눈이 있어도 보지 못하면 고(瞽). 말하자면 제 아들을 죽이지 못해 안달을 하는 눈먼 늙은이가 고수다. 육신의 눈도 마음의 눈도 다 멀어서 구제불능의 상태다. 맹자는 순의 아버지를 이렇게 만듦으로써 상대적으로 순에게 동정이 쏠리도록 한 것이다.

하룻날은 정자의 지붕에 올라가게 하고는 밑에서 사다리를 치워버렸다. 그리고는 정자에 빙 돌아 불을 질렀다. 그럴 줄을 짐작한 순은 미리 준비해 둔 삿갓을 끼고 뛰어내려서 무사했다. 한 번은 마당가에 우물을 파게 하고는 우물이 깊어지자 가래와 소쿠리로 흙을 퍼부었다. 이번에도 순은 옆구리에 미리 파 둔 예비 굴로 피해서 무사히 탈출할 수 있었다.

상은 "형을 묻어 죽이자고 의견을 낸 것은 모두 내 꾀다. 이제는 형이 없어졌으니 마당에 쌓인 창고의 곡식과 형이 쓰던 활은 아버지와 어머니에게 나누어주고 두 형수는 내 잠자리를 돌보게 하련다" 하고 형의 집에 이르니, 순은 평상에 앉아 거문고를 뜯다가 아우를 맞으니 상은 얼른 "형님이 보고 싶어서 왔습니다" 하고 둘러댔다. 그러자 순은 그 말을 믿고 "너 나를 위해 이 나라와 백관들을 좀 다스려다오" 하고 흔연히 기뻐했다. 그리고 맹자는 그에 대한 주석까지 잊지 않는다. '자기를 해치려 한다는 것을 알고 있지만 경애하는 도리로 둘러대니 정말 믿고서 기뻐한 것이다.' 그것이 소위 성인의 태도다. 맹자는 그 말이 하고 싶은 것이다.

학구열에 불타는 젊은 제자 만장은 평소에 거침없는 질문을 많이 하는 편이었다. 그런 착한 제자를 데리고 앉아서 **맹자는 지금 전혀 전거가 없는 맹탕 거짓말을 가르치는 중이다.** 그러나 만장은 착하기만 했지 학문에 대한 태도가 틀려 있다. 마당가에 우물을 파게 하고 위에서 흙을 부었다면 요새 포크레인이 아닌 이상 기어 나오게 돼 있다. 그것을 굳이 '옆에다 예비 굴을 준비했었다' 고 호들갑을 떨 필요까지는 없는 것이다. 정말 예비 굴을 팠다면 소쿠리와 가래가 전부인 그 작업에 그 굴이 보이지 않았을 리가 없다. 그런데 만장은 맞장구를 치면서 듣고만 있는 것이다.

맞장구를 치고 추임새를 넣으면서 맹자의 빤한 거짓말에 속는 것은 만장뿐이 아니다. 2천년 동안 〈맹자〉를 읽으면서 그 구절에다가 허튼 기침 한 번 안 해본 모든 선비가 똑 같이 속은 것이다. 대체로 유가의 습속에는 제자가 스승에게 덤벼들지 못하는 전통 같은 것이 있다. 하극상을 용납하지 않는 삼강오륜의 윤리 때문일까?

맹자가 '고자' 에서 백규와 주고받은 내용에는 더 한 거짓말이 들어 있다. 지성의 양심으로는 도저히 못할 양심불량의 거짓말이다. 대개 공자나 맹자가 위대하게 남는 것은 일반적으로 박학다식하기 때문인데, 그들이 동이족의 문화에 대해서 모를 리가 없었다. 특히 제의식(祭儀式)[16]에 밝고 예절에 밝아서 그것들의 뿌리 되는 '붉달나라의 문화' 에

---

16) 지금에 와서 생각할 적에 위패 모시고 제사지내는 것이 무어 어려울 것이 없는 일이지만 그런 것이 간소한 격식으로 갖추어지기까지 든 세월은 실로 놀랄만한 것이다. 공자가 살았던 주나라 적만 해도 국가제사에 술잔 받드는 좨주를 요새 대학총장 급으로 예우했다. 제사는 단순히 천지신명과의 교감이 아니라 우주와 인생의 총체적인 이해를

대해 훤히 알고 있었을 것이다. 삼황오제는 물론 그 분들 한웅천왕에 대해서도 몰랐을 리가 없다. 그런데도 "그들에게는 궁실이 없고 종묘의 제사가 없고 성곽과 백관의 관료가 없기 때문에……" 20분의 1 세금으로도 무방했다고 굳이 10분의 1 세금을 역설한다. 양심불량을 논하기 전에 이것이 역사라는 것이요 제 나라를 위한 자존심이라는 것이다.

남들은 이러는 판에 우리는 공자 맹자를 무조건 조술(祖述)해 왔고, 철부지 만장처럼 그들의 말에 고개를 끄덕여왔다. 옛날 과거시험장에서 〈서전〉으로 구두시험을 치렀는데, 하여간 공자가 나왔다 하면 그림자도 밟으면 안 된다는 것이 조선선비들의 태도였다. 그것은 학문의 태도가 아니다. 가령 공맹을 제대로 배운 사람이라면 '공자 맹자가 쳐들어와서 네 나라를 내놓으라고 하면 어쩔 테냐' 한다면 '창칼을 들어 몰아내겠소' 해야 바른 답일 것이다. 그것이 공·맹에 대한 옳은 대접이다.

그런데 공·맹의 알갱이는 놓치고 그림자만 건진 이 나라 유림들은 서토를 가리켜서 중국이라 높이고, 그 위상 앞에 머리를 조아리고는 스스로 소국이니 변방 오랑캐니 하면서 둥신 머저리를 자처했다. 무엇보다 내 핏줄의 근본을 잊어버리고 남이 가르쳐준 대로 역사라는 것을 시늉만 했으니 거기서 무엇 하나 건질 건더기가 없었던 탓이다.

담은 예법이기 때문이다. 음악도 문명의 초기에서는 제의식 이상의 탁월한 이해가 없고는 모르는 것이어서 공자가 인(仁)을 말할 적에 '예로 일으키고 악으로 완성한다' 고 했던 것인데, 당시의 악(樂)은 곧 동이족의 악이었다. 공자, 맹자는 자기네 노나라 문화도 그 뿌리가 이족의 문명에서 올라왔다는 것을 너무 잘 아는 사람들이었다.

우리 上古史 기행 - 발로 확인한 桓檀古記, 符都誌의 실상

셋째
마당

꺼지지 않는 불씨

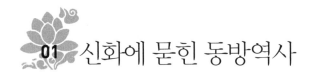

01 신화에 묻힌 동방역사

이탈리아 반도와 조선반도는 풍토나 기후조건에서는 비슷하지만 사람이 살았던 자취는 단연 판이하다. 살펴본 대로 로마가 형성되던 시기만 보아도 저쪽은 여러 민족이 섞여 살았지만 이쪽은 전혀 그렇지가 않다. 언제나 하나의 민족이 살았던 것으로 이해되어 온 것이다. 이른바 배달민족이라는 단일민족설이다. 혼자서 살아온 것이 좋은 것인지 나쁜 것인지를 따지기에 앞서 그들은 선택의 여지가 없도록 숙명적으로 그 반도에 묶여져 있었다는 편이 차라리 옳을 것이다.

그러나 의심의 여지는 있다. 해방 이후로 오면서 소위 고고학이라는 것이 머리를 들기 시작했고, 고고학 쪽에서 말하는 대로 하면 이 땅에는 본래 고아시아족으로 불리는 인종이 살았는데, 농경과 어로에 의한 붙박이 살림을 했다는 것이다. 아직 걸음마 단계에 있는 고고학이 하는 말을 맹신하는 것도 옳지는 않겠지만 충분히 검토는 해볼 만한 것 아닐까?

그런데 이 땅에서 여러 천년 동안 뿌리를 내리고 살아온 배달민족이라는 사람들은 단군신화라는 수상한 신화를 전해오면서 자기들이 원주민이 아닌 떠돌이이었음을 은연중에 암시하고 있다. 북방에서 자기들이 내려왔을 때 이미 곰 토템과 호랑이 토템의 부족이 한 버렁 안에 살면서 처음 접하는 그들의 문명을 부러워했고, 그러다가 드디어 하나로 합쳐졌다는 것이다. 그것이 고고학에서 말하는 고아시아족이라면 사개는 맞는다. 〈삼국유사〉가 전하는 단군신화를 대략이나마 옮겨보자.

하늘나라에 한인(桓因)이라는 임금이 있었다. 한웅(桓雄)이라는 아들이 있었는데 자주 인간 세상에 내려가고 싶어 했으므로 아버지가 아들의 뜻을 알고 삼위(三危)와 태백(太白)을 내려다보니 생명을 한 번 일으킬 만 했으므로 ― 弘益人間 ― 천부인(天符印) 셋을 주어 가서 다스리게 하였다. 한웅이 삼천 명 무리를 거느리고 태백산 꼭대기 박달나무 아래에 내려오니 세상에서 그곳을 신시(神市)라 하고 이 분을 한웅천왕이라 했다. 풍백(風伯), 운사(雲師), 우사(雨師)를 거느리고 곡식(主穀)과 명분(主命)과 병(主病)과 형벌(主刑)과 선악(主善惡) 등 인간 세상의 360여 가지 일을 주로 하여 세상을 다스리며 교화하였다.

이때에 곰 하나와 범 하나가 한 굴에 살면서 항상 신웅(神雄)에게 빌어 사람 되기를 원하매 신웅이 쑥 한 모숨과 마늘 스무 개를 주시며 너희들이 이것을 먹고 일백 일만 햇빛을 보지 않으면 사람의 모습을 얻으리라 하였다. 곰과 범이 그것을 먹고 3·7일을 금기하여 곰은 여자가 되었으나 범은 참지를 못하여 사람이 되지 못했다. 곰은 여자로 되기는 했으나 서로 혼인할 사람이 없어서 항상 신단나무 밑에서 수태하기를 빌었다. 이에 한웅이 거짓 변하여 결혼해서 아들을 낳으니 이가 곧 단군왕검이다.

당요가 즉위힌지 50년경인(당요기 즉위힌 헤기 무진인즉 50년은 정시요 경인이 아니니 사실이 아닌가 의심스럽다)으로 평양에 도읍하고 비로소 조선이라 했다. 다시 백악(白岳) 아사달(阿斯達)로 도읍을 옮겼으니 아사달을 또한 궁홀산(弓忽山: 弓은 芳으로도 썼다)이라고도 하며 지금은 미달

(今彌達)이라고도 한다.

1천 5백 년 동안 나라를 다스리다가 주(周)의 호왕(武王)이 즉위한 기묘년에 기자를 조선에 봉하므로 장당경(藏唐京)으로 옮겼다가 후에 다시 아사달 산에 숨어 산신이 되었으니 나이가 1천 9백 8세였다.

이 신화를 풀어내기 전에 먼저 해야 할 이야기가 있다. 어느 민족의 역사에나 신화라는 뿌리는 달려있기 마련이다. 사람의 한 평생이 뱃속의 태집에서 시작되듯이 한 민족의 시작은 신화로부터 시작하는 탓이다. 따라서 유구한 역사를 지녀온 민족일수록 신화는 길게 마련이고 가지를 치게 마련이다. 글자가 생긴 것이 워낙 오래지 않은 까닭이다. 그러니까 어떤 민족의 개국신화는 그 민족이 배꼽에 달고 나오는 배꼽 줄이거나 역사의 햇빛으로 걸어 나오기 이전의 탯줄 소식으로 보면 맞는다.

어머니 탯집에서부터 생명을 시작한다지만 그 열 달 동안에 생명이 어떤 과정을 어떻게 거치는지 우리는 다 모른다. 그저 지구라는 별에 생명이 시작되던 아메바나 세쪽이 시절부터 물속의 미생물에 아가미가 생기고 지느러미가 생기고 차차 양서류로 진화해서 마침내 영장류가 되던 전 과정을 태 안에서 정확하고 빠르게 반복한다는 정도가 알려져 있을 뿐이다.

다 모르고 다 설명이 안 되기 때문에 신화라는 말로 뭉뚱그린다. 분명 있기는 있고 감지도 되는데 막상 설명을 하려고 보니 어려워서 잘 안 되는 무엇이다. 신화(神話)의 神자가 그것이다. 본래 그 글자는 구름 사이에서 번개가 깨어지는 것을 그린 것이다. 번쩍하는 섬광이 분명 있었는데 잘 모르겠는 것. 확실한데도 좀체 증명할 수가 없는 것이다.

申 하나만으로도 뜻은 통한다. 그러나 굳이 示 옆에다가 申을 표기한 것은 示가 제상 위에 올려놓은 희생을 의미하기 때문이다. 희생은 속성적으

로 신명(神明)을 상징한다. 그러므로 희생이 바쳐지고 있다는 것은 곧 이 자리에 검스런 신명이 입회하고 있다는 뜻이다.

그래서 고대의 〈주역〉이나 〈시전〉〈서전〉에서는 神이라는 글자를 귀신이라는 뜻보다 검(儉)이라는 의미로 많이 쓰고 있다. 검스럽다. 영검하다 할 때의 검이다. 우리가 이 고어를 갑작스럽게 잃어버린 것은 해방 이후로 오면서다. 비판 없이 받아들인 마구잡이식의 서양교과서가 득세를 하면서 아무런 검증도 거치지 않은 서양의 과학이 주류를 이루는 동안 동양의 수리학(數理學)은 설자리를 잃어버린 것이다.

과학에 무슨 동양서양이 당하냐고 할 것이다. 그렇지가 않다. 이치를 밝혀내고 원리를 캐는 학문이 과학은 맞는데 접근하는 방법이나 규명해내는 결론은 딴판으로 다른 경우가 허다하다. 한 예를 들면 사람의 몸이 아플 경우 동양과학은 침이나 뜸 혹은 부항이나 사혈로 환자를 다스리지만, 서양과학은 X레이와 수술에 의존한다. 서양방법은 외과 병을 보는 데는 효과가 크지만 신경계통에는 캄캄하다. 애초에 경락(經絡)[1]을 모르는 까

---

1) 서양에서는 별자리가 황도 12궁 외에는 없다. 그나마 무슨 상관관계에 있는 것도 아니고 그 별자리에 그런 이름이 붙여진 전설 정도가 전해질 뿐이다. 그러나 동양에서는 황도 주변에 28수의 별자리 이름이 붙여지면 그것이 한 끈으로 꿰어지는 연관을 맺는다. 그 28수를 경(經)이라 하고 28수 안에서 떠도는 별 다섯 개 —金 木 水 火 土—를 위(緯)라고 한다. 지도의 좌표를 먼저 경으로 읽고 위로 읽어서 필요한 부분을 찾는 원리와 같다. 이런 천문의 이해는 정확한 태음력으로 이어지는데 우리 민족은 이미 5천 3백년 이전의 유위자(有爲者) 시절에 19년 동안 윤달이 세 번 드는 책력을 만들었다. 1년이 365일 하고도 5시간 48분 46초라는 것을 이미 이해했던 것이다. 이러한 역의 산출법은 주역의 건괘(乾卦) 문언(文言)장에 자세하게 나온다. 그래서 서양의사라면 사람이 1분 동안에 정상적으로 쉬는 숨을 14회에서 20회로 치지만 한의는 정확하게 18회라고 단언해서 말한다. 천체의 호흡과 인체의 호흡이 관계가 있기 때문이다. 맥박도 한의는 72회라고 확실하게 말한다. 숨을 한 번 쉬는 사이에 맥이 네 번 뛴다는 이것도 천체의 호

닭이다. 이런 방법의 차이는 하늘의 별자리를 이해하는 태도에서부터 다르게 된다.

각설하고 — 어떤 민족의 역사를 탯줄 째로 기억하는 것이 신화다. 그렇기는 하지만 그것들 중에는 원초적인 원형의 감각을 그냥 가지고 있는 것도 있고, 비교적 인문의 감각으로 다듬어진 것도 있다. 그것은 그 신화를 전승해온 사람들의 공통분모적인 감각이 시절 따라서 굴절을 일으킬 때 신화도 저절로 달라진 것이므로 거기에다 옳고 그르고의 푯대를 세울 일은 아니다.

그리스 신화나 로마 신화는 누가 읽기에도 정돈되고 정비되어 있다는 느낌을 받는다. 기독교 성서의 창세기 편이나 출애굽기 편도 그렇다. 그러나 그런 것을 보다가 단군신화나 부도지(符都誌)의 신화를 읽으면 제대로 햇빛을 쐬지 못한 신화라는 느낌을 강하게 받는다. 그만큼 가공이 되지 않은 건강한 신화라는 생각도 사실이지만 질박한 만큼 친숙해지지가 않는 것도 어쩔 수가 없다.

단군신화는 내용상 몇 개의 토막으로 나누어 볼 수가 있다. 이야기를 시작하는 도입부분과 본격적으로 내용을 설명하는 정종분(正宗分), 그리고 어떻게 결말이 되었다는 유통분(流通分)이다.

단군신화의 서론은 한웅이 천부인 셋을 가지고 삼천단부의 사람과 함께 태백산 박달나무 아래로 내려오니 이곳을 신시라고 한다는 곳까지이다. 사람이 하늘에서 내려오는 법은 없다. 뱃속에 태아가 세쪽이에서부터 영

흡과 관계가 있는 것이다. 그러나 양의들은 60회에서 80회 뛰는 맥을 정상이라고 애매하게 말한다. 사람의 몸 안에 기운이 어떻게 흐르고 피가 어떻게 도는지, 상관관계를 파악해내는 것이다. 같은 기맥(氣脈)이라도 아침과 저녁에 따라 다르며 기분의 좋고 나쁜 데에 따라서 달라질 수가 있으므로 언제나 같은 통계를 내는 양의들은 모르는 일이다.

우리 上古史 기행 - 발로 확인한 桓檀古記, 符都誌의 실상

장류로 수억 년을 두고 진화하던 과정을 시시각각으로 되풀이할 때 그 복잡다단한 대목을 설명할 웅변은 없다. 그저 마치 어린아이는 다리 밑에서 주워 온다고 하는 식으로 슬쩍 비키는 것이다.

어린아이는 틀림없이 다리 밑에서 ─ 가랑이 밑이라고 말할까? ─ 주워 오듯 외부에서 흘러 들어온 이 사람들은 그러나 다른 곳이 아니고 하늘에서 내려왔다고 속인다. 원주민보다는 우월하다는 선민의식이다. 곰이니 호랑이니 하는 유치한 단계의 토템에서 벗어나지 못했고, 그래서 흘러온 사람들의 문명을 배우고 동화되기를 바란 것으로 볼 때 그 선민의식은 당연하다.

정종분은 신시에 도착한 한웅족이 풍백, 운사, 우사 등의 전문가와 함께 사회 살림을 규모 있게 해 나갈 때 원주민들이 그 문명을 부러워하고 합쳐지기를 바란다는 부분까지다. 쑥과 마늘을 주면서 백일을 시험하려 하지만 정작 시험기간은 21일로 끝난다. 호랑이[2] 토템 족이 떨어져 나갔기 때문에 더 이상의 시험이 무의미했기 때문이다. 그러니까 낯선 땅에 온 한웅족은 원주민과의 평화를 위해서 정략결혼을 할 필요를 느낀다. 그 정략결혼의 필요가 쑥과 마늘에 의한 시험이었는데 백일까지 갈 것도 없이 탁방이 나버렸다.

이로써 본다면 그 지역 원주민들은 쑥이며 마늘을 먹지 못하는 사람들이었을 것이다. 그러나 그것을 먹지 못하고서는 신계(神界)의 백성이 될 수가 없다. 우선 쑥은 일상생활에서 요긴하게 사용하는 데가 많다. 대려서

---

[2]　호랑이와 범은 어느 때는 구분을 해서 부른다. 그러니까 아직 새끼 적에는 호랑이지만 백수의 왕이 될 만큼 의젓하게 자라서 어른이 되면 그 때부터는 범이라고 불린다. 여기 신화에서는 아직 참을성이 없고 실패에 가까운 걸로 보아 호랑이라는 것이 옳을 터다.

냉을 치료하기도 하고 독초가 든 음식을 잘못 먹은 데도 쑥만한 해독제가 없다. 몸에 생기는 면역체계 역시 쑥이 빠지고는 달리 항체를 취할 수가 없을 정도다. 그런 약재가 아니어도 여러 가지로 생활하는 데 요긴한 것이다. 구황식품으로도 지천에 널린 쑥이 제격이다. 그런 쑥을 먹을 줄 모르고는 문명의 살림을 같이 할 수가 없다. 그래서 쑥을 먹으라는 것이다.

또 마늘은 옛사람들이 구워서 염증을 치료하는데 썼고 사악한 기운을 물리치는데 썼다. 드라큐라가 마늘을 싫어한다는 영화를 본 적이 있다. 지금도 핀란드 지방에 가면 처마 밑에 마늘을 걸어두고 악마를 쫓는 풍습이 있는데 나쁜 기운이 만연했던 시절에서는 더 필요했을 물건이다. 특히 그 시절의 원시사냥에서 다반사로 입는 치명적인 상처는 마늘의 효능이 절대적으로 필요했을 것이다. 먹는 페니실린이라는 항염의 효과를 가진 것이 마늘이다. 그런 효과를 이미 알고 있었다면 한웅족으로서는 더욱 마늘로 시험을 하지 않았을까?

유통분은 정종분과 교묘하게 겹쳐지고 있어서 언뜻 눈에 띄지 않는 부분이다. 그럴 수밖에 없다. 유통분은 경의 이익을 설파하기 마련이니까 나중에 그 사회가 어떻게 변했다는 말을 해야 된다. 문명의 살림을 구체적으로 어떻게 했다는 대목이다. 그러니까 곡식과 명분과 병과 형벌과 선악 등 인간세상의 360가지 일을 주로 했다는 것인데, 이것이 곰과 호랑이 토템의 원주민 이야기와 합쳐지고 있는 것이다. 그러나 여기에서 주의해야 할 것은 이들 문명의 살림이 무엇인지 찬찬히 여겨보는데 있다. 지금까지의 많은 신화 해석들이 중요한 대목을 아무렇지 않게 스쳐왔기 때문이다.

신화가 전하는 대로 본다면 떠돌이로 살다가 처음 정착살림을 시작해 놓고 보니 예전에 없던 문제가 생겼다고 할 수 있다. 그래서 풍백(風

伯)³⁾과 운사(雲師)⁴⁾와 우사(雨師)⁵⁾ 같은 전문가를 발탁해 사람들의 생활에 무엇이 필요한지 굵은 틀거리를 잡아놓고 살피게 한다. 그러다 보니 심어야할 곡식이 있고 살펴야 할 명분이 있다. 돌림병이 생기면 병을 다스리는 전문인이 있어야 하고 전에 없이 훔치는 놈이 생기다 보니 지키는 자가 필요하게 된다. 좋고 싫고가 아니라 이제는 옳고 그르고가 요구된 것이다. 무엇이 선이고 무엇이 악인지 확실한 개념을 정리해야 할 사회가 온 것이다.

그런데 어느 대목을 스쳐왔다고 말하는가. 주명(主命)이라고 말한 부

---

3) 〈훈단고기〉의 태백일사편에 신시본기가 있다. 한웅천왕이 풍백 석제라를 시켜 새와 벌레와 물고기의 해를 제거하도록 하였지만, 백성들은 동굴이나 흙구덩이 속에 살았기 때문에 밑에선 습기가 스며 올라오고 밖에서는 바람이 불어와서 사람에게 질병을 일으켰다. 또한 새, 짐승, 물고기 등을 급하게 쫓아버려 점차로 도망가서 숨어버리니 잡아서 먹는 데에도 불편하였다.

4) 이에 우사 왕금영으로 하여금 사람의 살 곳을 만들게 하고, 소, 말, 개, 돼지, 독수리, 호랑이 등의 짐승을 모아 목축 이용을 관장케 하고,

5) 운사 육약비로 하여금 남녀의 혼례를 올리는 법을 정하게 하고, 치우는 곧 세세토록 병마도적을 관장하도록 하였다.
    〈훈단고기〉의 기록은 이렇지만은 우리는 반드시 풍백이 항상 석제라이고 우사가 왕금영이고 운사가 육약비로 알아서는 안 된다. 18대의 한웅천왕이 무려 1,565년의 역사 기간 동안 신시(神市) 살림을 하는 데, 그 분들 중의 어느 시절인지를 모르기 때문이다. 뒤에 차차 나오겠지만 태호복희 같은 분도 우사 벼슬을 했고 염제신농도 우사로 이름을 낸 분이다. 결국 여기 〈훈단고기〉의 기록은 충분하지가 못한 채로 전해진 마모된 기록이라고 밖에는 달린 적당한 말이 없는 것이다. 그런데 여기 치우(蚩尤)가 세세토록 병마도적(兵馬盜賊)을 관장케 했다는 말이 보인다. 치우라면 황제헌원과 천하의 패권을 다투어 건곤일척의 싸움을 벌였던 제14대 자오지 한웅천왕이다. 황제헌원은 신시정부에서 우사를 살았는데 직분에 부지런하지 못하여서 결국 쫓겨나게 되었다. 그러다가 호랑이 토템 부족으로 흘러들게 되었고, 그들의 떠임을 받아 세력을 얻어서 나중에는 그들 부족의 우두머리로 나타난다. 지나의 자칭 화하(華夏)민족이 황제헌훤을 자기들의 시조라 하는 유래가 이로부터다.

분을 '생명을 주관하고'로 잘못 해석해온 점이다. 하필 이 부분만이 생명을 강조한 것은 아닐 것이다. 모든 대목을 줄기차게 관통하는 것은 생명의 살림이기 때문에 생명은 굳이 이렇게 강조할 것이 못된다. 그러면 命자가 지적하는 속뜻이 무엇이냐? 명분이다. 무엇에 대한 명분이냐? 모계사회 살림을 부계살림으로 바꾼 것에 대한 자부심으로의 명분이다.

〈삼국유사〉의 단군신화가 아닌 〈훈단고기〉'단군세기' 신화에는 같은 이야기라도 내용이 판이하게 다르게 나타난다.

  ─ 고기(古記)에서 말한다. '왕검의 아버지는 단웅(檀雄)이고 어머니는 웅씨의 왕녀이며 신묘년(B.C 2370) 5월 2일 인시에 밝달나무 밑에서 태어났다. 신인(神人)의 덕이 있어 주변의 모든 사람들이 겁을 내어 복종했다. 14세 되던 갑진년(B.C 2357)에 웅씨의 왕은 그가 신성하다함을 듣고, 그로써 비왕(裨王)을 삼고 대읍(大邑)의 다스림을 행하도록 하였다. 무진년(B.C 2333) 제요도당(帝堯陶唐) 때에 단국(檀國)으로부터 아사달의 단목(檀木)의 터에 이르니 온 나라 사람들이 받들어 천제(天帝)의 아들로 모시게 되었다. 이에 구훈(九桓)이 모두 뭉쳐서 하나로 되었고, 신과 같은 교화가 멀리 미치게 되었다. 이를 단군왕검이라고 하니 비왕의 자리에 있기를 24년, 제위에 있기를 93년이었으며, 130세까지 사셨다.'

〈단군세기〉를 지은 행촌 선생은 고려 공민왕 때 사람이다. 이 책을 지은 연대는 알려져 있지 않지만 〈삼국유사〉보다 뒤에 지어진 것만은 말할 수 있다. 그러나 내용으로 보아 〈삼국유사〉의 신화보다 훨씬 구체적인 것을 알 수 있다. 신화가 아니라 역사적 사실을 그대로 기술하고 있다는 느낌을 받는데 만약 〈삼국사기〉를 쓴 김부식이 단군 이야기를 쓰자했다면 이 정도가 아니었을 것이다. 그때는 신화가 아니라 역사 자체가 살아 있었을 테니까.

〈삼국유사〉에서 신화로 어물어물해온 이야기를 여기서는 역사적 사실로 말하고 있다. 단 태어난 장소를 밝달나무 아래로 말한 것은 신화로 볼 대목이다. 그것은 임검의 성이 '밝' 성임을 말한다. 흔히 우리 민족을 배달겨레라고 하는 것은 첫 임검이 '밝달' 곧 '밝은 땅'이라는 나라를 세웠기 때문이요 그래서 부여족의 족성이 '해' 성이거나 '기(箕)'[6] 씨였던 것이다.

14세 되던 해에 외가집 쪽의 대읍에 발탁되어 견습 왕 노릇을 잠시 해보는데 바로 이 대목에 깊은 비밀이 내포되어 있다. 왜냐하면 외가인 웅씨족들은 아직 모계사회에서 헤어나지 못한 미개사회다. 거기서 견습 왕으로 분위기를 보다가 드디어 기회를 타서 명실공히 부계의 나라를 아울러 내는 것이다. 그러므로 단군왕검이 세운 조선나라는 동방의 최초 부계국가인 것이다.

앞으로 서토가 우리의 땅이라고 하는 놀라운 이야기가 본격적으로 벌어지다 보면 자연히 들추어질 내용이지만, 단군임검의 이 견습왕 부분은 〈삼국유사〉의 이야기가 아닌 〈훈단고기〉의 이야기에서 검증할 필요가 있다. 신화가 아니라 역사적 사실로 바로 기록되었기 때문에 이 대목은 더 중요하다.

그러니까 한웅족이 걸걸한 부계문명을 가지고 왔을 때 그 땅에 살고 있는 원주민은 아직 모계를 못 면하고 있었다는 이야기다. 생명이 어떻게 해

---

6)   옛날 요동반도에 있던 '불조선'의 족성이 바로 '태양의 아들'을 뜻하는 '기아지' 곧 箕 씨였던 것이다. 두만강 압록강 남쪽에 있던 '말조선'은 '해' 씨 성이었고, 길림성 흑룡강 일원을 걸터타고 있던 종주국이던 '신조선'은 족성을 '훈' 씨로 했다.

서 태어나는 줄 모르는 채 생명을 외경하기만 하는 사람들의 생각이나 문명이 답답할 것은 당연하다. 그들의 세계관과 종교란 것도 아직 유치한 단계를 벗지 못했을 것이고 제단도 당연히 여자가 점거하고 있었을 것이다. 그러다가 갑자기 불어 닥친 부계사회의 제사와 그 제단에서 출렁거리고 일구어내는 문명이 얼마나 크고 놀라웠을 것인가.

사실 단군신화의 강점은 모계 신화가 아닌 부계신화라는 데에 있다. 처음부터 생명의 비밀을 알고 문명을 시작한 사람들인 것이다. 한웅도, 한웅의 아버지 한인도 그 점에서는 마찬가지다. 처음부터 남성중심이요 부계중심의 신화이지 서토에서처럼 여자가 등장하지 않는다. 서토에서는 여와씨(女媧氏)의 여(黎)나라가 복희씨의 진(陳)나라에서 혼인예법과 희생을 써서 제사를 지내는 부계사회의 문명을 배우다가 슬그머니 무대 뒤로 사라져간 이야기가 있다.

18세 커불단 한웅천왕의 뒤를 이은 단군왕검(壇君王儉)은 확실하게 모계사회를 끝내고 명실상부한 부계사회를 펼치기로 한다. 어제까지는 사회적 관습이라는 것도 있고 하여 모계와 부계를 병행할 수밖에 없었지만 지금부터는 그런 구습을 정리하기로 한 것이다. 그래서 임검의 호칭도 달리 세우고 새로운 사회를 시작하는 것이다. 주명(主命)이라는 글자는 이러한 사회적 내용을 담아낸 것이다.

한웅족은 미개한 원주민을 교화해서 사회를 정비해 나간다. 그러나 어떠한 무리수나 억지를 쓰는 일이 없고 호통을 치거나 강요한 적은 더욱 없다. 모든 것이 형편 대로요 되어 가는 대로다. 그것을 말하는 것이 홍익인간이요 재세이화다. 이치를 따라서 교화했더니 사회가 저절로 고쳐지고 백성의 생활이 높은 문명의 수준으로 올라섰다는 것이다. 무엇보다 원주민과의 사이에 이렇다 할 마찰이 없었음을 다행스러워 하는 눈치다. 재세이화(在世理化)에서 그것이 보인다. 세상을 그냥 이치대로 흐르게 했을 뿐 특별히 잘해보겠다는 생각으로 부지런을 떨지 않았음을 말하는 소리다.

홍익인간(弘益人間)은 사람이 중심이 되어서 일체 생명이 제 이익으로 두루 잘 풀려갔다는 말이다. 여기에는 생명의 평등원리가 있다. 홍익은 생명에 귀천이 없음을 강조한 것이다. 큰 생명 작은 생명이 따로 없고 높고 낮음의 차별이 있을 수 없다. 소처럼 큰 짐승이나 쥐 같이 작은 짐승도 생명의 무게를 달면 다 같은 값이지 거기에 무겁고 가벼움이 없다. 그것은 굼실거리는 벌레 한 마리까지도 마찬가지다. 단 상하의 직분과 분수(分數)[7]는 엄정하게 다르다. 그 분수를 정하는 데서 천지간에 중심은 사람이 된다.

'삼위와 태백이 홍익인간 할 만한 곳으로 보여서 천부인 셋을 주어 내려 보냈더니 과연 사람을 중심에 세워서는 흐르는 이치대로 맡겨서 생명의 세계를 어엿하게 정비해냈다.' 이것은 인류문명의 시원(始原)을 통틀어 건질 수 있는 가장 값진 목표일 것이다. 정종분에서 유통분으로 흘러지는 이 대목은 더불어 사는 생명의 세계를 이렇듯 완벽하게 화합과 우애로 아울러 내는 말을 우리는 아직 만난 적이 없기 때문이다. 특히 서구문명이

---

7)　'네 분수를 알아라' 할 때의 분수다. 과거 이조의 성리학 사회가 이 분수에 과도하게 집착한 나머지 사람 사이에다 터무니없는 신분을 매겨서 불편을 겪게 한 적이 있었다. 이것은 강한 자가 약한 자에게 내리는 인위적인 횡포이지 어엿한 생명의 질서가 아니다. 참된 질서는 '저절로 그러한' 혹은 '저절로 그렇게' 되는 자유에서 시작한다. 그것이 분수다. 가령 호랑이나 사자는 다른 짐승을 사냥해서 먹는다. 그러나 소나 말이라면 풀을 먹는다. 그것들이 작은 개구리 한 마리 먹지 못하는 것은 그의 천성이 그러함이지 거기에 특별한 자비심을 두어서는 아니다. 그러므로 사자가 소를 사냥하는 것은 생명의 질서가 그러한 것이요 서로의 분수가 그런 것이다. 무슨 자비심을 논하는 것은 다른 차원의 것일 뿐이다. 천지간에 흐르는 생명의 질서에는 저절로 이 분수가 서는데 바로 사람이 그런 중심에 서 있음을 의미한다. 그것은 뒤에 주역이 생겨나면서 하늘과 땅 사이에다 하필 사람을 세우는 것으로 나타난다.

약육강식과 적자생존을 원칙으로 하여 생명을 크고 작음과 높고 낮음으로 파악했기에 이 말은 더 귀하다.

그러나 그렇기는 하지만 이 신화를 단군신화라고 하기에는 무언가 부족하다고 여길 것이다. 단군이 신화에 참여하는 부분이 너무 적은 탓이다. 거기에 비하면 아버지 한웅에 대해서는 꽤 자세한 설명을 하고 있다. 삼천 단부의 사람을 데리고 태백산 꼭대기에 닿으니 그곳을 검벌―神市―이라 했다는 것, 풍백과 운사와 우사를 써서 곡식과 명분과 병과 형벌과 선악 등의 360사를 주로 하여 다스렸다는 것을 설명한다. 신화 자체만으로는 숫제 한웅신화라고 해도 좋을 대목이다.

그러나 이 신화는 역시 단군신화라야 옳다. 단군 이야기는 끝에 약간 뿐이지만 아사달에 나라를 세우고 조선이라 했다는 것이 유통분의 결구가 되기 때문이다. 이제 천하는 조선이 지배하는 나라요 그런 부계사회의 나라다. 그 나라의 모든 법속과 풍습에서는 일체 모계 따위의 잔재도 냄새도 없을 것이며 모든 제도의 일체 정비 또한 부계로써 법통을 삼을 것이다. 그리하여 다시는 이 땅 위에 어리석었던 시절의 유습을 반복하지 않게 하리라.

단군왕검은 그의 아버지 한웅천왕이 그러했던 것처럼 이름하여 '당골레 임검'이다. 제정이 일치하던 그 시대에 제사장인 무당으로 임검의 자리에 올랐음을 의미한다. 철릭에 주렁주렁 거울을 달고 방울을 흔들고 칼춤을 추면서 제사를 지내는 것이 본분이다. 정치는 그런 끄트머리에서 조금씩 돌아보는 정도였다. 그러나 하늘과 땅과 사람을 통으로 묶어서 생각하는 여기에는 일체의 생명이 하나 되는 가늠하기 어려운 크나큰 정신이 자리 잡는다. 그러므로 모든 것을 제 분수에 맡겨서 저절로 되게 한다. 잘해 보자는 생각이 없이도 저절로 무위이치가 되는 가능성의 정치, 모든 역대의 제왕들이 문명의 살림을 하면서 하나같이 닿고 싶었던 이상정치는 우리의 단군임검 때에 이미 이루어졌던 셈이다.

단군왕검은 그가 세운 나라에 떠임을 받아 등극을 하는데 천제의 아들로써 한다. 그러니까 할아버지나 아버지 한웅천왕들처럼 한웅천왕이란 칭호를 쓰지 않고 천제의 아들 즉 천자(天子)[8]로써 등극하는 것이다. 생각에 따라서는 확실하게 한 단계 내려서서 펼치는 새 역사의 장일 수가 있다. 대명천지에 처음 펴는 그 지상의 세계는 어쩌면 지금까지 무던히 꿈꾸어 온 부계사회일 것이다.

무진년은 천하에 부계사회가 시작되던 단군 치세의 원년이다. 서양 사람들이 쓰는 서기로 치면 무려 2333년이 앞서는 해다. 그리고 서토에서 요 임검이 치세하던 때다. 〈삼국유사〉 신화에서는 요 임검 즉위를 경인이라 해놓고 '당요가 즉위한 해가 무진인즉 50년은 정사요 경인이 아니니 사실이 아닌가 의심스럽다' 하고 약간의 문제를 제기했으나 그것이 문제가 되는 것은 아니다. '단국으로부터 아사달의 단목 터에 이르니 온 나라 사람들이 받들어 천제의 아들로 모시게 되었다. 이에 구훈이 모두 뭉쳐서 하나로 되었고⋯' 라고 하여 〈삼국유사〉에 없는 내용을 소개하고 있기 때문이다.

단국으로부터 아사달의 단목 터에 이르니 온 나라 사람들이 받들어 천제의 아들로 모시게 되었다는 것은 단군이 세운 나라 이름이 단국(檀國)

---

8) 뒤 세상으로 오면서 하늘을 대신하여 백성을 통치하는 사람을 차츰 왕으로 칭하게 되었다. 글자가 말하듯 '하늘과 땅과 사람을 올곧게 꿴' 것으로 상징했기 때문이다. 그러나 일본에서는 자기네 임검의 명칭을 천황(天皇)으로, 중국에서는 삼황오제(三皇五帝) 합친 것만큼 업적이 크다하여 황제(皇帝)로 각각 이름을 과장했다. 원래 하늘에 있는 신은 상제, 그리고 그 상제의 명을 받드는 위치에 있으면 천자인 법인데, 우리나라에 강증산(姜甑山)이란 분이 스스로 상제라 칭한 적이 있었다.

곧 '붉달'이었고 흔웅 할아버지가 처음 제터를 잡고 제사를 모셨던 곳을 찾아서 당신의 첫 제사를 모시었음을 의미한다. 그러니까 새 나라를 세우는 첫 제사를 하필 한웅의 옛터에 와서 지내면서 나라 사람들로부터 '단군왕검'으로 떠임을 받았다는 소식을 그렇게 전한 것이다.

부계와 모계가 섞인 묵은 사회의 인습을 혁신해서 오직 부계에 의한 새로운 법통을 펴는 새 나라를 세우는 마당이라면 응당 새로운 제 터에다 새 제단을 묻을만한 일로 생각할 수가 있다. 그런데도 굳이 한웅천왕들의 묵은 제단을 찾아와서 새 나라의 첫 제사를 모시는 이유가 무엇인가. 그것은 지금 시작하는 새 나라가 한웅천왕들의 나라를 그대로 계승됨을 보이는 것이다. 나라는 새 나라로되 그 제단에서 시작되어서 온 국토로 번져나간 부계 문명이나 정신적 전통은 하나도 다치지 않고 그대로 이어나간다는 무언의 약속인 것이다.

요컨대 그때가 중국에 요 임검이 즉위해 있을 때인데 구훈(九桓)이 모두 뭉쳐서 하나로 되었다는 것이다. 느닷없이 불거져 나온 여기 구훈은 뭘까? 지금까지 우리가 외워온 상식으로는 전혀 요령부득이다. 그러나 차차 풀어가기로 하고 한웅천왕들이 다스린 천하가 구훈 곧 아홉 훈이었음을 말하는 대목이다. 아홉은 주역이 의미하는 대로 크고 많은 것을 상징하는 최고 최다의 숫자이지 실제의 숫자는 아니다. 그러므로 구훈이라고 하면 천하가 모두 한웅천왕들의 지배하에 있었음을 의미한다. 이제 그 구훈이 똘똘 뭉쳐 하나가 되었다는 것이다. 요새 같으면 사해동포가 한 나라가 되었다거나 세계가 한 가족이 되었다는 말일 것이다.

명실상부한 부계의 나라를 만들어 제위에 오르기를 93년, 그 이전에 모계의 풍속을 못 버린 웅씨의 나라에서 견습 왕 노릇으로 노심초사한 것이 24년, 그리고 그 분의 실제적인 나이는 130세였다. 신화가 아닌 역사적 기

우리 上古史 기행 - 발로 확인한 桓檀古記, 符都誌의 실상

록이다.

이제 이 장엄한 역사의 망루를 추어 올라가면서 망루의 사다리에 기록된 여러 흔적들을 읽을 차례다. 그러나 내 속에 흐르는 틀림없는 내 피의 감각인데도 못 미더울 것이다. 유교의 사대사상과 일제 강점기의 친일사학이 낳은 잘못된 역사관이 우리의 역사혈관을 천년 동안이나 형편없이 망쳐버렸기 때문이다. 그러면 방법이 없는 것이냐?

있다. 역사가 이리 된 각단을 설명하고 그러기 전에 반도 안에 올챙이 꼴로 살면서 죽으려해도 죽지 못하는 불사신의 자손으로 살아 온 우리를 되돌아보게 하고, 그리고 지금 우리 안에 흐르는 이 창조의 혼이 어디서 오는가를 설명하면 일단 눈에 붙은 비늘은 떨어질 것이다. 그런 후에 여기 동방에서 일찍이 부계문명의 횃불을 들고 캄캄했던 모계의 무명(無明)을 몰아낸 한웅 할아버지들의 자취를 더듬을 것이다.

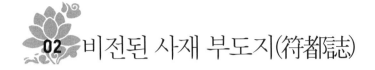

02 비전된 사재 부도지(符都誌)

부도지의 유래

　앞에서 나는 〈삼국유사〉에 실린 단군왕검의 개국신화와 〈훈단고기〉 안에 단군세기를 각각 소개한 바 있다. 단군세기는 신화로 볼 것이 아니라 역사 사건을 그대로 전한 것이므로 문제를 삼을 것이 없지만, 〈삼국유사〉의 신화는 처음부터 풀어내지 않으면 역사 자체와는 자칫 무관할 수 있는 상징적인 것들 투성이다. 나는 〈삼국유사〉의 개국신화를 역사적 사실로 풀어낸 적이 있다.

　전두환이 쿠데타로 정권을 잡고 제 명분을 세우기 위해 사회정화를 한다며 5.16세력도 잡아다가 패고, 중들도 잡아다가 패는 소위 법난(法難)이란 것을 일으켰을 때 나는 불교가 당할 짓을 당한다고 생각했었다. 해방이 되고 국가지상주의가 깨어지면서 세계사가 자본주의와 공산주의라는 두 개의 물줄기로 크게 나뉘고 있을 때, 국가가 찾는 역사의 북극성을 제시해야 할 불교가 본분을 망각하고 기껏 비구 대처의 밥그릇 싸움에 엎어진데서 오는 과보라고 생각했기 때문이다. 나는 그때 한국 사람이 누구인지 원초적으로 알고 싶었고, 불교도 어떤 풍토에서 어떻게 태어나는지 근본부터 알고 싶었다. 한국 사람을 알기 위해서 나는 〈삼국유사〉의 단군신화에다 눈을 댄 것이다.

　나는 모든 개국신화는 그 민족이 역사의 햇빛으로 기어 나오기 전의 어둠에 갇힌 탯집 안의 소식이라고 생각한다. 따라서 단군신화는 단군이 나라를 세우기 이전 우리 민족이 어떤 경로로 자라왔는지를 말한 것이라고 여긴 것이다. 그리하여 우리 민족이 몽골족의 한 갈래라는 것, 굴절어도 고립어도 아닌 교착어를 쓴다는 것, 그리고 불교나 유교 같은 외래종교가 들어오기 전에는 신선수행을 했다는 것을 바탕으로 그 신화를 풀어낸 것이다.

　그러나 유감스럽게도 단군신화는 원형이 아니라는 생각을 떨칠 수 없었다. 모든 신화는 하늘과 땅이 어떻게 해서 열린다는 것을 이야기하고 나서 풀이나 나무 같은 생명이 시작되고, 그 다음에 사람이 나타난다는 틀거리 상의 원칙이 있다. 기독교 창세기는 그 대표적인 것이지만, 그리스 신화도 그렇고 로마신화도 그렇고 북구신화도 예외가 아니다. 아니 세계의 모든 개국신화가 그렇게 되어 있다. 우리나라에도 비교적 외국문화에 오염이 되지 않은 제주도에 전승되는 신화들은 하나 같이 하늘과 땅이 열리는 개벽설을 서두에 둔다.

　그런데 개벽 부분이 없이 곧 바로 인간의 살림이 시작되는 단군신화는 어째서 그렇게 된 것일까? 나는 〈삼국사기〉가 〈삼국유사〉보다 140년을 앞서 나온 것이 그 원인이라고 생각한다. 〈삼국사기〉의 저자 김부식은 알다시피 유가의 선비다. 유자들은 공자의 말을 따라 유교 상식으로 설명이 안 되는 괴력난신(怪力亂神)을 말 못하게 되어 있다. 김부식이 단군신화를 일부러 기록하지 않은 것도 그것에 원인이 있었을 것이다.

　〈삼국사기〉가 나오고 나서 세상은 바야흐로 유자들의 세상이 된다. 그런 세월이 140년 흘렀다면 민족 고유의 풍속이나 사상은 심한 굴절로 거의 변형했거나 없어졌기 마련이다. 〈삼국유사〉에 개벽 부분이 마모된 신화가 실린 것은 당연했다고 본다. 그러면서도 유자들 감시의 코밑을 빠져 나오기 위해 옛날의 제왕들이 태어날 때도 상식의 잣대로는 어림이 안 되는 이런 저런 징후가 있었다는 말이 구차하게 실리는 것이다.

〈삼국유사〉에서 빠뜨리고 있는 개벽 부분을 어디 가면 만날 수 있을까. 그 무렵의 나는 그 화두에서 헤어나지 못하고 있었다. 그러다가 부도지를 만난 것이다. 그때의 기쁨은 말로 하기 어려운 것이었다. 그러나 읽고 나서는 어안이 벙벙했다. 천지개벽을 음악으로 했다는 대목 때문이었다. 그 음악을 율려(律呂)라고 했지만 처음 접하는 지식이라 도대체가 요령부득이었다.

생각에 생각을 거듭하다가 다시 〈삼국유사〉를 펼쳐들었다. 거기서 우리 민족의 음악에 대한 소양을 찾아야 할 것 같아서였다. 책장을 넘기는 손이 자꾸 떨렸다. 여기서 가능성을 찾지 못한다면 어디에서 찾아야 할지 자꾸 두려움이 앞선 것이다. 그러나 내 예상은 빗나가지 않았다. 음악에 대한 소양이 너무 많은 민족이 우리 민족이었다.

하늘에 두 개의 태양이 나타나자 노래를 불러서 정상으로 돌리는 민족, 피리소리에 취한 달님이 하늘 복판에 멈추었다는 월명사, 마누라가 바람피우는 현장을 목격하고도 도끼를 찾는 대신 노래를 부르자 역신(疫神)이 감동해서 나간 처용, 도적떼를 만난 경황에도 노래를 부르자 모두가 감화되어 산을 내려온 영가스님 이야기, 그것은 노래를 부른 사람만이 아니라 감동했다는 도적들도 노래에 깊은 이해가 없고는 어려운 이야기다. 천재지변은 물론 국가에 어려운 일이 생기면 천존고에 넣어두고 불었다는 만파식적(萬波息笛), 미리 준비된 세트처럼 공후가 등장하는 공무도하가(公無渡河歌) 등등.

이만하면 음악으로 천지개벽을 했다는 이야기가 전혀 무리가 없어 보였다. 율려는 그냥 음악이 아니다. 우주의 호흡에 맞추어 낸 음악이 율려인 것이다. 〈열자(列子)〉에 보면 어떤 음악의 달인이 노래를 부르자 그 소리가 구름을 뚫고 창공에 엉기는데, 때가 여름인데도 문득 소슬한 바람이 불면서 옆에 나무가 단풍이 들고 열매를 맺는가 하면, 들판에 곡식이 익어서 출렁거렸고, 다시 조(調)를 바꾸자 훈훈한 바람이 부는 여름 복판으로 와 있더라는 이야기가 나온다. 설명하자면 율려는 그런 것이다.

부도지를 세상에다 펴낸 사람은 신라 초기를 살았던 박제상(朴堤上)이란 분이다. 제18대 눌지마립간(訥祗麻立干)이 고구려에 볼모가 되어 있는 복호왕자와 왜국에 있는 미사흔왕자를 늘 그리워하므로 고구려에 가서 복호왕자를 귀국시키고 왜국에 미사흔을 귀국시킨 다음 자신은 돌아오지 못하고 끝내 왜국에서 순절한 충의의 사람이다. 그의 아내가 치술령에서 남편을 애타게 기다리다 두 딸과 함께 망부석이 되었다는 설화가 전해진다. 아들은 낭야산 아래 초막집에서 거문고를 타고 살았다는 백결 선생이다.

박제상 공은 애초에 징심록(澄心錄)이라 하여 상교(上敎), 중교(中敎), 하교(下敎)로 과목을 치고 열다섯 권의 책을 편찬해 낸다. 그 첫 책이 부도지일 뿐이다. 여기에 징심록을 소개한다. 먼저 상교 다섯 지(誌)다. 부도지(符都誌), 음신지(音信誌), 역시지(曆時誌), 천웅지(天雄誌), 성신지(星辰誌)로 되어 있다. 다음 중교 다섯 지는 사해지(四海誌), 계불지(禊祓誌), 물명지(物名誌), 가악지(歌樂誌), 의약지(醫藥誌) 순이다. 하교는 농상지(農桑誌), 도인지(渡人誌)까지는 알겠는데, 3지는 미상이라 했다.

모르겠다고 한 내용은 이렇다. 박제상 공은 궁중 서책을 저본으로 징심록 15지를 편찬해 놓고 그것을 자기 자손들이 대대로 지키도록 한 다음 세상을 뜬다. 영해박씨 문중에서는 그 유훈을 받들어서 무쇠 궤를 만들어 삼신궤라 이름을 붙인 후 그 궤짝에다 간수하면서 그 종가에서 1천 6백년을 전해왔다고 한다. 비단이나 종이가 삭으면 다시 옮겨 쓰기를 몇 번이나 했을 것이다.

그러다가 이조에 들어와서 단종의 손위사건이 생긴다. 그 사건은 지조 높은 영해박씨들의 몰락으로 이어지게 된다. 세조의 왕위 찬탈은 금화 초막동으로 잠입하여 절개를 지켜낸 세상에서 말하는 구현(九賢)의 선비를 배출하게 되는데, 이 가운데 칠현(七賢)의 선비가 영해박씨였던 것이다. 세조는 이들을 체포하라 명령하고 이들은 다시 장소를 옮겨서 숨고 그러다가 매월당 김시습에 의해서 금강산으로 옮겨지고, 다시 시끄러워지자 함경도 문천으로 가지고 가서 거기 운림산에 숨겨진다.

그 후 몇 백 년간은 그 종가의 삼신궤 밑에 넣어두고 출납을 금하다가 이 책을 세상에 공개하게 된 박금(朴錦)씨 대에까지 내려오게 되었다. 마침 해방이 되자 박씨는 징심록을 그냥 둔 채 월남하게 된다. 그리고 다시는 문천으로 돌아갈 기회를 얻지 못하고 만다. 12책까지는 기억을 하고 나머지는 모르겠다고 한 것은 그것을 다 기억하지 못하는 박금씨의 전후 사정이 그리하여 그런 것이다.

그러나 박씨는 첫 번째 책인 부도지만은 거의 외우고 있었으므로 그런 책이 있다는 것을 세상에다 발표한 것이다. 왜정 때 동아일보 기자로 재직하면서 부도지만이라도 세상에 알리자 했으나 시기가 워낙 그런 때여서 발표를 못한 경험도 있으므로 부도지 내용만은 어렵게 기억을 한 것이 그나마 다행이라 할 것이다.

부도지 26장

부도지는 제1장에서 제26장까지로 되어 있다. 우선 부도지의 내용이 무엇인지부터 보기로 하자.

　제1장 - 마고성(麻姑城)은 지상에서 가장 높은 성이다. 천부(天符)[9]를 봉수(奉守)하여 선천(先天)을 계승하였다. 성중의 사방에 네 명의 천인(天人)이 있어서 관(管)을 쌓아놓고 음(音)을 만드니, 첫째는 황궁씨(黃穹氏)요, 둘째는 백소씨(白巢氏)요, 셋째는 청궁씨(靑穹氏)요, 넷째는 흑소씨(黑巢氏)였다. 두 궁씨의 어머니는 궁희씨(穹姬氏)요, 두 소씨의 어머니는 소희씨(巢姬氏)였다. 궁희와 소희는 모두 마고의 딸이었다. 마고는 짐세(朕世)에서 태어나 희로(喜怒)의 감정이 없으므로 선천을 남자로 하고 후천을 여자로 하여 배우자가 없이 궁희와 소희를 낳았다. 궁희와 소희도 역시 선천과 후천의 정(精)을 받아, 결혼하지 아니하고 두 천인과 두 천녀를 낳았다. 합하여 네 천인과 네 천녀였다.

　제2장 - 선천의 시대에 마고대성(麻姑大城)은, 실달성(實達城) 위에 허달성(虛達城)과 나란히 있었다. 처음에는 햇볕만이 따뜻하게 내려 쪼일 뿐 물체라고는 없었다. 오직 팔려(八呂)의 음만이 하늘에서 들려오니, 실달성과 허달성이 모두 이 음에서 나왔으며, 마고대성과 마고도 모두 이 음에서 나왔다. 이것이 짐세(朕世)다. 짐세 이전에 율려가 몇 번 부활하여, 별들(星辰)이 이미 나타났었다. 짐세가 몇 번 종말을 맞이할 때, 마고는 두 딸을 낳아 그들에게 오음칠조(五音七調)의 음절(音節)을 맡겼다. 성중(城中)에서 지유(地乳)가 처음 나오니, 궁희와 소희가 또 네 천인과 네 천녀를 낳아,

---

9)　단군임검의 개국신화에도 한웅천왕이 한인천제로부터 천부인(天符印: 청동으로 된 거울, 방울, 칼) 셋을 받았다 하여 天符 이야기가 있다.

지유를 먹여 그들을 기르고, 네 천녀에게는 여(呂)를, 네 천인에게는 율(律)을 맡아보게 하였다.

얼핏 보아도 1,2장의 신화는 뒤섞여 보인다. 박금씨의 말씀에도 기억이 완전할 수 없다는 대목이 있다. 그래서 아래와 같이 1,2장을 간추려 보았다.

　　— 선천의 처음에는 햇볕만이 따뜻하게 내려 쪼일 뿐 아무 것도 없었다. 오직 팔려(八呂)의 음이 하늘에서 들려오니 실달성과 허달성이 모두 이 음에서 나왔으며, 마고대성과 마고 또한 이 음에서 나왔다. 마고성은 지상에서 가장 높은 성으로 실달성 위에 허달성과 나란히 있었다. 이것이 짐세(朕世)다. 짐세 이전에 율려[10]가 몇 번 부활하여 별들이 출현하였다. 짐세가 몇 번 종말을 맞이할 때 마고는 희로의 감정이 없으므로 선천을 남자로 하고 후천을 여자로 하여 배우자가 없이 궁희(穹姬)와 소희(巢姬)를 낳았다. 마고는 궁희와 소희로 하여금 오음칠조의 음절을 맡아보게 하였다. 궁희와 소희 역시 선천과 후천의 정(精)을 받아 결혼하지 아니하고 두 천인과 두 천녀를 낳았다. 합하여 네 천인과 네 천녀였다. 성중에서 지유(地乳)[11]가

---

10)　천자문에 율려조양(律呂調陽)이라는 구가 있다. 사계절에 흐르는 음양의 기운을 율려로 조절한다는 뜻이다. 하늘 아래 땅 위에 있는 삼라만상은 그것들이 각기 제자리에서 제 노릇을 하게 하는 보이지 않는 숨결, 혹은 보이지 않는 거대한 손이 있는데, 그것을 가리켜 율려라고 한다는 말이다. 가령 음양의 감기고 풀리는 현상을 계절이라 할 때 하지부터 동지까지는 들이쉬는 숨(吸)이요, 동지에서 하지까지는 내쉬는 숨(呼)으로, 봄 여름은 날 숨 가을과 겨울은 들숨이다. 하루가 한 번 밤하고 한 번은 낮 하는 것도 그 숨줄의 소식이고, 밀물 썰물도 그 가락이다. 거두고 펴고, 오르고 내리고, 감고 풀고, 나아가고 들어가는 우주의 법칙의 소리가 있지만 인간의 약한 귀로는 그 음률을 들을 수가 없다. 일반적으로 이 하늘의 법칙을 인간의 호흡에 맞게 조절해낸 음악이 율려인데, 대개 제례(祭禮)의 수(數)와 격(格)을 엄격하게 갖춘 궁중음악을 가리키는 말이 되었다.

11)　땅에서 솟았다는 젖. 마고대성 시절에 이미 없어졌다는 이 젖샘은 오늘에 와서 맑으면서

처음으로 나오니 궁희와 소희가 네 천인과 네 천녀에게 지유를 먹여 길러서 네 천녀에게는 려(呂)를, 네 천인에게는 율(律)을 맡아보게 하였다. 천부(天符)를 봉수(奉守)하여 선천을 계승할 때 성중의 사방에 네 천인이 있어 제관(堤管)으로 음을 고르니 첫째는 황궁씨요, 둘째는 백소씨요, 셋째는 청궁씨요, 넷째는 흑소씨다.

제3장 - 후천의 운이 열렸다. 율려가 다시 부활하여 음상을 이루니 성(聲)과 음(音)[12]이 섞인 것이었다. 마고가 실달대성을 끌어당겨 천수(天水)의 지역에 떨어뜨리니 실달대성의 기운이 상승하여 수운(水雲)의 위를 덮고 실달의 몸체가 평평하게 열려 물 가운데 땅이 생겼다. 육해(陸海)가 병렬히고 산천이 넓게 뻗었다. 이에 천수의 지역이 변하여 육지가 되고 또 여러 차례 변하여 수성(水城)과 지계(地界)가 다 함께 상하가 바뀌며 돌므로 비로소 역수(曆數)가 시작되었다. 그러므로 기 화 수 토(氣火水土)가 서로 섞여 빛이 낮과 밤, 그리고 사계를 구분하고 초목과 짐승을 살찌게 길러내니, 모든 땅에 일이 많아졌다. 이에 네 천인이 만물의 본음(本音)을 나눠서 관장하니 토를 맡은 자는 황(黃)이 되고, 수를 맡은 자는 청(靑)이 되어 각각 궁(穹)을 만들어서 직책을 수호하였으며, 기(氣)를 맡은 자는 백(白)이 되고 화(火)를 맡은 자는 흑(黑)이 되어 각각 소(巢)를 만들어 직책을 지키니 이것으로 인하여 성(姓氏)이 되었다. 이로부터 기(氣)와 화(火)가 서

도 뿌얀 빛을 띠는 암 물이 혹 그 젖샘의 맥이 아닌가 싶다. 중국의 어떤 기공사들은 일삼아 그런 샘물을 찾아다니면서 수련을 하는 수가 있다. 밥을 먹는 대신에 그 샘물을 마시는데 자양이 충분할 뿐 아니라 수련이 한결 쉽고 공능의 진취가 뛰어나기 때문이다.

12)　일반적으로 聲은 닿소리요 音은 홀소리다. 그리고 받침처럼 끝에 오는 소리를 운(韻)이라고 한다. 사람의 성대는 복합적인 음을 내지만 짐승은 닿소리든 홀소리든 한 가지밖에 내지 못한다. 성과 음이 섞인 복합적인 음상(音象)을 냈다는 것은 비로소 완전한 인간의 음성을 냈다는 뜻이다.

로 밀어, 하늘에는 찬 기운이 없고 수와 토가 감응하여 땅에는 어긋남이 없었으니, 이는 음상(音象)이 위에 있어 언제나 비춰주고 향상(響象)이 아래에 있어 듣기를 고르게 해주는 까닭이었다.

　제4장 - 이때에 본음을 관섭(管攝)하는 자가 비록 여덟 사람이었으나 향상(響象)을 수증(修證)하는 자가 있지 않았기 때문에 만물이 잠깐 사이에 태어났다가 잠깐 사이에 없어지며, 조절이 되지 못하였다. 마고가 네 천인과 네 천녀에게 명하여 가랑이(酸脅)를 열어 출산하게 하니 이에 네 천인이 네 천녀와 결혼하여 3남 3녀를 낳았다. 이가 지상에 처음으로 나타난 인간의 시조였다. 그 남녀가 서로 결혼하여 몇 대를 지나는 사이에 족속이 불어나 각각 3천 사람[13]이 되었다. 이로부터 열 두 사람의 시조는 각각 성문을 지키고 그 나머지 자손은 향상을 나눠서 관리하고 수증하니 비로소 역수가 조절되었다. 성중의 모든 사람은 품성이 순정(純精)하여 능히 조화를 알고 지유를 마시므로 혈기가 맑았다. 귀에는 오금(烏金)이 있어 천음(天音)을 모두 듣고 길을 갈 때에는 뛰고 걷고 할 수 있으므로 내왕이 자재하였다. 임무를 마치자 금은 변하여 먼지가 되었으나, 그 성체(性體)를 보전하여 혼식(魂識)의 일어남을 따라 소리를 내지 않고도 능히 말을 하고, 백체(魄體)가 때에 따라 움직여 형상을 감추고도 능히 행동하며, 땅 기운 중에 퍼져 살

---

13)　　3천 사람은 숫자가 3천이라기보다는 많은 숫자를 말함일 것이다. 불교에서는 많은 숫자를 흔히 8만 4천이니 10만 억으로 말하는 것이 그런 경우다. 우리 민족의 3이라는 숫자는 삼신의 3에서 나온 것이다. 유교의 3재(天地人)나 불교의 3보(佛法僧), 기독교의 3위일체(聖父 聖子 聖神)처럼 고등종교는 한결같이 3이라는 숫자를 중시한다. 왜일까? 생명의 기본 가락이 세마치 곧 3박으로 되어 있어서다. 풀어서 말하면 땅 속에서 지표를 뚫고 올라오는 풀씨가 아구를 트는 가락이 곧 세마치다. 삼라만상에는 저마다 일정하게 감기고 풀리는 음악의 호흡이 있는 법이다. 그 호흡의 질서를 가락이라고 한다. 서양인들의 리듬(Rhythm)이란 개념도 같은 것이다.

아서 그 수명이 한이 없었다.

　제5장 - 백소씨 족의 지소씨(支巢氏)가 여러 사람과 함께 젖을 마시려고 젖샘에 갔는데 사람은 많고 샘은 작으므로 여러 사람에게 양보하고 자기는 마시지 못하였다. 이렇게 하기가 다섯 차례나 되었다. 곧 돌아와 소(巢)에 오르니 배가 고파 어지러워 쓰러졌다. 귀에서는 희미한 소리가 울렸다. 그리하여 오미(五味)를 맛보니 바로 소(巢)의 난간에 걸린 포도[14]였다. 일어나 펄쩍 뛰었다. 그 독력(毒力)의 피해 때문이었다. 곧 소(巢)의 난간에서 내려와 걸으면서 노래하기를,

　넓고도 크구나 천지여!
　내 기운이 능가한다
　이 어떤 도(道)인가
　포도의 힘이로다

하였다. 모든 사람들이 다 지소씨의 말을 의심하였다. 지소씨가 '참으로 좋다'고 하므로 여러 사람이 신기하게 생각하고 포도를 먹었다. 과연 그의 말과 같았다. 이에 제족이 포도를 많이 먹었다.

　제6장 - 백소씨의 사람들이 듣고 크게 놀라 수찰(守察)을 금지하니, 이는 또 금지하지 아니하되 스스로 금지하는 자재율을 파기하는 것이었다. 이 때에 열매를 먹는 습관과 수찰을 금지하는 법이 시작되니, 마고가 성문을

---

[14]　기독교의 창세기 편에서 먹지 말라던 선악과를 따먹고 낙원을 쫓겨나는 남녀의 이야기가 떠오른다. 낙원동산의 복판에 '보암직도 하고 먹음직도 한 열매'는 사과가 아니라 실은 포도 아니었을까?

닫고 수운(水雲)의 위에 덮여 있는 실달대성의 기운을 거두어버렸다. 열매를 먹고사는 사람들은 모두 이가 생겼으며 그 침은 뱀의 독과 같이 되어버렸다. 이는 강제로 다른 생명을 먹었기 때문이었다. 수찰을 하지 않는 사람들은 모두 눈이 밝아져서 보기를 올빼미[15]와 같이 하니, 이는 사사로이 공률(公律)[16]을 훔쳐보았기 때문이었다. 그런 까닭으로 사람들의 혈육이 탁하게 되고 심기가 혹독해져서 마침내 천성을 잃게 되었다. 귀에 있던 오금이 변해서 토사(兎沙)가 되므로 끝내는 하늘의 소리를 들을 수가 없게 되었다. 발은 무겁고 땅은 단단하여 걷되 뛸 수가 없었으며, 태정(胎精)이 불순하여 짐승처럼 생긴 사람을 많이 낳게 되었다. 명기(命期)가 조숙하여 그 마침(終)이 천화(遷化)되지 못하고 썩게 되었으니, 이는 생명의 수(數)가 얽혀 미혹하게 되고 줄어들었기 때문이었다.

제7장 - 이에 사람들이 원망하고 타박하니 지소씨가 크게 부끄러워 얼굴이 붉어져서 권속을 이끌고 성을 나가 멀리 숨어버렸다. 또 포도의 열매를

---

15) 올빼미는 낮에는 보지 못하고 밤에만 본다. 낮과 밤을 바꾸어서 이치를 거스르고 사는 새. 또 올빼미는 제 어미가 죽으면 눈을 파고 죽여 고기를 쪼아 먹는다는 불효조다. 그래서 〈시경〉의 빈풍(豳風)에는 이런 올빼미의 나쁜 버릇을 빗댄 치효(鴟鴞)란 글장이 있다. 국가의 죄인을 목 베어서 장대 끝에 매달고 효수(梟首)라고 한 것도 큰 눈을 부릅 뜨고 나무 가지에 우뚝 앉아 밤과 낮을 바꾸어 사는 올빼미를 경계한 것이었을 것이다.

16) 公은 쪼개고 나눈다는 의미다. 눈에 보이는 물건으로서가 아니라 마음에서 公平하다는 뜻이다. 律은 行과 聿이 합쳐진 글자다. 그러니까 네거리에서 붓을 쥐고 있다는 의미로 보면 된다. 사람이 많이 다니는 네거리에서 붓을 들고 있다는 것은 여러 사람의 의견을 공정하게 수렴하는 정황을 가리킨다. 여기서 公律은 무엇을 말하자 함인가. 보아서는 안 되는 것이 있는데, 그것이 공율이다. 보지 말아야 할 그것을 훔쳐보았다는 주장이다. 선악과를 따먹은 아담과 이브가 처음 안 것은 자기들이 치부를 드러내놓고도 부끄러워 할 줄을 몰랐다는 사실이었다. 공율을 어기고 처음 깨달은 것이 벌거벗었다는 것인데 여기에는 구체적인 사건이 없다.

먹은 자와 수찰을 아니한 자도 역시 모두 성을 나가 이곳저곳으로 흩어져 가니 황궁씨가 그들의 정상을 불쌍히 여겨 고별하여 말했다.

　"여러분의 미혹함이 너무 커서 성상(性相)이 변한 고로 어쩔 수 없이 성 중에서 같이 살 수가 없게 되었소. 그러나 스스로 수증하기를 열심히 하여 미혹함을 깨끗이 씻어 남김이 없으면 자연한 복본(復本: 天性을 되찾음)을 할 것이니 노력하고 노력하시오."

　이때에 기(氣)와 토(土)가 마주쳐 시절을 만드는 광선이 한쪽에만 생김 으로 핏기 있는 모든 것들이 시기하는 마음을 품으니, 이는 빛을 거두어들 여서 비추어 주지 아니하고, 성문이 닫혀있어 들을 수가 없기 때문이었다.

　제8장 - 더구나 성을 떠난 사람들 가운데 잘못을 뉘우친 사람들이 성 밖 에 이르러 직접 복본을 하려고 하니, 이는 복본에 때가 있는 줄을 모르는 까닭이었다. 곧 젖샘을 얻고자 하여 성곽의 밑을 파헤치니 성터(城址)가 파손되어 샘의 근원이 사방으로 흘러내렸다. 그러나 곧 단단한 흙으로 변 하여 마실 수가 없었다. 그러한 까닭으로 성안에 마침내 젖이 마르니 모 든 사람들이 풀과 과일을 다투어 취함으로 혼탁이 지극하여 청정(淸淨)을 보전하기가 어렵게 되었다. 황궁씨가 모든 사람들 가운데 어른이었으므 로, 곧 백모(白茅)[17]의 풀을 묶어 마고의 앞에 사죄하여, 오미(五味)의 책 임을 스스로 짊어지고 복본할 것을 서약하였다. 물러 나와 제족(諸族)에

---

17)　황궁씨가 마고대신께 묶어 바쳤다는 이 띠풀은 예사 띠풀이 아니라 폐백이다. 그런데 이 띠풀의 색깔을 왜 하필 흰 것으로 했을까? 중국인들 기록을 보면 오직 은나라가 흰 빛깔을 숭상한 것으로 되어 있다. 그 후 주나라는 누른 빛, 진나라는 검은 빛, 한나라는 붉은 빛깔을 각각 섬겼다. 은나라가 동이족의 나라인 것은 이제 학계의 정설이다. 흰 빛은 태양의 광휘를 상징한다. 그래서 훈국(桓國)의 자손은 제 조상이 죽으면 흰옷을 입고 죽은 사람을 배웅하면서 '돌아가셨다'고 말해온다. 본래의 고향 훈국(桓國: 해의 나라)으로 되돌아가셨다는 뜻이다.

게 고했다.

"오미의 재앙이 거꾸로 밀려오니 이는 성을 나간 사람들이 이도(理道)를 알지 못하고 다만 혹량(惑量)이 불어났기 때문이다. 청정은 이미 없어지고 대성이 장차 위험하게 되었으니 앞으로 이를 어찌 할 것인가."

이때에 천인들이 분거(分居)하기로 뜻을 정하고, 대성을 안전하게 보전하자고 하므로, 황궁씨가 천부(天符)를 신표로 나누어주고, 칡을 캐서 식량을 만드는 법을 가르쳐 사방에 분거할 것을 명령하였다. 이에 청궁씨는 권속을 이끌고 동쪽 사이의 문을 나가 운해주(雲海洲)로 가고, 백소씨는 권속을 이끌고 서쪽 사이의 문을 나가 월식주(月息洲)로 가고, 흑소씨는 권속을 이끌고 남쪽 사이의 문을 나가 성생주(星生洲)로 가고, 황궁씨는 권속을 이끌고 북쪽 사이의 문을 나가 천산주(天山洲)로 가니, 천산주는 매우 춥고 매우 위험한 땅이었다. 이는 황궁씨가 스스로 험난한 곳으로 나아가 고통을 참아서 본성을 회복코자 하는 맹세였다.

제9장 - 분거 제족이 각주에 이르니 어느덧 천년이 지났다. 옛날에 먼저 성을 나간 사람들의 자손이 여러 곳에 섞여 살면서 그 세력이 자못 강성하였다. 그렇기는 하나 모두가 그 근본을 잃고 성질이 사나와져서 새로 온 분거족을 보면 무리를 지어 추적하여 그들을 해하였다. 분거족이 정주하니 바다와 산으로 멀리 떨어져 있어 내왕이 거의 없었다. 이에 마고가 궁희 소희와 더불어 대성을 보수하여 천수(天水)를 부어서 성내를 청소하고 대성을 허달성의 위로 옮겨버렸다. 이때에 청소를 한 물이 동과 서에 크게 넘쳐 운해주의 땅을 크게 부수고 월식주의 사람들을 많이 죽게 하였다. 이로부터 지계(地界)의 중심이 변하여 역수(曆數)가 차이가 생기니 처음으로 삭(朔)과 판(眅)의 현상이 있었다.

제10장 - 황궁씨가 천산주에 도착하여 해혹(解惑)하여 복본할 것을 서약

하고 무리에게 수증(修證)하는 일에 힘쓰도록 고하였다. 곧 장자 유인씨 (有因氏)에게 명하여 인세(人世)의 일을 밝히게 하고 차자와 삼자로 하여금 모든 주를 순행하게 하였다. 황궁씨가 곧 천산에 들어가 돌이 되어 길게 조음(調音)을 울려 인세의 혹량을 남김없이 없앨 것을 도모하고 기어이 대성회복의 서약을 성취하였다. 이에 유인씨가 천부삼인(天符三印)을 이어받으니 이것은 곧 천지본음의 상(象)으로 그것은 진실로 근본이 하나임을 알게 하는 것이었다. 유인씨가 사람들이 추위에 떨고 밤에는 어둠에 시달리는 것을 불쌍하게 여겨 나무를 뚫어서 불을 일으켜서 밝게 비춰주고, 몸을 따뜻하게 하고, 또 음식물을 익혀서 먹는 법을 가르치니, 모든 사람이 대단히 기뻐하였다. 유인씨가 천년이 지나고 나서 아들 한인씨(桓因氏)에게 천부를 전하고, 산으로 들어가 계불(禊祓 : 수증복본의 제사)을 전수하며 나오지 아니 하였다. 한인씨가 천부삼인을 이어받아 인세를 증리(證理)하는 일을 크게 밝히니, 이에 햇빛이 고르게 비추이고 기후가 순조로워 생물들이 거의 안도감을 얻게 되었으며, 사람들의 괴상한 모습이 점차 본래의 모습을 찾게 되었다. 이는 삼세(三世)가 수증하기 3천년에 그 공력이 다하지 않을 만큼 넉넉했기 때문이다.

제11장 - 한인씨의 아들 한웅(桓雄)씨는 태어날 때부터 큰 뜻을 가지고 있었다. 천부삼인을 계승하여 수계제불(修禊除祓)하였다. 천웅(天雄)의 도를 수립하여 사람으로 하여금 그 유래한 바를 알게 하였다. 어느덧 인세(人世)가 의식(衣食)의 일(業)에만 편중하므로 한웅씨는 무여율법(無餘律法) 4조를 제정하여 환부(鰥夫)로 하여금 조절하게 하였다.

1조: 사람의 행적은 때때로 깨끗하게 하여 모르는 사이에 생귀(生鬼)가 되지 않게 하고, 번거롭게 막혀 마귀가 되지 않도록 하여 인세로 하여금 통명무여일장(通明無餘一障)하게 하라.

2조: 사람의 취적(聚積)은 죽은 뒤에 공을 제시하여 생귀의 더러움을 말하지 않게 하고, 함부로 허비하여 마귀가 되지 않도록 하여 인세로 하여금 보흡무여일감(普洽無餘一憾)하게 하라.

3조: 고집이 세고 사혹(邪惑)한 자는 광야(曠野)에 귀양보내서 때때로 그 사혹함을 씻게 하여 사기(邪氣)로 하여금 세상에 남아있지 않게 하라.

4조: 죄를 크게 범한 자는 섬도(暹島)에 유배시키고 죽은 뒤에는 그 시체를 태워서 죄 덩어리가 세상에 남아있지 않게 하라.

또 궁실을 짓고 배와 수레를 만들어서 사람들에게 거주하고 여행하는 법을 가르쳤다. 이에 한웅씨가 바다에 배를 띄워 처음 타고(始乘) 사해를 순방하니, 천부(天符)를 조증(照證)하여 수신(修信)하고, 제족의 소식을 소통하여 근본을 잊지 않을 것을 호소하고, 궁실을 짓고 배와 수레를 만들고, 화식하는 법을 가르치기 위한 것이었다. 한웅씨가 돌아와 팔음(八音)과 이문(二文)을 수학하고, 역법을 정하고 의약술을 수업하며, 천문과 지리를 저술하니 홍익인세(弘益人世)였다. 이는 세대는 멀어지고 법은 해이해져서, 모든 사람들이 몰래 사단(詐端)을 모색하는 일이 늘어나기 때문에, 일용(日用)하는 사물에서 근본의 도를 보전하여 분명하게 밝히기 위한 것이었다. 이로부터 비로소 학문하는 풍조가 일어나니, 인성이 혼매하여 배우지 않고는 알지 못하기 때문이었다.

제12장 - 한웅씨가 임검씨(壬儉氏)를 낳았다. 때에 사해의 제족이 천부의 이치를 강(講)하지 아니하고, 스스로 미혹에 빠져 세상이 고통스러웠다. 임검씨가 천하에 깊은 우려를 품고, 천웅(天雄)의 도를 닦아 계불의 의식을 행하여 천부삼인을 이어 받았다. 갈고(耕) 심고 누에치고 칡을 먹고 그릇을 굽는 법을 가르치고, 교역하고 결혼하고 족보를 만드는 법을 공포하였다. 임검씨가 뿌리를 먹고 이슬을 마시므로, 몸에는 털이 길게 나가지고 사해를 널리 돌아다니며, 제족을 차례로 방문하였다. 백년 사이에 가지 않은 곳이 없었다. 천부를 조증하여 수신하고, 해혹 복본할 것을 맹세하며 부도(符

都)를 건설할 것을 약속하니, 이는 지역은 멀고 소식은 끊어져 제족의 언어와 풍속이 점차로 변하여 서로 다르게 되었기 때문에, 함께 모여 협화(協和)하는 자리에서 천부의 이치를 강하여 분명하게 알게 하기 위한 것이었다. 이것은 후일에 회강(會講)의 실마리가 되니, 인사는 번거롭고 바빠 강하지 않으면 잊어버리기 때문이었다.

제13장 - 임검씨가 돌아와 부도(符都)를 건설할 땅을 택하였다. 즉 동북의 자방(磁方)이었다. 이는 2와 6이 교감하는 핵심 지역이요 4와 8이 상생하는 결과의 땅이었다. 밝은 산과 맑은 물이 만리에 뻗어있고, 바다와 육지가 서로 통하여 시방(十方)으로 갈리어 나가니, 곧 9와 1의 끝과 시작이 다하지 않는 터전이었다. 삼근영초(三根靈草)와 오엽서실(五葉瑞實)과 칠색보옥(七色寶玉)이 금강(金剛)의 심장부에 뿌리를 내려 전 지역에 두루 가득하니, 이는 1과 3과 5와 7의 자삭(磁朔)의 정(精)이 모여 바야흐로 물체를 만드는 복된 땅이었다. 곧 태백산의 밝은 땅 정상에 천부단(天符壇)을 짓고 사방에 보단(堡壇)을 설치하였다. 보단의 사이에는 각각 세 겹의 도랑 길로 통하게 하였다. 도랑 길의 사이는 천리였으며, 도랑 길의 좌우에 각각 관문을 설치하여 지키게 하였다. 이는 마고본성에서 그 법을 취한 것이었다. 부도의 하부를 나눠 마을을 만들었다. 둥그렇게 삼해(三海)의 주변을 못처럼 잠기게 하니 사진(四津)과 사포(四浦)가 천리 간격으로 연결되어 동서로 줄을 지어 둘러쌌다. 진(津과 포(浦) 사이에 다시 육부(六部)를 설치하고 육부에는 제족이 살았다. 부도가 이미 이루어지니 웅려하고 광명하여 사해를 총화하기에 충분하였으며 제족의 생맥(生脈)이었다.

제14장 - 이에 황궁씨의 후예 6만이 이주하여 지키고, 곧 나무를 베어 뗏목 8만을 만들어서, 신부(信符)를 새겨 천지의 물에 흘려보내 사해의 제족을 초청하였다. 제족이 그 신부가 새겨진 뗏목을 보고 차례로 모여들어 박

달나무 숲에 신시를 크게 열고, 수계정심(修戒淨心)하여 천상(天象)을 살핀 후, 마고의 계보를 닦아 그 족속을 밝히고, 천부의 음에 준하여 그 어문(語文)을 정리하였다. 또 북신(北辰)과 칠요(七曜)의 위치를 정하여 반석의 위에서 속죄의 희생물을 구워 전(奠)을 올리고, 모여서 노래하고 천웅의 음악을 연주하였다. 제족이 방장산 방호의 굴(方壺之堀)에서 칠보의 옥을 채굴하여 천부를 새기고, 그것을 방장해인(方丈海印)이라 하여 칠난(七難)을 없애고 돌아갔다. 이로부터 매 십 년마다 신시를 여니 이에 어문이 같아지고 천하가 하나로 되어 인세가 태화(太和)하였다. 인하여 바닷가에 성황(城隍)을 지어 천부에게 전(奠)[18]을 올리고, 제족으로 하여금 머물러 집을 지어 살게 하니, 그 뒤로 천년 사이에 성황이 전역에 널리 퍼졌다.

제15장 - 또 예(澧)[19]와 양(陽)[20]이 교차하는 중심지에 조시(朝市)를 설치하고 팔택(八澤)[21]에 해시(海市)를 열어 매년 10월에 조제(朝祭)[22]를 행하니 사해의 제족이 모두 지방 토산물을 바쳤다. 산악의 제족은 모두 사슴과 양을 바치고, 해양 제족은 물고기와 조개를 바쳐서 송축하기를 '고기와 양을 희생으로 조제에 공진(供進)하니, 오미(五味)의 피를 신선하게 하여, 창생의 재앙을 그치게 하네' 하였다. 이를 가리켜 조선제(朝鮮祭)라 하였다. 이때에 산악과 해양의 제족이 물고기와 육고기를 많이 먹으니, 교역하

---

18) 단정한 책상 위에 술병을 올려놓은 형상의 글자다. 제사를 나타낸다.

19) 형산(亨山)에서 발원하여 호남성을 흘러서 동정호로 들어가는 강.

20) 한수(漢水)의 북쪽 땅. 곧 섬서성의 남단에 있는 파총산(嶓塚山)의 북쪽 물줄기.

21) 대륙택(大陸澤), 뇌택(雷澤), 맹저(孟猪), 형택(滎澤), 대야(大野), 가택(菏澤), 팽려(彭蠡), 진택(震澤), 운몽(雲夢).

22) 평소에는 지방 산물이 자유롭게 거래되지만 10월이 되면 국가가 주관하여 수두제(蘇塗祭)부터 열고 거국적으로 폭주하는 물량을 마음껏 거래하도록 하는 것. 조제(朝祭)라는 명칭은 국가가 수두제를 지내기 때문에 생긴 듯 함. 朝는 조정의 뜻.

는 물건이 거의가 저린 어물과 조개와 가죽류이기 때문에 곧 희생제를 행하여, 인간으로 하여금 반성하고 공에 보답하게 하였다. 피에 손가락을 꽂아 생명을 성찰하고, 땅에 피를 부어 기른 공에 보답하니, 이는 물체가 대신 오미의 잘못을 보상하여 재앙을 멎게 하기를 원하는 것이었다. 즉 육신고충의 고백이었다. 언제나 세제(歲祭) 때에는 물화가 폭주하므로, 사진(四津)과 사포(四浦)에 크게 해시(海市)를 열고, 몸을 깨끗하게 하여 지리(地理)를 거울삼아, 교역의 법을 시행하여 그 값과 분량을 정하며, 물성(物性)의 근본을 분별하여 이용하는 법을 밝혔다. 또 부도 팔택의 모양을 본떠서 못을 파고, 곡수(曲水)의 사이에서 보새(報賽)를 지내고, 회연(會燕)하여 제물(祭物)하는 의식을 행했다. 제족이 봉래산 원교봉에서 오서(五瑞)의 열매를 얻으니 곧 잣나무 열매였다. 봉래해송이라 하여 은혜롭게 오행(五幸)을 얻고 돌아갔다. 이로부터 사해에 산업이 일어나서 교역이 왕성하게 되므로 천하가 유족하였다.

제16장 - 시(市)에 온 사람들은 영주 대여산 계곡에서 삼령근(三靈根)을 얻으니 곧 인삼이었다. 그것을 영주 해삼이라 하여 능히 삼덕(三德)을 보전하고 돌아갔다. 대개 인삼이 그 수격(數格)을 갖추어 자삭방(磁朔方)에서 난 것은 반드시 장생하니, 40세를 1기로 휴면하고, 13기를 삭(朔)으로 축정하고, 4삭을 경과하여 씨를 맺어 변화하니, 이러한 것은 부도의 지역이 아니고는 얻을 수가 없었다. 그러므로 방삭초(方朔草)라 하니, 세상에서 불사약이라 하는 것이 이것이다. 그 혹 작은 뿌리라도 부도의 지역에서 생산되는 것은 모두가 영검한 효력이 있으므로, 시(市)에 온 사람들은 반드시 그것을 구하였다. 대개 삼근 영초의 인삼과 오엽서실의 잣과 칠색보옥의 부인(符印)은 진실로 불함(弗咸) 삼역(三域)의 특산이요, 사해 제족의 천혜였다.

제17장 - 이 때에 도요가 천산(天山)의 남쪽에서 일어났다. 일차로 출성한 사람들의 후예였다. 일찍이 제시(祭市)의 모임에 왕래하고 서쪽 보(保)의 칸(干)에게서 도를 배웠다. 그러나 원래 수(數)에 부지런하지 못하였다. 스스로 9수5중(九數五中)의 이치를 잘 알지 못하고, 중5(中五) 이외의 8은 1로써 8을 제어한다고 생각하고(以爲中五外八者 以一御八), 내(內)로써 외(外)를 제어하는 이치라 하여, 오행의 법을 만들어 제왕의 도를 주장하므로, 소부(巢夫)와 허유(許由) 등이 심히 꾸짖고 그것을 거절하였다. 요가 곧 관문 밖으로 나가 무리를 모아 묘예(苗裔)를 쫓아냈다. 묘예는 황궁씨의 후예였으며, 그 땅은 유인씨의 터전(鄕)이었다. 후대에 임검씨가 여러 사람을 이끌고 나갔기 때문에 그 비어있는 기회를 이용하여 그를 습격하니 묘족(苗裔)이 마침내 동 서 북의 세 곳(三方)으로 흩어졌다. 요(堯)가 구주(九州)의 땅을 그어 나라를 만들고, 스스로 5 중(中)에 사는 제왕이라 칭하여, 당도(唐都)를 세워 부도와 대립하였다. 때에 거북이 등에 지고 나왔다는 부문(負文)[23]과 명협(蓂莢)[24]이 피고 지는 것을 보고, 신의 계시라 하여 그것으로 인하여 역(曆)을 만들고, 천부의 이치를 폐하여 부도의 역을 버리니, 이는 인세의 두 번째 변고였다.

---

[23] 그에 앞서 하수(河水)에서 용마가 나왔는데 이상한 문양이 있어서 복희씨가 그것을 그린 것이 선천 괘요, 낙수(洛水)에서 거북이 등에 문양을 보고 그린 것이 주역의 후천 괘다. 공자가 주역에다 그렇게 주를 단 것이다. 시기적으로는 요임금 때 9년 홍수가 있었고 섭정을 하던 순이 우를 시켜서 물길을 잡던 때다. 그 영구(靈龜)를 낙수에서 발견한 것은 우였다. 그러니까 하후씨에 의해 후천 괘는 태어난 것이다. 그런데 부도지의 기록에는 요 시절에 부문과 명협이 있었다고 한다. 나는 공자의 기록보다 부도지의 기록에 훨씬 신빙성을 둔다.

[24] 원나라에 曾先之가 쓴 〈사략(史略)〉에는, 요임금이 사는 궁중 뜨락에 이상한 풀대궁이 하나 섰는데, 초하루부터 보름까지는 잎이 하나씩 나서 자라고, 그 다음부터는 날마다 한 잎씩 떨어지다가 달이 작으면 남은 한 잎이 떨어지지 않고 말라버렸다고 했다. 그 풀을 보고 달의 크고 작음을 알았으므로 명협이라고 한 것이다.

제18장 - 이에 임검씨가 그것을 걱정하여 유인씨(有因氏)의 손자 유호씨(有戶氏)의 부자로 하여금 환부(鰥夫)와 권사(權士) 등 백여 인을 인솔하고 가서 그를 깨우치도록 하였다. 요가 그들을 맞아 명령에 복종하고 공손하게 대접하여 하빈(河濱)에서 살게 하였다. 유호씨가 묵묵히 그 상황을 관찰하고, 스스로 사람들을 가르치며 여러 번 그 거처를 옮겼다. 이보다 먼저 유호씨가 부도에 있을 때에 칡을 먹고 오미를 먹지 아니하였으므로 키는 열 자요 눈에서는 불빛이 번쩍였다. 임검씨보다 나이를 백여 살이나 더 먹었으며, 아버지와 할아버지의 업(業)을 이어 임검씨를 도와 도를 행하고 사람들을 가르쳤다. 이에 이르러 사자(使者)가 되어 완미(頑迷)한 세상을 구제하니 그가 하는 일에 어려움이 많았다. 때에 요가 유호씨의 아들 유순(有舜)의 사람됨을 보고, 마음속에 딴 뜻이 있어 일을 맡기고 도와주며, 두 딸로 유혹하니 순이 곧 미혹하여졌다. 유순이 일찍이 부도의 법을 행하는 환부가 되어, 마침내 미치지 못하여 절도가 없더니, 이에 이르러 요에게 미혹을 당하여 두 딸을 가만히 취하고, 어리석게도 요에게 붙어 협조하였다.

제19장 - 이때에 유호씨가 수시로 경계하였으나, 순은 예 예 하고 대답만 하고 고치지 않았다. 그는 요의 촉탁을 받아들여 현자를 찾아 죽이며 묘족을 정벌하였다. 유호씨가 마침내 참지 못하여 꾸짖고 그를 토벌하니, 순은 하늘을 부르며 통곡하고, 요는 몸을 둘 땅이 없으므로 순에게 양위하고 자폐하였다. 유호씨가 이르기를,

"오미의 재앙이 끝나지 않았는데 또 다시 오행의 화를 만들었으므로, 죄는 땅에 가득하고 북두성(罡)은 하늘을 가리어 수사(數事)가 많이 어그러져 인세가 곤고하여졌다. 이는 불가불 바로 잡지 않을 수가 없는 것이다. 또 알지 못하고 범하는 자는 혹 용서하여 가르칠 수도 있으나, 알고 범하는 자는 비록 지친(至親)이라도 용서할 수가 없다."

하고 둘째 아들 유상(有象)에게 명하여 권사를 이끌고, 무리를 모아 죄를 알리고, 그를 치게 하니 수년 동안 싸워서 마침내 당도(唐都)를 혁파하였다. 요는 유폐 중에 죽고 순은 창오(蒼梧)의 들에 도망하여 무리가 사방으로 흩어졌다. 요의 무리인 우(禹)가 순(舜)에게 아버지를 죽인 원한이 있으므로, 이에 이르러 그를 추격하여 죽여 버렸다. 순의 두 아내도 역시 강물에 투신하여 자결하였다. 우가 옳은 명분으로—正命으로— 입공(立功)한다고 말하고, 뭇 군사를 위로하고 돌아감으로, 유호씨가 물러나서 우의 소행을 관찰하니, 이때에 우가 도읍을 옮기고 무리를 모아, 방패와 창을 보수하고 유호씨에게 항거하여, 자칭 하왕(夏王)이라 하였다.

제20장 - 우가 마침내 부도를 배반하고 도산(塗山)에 단(壇)을 설치하였다. 서남 제족을 정벌하여 제후라 하고 도산에 모이게 하여 조공을 받았다. 이는 부도 제시(祭市)의 제도를 본받은 것이었으나 폭돌한 것이었다. 이에 천하가 시끄러워 부도로 도망하여 오는 자가 많았다. 우가 곧 물과 물의 길을 차단하여 부도와 연락을 끊고 내왕하지 못하게 하였다. 그러나 감히 부도를 공격하지는 못했다. 이때에 유호씨가 서방에서 살면서 묘족들을 수습하여 소부와 허유가 사는 곳과 통하고, 서남의 제족과 연락하니 그 세력이 심히 왕성하여 스스로 읍을 이루었다. 유호씨가 권사를 보내 유시하기를,

"요는 천수(天數)를 몰랐다. 땅을 쪼개서 천지를 제 멋대로 하였다. 또 기회를 틈타서 독단(獨壇)을 만들고 사사로이 개나 양을 기르기 위하여 사람을 몰아낸 후 자칭 제왕이 되어서 혼자서 처리하였다. 세상은 초목이나 토석처럼 말이 없고 천리(天理)는 거꾸로 흘러서 허망에 빠져버렸다. 이것은 거짓으로 천권(天權)을 훔쳐 사욕의 횡포를 자행한 것이다. 제왕이 만일 하늘의 권세를 대신하는 것이라면 능히 일월을 개폐하여 만물을 조작할 수 있을 것이 아닌가. 제왕이란 수(數)의 요체요 사람이 거짓으로 칭하는 것이 아니다.

거짓으로 칭한다면 다만 속임과 허망의 나쁜 장난이 될 뿐이다. 사람의 일이란 이치를 증명하자 함이요, 인세의 일이란 이치로 증명된 사람의 일을 밝히자 함이니 이밖에 다시 무엇을 두리요. 그러므로 부도의 법은 천수의 이치를 명확하게 증명하여 사람으로 하여금 그 본래적 임무를 수행케 하고 그 본복(本福)을 받게 할 따름이다. 그러므로 말하는 자와 듣는 자는 비록 먼저와 나중은 있으나 높고 낮음이 없으며, 주는 자와 받는 자는 비록 친숙하고 생소한 것은 있으나, 끌어들이고 몰아내고 할 수는 없기 때문에 사해가 평등하며, 모든 이가(諸族) 스스로 행하는 것이다. 오직 그 오미의 죄책을 보속(報贖)하는 것과, 대성의 실마리(大城之業)를 회복하는 것은 언제나 일인 희생의 주관 아래 있는 일이요, 여러 사람의 능력으로 되는 것이 아니니, 이 일은 예로부터 인세의 일에 섞이지 아니 하였다. 황궁씨와 유인씨의 예가 바로 이것이다.

제21장 - 또 그 소위 오행이라는 것은 천수(天數)의 이치에 이러한 법이 있는 것이 아니다. 방위의 중앙 5는 교차의 뜻이요, 변행(變行)을 말한 것이 아니다. 변하는 것은 1로부터 9까지이므로, 5는 언제나 중앙에만 있는 것이 아니며, 9가 윤회하여 율(律)과 려(呂)가 서로 조화를 이룬 후에 만물이 생겨나는 것이니, 이는 기수(基數)에 이르는 것이요, 5·7이 크게 번지는 고리(大衍之環)에 이르면, 그 자리에 5가 한정되는 것이 아니고, 또한 4·7이 있는 것이다. 그 순역(順逆)과 생멸의 윤멱(輪冪)은 4요 5가 아니니, 곧 원수(原數)의 9는 변하지 않는 수이기 때문이다. 또 윤멱이 한 번 끝나는 구간은 2×4=8 사이의 7이요 5가 아니다. 또 배성지물(配性之物)은 금 목 수 화토의 다섯 중에서 금과 토를 왜 따로 구별하는가. 그 약간의 차이 때문에 구별하고자 한다면 기(氣), 풍(風), 초(草), 석(石) 따위는 어찌 같이 들지 않는가. 그러므로 다 들자면 수가 없는 것이요, 엄별해서 들자면 금 목 수 화 혹은 토 목 수 화의 넷이요 다섯이 되는 것이 아니다. 더욱이 그

물성을 어떤 이유로 수성(數性)에 짝 지우는가. 수성지물(數性之物)은 그 원수가 9요 5가 아니다. 그러므로 오행지설(五行之說)은 참으로 황당무계한 말인 것이다. 이로써 인세를 증리(證理)하는 일을 터무니없이 속여 이에 하늘의 재앙을 만드니 어찌 가히 두렵지 않을까 보냐.

제22장 - 또 그 역제(曆制)는 천수(天數)의 근본을 살피지 못하고 거북이나 명협 같은 미물에서 근본을 취하였으니 요는 또 무슨 속셈인가. 천지의 만물이 다 수(數)에서 나와 수를 상징하고 있는데, 하필 거북과 명협뿐이겠는가. 그러므로 모든 물사(物事)에는 각각 그 역(曆)이 있으니, 역이라는 것은 역사(曆史)다. 그러므로 요(堯)의 역제(曆制)는 거북과 명협의 역이요 인간의 역이 아니니, 그것이 인세와 합쳐지지 않는 것은 진실로 당연한 것이다. 이런 까닭에 삼정(三正: 天 地 人)을 반복하여 구차스럽게 맞추고자 하였으나, 얻지 못하여 마침내 하늘의 죄를 끌어들였다. 역이라는 것은 인생증리(人生證理)의 기본이므로 그 수는 몸소 가지고 있지 않는 것이 없다. 그리하여 역이 바르면 천리와 인사가 증합(證合)하여 복이 되고, 역이 바르지 못하면 천수에 어긋나 화가 되니, 복은 리(理)가 서는데 있고, 이치는 바른 증거에 서는 까닭이다. 그러므로 역의 바르고 바르지 못한 것은 인세의 화와 복의 실마리니 가히 삼가지 않을 것인가. 옛적에 오미의 재앙이 한 사람의 미혹에서 나와서 만대의 생령(生靈)에 미치고 있는데, 지금 또 다시 역의 재앙이 장차 천세의 진리에 미치고자 하니 두렵기만 하구나.

제23장 - 천도(天道)가 돌고 돌아 종시(終始)가 있고, 종시가 또 돌아 4단(段)씩 겹쳐 나가 다시 종시가 있다. 1종시의 사이를 소력(小曆)이라 하고, 종시의 종시를 중력(中曆)이라 하고, 네 번 겹친 종시를 대력(大曆)이라 한다. 소력의 1회를 사(祀)라 하니, 사(祀)에는 13기(期)가 있고, 1기에는 28일이 있으며, 다시 4요(曜)로 나뉜다. 1요(曜)에는 7일이 있고, 요가 끝나는

것을 복(服)이라고 한다. 그러므로 1사(祀)에 52요복(曜服)이 있으니, 곧 364일이다. 이는 1·4·7의 성수(性數)요, 매 사(祀)의 시작에 대사(大祀)의 단(旦)이 있으니, 단(旦)은 1과 같기 때문에 합하여 365일이 되고, 3사(祀)와 또 반(半)에 대사(大祀)의 판(販)이 있으니, 판(販)은 사(祀)의 2분절이다. 이것은 2·5·6의 법수(法數)요, 달이 긴 것이 1과 같기 때문에, 제4의 사(祀)는 366일이 된다. 10사(祀)의 반에 대회(大晦)의 구(晷)가 있으니, 구는 시(時)의 근원이다. 300구(晷)가 1묘(眇)가 되니, 묘는 구(晷)가 눈에 느껴지는 것이다. 이와 같이 9,633묘를 지나 각(刻) 분(分) 시(時)가 1일이 되니, 이는 3·6·9의 체수(體數)다. 이와 같이 끝나고 또 시작하여 차차 중력과 대력에 미쳐서, 이수(理數)가 곧 이루어지는 것이다.

대저 요(堯)의 이 세 가지 잘못은 거짓된 욕망에서 비롯된 것이니, 어찌 가히 부도의 실위(實爲)의 도에 비할 수 있겠는가. 허위(虛爲)는 곧 안에서 리(理)가 실하지 못하여 마침내 멸망에 이르고, 실위(實爲)는 리(理)가 늘 나를 만족케 하여 스스로 존립한다.”

제24장 - 유호씨가 이와 같이 단단히 타일러서 모든 법을 폐지하고 부도로 돌아올 것을 권하였으나, 우(禹)가 완강하게 듣지 않고 반대로 위협이고 모욕이라 하여, 곧 무리를 이끌어 유호씨를 공격하였지만, 여러 번이나 이기지 못하고 마침내 모산(矛山)의 진지에서 죽었다. 이에 하중(夏衆)들이 비분하여 죽기를 원하는 자가 수만이었다. 이는 거의가 우와 함께 치수를 한 무리들이었다. 우의 아들 계(啓)가 대군을 이끌고 유호씨의 읍(邑)으로 진격하여 오니 유호씨의 군사는 불과 수천이었다. 그러나 하군(夏軍)들이 싸우면 반드시 패하여 한 번도 전적을 세우지 못하였다. 계가 마침내 두려워서 퇴진하고 다시 공격하지 못하자 그 무리가 격앙되었다. 이에 유호씨가 하(夏)의 무리가 눈이 먼 것을 보고 고치기 어렵다고 생각하여, 장차 서남 제족을 가르치기 위하여, 그 무리를 이끌고 가니 그 읍이 자

연히 없어졌다.

제25장 - 이로부터 천산의 남쪽 태원(太原)의 지역이 뒤숭숭하고 떠들썩하며 주인 없는 집과 같아서, 왕이란 자는 눈이 멀고 백성은 장님이 되어 암흑이 중첩하였다. 강한 자는 위가 되고 약한 자는 아래가 되어, 왕과 제후를 봉하고 생민(生民)을 제압하는 폐단이 만연하여, 고질이 되고 서로 침탈하기에 이르니, 헛되이 생령(生靈)을 죽이고 한 가지도 세상에 이로울 것이 없었다. 이러한 까닭으로 하나라와 은나라가 다시 그 법으로 망하고서도 끝내 그 까닭을 알지 못하니, 이는 스스로 부도에서 떨어져나가 진리의 도를 들을 수 없게 된 까닭이었다. 어느덧 유호씨가 그 무리를 이끌고 월식생성(月息生星)의 땅에 들어가니 곧 백소씨와 흑소씨가 살던 곳이었다. 백소씨와 흑소씨의 후예가 오히려 소(巢)를 만들던 풍속을 잊지 아니하고, 높은 탑과 층대를 많이 만들었다. 그러나 천부의 본음(本音)을 잊어버리고 탑을 만드는 유래를 깨닫지 못하여, 도(道)를 와전하여 이도(異道)가 되고, 서로 시기하고 의심하여 싸우고 정벌하는 것으로 일을 삼았다. 마고(麻姑)의 일은 거의가 괴의하게 여겨, 허망하게도 형적이 아주 없어지니, 유호씨가 두루 제족을 돌고, 마고와 천부의 이치를 설명했으나, 의아하게 여기고 받아들이지 아니 하였다. 그러나 오직 그 전고자(典古者)가 송구스럽게 일어나서 맞이하였으므로, 이에 유호씨가 근본 이치를 술회하여 그것을 전하였다.

제26장 - 임검씨가 유호씨의 행적을 듣고, 그 하는 일을 장히 여겨, 유호씨의 족속에게 교부(教部)에 취업하여 살도록 하였다. 이때에 유호씨가 하토(夏土)의 형세를 심히 걱정하고, 마침내 입산하여 해혹복본(解惑復本)의 도를 전수하였다. 임검씨의 아들 부루가 천부삼인(天符三印)을 이어받아 천지가 하나의 이치인 것을 증명하여, 사람들이 일족이 되어 크게

부조(父祖)의 도를 일으키고, 널리 천웅(天雄)의 법을 행하여 인세증리(人世證理)의 일에 전념하였다. 일찍이 운해족(雲海族)—황궁씨의 후예—과 긴밀하게 연락하여, 하토(夏土)가 하나로 돌아오기를 시도하였으나, 이도(異道)가 점차 성하여 마침내 뜻을 이루지 못하였다. 부루씨가 천부를 아들 읍루씨(浥婁氏)[25]에게 전하고 입산하였다. 읍루씨가 날 때부터 대비(大悲)의 원력이 있어 천부삼인을 이어받고, 하족이 도탄에 빠진 것을 불쌍하게 생각하고, 진리가 사단(詐端)의 지역에 떨어지는 것을 슬프게 생각하여, 마침내 명지(明地)의 단(壇)에 천부를 봉쇄하고, 곧 입산하여 복본의 큰 원력을 오롯이 닦으며 백 년 동안 나오지 아니하니, 남은 대중들이 통곡하였다. 임검씨가 후천 말세의 초기에 태어나, 사해의 장래를 미리 살피고 부도 건설을 시범하니 천년 사이에 그 공적이 크게 이루어졌다. 이에 이르러 천부의 전해짐이 끊어져 마고성의 분거 이래로 황궁씨 유인씨 한인씨 한웅씨 임검씨 부루씨 읍루씨의 7세에 천부가 전해진 것이 7천 년이었다.

여기까지 26장을 옮겨 냈다. 27장부터는 소부도지(小符都誌)라 하여 신라의 연원에 초점을 맞춘 지엽적인 것이므로 군이 옮길 필요를 느끼지 않았다. 〈훈단고기(桓壇古記)〉를 이야기하는 데는 이 정도로도 충분하기 때문이다.

---

25) 　지금까지 알고 있는 대로하면 부여시절에 예(濊), 맥(貊), 옥저(沃沮), 읍루(浥婁) 등 부족국가들 중 하나였다. 서토 사람들이 지은 동이전이니 동이열전이니 하는 내용들이 그렇게 되어있어서다. 그런데 여기서 갑자기 황궁씨에서 유인씨, 한인씨 ,한웅씨, 임검씨, 부루씨 다음에 읍루씨가 정맥(正脈)으로 적히고 있어서 놀라움을 금할 수가 없다. 만약 백제와 고구려의 서책이 불타지 않았다면, 아니 〈삼국사기〉가 말한 〈삼한고기(三韓古記)〉나 〈고구려고기(高句麗古記)〉 같은 서책만이라도 전해졌던들, 읍루씨 대목을 두고 오늘 우리가 이렇게 답답하지는 않을 것이다.

〈훈단고기〉를 위서(僞書)로 말하는 자들이나 자국의 역사를 한사코 줄여서 말하고 민족의 뿌리를 일천한 쪽으로 대고 싶어 하는 자들은 이 기록을 대하면서 어떤 표정을 할지 자못 궁금하다. 일부는 어리둥절하기도 할 것이요 더러는 제 핏대 속에 흐르는 피의 근원을 깨닫고 진한 참회의 마음이 우러나기도 하겠지만 다수는 틀림없이 일본학자들이 애초에 꼬부리고 비틀어서 주장한 부도지 주석서를 읽으면서 그들의 반론에 기대려 할 것이다.

그러나 쏟아지는 소나기는 누구도 막지 못하는 법이다. 불볕더위가 기승을 부리는 여름하늘은 풀뿌리가 타들도록 지독하지만 마침내 허공이 듬성듬성 구름을 장만하여 삽시간에 사방이 어두워지고 소나기를 퍼붓는 때가 온다. 그때는 불볕더위가 작물이 크는데 오히려 도움이 되는 법이다. 시들던 풀도 생기가 넘치고 농부는 도롱이를 쓰고 부지런히 들판으로 내닫는다. 여름철 한 때의 여름질을 놓치면 가을에 거둘 것이 없기 때문이다. 여름하늘은 변덕이 심하지만 그러나 만물은 여름을 지나면서 넉넉하게 자라 가을을 준비하는 것이 자연의 법칙이다. 생명의 숨결이 마음껏 열리고 또 열어젖히기 때문에 이름하여 여름인 것이다.

땅에 뿌리를 묻고 하늘의 기운을 마시면서 자라는 풀이나 나무는 이렇듯 비와 이슬이 필요하고 햇볕으로 쪼여야 제 생명의 가락을 펼칠 수 있다. 뜨거운 불볕과 소나기는 오직 여름철만이 내리는 은택인데, 음습한 바람과 눅눅한 공기에는 실은 풀뿌리에 해가 되는 지난 겨울의 잔해와 허공에 떠도는 갖가지 독이 동원되는 법이다. 그러나 때가 여름이기 때문에 그런 해악의 독소가 불볕에 익어서 오히려 이로움이 된다. 이제 민족의 역사를 해롭게 하는 세력들이 마침내 소나기가 되어 우리의 역사에 자양분이 되는 날이 올 것이다.

일삼지 않고 다스린 03
무위이치(無爲而治)

서토인의 이상, 무위이치

여름하늘은 그것이 우주의 섭리이기도 하지만 단(壇)을 묻고 제사를 지내온 인간의 의지가 어느 정도는 배어있다고 보아도 좋다. 해 오르는 들판을(旦) 팔을 벌린 인간이(大) 떠이고 있는 형상이 여름하늘(昊)이기 때문이다. 그러니까 昊(호)에는 불볕더위와 비바람만이 아닌 인간의 의지도 함께 들어있다는 뜻이다. 저 서토인들이 자기네한테 문명을 가르친 복희씨(伏羲氏)를 하필 태호(太昊)라고 부른 것은 그만한 이유가 있다고 보인다.

그것은 태호복희씨가 일으킨 문명의 씨앗이 먼저 인간의 의지에서 출발하고 있었음을 상징함이다. 다시 말하면 처음으로 혼인예법을 가르치고, 제사예법을 가르치고, 그물을 얽어 물고기와 새를 잡는 법을 가르치고, 또 결승문자를 가르치고, 팔괘를 그어서 자연의 섭리를 가르친 것이 모두 무조건 자연의 질서―섭리―만을 본뜬 것이 아니라 복희씨의 생각과 뜻이 먼저 준비된 다음에 그것을 자연의 호흡에다가 맞추어서 길러냈다고 본 것이다. 태호(太昊)의 昊는 그래서 필연적으로 끌려나온 글자다. 훗날 태호(太皓)의 皓와 태호(太皞)의 皞가 적히면서 '희다' '밝다'의 의미로도 쓰이지만, 원래의 뜻으로는 역시 昊가 제격으로 꼽힌다. 내가 가서 본 하남성 회양현에 있는 복희씨의 능과 사당에도 틀림없이 '太昊'로 적혀 있었다.

흔히 '일삼아 다스리지 않고도 잘 다스린 정치' 혹은 '하는 것 없이 해간 정치'를 무위이치(無爲而治)라고 한다. 무위로 했다하면 팔짱 끼고 판밖에 서서 구경하는 사람처럼 아무 것도 않고 그냥 있었다고 생각할 수도 있다. 그러나 정부가 있고 관료가 있었다면 무엇인가를 하기는 했을 텐데 그 내용이 궁금할 수도 있을 것이다.

무위정치라면 얼핏 노자가 떠오른다. 그러나 노자는 정치구조라든가 관료체계에 대해서는 전혀 언급을 않는다. 시종일관 정치인의 자세나 마음의 태도만을 강조하여 말하고 있을 뿐이다. 어디까지나 다스림의 원리, 정치의 원론을 말하고 있다는 이야기다. 우리가 노자를 자연스럽게 무위정치의 한 표본으로 떠올려 기억하는 것은 까닭이 있다. 바로 노자의 그 정치원론이 그렇기 때문이다. 자기 시대의 체제상황에서 조차 철저하게 비켜 서 있는 노자에게 우리로서는 당연히 궁금한 것이 많을 수밖에 없다.

그러나 노자의 무위자연(無爲自然)은 세상이 어질러질 대로 어질러진 세상이 되면서, 영영 닿을 수가 없는 상고시절의 법속을 막연히 동경하던 사회적 분위기에서 생겨난 것일 수가 있다. 그러니까 공자의 유교가 바야흐로 쓰이려 하던 춘추 초기의 시대적 배경이 노자로 하여금 도덕경을 말하게 했고, 그 후로 오는 세상이 더욱 각박해지자 노자의 무위사상이 상대적으로 한층 빛을 발했다는 이야기다.

다시 말해서 공자의 유교는 무위이치를 구경의 목표로 삼았지만 애초부터 무위이치를 실현할 수가 없는 선에서 출발했고, 노자는 무위이치를 배가 부르도록 이야기는 하지만 실제로는 실천해본 일이 없으므로 탁상공론에 불과하다. 그렇다면 우리는 노자와 공자를 넘어서서 실제적으로 무위이치를 실현했거나 실현할 수 있는 사회를 당연하게 요구할 수가 있다. 그것이 우리들의 궁금증이고 또 권리일 수 있는 것이다.

다행스럽게 우리는 여기서 무위의 정치가 어떠했는지, 아니 어떻게 하는 정치를 무위의 정치라고 했는지 붉달나라의 정치현장으로 가 볼 수가 있다. 신시라는 정부가 있었고, 그 정부에 합당한 관료도 두루 갖추어 있었는데 이치를 따르고 자연의 숨결을 따라서 행정관리의 일체를 우선 백성의 뜻에 맡겨두고 본 붉(배)달나라의 정치가 있는 것이다. 그것이 세상에서 말하는 치세이화(治世理化)의 정치요 재세이화(在世理化)의 정치다.

그러나 스쳐지나가는 정도에서 살펴보는 서론에 불과할 것이다. 그렇다고 읽는 이가 실망할 필요는 없다. 본격적인 이야기는 뒤에서 펼쳐진다. 여기서는 다음 장에서 만나는 공자의 설익은 무위이치가 어디에서 왔다는 것을 알게 하는 것만으로 만족을 삼을 것이다. 2천년 이상 유교정치를 해 온 서토대륙이나 그들의 성리학을 배워다가 마침내 이전투구(泥田鬪狗)의 당파싸움으로 민족을 오리가리로 거덜 낸 이조 성리학의 실체라고 할 수 있는 공자의 유교가, 항구적으로 닿고 싶었던 무위이치의 실체가 어떠했는지 일단 보자는 이야기다.

미리 말하지만 밝음과 어둠이 섞일 수밖에 없고, 지혜스러움과 미련스러움이 아직 나뉘지 않고 있어서 언뜻 보기에는 내용도 알갱이도 없는 이야기가 지루할 정도로 나온다. 멀고 가까움이 얼른 얼른 분간되지 않는 푸르스름한 여명을 지나야만 비로소 환한 아침을 만날 수 있듯, 독사들은 우리들이 놓쳐버린 구시대적인 감각과 미개한 문화라고 털어 버렸던 관념의 터널을 지나야만 무위이치의 심장이 되는 훈국(桓國)의 오훈(五訓)과 신시의 오사(五事)에 닿는다. 태백일사의 첫 장이 되는 삼신오제본기(三神五

帝本紀) 첫 머리에 개벽 이야기가 나온다.

동양의 개벽과 서양의 창조

표훈천사(表訓天詞)에서 말한다.

대시(大始)에 위·아래·사방은 일찍이 아직 암흑으로 덮여 보이지 않더니, 옛것은 가고 지금이 오니 오직 한 빛이 있어 밝더라. 상계(上界)로부터 또 삼신(三神)이 계셨으니 곧 한 분의 상제시라. 주체는 곧 일신(一神)이니 각각 신이 따로 있음이 아니나 쓰임은 곧 삼신이시라. 삼신은 만물을 끌어내시고 전 세계를 통치하실 가늠할 수 없는 지혜와 권능을 지니셨더라. 그 형체를 나타내지 않으시고 최상의 꼭대기의 하늘에 앉아 계시니 계신 곳은 천만억토요, 항상 크게 광명을 발하시고 크게 신묘함을 나타내시며 크게 길한 상서(祥瑞)를 내리시더라.

숨을 불어 만물을 만드시고, 열을 내뿜어 만물의 종자를 키우시며, 신묘하게 행하시어 세상일을 다스리시니라. 아직 기(氣) 있기 전에 먼저 물을 낳게 하여 태수(太水)로 하여금 북방에 있으면서 사명(司命)으로써 검은 것을 관장케 하시고, 아직 기틀(機) 있기 전에 처음 불을 낳게 하여 태화(太火)로 하여금 남방에 머물면서 사명으로써 붉은 것을 관장케 하시고, 아직 바탕(質)도 있기 전에 먼저 나무를 낳으시어 태목(太木)으로 하여금 동방에 있으면서 사명으로 푸른 것을 관장케 하시고, 아직 허울(形) 있기 전에 먼저 금을 낳아 태금(太金)으로 하여금 서방에 있으면서 흰 것을 관장케 하시고, 아직 모습(體)도 있기 전에 먼저 흙을 낳더니 태토(太土)로 하여금 중앙에 있으면서 노란 것을 관장케 하시니라.

이에 하늘 아래 두루 있으면서 오제(五帝)의 맡은 바 직분(司命)을 주관하는 자 이를 천하대장군이라 하고, 땅 아래 두루 있으면서 오령(五靈)의 공적을 이루게 하는 바 이를 지하여장군이라 한다.

부도지에 나오는 개벽은 가령 마고가 삼신의 상제일 수 있다. 그 마고
는 여신이므로 모계 쪽의 신화일 수 있는데 반해 여기서는 부계 중심으로
신화의 축이 옮겨져 있다. 바로 이런 차이가 부도지와 흔단고기의 차이일
것이다. 생명이 태어나는 비밀을 다 모르던 시절의 신화라면 마땅히 모계
로 출발하는 것이 옳다. 그런 단계를 거쳐서 비로소 부계가 되는 것 아닌
가. 흔단고기보다 부도지를 먼저 내세우는 것은 바로 이런 차이가 있기
때문이다.

또 있다. 우리 동양인의 개벽과 서양인의 창조에 관해서다. 저들의 천
지창조는 기독교의 경우 말씀으로 한다. 그러니까 아무 준비도 없는 상태
에서 '빛이 있으라' 하면 그냥 빛이 있는 것이고 '풀과 나무가 종류대로
있으라' 하면 풀이나 나무가 얼마든지 나와서 늘어서는 식이다. 거기에는
처음부터 질료(質料)가 있을 필요가 없다. 있는 것은 그저 하나님의 입과
말씀뿐이다. 그러나 이쪽은 물·불·공기·흙을 차례대로 준비한다. 이것
들은 우주가 가진 기본원소다. 동물이건 식물이건 광물이건 이 기본원소
가 아닌 다른 원소로 생기는 것은 없다. 그것들을 준비해놓고야 비로소 숨
을 불어넣고 열을 내뿜고 해서 생명의 개벽을 시작하는 것이다.

그리고 나서 동서남북의 사방에다 지(地) 수(水) 화(火) 풍(風)의 정령
들을 질서대로 세우고 '천하대장군'이니 '지하여장군'이니 하여 자연의
순리에 따르게 하는 것도, 반목과 불화로 시작하는 서양인들파는 가락이
다르다. 창조를 들고 나오는 서양 신들은 속 얕은 계집처럼 질투가 끝이
없다. 그러니 부자지간에도 부부 사이도 형제끼리도 늘 불화와 반목이 그
치지 않는 것이다.

5~6백 년을 두고 끊임없이 교정되고 고쳐졌다는 기독교의 성서라는 것만 해도, 카인이라는 형과 아벨이라는 동생이 반목해서 형이 동생을 죽이는 결과에 이른다. 바로 신한테 바친 제물이 단서가 되어서 사단이 생긴 것인데, 무슨 속셈인지 야훼는 아벨이 드리는 양고기는 받지만 카인이 바치는 밀 이삭은 퇴짜를 놓는다. 결국 인간이 섬기는 신이 이들 형제 사이를 갈라놓은 셈이다. 고쳐지고 다듬었는데도 이 모양이라면 고쳐지지 않은 원형은 어떠했을까?

오늘에도 기독교가 가는 곳에는 화합이나 우애가 아닌 사막의 숨결로 자란 기독교 특유의 독선이 함부로 사람들을 휘젓는다. 내 앞에 다른 신을 두지 말라고 한 십자가의 율법을 내세워서 그 국토 고유의 민속과 개성 있는 전통들을 사정없이 두들긴다. 탈민족 탈전통을 강요하고 오직 사막의 신 야훼만을 주장하는 그 짓거리를 복음이라고 선전하면서 온갖 용감한 짓은 도맡는다.

복음의 신 야훼는 내놓고 '나는 질투하는 신이니 나를 성나게 하는 자는 그 죄를 자손의 3~4대까지 묻겠지만 나를 섬기는 자는 복을 천 대에 이르도록 누릴 것이라'고 한다. 이것을 읽으면서도 메마른 사막에서 올라온 숨 가쁜 율법의 한계를 과연 느끼지 않을 수가 있을까? 생존을 위해서는 약탈과 도둑질이 당연시 될 수밖에 없고 부부 사이나 형제 사이라도 거짓말과 속임수가 불가피한 풍토에서, 무위이치니 홍익인간이니 하는 건 애당초 모를 수밖에 없는 게 당연할 노릇이다.

창세기에 나오는 한 가정의 실상을 잠깐 들여다보자. 흔히 복음을 말할 때 사표가 되는 것은 아브라함과 이삭과 야곱이다. 야훼는 툭하면 "나는 아브라함의 하나님 이삭의 하나님 야곱의 하나님이니⋯⋯" 하고 내세우면서 바로 그런 이들의 믿음을 본받아서 자기를 섬기라고 무조건적인 충성심을 요구한다. 그런 사람들이니 한 가족끼리도 꽤나 우애하고 화목했을 것 같지만 사실은 그렇지가 못하다.

먼저 아브라함은 앞에서도 언급했지만 백 살에 낳은 이삭을 야훼의 번제물로 바치기 위해 칼을 뽑은 적이 있다. 야훼의 시험에 합격한 그는 지금 중동을 시끄럽게 하는 유대교와 이슬람교, 그리고 기독교에서 다 함께 떠받드는 '믿음의 아버지'가 되어 어디서나 회자되는 이름이다. 문제는 이삭이다. 이삭에게는 에서와 야곱이라는 쌍둥이 아들이 있었는데 그들은 뱃속에서부터 쿵쾅거리며 불화를 일삼았다. 속을 알 수 없는 이삭이 야훼한테 가서 물으니 묘한 대답이 나왔다.

"두 개의 국민이 네 태중에 있구나. 두 개의 민족이 네 복중에서 나누이리라. 이 족속이 저 족속보다 강하겠고 큰 자는 어린 자를 섬기리라." 따지고 보면 그들 신은 우애와 화합이 아닌 불화와 반목을 형제의 운명으로 정해주고 있다. 신이 그렇게 운명을 정했으니 피조물인 인간은 지어진 운명대로 사는 수밖에는 도리가 없을 것이다. 태어날 때 몸이 붉고 털이 많은 큰아들은 그래서 에서라는 이름을 붙였고, 형의 발꿈치를 잡고 나온 작은아들은 이름이 야곱이었다. 야곱은 조용하고 여성적이어서 어머니 리브가의 귀여움을 받았고, 큰아들은 거친 사냥을 좋아해서 고기를 즐기는 아비 이삭이 사랑했다.

하루는 에서가 사냥에서 돌아왔을 때 야곱이 팥죽을 쑤고 있었다. 허기진 에서가 팥죽을 좀 달라고 하자 야곱은 장자의 명분을 자기한테 양보하면 죽을 주겠다는 대답이었다. 야훼의 각본이 그렇고 운명이 그렇다면 어쩔 수 없는 일이기는 하지만, 형제끼리 죽 한 그릇이 무엇이라고 꼭 이런 거래를 해야만 했을까? 우습지만 에서는 죽 그릇을 받는다. 얼마 후 임종을 앞 둔 이삭이 에서에게 마지막으로 축복을 해주겠는데 사냥한 고기가 먹고 싶다고 한다. 말하자면 부자간에도 공짜는 없는 것이다.

그러나 두 부자의 이야기를 엿들은 리브가가 트릭을 쓴다. 집에 있는 염소 새끼를 잡아다가 요리를 하는 한편 염소가죽으로는 야곱의 손과 목에 위장을 시킨다. 그런 후에 야곱은 요리그릇을 들고 눈이 어두운 아비 이삭에게로 가서 제 형이 받을 축복을 가로채버린다. 들로 나가 힘들게 사냥을 한 이삭이 지쳐서 돌아왔을 때는 이미 모든 상황이 끝나 있었다.

이 우주의 생성을 두고 천지창조라고 말하는 서양과 개벽이라는 표현을 쓰는 동양인의 관념에는 이렇듯 현격한 차이가 있다. 우애와 화합으로 한 덩어리가 져야 할 가정도 창조를 말하는 저들은 이렇게 개개인이 제 이익을 먼저 생각하면서 오리가리로 찢어지는 파국으로 치닫는다. 여기서 잠시 넘어다 본 이삭의 가정만 그런 것이 아니다. 성서를 관통하는 전체적인 분위기 역시 이런 대립과 불화로 점철되어 있다.

이런 갈등과 대립은 불화의 모순 속에서 필연적으로 인간의 마음속에 깃든 이성과 양심에 주목하게 마련이다. 그러다가 그것에서 공감대가 형성된 다음에는 자유를 부르짖고 평등을 외친다. 여기 동방의 붉달나라가 사람이 되기를 원하는 곰 족과 호랑이 족에게 쑥과 마늘을 주면서 어쩌고 할 적에 저들은 벌써 인간의 양심을 찾으면서 서로의 평등이나 박애를 주장한 것이 다 까닭이 있는 것이다.

서양의 민주주의가 일찍 아구를 트고 나온 것도 그 바닥을 살펴보면 이런 연유에서 출발했다는 것을 쉽게 알 수 있다. 동양에서처럼 우주개벽마저도 미리 충분한 조건을 준비해놓고 밀물과 썰물이 갈마들듯이 자연의 질서에서 온다고 생각하는 사람들은 언제라도 새벽여명 같은 어둑한 부분을 갖게 마련이다. 허나 바로 그 불분명한 어둠에서 모든 것이 정리되고 조화되는 여유도 생겨나는 법이다.

대립과 불화를 바탕으로 출발한다는 점에서는 그리스 신화도 예외가 아니다. 대지의 신 가이아는 천공의 신 우라노스를 낳아 부부가 되더니 티탄 열 둘을 낳는다. 거기서 퀴클롭스 3형제를 낳았고, 이어 백수거인(百手巨人)이라 부르는 괴물 셋을 낳았다. 꼴을 보고 있던 우라노스는 제 자식이자 형제이기도 한 이 괴물들이 무슨 짓거리를 할지 몰라 가이아의 음문을 열고는 캄캄한 지옥에다 모조리 가두어버렸다. 말하자면 태어난 탯집에다가 다시 묻어버린 것인데 거기서부터 불화가 시작된다. 가이아는 가만히 있었을까? 제 몸 속에 있는 쇠를 캐내어서는 커다란 낫 한 자루를 만들어서 시간의 신인 크로노스에게 주고 복수를 부탁했다.

크로노스는 하늘과 땅이 한 덩이로 엉기는 밤중을 기다려서 제 아비이자 형이기도 한 우라노스의 거대한 남근을 설컹 잘라버렸다. 남근을 잘린 우라노스가 마침내 새벽하늘로 변해지면서 이제 사내구실을 못하게 된 제 운명을 생각하고 크로노스에게 한 마디 예언을 남긴다. '아들이면서 동시에 아우이기도 한 크로노스여! 이제 대지의 여신인 가이아는 네가 차지하는구나. 너 또한 내가 당하듯 네 자식에게 죽임을 당하는 운명이 될 터인즉 부디 그대의 아들을 조심하도록 하여라.'

그러자 천공 신의 예언에 겁을 먹은 크로노스는 가이아가 낳는 제 아들이자 동생이기도 한 생명들을 태어나는 족족 삼켜버렸다. 그러나 크로노스 역시 제 운명에서 도망치지 못하고 끝내는 제우스에게 죽임을 당한다. 그리스 신화에서 제우스는 벼락을 들고 앉아서 올림포스를 장악하는 최고의 신이 된다는 이야기는 이제 더 이상 할 필요가 없을 것이다. 또 그것이 척박한 풍토에서 자라난 신화나 문명의 한계점이라는 것도 새삼스럽게 말할 것이 못된다. 이제 자연과 하나 되는 우리 쪽의 가락이 어떻게 이어지는가를 좀 더 유념해서 보자.

삼신의 무위이치

생각컨대 저 삼신을 천일(天一)이라 하고, 지일(地一)이라 하고, 태일 (太一)이라 한다. 천일은 조화를 주관하고, 지일은 교화를 주관하고, 태일 은 치화(治化)를 주관하느니라. 또 오제는 흑제(黑帝) 적제(赤帝), 청제(青 帝) 백제(白帝) 황제(黃帝)를 말하나니, 흑제는 생명을 거두는 일(肅殺)을 주관하고, 적제는 빛과 열을 주관하고, 청제는 낳고 기르고를 주관하고, 백 제는 성숙을 주관하고, 황제는 조화를 주관한다. 또 생각건대 오령(五靈)은 태수(太水) 태화(太火) 태목(太木) 태금(太金) 태토(太土)라 하나니, 태수는 크고 윤택하게 하며, 태화는 녹이고 익히며, 태목은 경영하고 얽으며, 태금 은 마름질하고 자르며, 태토는 씨 뿌림을 주관한다.

이에 삼신은 오제를 감독하고 명령하사 각각 넓히어서 나타나게 하고, 오령으로 하여금 계발하여 성취한 것들을 교화하여 육성케 하나니라. 해가 뜨면 낮이라 하고 달이 뜨면 밤이라 하여 별의 움직임을 측량하여 춥고 더 운 것과 연대를 기록케 하니라. "고기 잡는 데서는 배를 띄워 바다를 지키 고, 농사짓는 데서는 수레를 타고 뭍을 지키니라" 크도다. 삼신일체가 사물 (庶物)의 원리 됨이여! 사물 원리의 덕이여. 지혜 됨이여. 힘 됨이여! 높고 도 넓어서 세상에 가득하며, 깊고 묘하여 불가사의하게 운행함이여!

그래서 사물은 모두 수(數)를 가졌으나 수가 (아직) 그 사물에 다하지 못 하였고, 사물은 각기 원리(理)가 있지만 원리가 (아직) 사물에 다하지 못하 였으며, 사물은 모두 사물의 기능이 있으되 기능이 아직 사물에 다하지 못 하였다. (또) 사물은 모두 무궁함이 있으나 무궁함이 아직 사물에 다하지 못하였나니, 세상에 있으면 살았다 하고 하늘로 돌아가면 죽었다 한다. 죽 음은 생명의 근원이다. 그렇게 때문에 죽음이 있으면 반드시 삶이 있고, 삶이 있으면 반드시 이름이 있고, 이름이 있으면 반드시 말이 있고, 말이 있으면 반드시 행함이 있다.

이를 산 나무에 비유하면 뿌리가 있으면 반드시 싹이 있고, 싹이 있으면 반드시 꽃이 있고, 꽃이 있으면 반드시 열매가 있으며, 열매가 있으면 반드시 쓰임이 있나니라. 이를 또 태양의 움직임에 비유컨대, 어둠이 있으면 반드시 밝음이 있고, 밝음이 있으면 반드시 살핌이 있고, 살핌이 있으면 반드시 행함이 있고, 행함이 있으면 반드시 이룸이 있나니, 곧 대저 천하의 일체의 물건은 개벽을 좇음으로써 존재하고, 진화를 좇음으로써 존재하며, 순환을 좇음으로써 존재하나니라.

유원(惟元)의 기와 지묘(至妙)의 신은 저절로 하나를 잡아 셋을 포함하여 가득히 빛났으니, 있을 곳에 있고 감응하여 대응하느니라. 오되 시작된 곳이 없고 가되 끝나는 곳이 없으니, 하나에 통하여 만 가지를 이루지 못함이 없음이라.

여기에서 생각해 할 것은 '⋯⋯그래서 사물은 모두 수(數)를 가졌으나 수가 아직 사물에 다하지 못하였고⋯⋯(庶物各有數⋯⋯)' 하는 부분이다. 사물의 원리, 사물의 기능, 사물의 무궁함 등은 수(數)와 같은 방식의 논리로 되어 있으므로 풀어내는 것을 걱정하지 않아도 된다. 문제는 이 수를 어떻게 푸는가에 달려 있다. 여기 수는 천부경이나 주역에서 쓰는 여러 가지의 숫자를 지칭한 것일 수 있다. 천부경과 주역에 나오는 수는 여느 숫자들과 달라서 운명이나 운세를 나타내는 운수(運數)의 수다.

그러니까 '사물은 모두 수를 가졌으나 수가 사물에 다하지 못하였다'고 말하는 것은 '사물은 모두 운세를 가지고 태어나는 것이지만, 운세는 아직 충분히 남았는데 (운세를 가져갈) 사물이 미처 태어나지를 못했다'는 말로 바꿀 수가 있을 것이다. 그러므로 태어나는 것 치고 운세 곧 운명을 차례 받지 못하고 태어나는 것은 없다는 말이 된다. 그러나 여기서 수를 운세나 운명이라고 하는 것보다 '호흡'이나 '분수'로 바꾸어 주는 것이 보다 정밀하지 않을까?

그래야 '크도다. 삼신일체가 사물의 원리 됨이여! 사물 원리의 덕이여, 지혜여, 힘 됨이여! 높고도 넓어서 세상에 가득하며, 깊고 묘하여 불가사의하게 운행함이여!' 하는 탄식이 실수 없이 들어맞는다. 삼라만상과 두두물물의 사물이 모두 삼신일체의 기운을 받아 난 것들로 제 자리 제 위치에서 제 노릇을 한다는 말이다. 삼신(三神)은 조화를 주관하는 천일(天一), 교화를 주관하는 지일(地一), 그리고 치화(治化)를 주관하는 태일(太一)이라 말하고 있다.

어떤 물건 어떤 생명이건 그것들이 모두 제 가락을 지니고 있는 것이라서 아무리 많고 아무리 뒤섞여도 피차간의 부딪힘이나 충돌이 있을 것이 없다. 그냥 어엿하고 여여(如如)해서 넘치지도 모자라지도 않는다. 움츠리거나 침범하는 실수 따위도 붙여지지 않는다. 크거나 작거나 강하거나 약하거나 따질 것이 없이 제 분수대로 벌려 서서 제 가락으로 감기고 제 가락으로 풀리는 제 각각의 호흡이 있어서다. 사물의 원리와 사물의 기능 그리고 사물의 무궁함도 모두 이와 같이 제 가락으로 풀렸다가 또 감긴다. 이 호흡은 멈춤이 없다. 그러는 중에 끊임없이 변화를 모색한다. 잠시 잠깐도 멈추지 않고 사물은 변화하는 것이다. 변화하는 것들은 변화의 질서를 타고 출렁이지만 그러나 변화한다고 해서 질서조차 변하는 것은 아니다. 그러니까 변하여도 실은 변한 것이 아니라는 말이다.

대변경(大辯經)에서 말한다. 오직 천일(天一)의 신께서는 아득하게 위에 계시나니, 곧 삼대(三大)와 삼원(三元)과 삼일(三一)을 가지고, 이를 영부(靈符)로 하여 크게 내리시사 만만세의 만만백성에게 내리시니, 일체는 애오라지 삼신께서 만드신 바라. 심(心) 기(氣) 신(身)은 반드시 서로 의지해야 할 것이로되, 반드시 영원토록 서로 지키지 못하고, 영(靈) 지(智) 의(意)의 삼식(三識)은 곧 영(靈) 각(覺) 생(生)의 삼혼(三魂)이 되고, 또 그 소질에 따라 능히 형(形) 년(年) 혼(魂)을 넘치게 하느니라.

일찍이 경계에 따라서 느끼고 숨 쉬고 접촉함이 있으니, 참됨과 망녕됨은 서로 삼도(三途)를 끌어들여 갈라지고 말았도다. 때문에 이르기를 참 있음으로써 살고, 망(妄) 있음으로써 멸한다고 했느니라. 이에 사람과 사물의 생겨남은 다 같이 그 참된 근원을 하나로 했느니라. 성(性) 명(命) 정(精)을 삼관(三關)이라 하나니 관(關)을 수신(守神)의 요회(要會)라 하느니라. 성(性)은 명(命)을 떠나지 않고, 명(命)은 성(性)을 떠나지 않나니, 정(精)은 그 가운데에 있느니라.

여기서부터는 신시 시절의 수행에 대한 이야기다. 무위이치의 정치였다면 무위의 도덕에 닿으려는 수행자들이 틀림없이 많았을 것인즉 그들의 수행법이 어떠했는지 본격적으로 파 들어가는 대목이 여기부터라고 할 수 있다는 말이다. 일단 심(心) 기(氣) 신(身)으로 시작을 하고 나서 성(性) 명(命) 정(精)으로 옮기는 수법이다.

심(心) 기(氣)신(身)을 삼방(三房)이라 하고 방(房)을 성화(成化)의 근원이라 한다. 기는 심을 떠나지 않으며 심은 기를 떠나지 않나니 신은 그 가운데 있느니라. 감(感) 식(息) 촉(觸)을 삼문(三門)이라 한다. 문은 행도(行道)의 상법(常法)이다. 감은 식을 떠나지 않으며 식은 감을 떠나지 않되 촉은 그 가운데 있느니라.

성(性)을 진리의 원관(元關)이라 하고, 심(心)은 진신(眞神)의 현방(玄房)이라 하고, 감(感)을 진응(眞應)의 묘문(妙門)으로 한다. 이를 탐구하면 성(性)으로부터 진기(眞機)는 크게 발하나니, 신(神)을 바탕해서 심(心)을 구한다면 진신(眞身)은 크게 나타나 화응하여 서로 감응하고 진업(眞業)을 크게 이룰지니라.

경험(驗)에는 때(時)가 있고 만남에는 장소(竿)가 있으니, 사람은 빔(虛)과 엉김(粗) 사이에 있느니라. 사물(庶物)은 이에 있는바 동체(同體)란 것은 오직 일기(一氣)뿐이다. 대저 삼신에는 추궁하지 말아야 할 수(數)가 있고, 피하지 못하는 도리(理)가 있으며, 거스르지 못하는 힘(力)이 있나니, 혹은 선(善)과 불선(不善)으로 영겁에 보답하고, 혹은 선과 불선이 있어서 자연에 보답하며, 혹은 선과 불선을 둠으로 자손에 보답하느니라.

경에서 말한다. 사람과 물건은 같은 삼진(三眞)을 받았으나 다만 무리는 땅에 혼미하여 삼망(三妄)이 뿌리를 내리고, 진(眞)과 망(妄)이 어울려 삼도(三途)를 이룬다. 아비의 도(父道)는 하늘을 법 받아서 하나에 참되어 거짓이 없고, 스승의 도(師道)는 땅을 법 받아서 하나에 부지런함으로 게으르지 않으며, 다스림의 도(治道)는 사람을 법 받아서 하나에 협심하여 어긋남이 없도다.

한인씨는 한 번 변하여 7이 되며 두 번 변하여 6이 되는 운을 받아 애오라지 아비의 도를 사용하여 천하에 쏟으매 천하가 이에 교화되었다. 신시씨는 천일(天一)의 생수(生水)와 지이(地二)의 생화(生火)의 자리를 계승하여 애오라지 스승의 도를 사용하여 천하를 통솔(率)하매 천하가 이에서 배웠다. 왕검씨는 지름이 둘레를 한 바퀴 도는 길이인 3.14의 기틀(機)을 받아 애오라지 왕의 도를 써서 천하를 다스리니 천하가 이에 따랐다.

고려 팔관기(八觀記)에 삼신설이 있나니 가로대 상계의 주신은 그 호를 천일(天一)이라 하나니, 조화를 주관하시며 절대 지고의 권능을 갖고 계신다. 형체 없음으로써 형체를 삼으며 만물로 하여금 각각 그 성(性)을 통하게 하시느니 이를 청진대(淸眞大)의 체(體)라고 한다. 하계의 주신은 그 호를 지일(地一)이라 한다. 교화를 주관하며 지선유일(至善唯一)의 법력이 있어 하는 바 없이 만들고 만물로 하여금 각각 그 분수(命)를 알게 하니 이를 선성대(善聖大)의 체(體)라 한다. 중계(中界)의 주신은 그 호를 태일(太一)이라 한다. 치화(治化)를 주관하며 최고무상의 덕량(德量)을 가지고 말없으면서 교화하고 만물로 하여금 각각 그 정(精)을 보전하게 하니 이를 미능대(美能大)의 체(體)라 한다.

삼신오제본기(三神五帝本紀)에서 베껴낸 것인데 여러 문장을 한 자리에 모은 것이라 다소 지루하게 느껴질 것이다. 그러나 이렇게 하는 것이 여러모로 좋을 듯싶어 망설이지 않았다. 심(心) 기(氣) 신(身)으로 시작해서 성(性) 명(命) 정(精)에 닿는 수법을 썼다는 말을 기억하기 바란다. 신시의 수행이며 정치적인 좌표가 몽땅 이 안에 담겨지고 있어서.

풀어 가는 방법도 중간에서부터 시작할 참이다. 나로서는 그 방식이 옳게 여겨져서다. 중간에 부도(父道)와 사도(師道) 그리고 치도(治道)에 대해서 말한 것이 있다. 이것은 신시의 정치이념이 어떻다는 것을 거의 환하게 드러내는 대목이다. 후세에 공구(孔丘)가 공선생(孔子)이라는 대접을 받으면서 군·사·부일체(君師父一體)라는 말을 해서 제법 모범을 세운 듯이 보이지만 그것 때문에 천하는 시끄러워졌을 뿐이다.

다스림의 군주를 앞에다 내세웠으니 억지 충성을 강요할 것은 뻔한 이치다. 왜 억지 충성인가? 여기서 임금을 나타내는 君이란 글자는 권위의 상징인 홀장(笏杖) 들고 호령을 날리는 모습을 그려낸 상형문자다. 군주라는 것은 본래 엄숙한 위엄과 서슬 푸른 명령으로 살림살이를 삼기 때문에 위엄과 명령은 잠시 잠깐도 놓을 수가 없다. 그렇다면 위엄과 명령뿐인 거기에 마주서는 걸맞는 것은 무엇인가. 역시 진실도 진심도 아닌 형식적인 진실이나 형식적인 충성심이 있을 것이다.

충성심은 마음에서 우러나는 간절한 것이라야지 형식을 앞세워서 형식적인 것을 내놓으면 조정도 사회도 형식이 될 수밖에 없다. 〈중용(中庸)〉에서 충(忠)을 진기지심(盡己之心)이라 했다. 몸과 마음을 다 바치는 성실이라고는 했지만 위작적인 것 앞에서는 누구라도 진심(盡心)일 수가 없는 법이다. 공자의 군사부일체는 출발부터 형식을 요구하는 질서였으므로 춘추(春秋)가 끝내 전국(戰國)으로 이어지는 사회적 혼란을 초래했던 것이다.

그러나 여기 신시의 수행자나 정치가들은 부·사·군(父師君) 순으로 차례를 말한다. 임금과 아비의 위치가 바뀌어 있는 것이다. 간단한 문제로 흘릴 수 있지만 그렇지가 않다. 본디 부자 사이에는 형식적인 절차가 없다. 하늘의 떳떳함을 받아서 천성으로 친한 그 사이에 무슨 군더더기 따위가 필요할 것인가. 따라서 부자는 어떤 경우에든 하나로 생각할 수 있는 관계의 한 몸이다. 한 몸이므로 헤어질 수가 없고 떨어질 수도 없다.

임금은 의(義)로 맺어진 관계이기 때문에 받아들여지지 않으면 떠나는 것이 원칙이고, 친구는 믿음으로 사귀는 관계여서 신념이 다르면 헤어지기 마련이다. 그러나 아비는 그럴 수 없다. 그런 인간적 신념이나 의리를 훨씬 넘어서는 하늘의 호흡으로 맺어진 초월적인 관계이기 때문에 헤어져서도 떨어져서도 안 된다. 아니 어떤 경우에도 그런 말이 붙여질 수 없지만 그런 상상조차도 용납이 안 된다. 이런 부자간의 도덕(父道)을 바탕에 놓은 것이 신시의 율법이다. 그것은 하늘을 초석으로 삼은 것이나 같아서 힘쓰지 않고도 무위이치를 이룰만한 것이다.

이 부도(父道)를 수행의 덕목에서 헤아린다면 성(性) 명(命) 정(精) 중에서 성에 몫을 놓을 수가 있다. 거듭 말하면 '하늘을 법 받아서 하나에 참되어 거짓이 없다(法天眞一无僞)'는 이 부도는 성에다 짝을 맞춘다는 뜻이다. 그래야 만물로 하여금 각기 제 바탈(性)에 통하게 할 수 있기 때문이다. 이것은 말 그대로 청진대(淸眞大)의 체(體)가 된다. 청진대는 오직 맑음으로 된 참(眞)의 큼(德)을 일러서 하는 말이다. 여기서 체(體)는 조화를 글어 쥐는 태일(太一)을 가리킨다.

그런데 하나에 참 된다는 그 '하나'는 또 무엇을 말하는가. 그것이 무엇인데 스승의 도와 군주의 도에서도 거듭 힘주어서 강조가 되고 있는가. 그것은 계절을 이끌고 밀물 썰물을 만드는 보이지 않는 손이다. 그러니까 우주의 호흡이고 자연의 숨결이다. 부도지라면 가차 없이 율려(律呂)라고 말했을 것이다.

명(命)은 사도(師道)에다 짝 지울 수 있다. '땅을 법 받아서 하나에 부지런하여 게으름이 없다(法地勤一无怠)'는 내용은 만물로 하여금 각각 그 할 바의 명분을 알게 한다(使萬物各知其命)는 선성대(善聖大)의 체(體)가 될 수 있어서다. 선성대는 오직 선(善)이어서 성(聖)일 수밖에 없는 큼(德)의 핵이라는 의미이다. 동시에 교화을 맡고 있는 지일(地一)의 속성을 드러낸 대목이기도 하다.

끄트머리의 정(精)은 군도(君道)의 차지가 된다. 사람을 법 받음으로 하나에 협심하여 (추호도) 어김이 없다(法人協一无違)는 임검의 도리는 그래서 만물로 하여금 제 바탈의 그 정밀함을 잃지 않게 하는 수단이 된다(使萬物各保其精)고 했다. 그것은 미능대(美能大)의 체(體)다. 아름다움으로만 된 혹은 아름답기 때문에 능할 수 있는 본체인 것이다. 이것은 치화(治化)를 맡은 태일(太一)의 도이다.

대변경은 이 말을 다시 정리한다. 성·명·정의 삼관(三關)은 영(靈) 지(智) 의(意)의 삼식(三識)과, 영(靈) 각(覺) 생(生)의 삼혼(三魂)이 있고, 제목을 달지 못한 형(形) 년(年) 혼(魂)이 또 있다고 했다. 그러나 내 알기에 식이니 혼이니 하는 게 밑둥에서 뿌리로 그 뿌리에서 더 작은 뿌리로 세밀해지고 있다는 의미 말고는 취할 것이 없어 보인다. 수행에는 이론적으로 따지고 세밀하게 논리를 세우는 것이 반드시 좋은 것이 아닐 수도 있다. 그래서 이 부분은 이 정도에서 접는다.

그러나 거목을 버티는 큰 뿌리라면 돌아보지 않을 수가 없다. 심(心) 기(氣) 신(身)의 삼방(三房)이 그렇다. 그리고 삼방은 다시 감(感) 식(息) 촉(觸)의 삼문(三門)으로 말해진다. 그러니까 삼관에서 삼방으로 또 삼문으로 한 단계 씩 낮게 내려온 것이다. 그리고 경 자체에서 주를 놓기를 성(性)을 진리의 원관(元關)이라 하고, 심(心)을 진신(眞神)의 현방(玄房)이라 하고, 감(感)을 묘문(妙門)의 진응(眞應)이라 한다고 했다. 그리고 이어서 "이치를 파보면 성(性)으로부터 진기(眞機)는 번듯하게 일어나느니, 신(神)을 바탕해서 심(心)을 구한다면 (틀림없이) 진신(眞身)은 크게 나타나 화응하고 서로 감응하여 진업(眞業)을 크게 이룰지니라(究理自性 眞機大發 存神求心 眞身大現 化應相感 眞業大成)"했다.

그러나 경이 설명한 성(性) 심(心) 감(感)은 표현이 난삽해서 무슨 뜻인지 모르게 해놓았다. 부도지에서 말한 율려 식으로 표현하자면 성·심·감은 이제 이런 뜻이 된다.

— 性에서 숨결이 일어나면 묘하게도 응어리지는 형체가 생겨난다. 그것은 차츰 여러 가지 모양으로 나타나는데 그것들이 서로 접촉해서 응답하

는 동안 마침내 완성된 세계가 된다. —

그래서 '경험을 쌓자면 시간이 필요하고 서로 만나는 데는 장소가 필요한 법인데 사람과 만물은 어떤 인연을 따라서 생하고 멸하는 것일 뿐 변할 수 없는 것은 일기(一氣)'라고 말하는 것이다. 그래놓고 나서 엄중하게 경고한다. '대저 삼신에는 추궁하지 말아야 할 수(數)가 있고, 피하지 못하는 도리(理)도 있으며, 거스르지 못하는 힘(力)이 있으니……' 삼가고 조심하라는 주문이다. '죄다 알려고 하지 말고, 몽땅 드러내려고도 말 것이며, 끝까지 이기려고도 말라.' 여리고 약한 인간의 힘과 지혜로 그리하면 반드시 감당 못하는 벽에 부딪힐 일과 만나기 때문이다.

이렇게 해서 신시의 성·명·정에 의한 수행덕목과 삼신을 바탕으로 읽어내는 무위이치의 정치가 무엇이라는 것은 대충 설명된 셈이다. 그러나 아직 겉을 말한 것이지 속을 말한 것은 아니다. 속을 들여다보는 것은 뒤에 기회가 올 것이다. 다만 여기서 확실히 다져두고 싶은 것은 '성(性)'과 '하나'에 관해서다. 신시의 문명을 이해하는 데는 이만한 것이 없기 때문이다.

지금 본 바와 같이 하늘을 법 받아 하나에 참된 것이 있고, 땅을 법 받아 하나에 부지런한 것도 있으며, 사람을 법 받아 하나에 협심하는 것도 있다. 이때의 '하나'는 부도지가 말하는 율려의 가락이지만 우리대로 편하게 말하면 거짓 없는 '양심'일 수 있다. 양심은 참으로 정밀하고 오로지 착할(善) 뿐이다.

일정한 틀이 없어서 때와 경우에 따라 얼마든지 달라질 수도 있지만 하늘과 땅을 올곧게 지탱하는 섯이어서 사람도 땅도 하늘도 모른다고 할 수가 없다. 하나 된 양심은 사람의 바탈(性)이지만 크게는 전체 생명계를 버티는 버팀목이요, 더 크게는 우주로 하여금 스스로 존재하게 하는 동력의 원천이다.

혼인씨는 천하에다 최초로 부도(父道)의 문명을 편 어른이다. 그런데 그 방법이 지극히 자연스러워서 1년 사계가 저절로 돌듯이 하였다는 것이다. 한 번 변하여 7이 되고 두 번 변하여 6이 되는 운세를 받았다는 말이 곧 그것을 증명함이다. 주역에서 7이라는 숫자는 소양(少陽)²⁶⁾ 수(數)여서 계절로 말하면 봄에 해당한다. 한 번 변하여 7이 된다는 것은 봄의 해당 숫자가 7이 되므로, 추운 겨울이 변해서 따뜻한 봄으로 이전되었음을 의미한다. 두 번 변하여 6이 되는 것도 같은 이치로, 가을이 겨울로 되어 추위가 한층 깊어진 것을 나타내고 있다. 그러니까 사계의 질서가 저절로 되어가듯이 혼인씨는 고질화된 모계사회의 관습을 어엿한 부계의 법속으로 전혀 무리가 없이 수월하게 바꾸었다는 말을 그렇게 한 것이다.

신시씨는 18세나 되는 흔웅천왕들 시절이다. 천일(天一)의 생수(生水)와 지이(地二)의 생화(生火)의 자리를 계승했다는 것도 주역의 숫자가 북쪽에 1이 놓이고 남쪽에 2가 놓이는데, 1은 水를 2는 火를 나타내는 수다. 그래서 '天一의 生水' '地二의 生火'라고 한 것이다.

동서남북을 말할 적에 해와 달이 뜨고 지는 동서가 먼저 꼽히기는 해도 실은 남북이 굴대(軸)가 되어서 태양을 공전하기 때문에 그렇게 보일 뿐이다. 그러므로 중심축에다가 하늘과 땅을 각각 배대하고 축대의 위쪽(天)이 되는 북쪽에 생명의 우선 조건이 되는 물을, 아래가 되는 남쪽에 불(火)을 배정하는 것은 지극히 옳은 배려다. 말할 것도 없이 이것은 스승의 좌표이지 않으면 안 된다. 신시씨가 이런 도리를 따라서 천하를 통솔했으니 천하

---

26) 주역에는 소음(少陰: 秋=8)과 노음(老陰: 冬=6), 그리고 소양(少陽: 春=7)과 노양(老陽: 夏=9)이 있어서 각각 제 계절과 수(數)를 갖는다. 홀수는 따뜻한 봄과 더운 여름에 해당하고, 짝수는 서늘한 가을과 추운 겨울을 상징한다. 겨울은 뒤집혀서 봄으로 전이되고 여름은 뒤집혀서 가을로 전이되는 것이 계절의 법칙이다.

가 저절로 끌려오고 저절로 교화되었을 건 불문가지다.

왕검씨의 도는 '지름이 둘레를 한 바퀴 도는 길이, 곧 3.14의 기틀(機)을 잡아 천하를 다스리는 정치의 도(治化)'이다. 서양에서는 겨우 2천 1백여 년 전에 아르키메데스가 원의 둘레가 지름의 3.14의 배수라는 것을 알아냈다 하거니와, 천체학에 밝아서 이미 정확한 태음력을 만들었던 우리는 신시 시절부터 이런 수학의 공식을 통용하고 있었던 것이다. 이것은 천하의 인민을 끌고 가는 태일(太一)의 군도(君道)가 어떠했음을 말한다. 오직 정밀하고 오직 하나 된(惟精惟一) 바탈(性)의 중도를 잡는 것은 47세 단군왕검들의 한결같은 정치의 도덕이다.

이제 우리는 흔국본기(桓國本紀)가 전하는 오훈(五訓)과 오사(五事)를 보면서 무위이치의 시원이 무엇이었다는 것을 최종으로 확인한 다음 이 단원에 대한 막을 내릴 것이다. 여기서 미리 분명하게 짚어내고 기억해야 할 것은 걸걸했던 동방문명[27]의 뿌리가 바로 오훈과 오사로 축약되고 있다는 점이다. 너무 단순하고 간단해서 이외의 다른 것을 원하는 이가 있을지도 모르지만 그것은 우리가 너무 복잡하고 산만한 것에 익숙해있는 탓이다. 그러나 계절이 변하는 데에 복잡한 절차가 없듯이 큰 정치나 큰 수행은 요란하지도 시끄럽지도 않고 언제나 일상에 있으면서 질박한 법이다.

흔국에 오훈(五訓)이 있으며 신시에는 오사(五事)가 있나니 이른바 오훈

---

[27]   동양이라고 하지 않고 동방이라고 한 것은 특별히 한문문화권을 지칭해서 하는 말이다. 흔히 동양이라고 하면 유럽이나 아메리카가 아닌 아시아 전체를 가리키는 말일 수가 있으므로 인도문명까지 동시적으로 포함된다. 여기서는 우리 문명의 정체성을 드러내자는 데에 목적이 있으므로 동방문명이라고 바로잡는 것이다. 한문문화권은 대개 서로 비슷한 동질성이 있어서다.

이란, 첫째 성실하게 믿음으로써 거짓이 없을 것, 둘째 공경하고 근면함으로써 게으르지 않고, 셋째 효도하고 순종하여 어김이 없고, 넷째 염치와 의리가 있어서 음란치 않으며, 다섯째 겸손하고 화목하여 다툼이 없는 것 등이다.

이른바 오사(五事)란 우가(牛加)는 농사를 주관하고, 마가(馬加)는 명분을 주관하고, 구가(狗加)는 형벌을 주관하고, 저가(猪加)는 병을 주관하고, 양가(羊加) (혹은 계가(鷄加)라 함)는 선악을 관장함을 말하는 것이다.

흔국의 주에서 말한다. 흔(桓)은 전일(全一)이며 광명이라, 전일을 삼신의 지혜와 능력이라 하고, 광명을 삼신의 참된 덕이라 하니, 곧 우주 만물에 앞섬을 말함이다.

이로써 본다면 오훈은 인간이 짐승하고 다른 인간의 원초적인 도리를 말한 것이고, 오사는 더불어 사는 사회가 가져야 되는 틀거리를 지적한 것이다. 다시 말해 오훈은 인간으로써 마땅히 가지는 윤리의 규범을, 그리고 오사는 여러 사람이 살다보면 자칫 범하기 쉬운 사회적인 율법과 제약임을 알 수 있다.

신시의 오사는 소 말 개 돼지 양이 관직에 붙은 것으로 보아서 당시에 농경과 목축이 병행했음을 시사하는 대목이다. 농사짓고 사는 사회가 차츰 복잡해지다 보니 선이 무엇인지 악이 무엇인지 분명히 할 필요를 느꼈을 것이고, 그래서 형벌이 생기고 포상이 생기고 각종 직업이 생기면서 소위 전문가라는 것도 생기고, 그러는 중에 전염병이라도 돌면 그것을 퇴치하는 전문 무당이 생기고 했을 것이다.

없던 것이 자꾸 생기고 늘어나고 한다. 또 늘어나고 생겨야 한다. 아니 그럴 수밖에 없는 법이다. 그것이 사회고 문명인 까닭이다. 이러다 보니 자

첫 헝클어지기 쉬운 것이 질서다. 이런 사회적 질서를 글어 쥔 것이 명분(主命)이다. 명분은 마가(馬加)가 맡고 있다. 당연하다. 말은 어느 짐승보다 크다는 뜻을 머금고 있기 때문이다. 지금도 우리는 '말대추' '말잠자리' '말고개' 따위로 '말'을 크다는 접두사로 쓴다.

언제라도 헝클어지기 쉬운 것이 윤리적인 질서다. 그래서 질서를 지키는 것은 무엇보다 우선하고 앞서는 일이다. 이런 질서를 마가(馬加)가 맡고 있는 것은 너무 당연하다. 그런데 이 시절에 유독 마음을 써야 되는 사회적인 질서가 있다면 그것은 부계의 질서가 모계사회의 관습 때문에 자주 헝클어지는 것을 막는 일이다.

먼 훗날 〈예기(禮記)〉에 남녀칠세부동석(男女七世不同席)이니 불공식(不共食)이니 하는 구절이 있는 것으로도 그 심각성을 알 수가 있다. 심지어는 남매간은 말할 것도 없고 어머니와 아들 사이도 외지고 한갓진 데서는 같이 있지 말라고 경고하고 있을 정도다.

그러나 이런 문명의 질서는 신시에서 갑자기 생긴 것이 아니다. 흔국에 이미 오훈이라는 윤리규범이 번듯하게 놓여 있다. 그 네 번째 조목이 어떻게 되어 있는가. 염치와 의리를 말하면서 음란치 말라고 했다. 흔국의 흔인 7세들께서는 부도(父道) 곧 아비와 아들의 관계가 어떻다는 것을 알고 있었으므로 부끄러울 줄 아는 염치와 옳고 그른 것을 구분하는 도리를 내세워서 음란치 말라고 한 것이다.

그래놓고 말한다. 흔(桓)은 전일(全一)이며 광명이다. 곧 우주는 한 기운(一氣)으로 되어 있듯 삼신의 지혜와 능력으로 된 부도(父道) 역시 그런 것이다. 그것은 삼신의 참된 덕이어서 우주 만물에 앞서고 있다고 가르친다.

04 공구(孔丘)가 표절한 무위이치

동이 사람, 공자

나는 이 대목에서 유교가 항구적인 무위정치의 표본으로 내걸어온 요순의 정치를 잠시 살펴 보려한다. 그것이 더욱이 공자의 저술인 〈상서(尙書)〉[28]에 나오는 것이라면 독자들도 한 번 보고 싶다는 충동이 일어날 것이다. 왜냐하면 공자가 이족의 문화를 말살하자는 생각으로 지은 것이 바로 〈서전〉이었다고 앞에서 내가 주장했기 때문이다.

공자의 〈서전〉을 말하기 전에 먼저 공구(孔丘)라는 사람에 대해서 말해 보자. 그는 이미 개인을 넘어서 역사의 한 축이 되어버렸고 지금도 죽지 않고 살아서 여러 학문에 관여하고 명령을 하고 지침을 제시하는 인물이라 먼저 그 개인을 알아본다는 것도 무의미한 것만은 아닐 터이다.

공자는 주(周)나라가 혁명으로 뒤엎은 은(殷)나라의 후손이다. 주는 은

---

[28]   공자가 처음 붙인 이름은 '상서'가 옳다. 그러던 것이 후세에 공자의 유교가 세상을 지배하게 되자 상서보다 서경으로 부르게 된 것이다. 서전(書傳)도 같은 말이다. 사실 지금 책의 표지에는 書傳으로 되어 있다. 어디에서나 넘나들면서 필요한대로 붙이는 이름이므로 특별히 괴이쩍게 여길 것은 없다.

을 뒤엎고 나서 은의 자손 미자(微子)에게 조상의 제사를 받들 터로 송(宋)나라를 봉토로 준다. 그게 주나라 선비들이 모든 어리석은 것은 몽땅 송인(宋人)들 짓으로 몰아대는 '어리석음의 표본' 송나라인 것이다. 송양지인(宋襄之仁)[29] 알묘조장(揠苗助長)[30] 수주대토(守株待兎)[31] 병벽광서(洴澼絖絮)[32] 따위의 고사성어들이 줄줄이 생겨난 연유다.

생각하고 말 것도 없는 일이다. 자기들이 짓밟아서 망쳐놓고도 안심이

---

[29]   송나라 양공 때 초와 전쟁을 해야 했다. 마침 강물을 사이에 두고 있어서 초나라 병사들이 배를 타고 어지럽게 건너고 있었다. 송의 군사(軍師)가 적군이 어지러울 때 치는 것이 유리하다고 공격하자고 했으나, 양공은 '비록 적이지만 약점을 이용하는 것은 군자의 도리가 아니다' 하여, 초군이 강을 다 건너서 진세를 갖춘 다음에 전쟁을 해서 여지없이 패하고 말았다는 이야기.

[30]   송나라 사람이 들에 나가서 전답을 둘러보는데, 다른 논에는 이삭이 거의 팼는데 자기 논에는 이삭이 아직 패질 않아서 일삼아 이삭들을 억지로 뽑아 올려놓고 돌아왔는데 아들이 나가 보니 벼가 다 말라죽고 말았다는 이야기가 〈맹자〉 이루장(離婁章)에 있다.

[31]   말뚝을 지키면서 토끼를 기다린다는 고사. 어떤 사람이 산중에 있는 밭에 갔다가 토끼 한 마리가 급하게 내려오다가 서 있는 말뚝을 피하지 못하고 머리를 찧고 죽은 것을 보고, 토끼를 잡을 요량으로 말뚝을 한 짐 져다가 밭에다 가득 박아놓고 토끼를 기다리더라 했다. 역시 송나라 사람이다.

[32]   송나라에 손 트는데 바르는 약을 만들 줄 아는 사람이 있었다. 그는 그 약 덕분에 겨울에도 남의 솜옷을 빨아주고 거기서 생기는 돈으로 가족의 생계를 유지했다. 어떤 사람이 그 소문을 듣고 찾아가서 그 약방문을 사는 데 백금을 내겠다는 제안을 했다. 그는 가족들을 모아놓고 '우리가 대대로 빨래질로 일을 삼아왔지만 겨우 몇 푼 벌이에 지나지 않았는데 이제 이 약방문에 백금을 내겠다는 사람이 있으니 우리는 부자가 되어서 빨래질을 않고도 살게 되었다' 했다. 그러자 그 약방문을 산 사람은 오나라 임금을 찾아가 써주기를 청했고, 마침 월나라와 전쟁을 하고 있던 오나라에서는 그를 장수로 삼아 그 해 겨울에 수전(水戰)을 벌여서 크게 이기자, 땅을 떼어주고 제후로 삼았다는 것이다. 같은 약방문인데도 이렇듯이 크게 써서 제후가 된 사람이 있는가 하면 근근이 입에 풀칠이나 하는 사람도 있다. 크게 쓸 줄을 모르는 송나라 멍청이를 빈정댄 것이다. 원문은 세세이병벽광위사(世世以洴澼絖爲事)로 되어 있다.

안 되어서 그런 음해를 다시 입혔다고 보면 된다. 다시 말해 자기네가 망해 먹은 왕조는 늘 나쁜 쪽으로 몰아대야 망하게 한 자기들의 행위가 당위가 생기는 탓에, 망쳐놓은 역사를 나쁜 쪽으로 몰아갈 수밖에는 없지만, 사소한 자리에서도 망친 나라 백성들은 어리석었다고 끊임없이 비아냥대는 것이다. 그게 사람들 짓거리요 역사의 상정(想定)이다. 그래서 앞 왕조 역사는 뒤 사람의 손에서 곡필로 비틀리게 되고 자기들의 역사만 찬란하도록 틀을 짜는 것이다.

이런 상식도 못 되는 구차한 이야기를 왜 또 하는가? 공자의 춘추필법을 입에 담을 자격이 없는 자들이 역사학자를 자처하는 현실이 너무 억울하고 분통이 터져서 외치는 소리다. 공자의 춘추대의가 무엇인가? 자국의 국민에게 사기를 돋우고 자국의 국토에 영양을 공급하는 일이다.

앞서 말한 송나라 사람들 이야기는 사실을 사실대로 말하는 옛 사람들의 성정으로 볼 때 꾸며진 이야기는 아니라고 본다. 그러나 그런 우화는 반드시 송나라가 아니어도 얼마든지 있을 수가 있다. 그런데 하필 송나라 사람 이야기로 비유를 들고 우스개짓을 하는 사이에 다른 나라의 이야기는 묻히고 유독 송나라만 남게 되는 그 저의를 한번 생각해 보라. 그런 버릇이 사회의 기류가 되고 풍속이 되어서 만연하게 될 때 어떻게 되는 것을. 더욱이 그런 것이 맹자나 장자 같은 사람들 글장에 올라서 만대에 회자된다면 그 결과가 어떻게 되겠는가.

모든 역사는 그 국가와 국민의 정기를 관통하는 경락이요, 그래서 그들 민족의 산 혼이다. 국가의 진정한 힘은 국민이 배운 역사에서 나온다는 말이다. 과거 우리 국토를 능멸하고 우리 민족을 짓밟았던 일본에게 역사를 배워서 그 내용이란 것이 형편없이 무기력하고 처음부터 보잘것없는 것뿐이라 하여도 일본이 하는 짓거리를 뚫어보았다면 그들 스스로 바로 된 우리 역사를 찾았어야 옳다. 그것이 최소한의 학문하는 자세요, 최저값의 학자일 것이다.

우리 꼴을 한 번 돌아보라. 국토의 허리에는 철조망이 쳐져 있고 양쪽의 괴뢰정권은 자본주의와 공산주의의 주술에 걸려서 괴뢰시절의 버릇대로 서로를 못 믿어서 으르렁거리고 있다. 배고픈 북한에다 남는 쌀을 주려고 해도 이유도 없이 퍼주기냐고 도끼눈을 뜬다. 한 탯집을 긁고 나온 것이 동포라는 것을 몰라서가 아니다. 그렇게 국민을 부추기고 판을 짜는 세력이 있는 것이다. 그 진원지가 어디냐고? 한 마디로 친일청산이 안 된 국토에서 친일파가 국토를 장악했기 때문이다. 민족의 정체성을 바로 세우는 역사교육을 해왔다면 판이 이렇게 틀어졌을 이치가 없다.

지금도 우리 사회는 시커먼 굴뚝에서 끊임없이 나오는 매연으로 숨을 쉬는 중이다. 공기만 오염이 된 것이 아니라 일상에 마시는 물도 오염 투성이다. 그런 환경이니 어느 음식인들 건강에 좋은 것이 있을 리가 없다. 먹는 대로 영양이야 되겠지만 건강은 점점 어렵게 고착이 되는 중이다. 나라꼴이 이런데도 그들은 반성할 줄을 모른다. 아니 그들은 애초부터 국민과는 상관이 없는 세력이다.

공자는 노(魯)나라의 추(鄒)땅에서 태어났다. 지금의 산동성이다. 공자묘가 있는 곡부에서 남으로 한 시간 남짓 버스를 타면 닿는 추현(鄒縣)이 그 땅이다. 서주 초기만 해도 그곳은 주루국(邾婁國)[33]이었다. 송나라의

---

33)   주나라가 집권 초기에 이 주루국에 전 왕조인 은나라 태자 무경(武庚)을 유배시키고
        관숙(管叔)과 채숙(蔡叔)으로 하여금 감시하게 한 일이 있다. 그러나 이들은 신하로써
        임검을 친 주나라의 혁명이 옳지 않다 하여 무경을 업고 반란을 도모한다. 무경을 감시
        하게 한 것은 주공– 이름은 旦 – 이었는데, 손아래 아우들로부터 반역을 당하게 되자

자손인 공구가 어째서 노나라 사람으로 태어났을까? 사마천의 〈사기〉는 공자의 혈통에 대해서 이렇게 쓰고 있다.

공구는 은나라 탕(湯)임검의 자손이다. 탕의 자손에 미자(微子)가 있고, 미자의 후손에 송양공(宋襄公)이 있었는데 그가 불보하(弗父遐)를 낳았다. 불보하의 4대 손인 공보가(孔父可)는 공구의 6대 조부인데, 이 분이 송에서 화독이라는 재상에게 죽자 그 아들이 노로 달아나서 공씨가 드디어 노나라 사람이 되었다.

또 〈예기(禮記)〉에는 공자의 출생에 대해서 다음과 같이 썼다.

공자가 나이 어려서 아비를 여의었으므로 그 무덤을 알지 못했다. 어머니가 죽자 오보의 거리에 나가서 빈(殯)하니 보는 사람들이 모두 장사지내는 걸로 여겼다. 추만보의 어미가 이상하게 여겨 그 까닭을 물으니 공자는 아버지 무덤을 모른다고 사실대로 말했다. 추만보의 어미는 공자의 어미와 이웃에 살았으므로 공자 아비의 무덤을 알았으므로 곧 알려주었다. 이에 마침내 공자가 아비의 무덤에 어미를 합장했다.

이 대목에다 후한의 큰 선비 정현(鄭玄)이 주를 놓기를,

몸소 관숙과 채숙을 정벌하러 나갔다. 그러자 관숙과 채숙도 산동성과 강소성, 그리고 절강성에 터를 잡고 있는 서이(徐夷), 회이(淮夷), 내이(萊夷)의 힘을 빌려 대항하였으므로 전쟁이 6년 동안이나 이어진 사실이 있다. 이족(夷族)은 활이 크고 강해서 천하의 주공으로서도 감히 함부로 못해서 고전을 면치 못했던 것이다.

추 땅에 숙량흘(叔梁紇)이 안씨의 딸 징재(徵在)와 야합하여 공자를 낳았다. 징재는 이를 부끄럽게 여겨서 아들에게 말해주지 않았다.

어느 문헌에선가는 공자의 어미는 일찍부터 말하기를,

천하의 장사가 아니면 시집가지 않겠다. 모름지기 천하를 휠만한 힘이 없는 사람은 나를 얻지 못할 것이다.

이로써 본다면 공자의 어머니 안징재는 요새 말로 여장부요 여걸이었다는 것이 짐작된다. 그런 이라면 능히 혼인 전에 사고를 칠만한 배포가 있었지 않을까? 그러나 일설에는 숙량흘과 징재 사이에 자식이 없었으므로 이를 안타깝게 여긴 부부가 작정을 하고 이구산(尼丘山)에 백일치성을 드리러 다녔다. 백일이 다 되어 가던 날 징재가 문득 숲길에서 기린[34]을 만나서 통정하고 공자를 낳았다. 훗날 공자가 〈춘추〉를 지을 적에 이구산에서 사냥꾼에게 기린이 죽었다는 말을 듣고 절필했다는 이야기는 유명하다.

그렇기 때문에 공자의 이름이 구(丘)가 되었다는 것이다. 丘라는 이름은 니구산에서 따왔다는 게 통설이다. 또 공자의 자를 중니(仲尼)라고 하는 것도 니구산 때문에 그렇다는 말이 있다. 그러나 그런 것이 문제 될 것은 없다. 어이가 없는 것은 공자가 제 혈통에 대해서 모르고 살았다는 점이다. 다시 말해 자기가 은나라의 자손이라는 것을 캄캄하게 몰랐다는 이

---

34) 살아있는 풀을 밟지 않을 정도로 생명을 중히 여김. 성인이 나서 천하가 태평하면 모습을 드러낸다 함. 모양은 사슴의 몸뚱이에 늑대의 이마, 소의 꼬리에 말의 굽을 가졌고 외짝 뿔이 있다 하는데 수컷을 麒라 하고 암컷을 麟으로 부름.

야기다. 은나라는 동이족이 세운 나라이므로 그도 동이족의 혈통인데 정작 공자 본인은 그것을 모르고 동이족의 역사를 호도하기 위해 〈상서〉를 지었던 것이다. 〈예기〉에 이런 것이 있다.

"자공아, 천하에 도가 없어진지 오래이므로 이제 나를 알 사람은 없다. 하나라 사람들은 죽은 사람의 빈소를 동쪽 섬돌에 하고, 주나라는 서쪽 섬돌에다 한다. 그런데 은나라 풍속은 두 기둥 사이에다 모신다. 어젯밤 나는 두 기둥 사이에 누워있는 꿈을 꾸었으니 나는 은나라 사람이다." 그리고 나서 이레만에 죽으니 공자의 세수가 일흔 셋이었다.

두 기둥 사이에 마련하는 빈소라면 대뜸 지석묘(支石墓)를 떠올릴 것이다. 동이족들은 예로부터 지석묘를 만들고 시신을 모셔왔으니까. 그러나 그런 이야기가 아니다. 자기가 태어난 추라는 땅, 그리고 가까운 조상들의 사당이 있는 노나라, 그런 현실적인 감정 때문에 노나라를 위하여 〈춘추〉를 짓고, 노나라가 귀속되어 있는 주나라를 위해서 동이족의 문화와 역사를 평가절하한 〈상서〉를 지은 그의 이레 동안 심정이 어떠했을까?

하늘을 우러러 숨을 곳을 찾고 땅에 구부려서 쥐구멍이라도 찾고 싶은 어지럽고 멀미나는 기분은 아니었을까? 진정으로 자기가 한 노릇은 중원을 위해서 한 노릇이고 조상의 자존을 위해서 한 짓이었을 것이다. 그래서 하늘을 우러러서 한 점 부끄럼이 없자고 한 노릇인데 이런 엄청난 실수를 하다니. 2천년을 건너 뛴 후세에 와서 비슷한 일을 당한 시인 하나가 평생 삿갓으로 얼굴을 가리고 떠돌다가 죽은 것도 그런 억장 무너지는 심정이었으리라.

서경의 요전(堯典)

공자라는 사람의 밑뿌리를 대강 더듬어 보았다. 이제는 그가 날조한 〈서경〉을 도마에 올릴 것이다. 서전이 서경으로 불린다는건 앞에서 말한 바 있다. 그러나 요순의 정치를 해부하고 아는 체 하는 것이 나의 목적은 아니다. 목적은 어디까지나 부도지에서 말한 한인천제와 한웅천왕들의 구체적인 무위이치를 드러내는 데 있고, 아울러 〈훈단고기〉에서 말하는 붉달나라―倍達國―의 여러 정황, 이를테면 그 할아버지들의 신앙이나 종교, 그리고 수행법이 어떠했는지를 밝혀내는 데 있다. 그것 말고도 정치에 수반되는 세금문제라든가 당시의 사회풍습, 교육, 예술 등의 문화를 함께 찾아보고 싶은 것이다. 우리의 붉달나라에 있었던 그런 문제를 요령 있게 제시하기 위해서는 저 서토의 지나인들이 무위이치를 어떻게 이해해 왔는지를 먼저 알아두는 것이 좋을 듯싶어서다. 그것이 공자의 〈서경〉에 있다는 말이다.

요(堯)는 오제 중에서 세 번째 임검인 제곡(帝嚳) 고신씨(高辛氏) 아들이다. 나는 여기서 공자가 〈서경〉의 머리를 하필 요순으로부터 시작한 이유를 말한다. 요순은 삼황오제 중에서도 맨 끝에 오는 임검들인데다가 부도(符都)의 법을 배반한 폭돌한 대목이 있었고, 폭돌했던 대목이 바로 그들 서토 문명의 기초가 될 수 있었기 때문이다.

그에 대한 자세한 이유가 부도지 제17장에서 요가 오행법을 만들었기 때문이라고 언급되어 있다. 오행법이 왜 나쁜지는 부도지 17장을 해부할 때 다시 드러나게 될 것이므로 그에 대한 중복은 피하려 한다. 여기서는 다만 〈서경〉에 있는 요순의 공적이 무엇을 말하고 있는지를 소개하는 정도에서 그칠 것이다.

대체로 황하의 범람을 막은 순(舜)에게 아들을 제겨 놓고 제위를 선양했다는 것과 역상(曆象)을 정리한 정도가 간략한 필치로 기술되고 있다. 먼저 역상을 어떻게 정리하는지를 보자.

이에 희씨(羲氏)와 화씨(和氏)에게 명하여, 광대한 하늘을 삼가 공경하여 받들며 일월성신(日月星辰)의 운행을 관찰하여 사람들에게 때를 알려주도록 했다.

따로 희중(羲仲)에게 명하여 우이(嵎夷)땅에 살게 하니 곧 양곡(暘谷)이란 곳이다. 해 뜨는 것을 공손하게 맞이하여 봄 농사를 고르게 다스리게 하였다. 낮과 밤의 길이가 같고 조성(鳥星)이 나타나는 것으로 봄철을 바로 세워서 백성은 들로 나가고 새와 짐승은 흘레질하여 새끼를 번성케 했다.

또 희숙(羲叔)에게 명하여 남쪽 교산(交山)에 살게 하니 곧 명도(明都)라는 곳이다. 여름 농사를 고르게 다스리게 하고 경건하게 해에게 제사 지내게 했다. 해가 긴 것과 화성(火星)이 나타나는 것으로 여름철을 바로 잡으면 백성은 옷을 벗고 일하고, 새와 짐승들은 털과 깃을 갈아 성글게 되었다.

또한 화중(和仲)에게 따로 명하여 서쪽 땅에 살게 하니 매곡(昧谷)이라는 곳이다. 해가 지는 것을 공손히 전송하듯 하여 추수를 고루 다스리게 했다. 밤과 낮의 길이가 같은 것과 허성(虛星)을 기준하여 가을철을 바로 잡으매 백성은 기뻐하고 새와 짐승은 깃과 털이 나기 시작했다.

또 화숙(和叔)에게 명하여 북쪽 땅에 살게 하니 유도(幽都)라는 곳이다. 겨울에 농사를 고루 살피게 하였다. 해가 짧은 것과 묘성(昴星)을 살펴서 겨울철을 바로 잡으니 백성은 집안으로 들어가고 새와 짐승은 깃이며 털이 많이 났다.

요임검이 말하였다. "아아 그대들 희씨와 화씨여. 1년은 366일이니 윤달이 있어 네 계절이 한 해를 이루고, 백관(百官)이 잘 다스려지고 여러 가지 공덕이 모두 빛나게 될 것이요."

동서남북으로 관원을 파견하여 뜨는 해를 손님 맞듯 정성을 다해 맞아들인다는 대목에서 그 시절 문명의 원초적 숨결이 느껴지기는 한다. 무위이치는 자연의 이치, 곧 저절로(自) 그러한(然) 하늘의 숨결에 맡겨서 온갖 생명이 제 할 바를 하게 하는 것이다. 하필 사람만 생명을 타고난 것이 아니요 더불어 사는 새 짐승 곤충 같은 것도 하늘의 기운을 받아서 사는 건 마찬가지다. 그래서 새나 짐승이 봄이 되면 교미해서 새끼치고 가을이면 가는 털-秋毫-이 나서 추운 겨울에 대비하는 것까지 말하는 것이다.

그것들이 다 해가 길고 짧음과 하늘의 별자리들 호흡에 맞물려서 생기는 일이다. 그래서 춘하추동의 별자리에 각별한 관심을 표명하고 있다. 이 시대가 자연의 호흡을 따라서 정치를 했다는 무위이치의 정치시절인 것은 맞다. 그러나 그런 천문에 관한 것이라면 부도지에서 보아온 대로 요임금 이전에도 깊고 넓고 큰 천체학이 이미 탄탄하게 정비되어 있었다. 오행법을 꾸짖는 유호씨의 장광설이 바로 부도의 천문학 아닌가.

앞으로 〈훈단고기〉에서 다시 구체적으로 밝혀지겠지만 요임금 때에 와서 처음으로 천체학이 나온 것은 아니다. 적어도 요임금보다 천년쯤 앞선 붉달나라 시절에 오늘 우리가 쓰고 있는 태음력이 이미 있었는데, 아는 바와 같이 천문에 대한 이해가 없고는 책력을 만들 수가 없다. 그러나 비록 부도의 법을 배반하고 독단적인 오행법을 주장하기는 했어도 시절의 법속을 따라 요임금도 무위이치를 한 것은 사실이다. 우리가 자칫 무위이치를 요임금에게서 시작되었다고 착각할 수 있는 것은 공자가 삼황오제들의 역사를 하필 요임금으로 시작을 삼았기 때문이다. 어쩌면 공자는 우리의 착각까지를 계산해놓고 요순을 〈서경〉의 머리로 삼았을 것이다.

　다음은 순임금에게 천하를 선위한 대목이다. 천하라고 했지만 사실 요나 순은 그 무렵 붉달나라의 한 모서리 땅을 봉토(封土) 받은 조그만 제후국의 군주요, 그런 작은 지방장관에 불과한 처지였다. 부도지에서 말하는 요는 마고대성을 일차로 빠져 나온 사람들의 후예다. 일찍이 붉달나라의 조시(朝市)와 해시(海市)에 왕래하고 서쪽 보(堡)의 칸에게서 도를 배우긴 하였으나 본시 수(數)에 부지런하지 못하였다고 한다. 그리고 9수5중(九數五中)의 이치를 잘 알지 못한 나머지 해괴한 오행법을 만들어서는 스스로 제왕을 자처하고 나섰다.

　삼황오제는 배달국의 임검들이긴 해도 모두 지방장관 위치를 벗어나지 못하는 터여서 중앙정부의 소위 천자들 하고는 애초부터 격이 다르다. 그런데 부도의 법을 배반하고 엇나가버린 말짜 중에서도 말짜인 패륜아를 공자는 무슨 천하나 선양한 듯이 날조한 것이다. 자국의 역사를 일으켜 세우기 위해 일생을 노심초사한 공자로서는 어쩌면 불가피한 대목이기는 했으리라.

　어쨌거나 그런 요도 자기 아들 단주(丹朱)에게 임금 자리를 주지 않고 생판 낯선 순에게 선양을 했다는 것은 기특한 일로 쳐줄만 하다. 그러나 조금만 생각해보면 그것도 삼황오제가 살았던 당시의 한 정치풍속이었을 것이다. 달리 말하면 임금이란 것은 어디까지나 백성을 위한 존재였으므로 하늘을 쳐다보고 하늘의 뜻을 물을 수밖에 없다. 그런 어수룩한 시절이었으니 제 자식이 불초한 줄 알면서도 그 임금 자리를 대물림할 만큼 고집을 부리는 요새 같은 시절이 아니었다는 이야기다.

　그것이 무위이치(無爲而治)시대의 한 풍속이요 어엿한 정치의 패턴이다. 억지로 평계를 만들고 무리수를 두어서라도 명분을 만들어내는 거덜

난 시대가 아니었으므로 제 아들이라 하여 반드시 위(位)를 계승시킨다는 따위의 억지가 없었던 것이다. 무슨 일에나 먼저 하늘의 뜻을 물었고 또 그렇게 하늘 숨에 기대어서 살았다.

정치도 하늘의 질서에 맞추기만 하면 저절로 되는 것이었고, 그런 정치라야 정치다운 정치로 여겼다는 이야기다. 그 까닭이 뭘까? 어째서 되어 가는 대로 보고만 있는데도 천하가 저절로 다스려졌을까? 그것은 그 시절이 제정일치 시대였기 때문이다. 제정일치는 제사를 지내는 제사장이 임금질까지 겸했다는 말인데, 그렇게 되어 있었으므로 천하는 안전할 수가 있었던 것이다.

삼황오제가 살았던 시대는 모두 제정이 일치하는 시절이다. 이 말은 그분들이 깊은 수행자였다는 뜻과 맞통한다. 그저 하늘을 쳐다보고 하늘 뜻을 살피면서 전전긍긍이나 하는 그런 소극적인 태도의 못난 수행자가 아니라 하늘과 땅을 자기와 더불어 한 몸으로 여긴 높은 수행자들이다. 마치 복희씨가 천신의 제사를 바르게 받들어 모시면서 그물을 엮어 새와 고기를 잡는 문명을 일으키고, 본능과 충동에 의해서 지속해온 캄캄한 모계사회의 풍속을 혼인예법을 가르쳐서 부계사회로 전환해 낸 것처럼 자기의 생각과 의지를 자연의 가락에다 맞추어서 문명을 창출했다는 말이다.

신농씨(神農氏)의 의약 개발이 그렇고, 배와 수레를 만들어서 교통을 열었다는 헌원씨(軒轅氏)의 자취가 그렇다. 도대체가 그 시절에 그것 아닌 문명은 없다. 우리 동방의 문명은 그렇게 하늘의 숨결에다 인간의 의지를 맞추어낸 무위의 문명이다. 자연과 인간을 나누어서 생각하고 자연을 공격하고 정복할 때만 인간은 생존할 수 있다고 생각해온 서구문명과는 처음부터 가락이 달랐다는 말이다. 다시 〈서경〉으로 가보자.

요임금이 말했다.

"오- 사악(四嶽)이여. 짐이 재위 70년에 그대는 나의 명을 받들어 일을 충실히 잘 하였소. 짐은 그만 제위를 선양하려 하오."

이에 사악이 사양하여 말하되,

"덕이 없는 저야말로 임금 자리를 욕되게 할 것이니이다."

요임금이 대답하기를,

"(그렇거든) 밝고 어진 이를 천거하되 귀천을 가리지 마시오."

여러 사람이 임금께 아뢰기를,

"한 홀아비가 아래 백성 중에 있는데 이름이 우순이라 하더이다."

임금이 말씀하되,

"옳도다. 나도 들었다. 어떤 사람인가?"

사악이 대답하되,

"고수의 아들로 아비는 미련하고 어미는 사납고 상(象)은 오만한데도 효로써 그것들을 극복하고 다스려내어 간악 짓을 않게 한다 하더이다."

임금이 왈.

"내가 그를 시험하리라. 두 딸을 시집보내 그를 살펴보리라."

이어 두 딸을 규수(嬀水)의 물가로 보내 우순에게 복종케 하고,

"공경하여 섬길진져."

사악(四嶽)[35]은 임금 바로 밑에 있는 관직의 이름으로 요새 같으면 국

---

35)   임검 다음의 관직을 하필 동서남북의 큰 산을 상징해서 사악으로 부른 것은 왜였을까? 신시의 오가(五加)가 말, 소, 양, 개, 돼지인 것은 바로 그 시절이 목축을 하던 시절임을 의미하듯이 동서남북의 대표되는 산들로 벼슬을 상징한 것은 그 국가가 산과 떨어질 수 없는 깊은 의미가 있어서일 것이다. 그렇다면 산과 떨어질 수 없는 속뜻이 과연 무

무총리에 해당하는 직급이다. 그에게 천하를 맡기려 하자 덕이 모자란다는 구실로 사양한다. 그러고 나서 대중의 의견으로 추천된 사람이 우순이다. 임금도 그에 대한 소문은 들었으므로 누구냐고 묻는다. 그러니까 나온 대답이 눈먼 소경의 아들인데 '아비는 완악하고 어미는 어리석고 아우는 오만 방자하다'는 것이다. 〈맹자〉만장장(萬章章)에는 이들 세 사람이 숫제 순임금을 죽이려 했다는 시나리오가 펼쳐진다.

부도지는 순의 아버지를 유호씨(有戶氏)로 적고 있다. 그러나 〈맹자〉에는 '순의 아비 고수(瞽瞍)'라고 되어 있다. 눈을 뜨고도 못 보는 것을 瞍, 처음부터 눈동자가 없어서 눈이 곯은 것을 瞽라고 한다. 고수는 후처에게서 상(象)을 얻었고 그래서 세 사람이 짜고 늘 순을 죽일 궁리만 했다는 것이다.

우리는 부도지를 지나오면서 유호씨의 큰아들 순이 어리석게도 두 딸로 유혹하는 요에게 미혹하여서는 부도의 법을 배반하자 유호씨는 마침내 작은아들 상(象)을 시켜 정벌했다는 내용을 읽었다. 부도지 내용과 〈서경〉의 내용은 물과 기름처럼 이야기가 서로 다르다. 그렇다면 지금 어느 한 쪽이 거짓말을 하는 것인데 이 자리에서 공자나 맹자 같은 유자(儒者)들의 기록이 엉터리라는 말은 따로 보태지 않아도 좋을 것이다.

엇일까? 부도지에서 본 대로 황궁씨가 파미르 고원을 떠날 적에 천산산맥을 타고 나온 이후 붉달민족의 살림은 훈인천제 시절과 훈웅천왕 시절을 지나 단군왕검에 이르기까지 산을 벗어나 본 적이 없다. 산에서 산으로 이동하면서 자란 민족이요 그래서 산의 정기로 길러낸 문명이다. 제정이 일치하던 시절이니 요임금의 정치라고 갑자기 달라질 수는 없었을 것이다.

〈서경〉의 순전(舜典)

〈서경〉 순전(舜典)은 순이 요에게서 시험 치르는 일을 시작으로 제위를 받은 다음에는 천하를 정비하고 다스린 것들로 되어 있다. 그러나 〈서경〉을 공부하자는 자리가 아니므로 그들이 힘써 이룬 무위이치가 어떠했는지를 살펴보는 정도에서 그친다.

정월 첫날 요(堯)를 이어 사직을 받았다. 선기옥형(璇璣玉衡)을 살펴 칠정(七政: 해와 달 그리고 水星 火星 木星 金星 土星)의 운행을 바로 잡았다. 상제께 제사지내고 하늘과 땅과 봄 여름 가을 겨울의 여섯 신에게 제사 드렸으며, 산천에 제사를 드리고, 여러 신명께 두루 제사 지냈다.

제후들의 다섯 가지 홀(笏: 제후가 천자를 모시고 조회를 할 때에 명령을 받으면 받아쓰는 기록부. 직급에 따라 玉과 상아 대나무로 되었음)을 모으고, 길한 달과 길한 날을 가려 사악(四嶽)과 여러 주목관(州牧官: 고을을 책임지는 관료)들을 접견하고 홀을 여러 제후들에게 나누어주었다.

그 해 2월에 동쪽으로 순행하여 태산(泰山)에 이르러 시제(柴祭: 짚을 태워서 연기를 폐백으로 삼는 제사)를 지내고, 차례로 산천의 신들에게 제 지내었다. 이에 동쪽의 제후들을 접견하여 계절과 달을 맞추고 날짜를 바로 잡았다. 음률(음악)과 도량형(잣대 됫박 저울)을 통일하고 오례(吉 凶 賓 軍 嘉의 禮)와 오옥(五玉: 五瑞)과 삼백(三帛: 少師 少傅 少保가 드는 비단)과 이생(二生: 양과 기러기)과 일사(一死: 꿩 한 마리)의 지(贄: 예물)를 정리하였다. 오기(五器)는 일이 끝난 뒤에는 돌려주었다. 오월에 남쪽으로 순행하여 남악(南岳: 衡山)에 이르러 대종(垈宗: 泰山)에서처럼 제사했다. 팔월에는 서쪽지방을 순행하여 서악(西嶽: 華山)에 이르러 처음과 같이 하였다.

11월에는 북쪽으로 순행하여 북악(北嶽: 恒山)에 이르러 서쪽에서와 한 가지로 제를 모셨다. 돌아와서는 예조(藝祖)에 제를 올렸는데 황소 한 마리를 폐백으로 삼았다.

요전(堯典)에 비해 순전(舜典)은 분량이 많다. '무위이치를 한 사람은 순임금뿐이다'(無爲而治者其舜也)라고 탄식한 공자였으므로 그 무위이치가 구체적으로 어떤 내용이었다는 것을 증명하지 않으면 안 되었을 것이다. 순은 우선 백성을 사랑과 자비로 끌어안았으며 어쩔 수가 없어서 형벌을 내릴 경우에도 백성들이 결과적으로 감화되는 방법을 택했다. 인물을 적재적소에 기용하면서도 자기 독단으로 처리하지 않고 언제나 많은 사람에게 물어서 만장일치로 통과되어야만 썼다.

곤(鯀)의 아들 우(禹)는 치수에 기용되고, 기(棄)는 농사를 관장하게 하고, 설(契)은 풍속을 바로 세우게 하고, 고요(皐陶)는 형벌을 관장케 하고, 수(垂)는 공공(共工)이 되어 토목공사를 맡게 하고, 익(益)은 우(虞)를 삼아서 산천초목과 조수(鳥獸)들을 돌보게 하고, 백이(伯夷)는 질종(秩宗)에 명하여 삼례(三禮)를 담당케 하고, 기(夔)에게 전악(典樂)을 맡겨 팔음(八音)의 음률을 조화토록 하고, 용(龍)을 납언(納言)에 봉하여 참언이 일지 않도록 하였다.

순은 3년마다 그들의 치적을 살펴서 무능한 자는 파면하고 공적이 있으면 승진시켰다. 그가 그렇게 다스린 80년이 세상에서 말하는 태평성대다. 처음 요에게 발탁되어 섭정으로 다스린 것이 30년, 자신이 임검이 되어서 치세한 것이 50년이었다. 천하의 오랑캐들은 모두 귀복되어서 착한 백성이 되었고 끝내 바탕이 거친 삼묘족(三苗族)은 흩어져 달아났다. 3,240편의 자료를 가지고 〈서경〉을 편찬해낸 공자였으니 그가 정한 기준에 따라서 어떻게 깎고 줄이고 맞추었을 지는 이제 와서 헤아릴 길이 없다.

그러나 이 정도면 순임금의 무위이치 내용을 변증하는 데는 부족하지 않을 것이다. 내가 드러내고 싶은 것은 두 가지 뿐이다. 당시로서는 국가행사 중에서도 가장 큰 행사가 제사인데, 임금이 천하의 명산으로 일컫는 사악(四嶽)을 몸소 찾아다니면서 제사를 모셨다면 그 이유가 어디에 있느냐는 것이요, 백성의 생활 속에서 손발처럼 쓰이는 것이 도량형인데 그 도량형이 어디에서 나왔느냐 하는 것이다. 선기옥형(璇璣玉衡)의 혼천의(渾天儀)가 나오고 있어서 천문에 관한 것이 좀 돌아다 보이지만 붉달나라 살림살이에서 충분하게 논의가 되겠기로 여기서는 접는다.

도량형은 자(度)와 되(量)와 저울(衡)이다. 그것을 본문에서는 동율도량형(同律度量衡)이라 했다. 음악과 잣대 됫박, 그리고 저울을 한 가지로 했다는 것이다. 그러니까 일상에서 쓰는 생활도구와 음악을 통일시켰다는 말이 된다. 부도지 첫 장의 율려가 갑자기 나타나 우리를 어리둥절하게 하는 셈이다. 율려(律呂)는 천지를 개벽시킨 우주의 호흡이지만 인간이 그 호흡을 빌려다가 만든 것이 음악이다. 그러므로 음악은 그 자체가 우주의 호흡과 맞물려 있으며 인간이 개벽한 문명의 시작일 수 있다. 여기 생활 문명의 단초가 되는 자(尺) 되(升) 저울(衡)을 율려와 한 가지로 가늠했다고하는 건 너무 당연하다. 무엇으로 어떻게 도량형을 만들었느냐?

먼저 율려에도 음양이 있다. 성음(聲音)에도 음의 숨결과 양의 숨결이 있다는 뜻이다. 이것은 사계가 열 두 달로 되어 있어서 천지가 숨을 한 번 들이쉬고 내 쉬는 기간이 1년인 것과 같다. 하지에서 동지까지는 들이쉬는 숨이요, 동지에서 하지까지가 내 쉬는 숨이다. 날숨에는 생명이 기지개를 켜면서 볼만하게 시작하는 봄이 있고, 그렇게 시작된 생명을 한껏 열어젖히는 여름이 있다. 그러다가 들숨에 들어가는 가을이 오면 초목은 씨를 남기고 쉴 준비를 한다. 겨울은 혹한의 추위로 만물을 긴장하게 하지만 이윽고 봄을 배태하여 생명으로 하여금 다시 기지개를 켜게 하는 것이다.

율려 음악에도 음의 악기와 양의 악기가 각각 다르다. 음(陰)에도 여섯 개의 악기가 있고 양(陽)에도 여섯 개의 악기가 있는데, 여기 도량형에서 표준으로 한 것은 황종(黃鐘)이라고 하는 동지에 해당하는 양의 악기다. 그 황종을 표준으로 한 것 역시 생명이 동지에 와서야 꿈틀거림을 시작하는 것을 법(法) 받은 것이다. 동지 날이 되어야 비로소 첫 양기가 일어나고 그래서 책력을 만들 때 반드시 동지를 중심 하는 것을 본떴다는 이야기다. 동지가 바로 정해져야 새해 첫날인 정월 초하루를 옳게 정할 수가 있다. 그렇게 되어야 24절후가 실수 없이 돌아간다. 여기 〈서경〉에서 동율도량형 부분에 주를 놓은 것을 보면 이렇다.

황종은 그 길이가 아홉치다.[36] 음악을 연주할 때는 황종 다음으로 각기 악기를 서열 따라 배열하는데 반드시 음양의 순서가 옳게 놓여야 한다. 말하자면 음의 악기가 겹쳐 놓이거나 양의 악기가 겹쳐서도 안 된다는 뜻이다. 그렇게 열 두 악기를 늘어세우다 보면 제일 높은 음이 나오는 응종(應鐘)이 맨 나중이 된다. 이렇게 해서 악(樂)을 제정하는 것이다.

자(度)의 첫수는 어떻게 만들어지는가. 성음(聲音)에는 긴 소리가 낮고, 짧은소리는 높다. 낮은 소리는 무겁고 탁해서 더디게 울리며 짧은소리는 가볍고 맑아서 빠르게 지나간다. 이것을 살펴서 자를 만든다. 자는 90푼을 한 자(一尺)로 한다. 황종의 길이가 자의 척도이기 때문이다. 열 푼(十分)을 한 치(一寸)로 하고 열 치(十寸)를 한자로 삼고 열 자(十尺)를 한

---

36)   오른 손 검지의 가운데 마디가 한 치(一寸)인데, 옛날에는 대개 그것으로 치수를 재었기 때문에 바깥 마디를 기준으로 삼았다.

길(一丈)로 정하고 열 길을 한 인(一引)이라고 한 것이다.

다시 황종으로 '들이'의 기준을 삼는다. '들이'에는 많고 적음이 있다. 황종 대롱 안에다가 껍질 깐 기장을 넣는데 1천 2백 개가 차면 그것을 일약(一龠)으로 한다. 열 약(十龠)을 한 홉(一合) 열 홉(十合)을 한 되(一升) 열 되(十升)를 한 말(一斗) 열 말(十斗)을 한 가마니(一斛)로 한다.

저울이란 가볍고 무거움을 어림하는 도구다. 역시 황종 안에다가 껍질 벗긴 기장을 1천 2백 개를 넣어 한 약(一龠)이 되면 그 무게만큼의 눈금을 열 두 눈(十二銖)으로 친다. 약을 두 번 한 것(兩龠)을 한 냥(一兩)이라 하고 열여섯 냥이 되면 한 근(一斤)이다. 30근을 균(鈞)이라 하고 4균을 한 섬(一石)으로 한다.

이런 주(注)를 달아놓고 연이어 '이것이 황종이 만사의 근본이 되는 까닭이다. 제후의 나라에 한결같지 않은 것이 있다면 잘 살펴서 그것들이 하나되게 한다' 했다.

산의 민족

다음은 천자가 동서남북에 흩어진 사악(四嶽)을 친히 찾아 만나고 직접 제향을 받든 까닭이 무엇인가 하는 것이다. 제사를 맡은 기관의 관료를 때에 맞게 보내서 임금이 보내는 폐백으로 제사를 모신다고 해도 임금의 제사나 진배없는 일인데 어쩌자고 험난을 참아가면서 몸소 찾아다니지 않으면 안 되었을까? 그것은 일찍이 산에서 살아온 민족만이 이해할 수 있는 특별한 이유요 정성에서다.

우리 민족은 산에서 나서 산에서 자란 민족이다. 부도지에 보면 배달민족은 파미르 고원에서 태어나 살다가 때가 되자 파미르 고원을 출발하여 천산산맥을 타고 나가는 것으로 되어 있다. 또 〈삼국유사〉가 전하는 단군의 개국신화는 밑도 끝도 없이 단군이 산신이 되었다는 말로 얼버무리고 있다. 그러나 한 민족의 개국조(開國祖)를 하필 산신을 만들었다는 건 그 민족이 반드시 산과 깊은 연관이 없이는 될 수 없는 일이다.

단군 연호가 4천 3백 년 남짓이다. 18세 한웅천왕들의 치적기간 1,565년을 보탠다고 해도 몽땅 합쳐서 5천 9백 년이다. 그러니까 그렇게만 보기로 들면 6천 년이 채 안 되는 기간의 역사다. 우리가 문헌으로 밝혀낼 수 있는 것이 고작 이 기간인데, 그러면 밝혀 낼 수 없는 그 어둠의 세월 다시 말해 우리 민족이 역사의 햇빛으로 기어 나오기 전의 신화로 전하는 그 세월은 어디서 살았나?

최남선은 '불함문화론(不咸文化論)'과 '아시조선(兒時朝鮮)'에서 현생 인류 조상 족이 중동의 흑해연안에서 일어났다면 그들 중 일부가 러시아의 튜란 평원을 거쳐 파미르 고원에 닿았을 것이란 가설을 세운 적이 있다. 함석헌은 해 뜨는 쪽을 향해 거푸거푸 밀려온 흰옷 입은 사람들의 무리가 천산산맥을 거쳐 알타이산맥을 타고 흥안령고개를 넘어서 백두산에 닿았을 것으로 가정했다. 그외에도 몇 사람이 그런 비슷한 주장을 편 적이 있지만, 그러나 그들의 시대는 고고학이 아직 없던 때요, 있었다고 해도 겨우 아구를 트고 있어서 별 신빙성이 없던 때다.

그러나 오늘에 와서 고고학이 나와서 증명하는 것을 보면 그들의 주장이 경청할 만 했었다고 보인다. 우리 민족이 이동해왔으리란 그 경로에 바로 우리 조상들의 자취가 있다는 것이다. 우선 원시무덤인 고인돌이 나타나고, 무슨 질그릇이 나타나고, 사냥에 썼던 연모 따위가 나타나고 있어서 그들의 선각자적인 혜안이 놀라운 것이다. 그러나 현재의 고고학이라는 것도 아직 걸음마 단계요, 내일 당장 어떤 학설이 나올지도 모르는 처지여서 그것들을 완벽한 설로 간주하기에는 이르다는 통념이 지배적이다.

그러나 우리 민족이 산의 민족이라는 것은 갈수록 더 확실해지고 분명해질 것이다. 그것은 우리의 언어가 겹겹의 존칭과 층층의 비칭이 많은 언어라는 데서 그렇다. 얼른 말해서 교착어는 제단(祭壇)에서 형성된 언어다. 제사를 지내다 보면 신명들한테 드리는 고유(告諭)의 사(詞)가 반드시 일정하지 않은 법인데, 그것은 제사를 받는 신명의 위치 곧 신명들의 격이 높고 낮고가 많은 데서 유래한다. 그러다 보니 생활 속에서도 자기 앞에 있는 상대방의 신분에 따라 존칭어가 생겨났을 것이요, 상대적으로 비칭어 역시 자연스럽게 형성될 수밖에 없었을 것이다. 이런 언어적인 현장감은 굴절어나 고립어에는 없는 것으로 교착어만의 유별난 버릇이요, 제사를 좋아하는 사람들의 한 특질이다.

〈서전〉에서 말하는 순임금이 봄에는 태산(泰山) 여름에는 형산(亨山) 가을에는 화산(華山) 겨울에는 항산(恒山) 하는 식으로 정해진 산에 친히 가서 제사를 모신 것은 앞 사람들의 자취를 밟은 것이지 새로운 것이 전혀 아니었다. 생각해 보라. 언제라도 산을 떠날 수 없는 사람들이 항용 산에서 단을 쌓고 산을 건너다보면서 천지신명께 예를 올렸을 우리 조상들의 자취가 그의 시절이라고 해서 갑자기 달라져서 나타날 수 있었겠는가.

날줄과 씨줄로의 부도지와 훈단고기

다시 부도지로 돌아가 보자. 부도지의 내용이 무엇이었는지 다시 살펴본 후 본격적으로 〈훈단고기〉를 끌어당겨서 우리의 잃어버린 상고시절 살림살이가 과연 어떠했는지, 그리고 반도 안에 웅크리고 사는 우리의 실체가 무엇인지 한 번 추어보자. 턱없이 부족한 글 조각으로 전체를 어림한다는 건 물론 무리다. 그러나 비록 비늘 몇 조각에 지나지 않는 것이지만 확실하게 전해진 이 사료를 넘어서는 달리 방법이 없는 것이 우리의 처지다.

사비성 역사창고가 불타고 고구려 사고(史庫)가 불타서 없어진 마당에 오늘 불구덩이에서 기어 나온 벌레만큼이나 귀하게 살아남은 이 사료가 너무 다행스럽다. 더욱이 민족의 정체성을 알게 하는 산 구절들이 굼실대는데 무슨 명분에서 이것을 모른다 하랴. 나는 부도지를 날줄로 세우고 〈흔단고기〉의 내용을 씨줄로 삼을 것이다. 그리하면 어느 정도 우리의 유아기 내지 유년기가 나타날 것이다.

첫째 당시의 강역(彊域)이 어떠했는지, 그러니까 동방문명의 횃불이 되었던 그 시기의 국토가 얼마나 컸는지를 알아보고, 그 국토 안에서 살았던 조상들의 정신이 무엇을 지향하면서 살았기에 그런 문명이 가능했는지를 알아 볼 것이다. 정치 경제 사회 문화 예술 교육 철학 풍습 등은 그 정신에서 나온 바이니 새삼스럽게 따로 추어 볼 필요가 없을 것이다.

부도지의 1장과 2장은 개벽의 소식이다. 하늘이 열리고 땅이 열리더니 사방과 사시가 정해진다. 말하자면 천지의 시작이다. 그 시작은 남성적이 아닌 여성적인 것으로 되었다. 마고대신과 궁희, 소희가 모두 여신인 것이 그렇다. 그런 후에 황궁씨 백소씨 청궁씨 흑소씨의 남성 신들이 출현한다. 이 남성 신들은 동서남북의 사방과 봄 여름 가을 겨울의 사계를 의미하는데, 사계와 사방은 곧 공간과 시간이기도 하다. 그 시간과 공간에다 남성을 부여하는 건 모종의 힘을 암시함이다.

그러니까 춘하추동의 사시에는 남성다운 힘과 절도, 그리고 동서남북의 우주공간에서도 천지를 분명하게 나누고 버티는 힘이 개벽에서부터 느껴진다는 이야기다. 그러나 분명하게 알 것은 이 남성적인 것들은 먼저 여성적인 것을 배경으로 태어난다는 점이다. 모든 거칠고 강한 힘은 언제나 약하고 보드라운 것에서 출발된다는 이야기를 그렇게 하고 있다고 보면 된다. 마치 우주에 흐르는 시간과 공간에는 움직일 수 없는 절도의 호흡이 있다. 그러나 그 호흡과 절도는 언제나 부드럽고 여린 여성스러움이 바탕에 깔리고 있다는 식이다.

부도지의 3장은 율려가 무엇인지를 설명하는 대목이다. '곧 음상(音象)을 이루니 성(聲)과 음(音)이 섞인 것이었다'고 한다. 성(聲)은 모든 소리의 첫 음절을 말한다. 가령 '성'을 발음한다고 할 적에 'ㅅ'이 이에 해당한다. 음은 두 번째 음절 'ㅓ'다. 세 번째 'ㅇ'은 운(韻)이라고 한다. 그러니까 처음에 오는 자음을 성이라 하고, 모음을 음이라 하고, 받침을 운이라고 한다는 말이다.

음상(音象)의 象은 상징(象徵)이라고 할 때 쓰는 글자다. 징후나 조짐을 말한다. 아직 나타나지는 않았지만 언제고 나타날 수 있는 가능성이다. 주역에서 '하늘에 있을 적에는 象이지만 땅에 나타나면 法이 된다'고 한 것이 이것이다. 그러니까 音象이라고 하면 아직 나타나지 않은 소리의 가능성을 말한다. 제1장에서 마고성과 마고가 려(呂)에서 나왔다고 한 것은 완전한 율려가 나오기 전에 먼저 여성적인 여린 소리에서부터 개벽이 시작되는 것을 알리는 소식이다. 律은 남성적이고 陽을 상징하는 소리다. 이제 3장에 와서 비로소 완전한 소리 곧 율려(律呂)가 이루어진 것이다.

'마고가 실달대성을 끌어당겨 천수(天水)의 지역에 떨어뜨리니……' 이것은 생명이 시작되는 상징적인 이야기다. 다시 말해 음양의 교합을 통해 생명이 엉기는 것을 표현한 것이다. 이제 기(氣) 화(火) 수(水) 토(土)가 움직여서 차츰 조화를 이루어 나가고 있다. 쉬운 말로 하면 공기 불 물 흙이 어우러져 비로소 생명을 열기 시작하는 대목인데, 우주의 삼라만상의 일체 것은 물과 불과 공기와 흙이 엉겨 제 가락으로 조화를 이룬 것일 뿐 어느 하나도 이것 아닌 것은 없다.

제4장은 인간이 출현하는 대목이다. 인간의 출현과 함께 역수(曆數)가 조절되고 있다. 당연하다. 역수는 얼른 말해 사시의 변화가 절도가 있고 없고의 이야기지만 혼돈의 우주가 사람의 등장과 함께 질서의 우주로 돌아서는 것은 진화의 법칙에도 무리가 없어 보인다.

제5장과 6장은 인간의 살림이 시작되고, 율법을 깨고, 마고대신이 준비해준 낙원을 쫓겨나고, 그리하여 험한 세상이 예고되는 장이다. 그러나 처음 포도를 먹고, 이빨이 생기고 하는 것은 이제까지 젖을 먹으면서 자란 엄마 품을 떠날 때가 왔음을 의미한다. 그의 침은 독하기가 뱀과 같다 하였으나 이치에서 헤아린다면 당연한 노릇이다. 장차 짜고 맵고 달고 쓰고 신 것을—오미(五味)를—닥치는 대로 먹고 몸을 길러야 되는 인간의 운명에서 생각해 보라.

아울러 하늘의 소리를 들을 수도 없고, 태정(胎精)이 불순하고, 하는 것도 젖을 먹을 때의 순수한 천성이 차츰 흐려져서 이는 '생명의 수(數)가 미혹하게 되는' 것이므로 당연한 것이 당연하게 말해졌다고 볼 대목이다. 다시 말하면 어머니 품에서 젖을 먹을 때의 심성이 가장 순수하다는 것은 다 아는 이야기다. 거친 음식으로 살아가는 어른이 되면 자연 마음도 생각도 순수하지 못하고 사특해질 것이 아닌가.

제7장과 8장은 마침내 다 자란 인간들이 엄마 품을 떠나기로 든다. 그러나 보내는 엄마나 떠나는 아이들이나 섭섭한 감정이 없을 수 없다. 흔히 젖을 떼는 엄마가 젖무덤에다 쓴 약을 발라놓는 것은 흔한 일이나 이 경우는 먼저 자란 아이가 엉뚱한 훼방을 놓아 숫제 젖무덤을 망친 것으

로 되어있다. 그러나 생명은 달이 차면 진통을 겪으면서도 나와야 되고 떠날 때가 되면 떠나는 것이 순리다. 만약 떠날 때가 되어도 떠나지 않고 둥지를 지키려 들고 진통이 무서워서 달이 차도 낳을 생각을 않는다면 그때는 두 생명이 같이 죽는 결과에 이를 것이다. 과정이야 어떻든 때가 찼으므로 아이들은 떠난다. 황궁씨가 더 이상 쓸모없게 된 마고대신의 젖무덤에다가 흰 띠풀의 부적을 봉하고 그들 형제는 동서남북으로 뿔뿔이 흩어지는 것이다.

제9장 10장은 모판에 모가 떠나자 마고대신은 모판을 청소하고 깨끗하게 비워둔다. 그러자 지계(地界) 중심이 변하여 역수에 차이가 생기고 월식과 일식이 생겼다. 이 대목도 혁명적으로 다시 달라지는 탯집을 생각하고 험한 세상으로 떠나는 인간들의 운명을 염두에 두면 그 운명과 절대적인 관계에 있는 천체가 달라지는 것도 하등의 이상할 것이 없다. 천산주에 도착한 황궁씨는 해혹 복본을 위해 스스로 돌이 되어 길게 조음(調音)을 울려서 인세에 이익이 되게 한다.

나는 여기까지를 옹근 신화 부분으로 본다. 유인씨와 혼인씨의 이야기가 신화로 휩싸일 부분이 아주 없는 것은 아니지만 우리의 고대 문헌이 전해졌다면, 그러니까 백제역사와 고구려역사가 불타지 않고 전해졌다면 자세한 내용이 있었을 터이니 굳이 해독이란 말이 필요 없을 것이고, 또 어쩌다가 문적이 귀가 떨어졌다 해도 그것쯤을 보완해서 판독하는 것쯤은 쉬웠을 것이다. 그러나 그런 기록이 전해졌다고 해도 황궁씨까지의 내용은 신화에 싸잡혀서 따로 해독을 요하지 않았을까 생각해보는 것이다.

넷째
마당

한인천제들의
무대 바이칼

01 훈단고기, 그리고 바이칼의 산 흔적

이쯤에서 〈훈단고기〉가 전하는 붉달민족의 상고적 살림을 보기로 하자. 〈훈단고기〉는 단기 4244년, 서기 1911년에 계연수(桂延壽)란 분에 의해서 편찬되었다. 내용은 삼성기(三聖記)와 단군세기(檀君世紀) 북부여기(北夫餘紀) 그리고 태백일사(太白逸事)의 4종 사서를 하나로 묶고 있다. 이분도 사료가 먼저 있었고, 그 사료에 의지해서 책을 엮었다면 우리로서는 어느 사료를 어떤 저본으로 삼았는지 묻는 것이 당연하다.

삼성기는 신라의 승려였던 안함로와 행적이 드러나지 않은 원동중이란 분이 저술했던 것을 상·하 두 권으로 묶은 것인데 훈인·훈웅시대의 내용이 간략하게 기술되고 있다. 이는 붉달민족의 시원인 한국시대의 훈인 7세들이 3301년 혹은 63,182년간 치세했던 역사요, 18세 훈웅천왕들의 1565년의 역사를 압축한 것이다. 하권에 18세 훈웅천왕들의 '신시역대기'가 붙어 있는 것은 아주 잃을 뻔한 붉달시절의 역사에 큰 족적으로 남는다.

단군세기는 고려 후기를 살았던 행촌 이암 선생이 저술한 것으로 제1세 단군왕검부터 제 47세 고열가 단군왕검까지 2096년 동안 각 단군왕검들의 재위기간에 있었던 일을 편년체로 기술했다.

북부여기는 고려 말의 범장이 전한 책이다. 상권, 하권, 그리고 가섭원부여기로 구성되었는데 시조 해모수로부터 제 6세 고무서까지의 204년과 가섭원부여 108년의 역사다.

태백일사를 저술한 학자는 연산군과 중종 때 사람 이맥(李陌)으로 단군세기를 쓴 이암(李嵒)의 직계 자손이다. 그러니까 한 집안에서 귀중한 사료를 오늘 우리에게 전한 역사가를 둘씩이나 배출한 셈이다. 여기에는 삼신오제본기(三神五帝本紀) 흔국본기(桓國本紀) 신시본기(神市本紀) 삼흔관경본기(三韓管境本紀) 수두경전본훈(蘇塗經典本訓) 마흔세가(馬韓世家) 상·하와 번흔세가(番韓世家) 상·하가 있다. 태백일사는 〈흔단고기〉에서도 압권을 이루는 부분으로 우리가 알고자 하는 대부분의 대목이 여기에 들어 있다.

그러나 흔히 그렇듯이 태백일사에도 우리가 알고 싶은 것들이 다 들어 있는 것은 아니요, 하나의 내용을 두고도 겹친 것이 상당 부분 눈에 띈다. 그리고 각기 다른 목소리로 자기주장을 하는 것이다. 그것은 그 역사의 편린을 기록한 것이 한 사람이 아니라는 증거요, 한 사람이 아니기 때문에 자기주장들이 있는 것으로 보아야 된다. 그러나 그런 부분들은 이제 와서 달리 어떻게 할 수 있는 대목이 아니므로 깊은 안목으로 살펴서 요령 있게 짚어서 넘기면 될 것이다.

여기서 다행스러운 것은 계연수의 역사관이다. 그도 붓을 쥐고 역사를 쓰면서 틀림없이 마음에 안 드는 부분이 있었을 테요, 그런 부분은 자기 식대로 손질을 해서 후세 사람들이 헷갈리지 않도록 배려할 수도 있었을 것이다. 그리고 자기 의견을 슬쩍 보태서 미끈하게 보완할 수도 있었을 것이다. 그런 가감은 역사를 써서 전하는 사람의 특권처럼 인식되어 온 것도 사실이다. 그러나 그렇게 하지 않고 후세 사람들에게 그대로를 전해서 보는 사람의 생각과 의중대로 보게 한 것은 열 번 잘한 일이 아닐 수 없다.

김부식 같은 자는 훌륭한 사료들을 손에 들고 있으면서도 '사료가 없느니' '족히 상고할 가치가 못된다느니' 하면서 우리의 역사를 서토인의 입맛에 맞추려고 안간힘을 썼었다. 그런 생각을 하다가 〈훈단고기〉를 대하면 모자란 것은 모자라는 대로, 넘친 것은 넘치는 대로 전해준 그 생각과 태도가 너무 고맙다. 나는 여기서 〈훈단고기〉를 필요한 대로 넘나들며 이야기를 펼칠 생각이다. 〈훈단고기〉 자체가 그렇게 하고 싶은 사람은 그렇게 해도 좋도록 된 기록이므로 읽는 사람은 내가 펼치는 방식을 긍정해주기를 바랄 따름이다.

〈훈단고기〉 첫 장으로 편집된 삼성기에서 어떤 내용을 말하고 있는지 먼저 보자.

우리 훈(桓)의 건국은 세상에서 가장 오랜 옛날이었는데, 한 신(神)이 있어 시베리아의 하늘에서 홀로 변화한 신이 되시니, 밝은 빛은 온 우주를 비추고 큰 교화는 만물을 낳았다. 오래오래 살면서 큰 쾌락을 즐겼으니, 지극한 기(氣)를 타고 노닐고 그 묘함은 저절로 기꺼웠다. 모습 없이 볼 수 있고 함이 없이 모두 이루고 말없으면서 다 행하였다.

어느 날인가 동녀동남 800이 흑수(黑水) 백산(白山)의 땅에 내려왔는데, 이에 훈님(桓因)은 또한 감군(監群)으로써 천계에 계시면서 돌을 쳐 불을 일으켜서 날 음식을 익혀 먹는 법을 처음으로 가르치셨다. 이를 훈국(桓國)이라 하고 그를 가리켜 천제훈님(天帝桓因)이라고 불렀다. 또한 안파견(安巴堅)이라고도 했다. 훈님은 일곱 대를 전했는데 그 연대는 알 수가 없다.

삼성기 하편에도 훈인천제와 훈국의 내용이 나온다. 훈국과 훈인천제의 이야기는 전편에서 위의 내용이 전부인데 하편의 내용은 길고 또 구체적이다.

인류의 조상을 나반(那般)이라 한다. 처음 아만(阿曼)과 서로 만난 곳은 아이사타(阿耳斯它)라고 하는데, 꿈에 천신의 가르침을 받아서 스스로 혼례를 이루었으니, 구흰(九桓)의 무리는 모두가 그의 후손이다.

옛날 훈국이 있었나니 백성은 부유하고 또 많았다. 처음 훈님께서는 천산(天山)에 올라 도를 얻으시사 오래오래 사셨으니 몸에는 병도 없었다. 하늘을 대신해서 널리 교화하시니 사람들로 하여금 군대를 동원하여 싸울 일도 없게 하였으며, 누구나 힘껏 일하여 주리고 추위에 떠는 일이 없게 되었다. 다음에 혁서(赫胥)훈님 고시리(古是利)훈님 주우양(朱于襄)훈님 석제임(釋帝壬)훈님 구을리(丘乙利)훈님에 전하고 지위리(智爲利)훈님에 이르더라. 훈님은 혹은 단님(檀仁)이라고도 한다.

옛글에서 말한다. 파나류산(波奈留山) 밑에 훈님의 나라가 있으니 천해(天海) 동쪽의 땅이다. 파나류의 나라라고도 하는데 그 땅이 넓어 남북이 5만리요 동서가 2만여리니 통틀어 말하면 훈국(桓國)이요 갈라서 말하면 비리국(卑離國) 양운국(養雲國) 구막한국(寇莫汗國) 구다천국(句茶川國) 일군국(一群國) 우루국(虞婁國 혹은 필라국: 畢那國) 객현한국(客賢汗國) 구모액국(句牟額國) 매구여국(賣句餘國 혹은 직구다국: 稷臼多國) 사납아국(斯納阿國) 선비국(鮮裨國 혹은 시위국: 豕韋國 또는 통고사국: 通古斯國) 수밀이국(須密爾國)이니 합해서 12국이다. 천해는 지금 북해라 한다. 7세에 전하여 역년이 3,301년 혹은 63,182년이라고 하는데, 어느 것이 맞는 말인지 알 수가 없다.

이것이 삼성기에 실려 있는 훈인천제들과 그 어른들의 나라 훈국(桓國)

에 관한 것의 전부이다. 우선 훈(桓)의 시작을 시베리아 하늘로부터 하고 있다. 전편에 나오는 사백력(斯白力)은 시베리아를 한문식으로 음사(音寫)한 것이고, 후편의 아이사타(阿耳斯它)는 아사달(阿斯達)을 시베리아식으로 기록했다는 것이 누구의 눈에도 거의 환할 것이다.

부도지에서는 개벽의 무대를 파미르로 했는데 〈훈단고기〉는 시베리아를 무대로 하고 있다. 분명한 차이가 있지만 그러나 훈인천제들의 시절이 시베리아에 담기는 이상 그것으로 문제를 삼을 일은 없다. 이런 것이 말하자면 역사를 지켜오지 못한 사람들의 한계다. 유태인처럼 어떤 경우에도 제 역사를 지켜왔다면, 더욱이 5~6세기에 걸쳐 역사를 손질해서 정비할 수 있었다면, 우리 역사도 이런 사소한 차이쯤은 줄일 수 있었을 것이다.

또 하나 삼성기를 대하면서 우리가 쉽게 지나칠 수 있는 것은 이야기의 분위기가 너무 한국사람적이어서 다시 말해 우리 민족적이어서 친근하고 포근한 감각으로 다가 선다는 점이다. 이런 대목은 자칫 〈삼국사기〉적인 문장에 길들어 있는 유가의 감각이나 〈삼국유사〉에서 보는 불가의 감각으로 길들여진 입맛들, 그리고 유대인의 경서가 친숙한 사람들한테는 오히려 거부감일 수도 있고 진부하고 식상하다는 생각을 갖게 할 수도 있지만, 그런 입맛들을 지나와서 본래의 입맛을 기억하는 감각이라면 조촐하고 신선한 이 문장의 맛에서 깊은 향수를 느낄 것이다.

각설하고, 전편에서 어느 날 동녀와 동남 8백이 흑수의 백산 땅에 내려 왔는데 훈님(桓囚)은 그들에게 돌을 쳐 불을 일으켜서 날 음식을 익혀먹는 법을 처음 가르쳤다고 했다. 훈님의 또 다른 이름이 안파견—아버지—이라는 것이고, 그 안파견들이 7세를 전했지만 연대는 알 수 없다고 했다.

그러나 후편에서는 7세 훈님들의 이름이 모두 밝혀졌고, 나라의 크기가 남북으로 5만리 동서로 2만여 리인데 통으로 말하면 훈국이지만 나누어서 말하면 12국이요, 그 12국의 이름까지 상세하게 기록되고 있다. 혼국은 파나류산 밑에 있어서 파나류국으로도 불리었던 나라다. 파나류국은 어디에 있는가. 천해(天海)의 동쪽이다. 그 천해는 누구의 생각에도 오늘의 바이칼 호수를 가리키는 말이다. 민물이건 갯물이건 많이 고인 물을 바다라고 부른 건 그 적 사람들의 관습이다.

그러니까 전·후편을 합쳐 내용을 정리하자면 시베리아 바이칼 호수가 있는 지역에 혼국이 있었다는 것이고, 어느 날 동녀동남 8백 명이 흑수(黑水)의 백산(白山)으로 왔다는 것인데, 불을 일으키고 음식을 익혀먹으면서 문명을 시작했다는 내용 정도로 볼 수가 있다. 불을 사용하면서 인간의 문명은 혁명적으로 달라진다. 그래서 불이 나오는 것일 테고, 부도지에서는 유인씨가 벌써 나무를 뚫어서 불을 일으켰다고 했지만 이 신화들은 다소 성급했다고 보인다.

불은 혼웅의 시절이 되어야 비로소 보편화되기 때문이다. 아니다. 어쩌면 불의 발견은 일찍부터 있었고 그것이 혼웅천왕들의 시대에 이르러서야 널리 사용되면서 혁명적인 문명으로 발전했는지도 모른다. 원시인들 동굴에서 불을 사용했다는 흔적이 보인다는 게 오늘 고고학계의 주장 아닌가. 양파껍질을 까는 것처럼 단순하지가 않은 불의 문제는 그러나 이쯤으로 우선은 덮어두자.

그러나 덮을 수가 없는 것은 동녀동남 8백인이 흑수의 백산으로 내려 왔다는 것인데, 이것은 바이칼에 살던 사람들 중의 일부가 그것도 소년과 소녀들이 흑룡강을 넘어서 태백산으로 대거 이동을 한 것으로 풀어서 볼 대목이다. 전편에서 '뒤에 혼웅씨도 계속하여 일어나 천신의 뜻을 받들어 백산과 흑수 사이에 내려왔다……(後桓雄氏 繼興奉天神之詔 降于白山黑水之間……)'고 했다. 사람들이 연이어 빠져나간 듯한 이 사건은 어떻게 설명될까. 왜 바이칼을 빠져나간 것이며 어째서 모두 흑수와 백산인가.

이 문제가 제대로 풀리지 않고 자칫 어긋나는 날에는 저 서토에서 붉훈 문명을 일으키게 되는 삼황오제란 분들이 전혀 누구인지 모르게 되고 오늘 조선반도에 갇혀 사는 우리의 정체성 또한 애매해지게 된다. 삼성기 첫 머리에 기록된 이 사건이 옳게 해결되어야 우리는 〈훈단고기〉의 신화들을 제대로 풀 수가 있을 것이다.

〈훈단고기〉의 삼성기에 적힌 신화는 붉달민족의 첫 출발을 시베리아로 삼았고, 부도지에서는 파미르 고원을 시원으로 삼고 있다. 어느 쪽이 옳은가. 그러나 우리는 이 대목을 푸는 방법을 알고 있다. 방법을 알고 있다가 아니라 바로 이 대목을 기다렸다는 것이 옳을 것이다. 부도지에서 오미의 재앙을 씻기 위해 하필 힘들고 추운 시베리아 쪽으로 길을 트고 나간 붉달민족의 조상 황궁씨를 잊지 않아서다. 파미르 고원을 나선 황궁씨의 자손은 유인씨 시대를 지나 훈인씨 시절에 천산(天山)에 닿은 것도 알고 있다.

그 천산이 정확히 어디에 있는 무슨 산이라고 말한 데는 없다. 그저 그 시절에 성스러운 산은 모두 천산이라고 했다는 것이 보이는 것이다. 앞에서 본 삼성기 하편에서 "옛날 훈국이 있었나니 백성은 부유하고 또 많았다. 처음 훈님(桓因)께서 천산에 올라 도를 얻으시사 오래오래 사셨으니 몸에는 병도 없었다"고 한 것을 떠 올려 보라. 그 천산을 파나류산으로 가정한다면 그 훈인씨 자손이 지금 파나류산 곧 시베리아의 바이칼 옆에 있는 천산에다 둥지를 틀고 있다는 것은 사세로 보아 당연하지 않은가.

또 호수든 산이든 한 지역에 있으면 같은 의미로 두루 쓰였지 반드시 콩이냐 팥이냐를 따지지 않은 그 어른들의 크나큰 정신에서 생각해 보라. 그런 것이 굳이 문제가 될 것은 없지 않은가.

그런데 무슨 일인지 바이칼을 떠나 흑수와 백산을 향하고 있다. 이 대목을 설명하는 문헌은 없다. 문헌이 없으므로 무시하자는 세력이 있을 것이다. 이제 없어진 사료들을 두고 언제까지 아쉬워하고만 있을 수는 없다. 기왕에 돌이키지 못할 흘러간 물이라면 생각 있는 사람들이 나서서 나름대로의 사료를 찾아보는 것도 한 방법일 것이다.

나는 부족한대로 내가 찾아다니면서 얻어낸 내 생각과 결실을 가지고 이 대목을 짚어내려 한다. 내 생각에 파나류는 '붉누리'가 아닐까? 우리말에 '누리'는 세계와 우주를 동시적으로 머금는 말이다. 한자어로 하면 계(界)나 제(際)가 해당한다. 그러니까 파나류는 밝은 나라요 밝은 세상이란 뜻이다. 당시의 파나류 나라는 자기들의 문명을 온 세상이 먹고산다고 생각했을 것이다. 그러므로 하늘 아래 다른 나라나 다른 세계를 인정하지 않고 오직 파나류 문명만이 존재한다는 우월감이 있었을 것이다.

바이칼은 그 어원이 '붉훈'일 것으로 추정된다. 바이칼에서 현지 안내원에게 '바이칼' 어원을 물으면 '물이 많다는 뜻'이라고 자신있게 대답하고 그들이 들고 다니는 가이드 책자에도 실제 그렇게 되어 있다. 그러나 납득이 되지 않는 말이다. 면적만 해도 31,500평방킬로미터에 이른다는 유럽과 아시아에서는 최대의 호수이니 저수량이 많은 것은 사실일 터이나 수면을 세계의 호수 중에서 일곱 번째로 치는 것을 보면 물이 더 많은 호수도 있다는 이야기가 된다. 그러니까 가이드의 설명은 설득력을 잃는다고 할 수 있다.

내가 현장을 찾아가서 보고 느낀 것을 직접 이야기하는 게 읽는 이에게 도움이 될 것 같다. 단기 4338년(서기 2005년) 8월 7일부터 8월 15일까지 벼르고 벼르던 바이칼을 찾아갈 기회가 마침내 왔었다. '한·러 유라시아

대장정'을 기획한 젊음들이 있어서 90명이나 되는 한국 사람들이 비행기를 타고 혹은 자동차를 타고[1] 바이칼로 모였는데, 마침 내 몫의 여행비를 대준 남전(藍田)이 있어서 기회를 잡은 것이다.

더욱이 큰 행사를 기획한 팀에 합류할 수가 있었다는 건 나로서는 여간 큰 행운이 아니었다. 그런 큰 단체가 움직인다는 건 바이칼의 모든 것을 찾아보고 확인할 기회가 거의 반드시 주어질 수 있었기 때문이다. 그리고 그 예상은 맞아서 카자흐인들의 17세기 생활양식과 브리야트인들의 16세기 생활, 그외에도 여러 민족들의 현지 박물관을 두루 볼 수가 있었다. 우리 일행은 '앙가라강 호텔'에 짐을 풀었는데, 내가 차례 받은 방은 5층에 있었으므로 방에 앉아서도 유유히 흐르는 앙가라강을 편하게 내려다 볼 수 있었다.

바이칼에는 27개나 되는 섬들이 있다. 그중에 제주도 절반 크기의 '알혼섬'은 새 천년 새 맞이 굿판을 열기로 되어 있어서 '한·러 유라시아 대장정'의 핵심적인 행사가 거기서 펼쳐질 판이었다. 차를 배에다 싣고 건너면서 알혼섬이 무슨 뜻에서 유래하느냐고 가이드한테 물었더니 건너오는 대답이 브리야트 민족의 언어로 '나무가 없는 섬'이라고 한다. 시큰둥하게 받아넘기고 혹시 '알짜배기 혼이 깃든 섬'이 아닐까 하는 생각에 골똘해

---

1) 현대자동차에서 그 행사를 위해 지프차를 10대 기증했는데 40명의 젊은 남자들이 모스크바에서 출발한 팀도 있고 부산에서 출발한 팀도 있었다. 부산에서 출발한 사람들은 네 사람씩 다섯 대의 차에 나누어 타고 부산을 떠나 동해시로 가서 거기서 배를 타고 원산으로, 원산서 바꾸어 탄 배가 다시 블라디보스토크로, 블라디보스토크에서부터는 육로가 이어지므로 육로 길을 사흘을 연속으로 달려왔다고 했다. 모스크바에서 출발한 팀은 6,700 킬로미터를 달려왔다고 다소 지친 표정으로 말했다. 그러나 그들의 건강한 웃음에서 누군가는 바이칼의 혼을 발견했을 것이다. 그들이 만나야 하는 중간 지점이 마침 바이칼이었으므로 그렇게 계획을 짰다고 했다.

있는데 굿판을 열 현장에 닿았다. 그리고 거기서 내 생각이 역시 옳았다고 판단했다.

거기에는 '신들린 바위'로 불리는 작은 동산 모습의 세 개의 바위가 있었다. 단단해 보이는 청석이나 쑥돌이 아닌 불그레한 빛이 도는, 말하자면 아무 데서나 만나는 돌인데도 바이칼 특유의 호흡을 지닌 듯 했다. 대개 스무 장(丈) 높이쯤으로 어림되는 언덕도 아니고 산도 못되는 바위 무더기가 한 무더기는 이쪽에 나머지 두 무더기는 백여 장(丈) 떨어진 저쪽에 나란히 솟아있고, 이들 바위산 사이에는 자스락거리는 물결이 우묵한 만(灣)을 이루고 있어서 얼핏 보기에는 특별히 다를 것이 없는 그런 곳이었다.

이쪽에 외떨어진 솟은 바위는 이렇다 할 흔적이 없지만 만을 사이에 둔 두 개의 솟을 섬 바위에는 검줄(神索)이 여러 겹으로 처져 있고 주변의 소나무에도 울긋불긋한 헝겊 조각이 촘촘히 박힌 검줄이 의연히 드리워져 있었다. 사회주의 사회에서는 있을 수 없는 짓들이라 그 천연색 풍경은 유난히도 뇌리에 깊게 박히는 듯 했다.

알혼섬의 신들린 바위는 예로부터 천신이 내려온다는 전설이 있다고 했다. 가이드의 말도 그렇고 주민들도 천신의 강림을 의심 없이 믿는다는 분위기였다. 하긴 주민들이 믿지 않는다면 무당판에서나 만날 수 있는 그 형형색색의 검줄은 애시당초 바위산이나 나무들에 걸렸을 이유가 없었을 것이다.

바이칼의 알혼섬은 그러니까 '물이 많은 호수에 나무가 없는 섬'이 아니라 '붉한 호수에 알짜배기 혼이 깃든 섬'이라야 옳다. 지금은 비록 남의 국토가 되었지만 그 옛날 거기서 붉훈문명을 열고 살았던 훈인 할아버지들의 자취는 생생한 우리 말 우리 혼으로 고스란히 남아 있는 것이다.

그런데 앙가라강은 또 어찌된 것일까. 셀렝가강을 비롯해서 모두 336

개의 물줄기가 모여들어 이루어 낸 것이 바이칼호라고 들었다. 그러니까 물줄기라는 물줄기는 몽땅 바이칼로 흘러드는데 나가는 물줄기는 오직 앙가라강 뿐이란다. 그리고 앙가라강은 북해로 흘러드는 예니세이강의 상류에 해당한다. 그렇다면 혹시 예니세이강에서 어떻게 파생한 이름이 앙가라일까?

질펀하게 누워 바쁠 것 없는 흐름으로 넉넉하게 흐르는 앙가라강을 보면서 어원을 캐느라 여념이 없는 나한테 옆에 있던 청호(青湖)가 불쑥 "왕가라강이 아닐까요. 앙가라보다는 왕가라가 더 좋을 성 싶네요" 하고 거든다. 당시 과천시 의원직을 가지고 있던 그는 나와 한 방을 쓰고 있었는데 자주 어원 때문에 골몰하는 내가 딱했던지 앞뒤 없이 불쑥 내뱉은 말이었다. 그러나 내 머리 속에는 번개 불이 지나가고 있었다. 아! 그렇구나! 앙가라가 아니라 왕가라구나. 너무 기뻐서 그의 어깨를 싸안고 거칠게 흔들었다.

나는 상고사 자료를 얻어내고자 대흥안령과 소흥안령을 5년 동안 헤맨 일이 있다. 그곳에 흩어져 사는 소수민족들의 뿌리를 캐기 위해서였다. 결론부터 말한다면 그곳에 산재한 여러 소수민족들―이를테면 만주족 몽골족 다굴족 허절족 시바족 어원커족 어룬춘족 등은 하나 같이 자기 조상신을 '퍼르컨'으로 말한다. 민족도 다르고 그래서 풍속이나 습관도 다르고 서로 간의 감정도 반드시 좋을 것이 없는데, 자기네 민족 신을 물으면 하나 같이 퍼르컨이라고 대답하는 것이다. 퍼르컨이 이 세상을 창조했고 자기들 민족도 만들었다고 믿는다. 참말이지 요령부득이었다.

그러던 중 '산 위에 사는 사람'이란 뜻을 가진 어룬춘족(鄂倫春族)을 취재하면서 모처럼 신화를 말하는 할매를 만날 수가 있었다. 그들 민족신화를 소개하자면 이렇다. 오래 전 옛날에 동쪽에서 한 장부가 왔다. 사방을 둘러보아도 사람이 생업으로 할 만한 것이 없어서 장부는 하느님을 찾아가서 차라리 하늘 백성으로 살고자 했더란다. 그러나 꼬박 1백일은 올라가야 닿는다는 하늘은 어떻게 올라가는가. 마침 거대한 사슴이 나서면서 제 뿔을 타고 올라가라 했다. 그러면서 사슴이 일러 주었다.

"하늘에 올라가기 전에는 절대로 말을 해서 안 된다."

그렇게 해서 뿔을 거머잡고 백일 동안을 천신만고 끝에 올라갔는데, 이제 하늘이 막 손에 닿으려는 찰나에 장부는 기쁨을 참지 못하고 소리쳤다.

"아, 하늘이다! 하늘에 닿았다!"

그러나 그 순간 사슴뿔이 사정없이 무너져 내렸다. 땅으로 떨어지면서 다급해진 장부가 정신없이 외쳤다.

"언두루! 언두루! 백일 정성이 이렇게 허무하게 무너져야만 합니까!"

그러자 언두루 하느님의 음성이 들렸다.

"이제 돌아가라. 너의 정성으로 땅에서도 백성들이 먹고 살 기업이 이미 준비되었다."

땅에 내려서고 보니 환경이 크게 변해있었다. 장부가 타고 올라갔던 사슴이 흩어져서, 뿔은 산이 되고, 뼈는 돌이 되고, 살은 들이 되고, 피는 냇물이 되고, 터럭은 숲이 되고, 털 속에 이(虱)들은 산짐승이 되었으므로 활을 메워서 짐승을 사냥해서 먹고살게 되었다는 것이다. 산이 들판이 되었다 했거니와 그런 연유 때문인지는 몰라도 대흥안령산맥은 험준한 산악지대가 아니라 편안한 숨결이 흐르는 고원지대라는 게 옳을 것이다.

나한테 이 신화를 이야기한 사람은 당시 어룬춘족의 부족장 격인 빠이얼 투(白亦杜)의 여동생으로 나이가 쉰여섯이었다. 빠이얼 투의 아들 빠잉(白英)은 북경중앙미술학원을 나온 화가로 서기 1995년 8월 전주에서 전시회를 한 적이 있다. 물론 내가 힘쓴 나머지였다. 사회주의 하느라고 자기들

민족신화마저 잃어버려서 신화를 만나기가 별 따기만큼이나 어려운 사회가 거기다. 내가 운이 좋은 날이었지만 그들도 운이 좋았다고 할 수 있다.

나는 자기 민족의 뿌리를 묻는 빠이얼 투 옹(翁)에게, 당신들은 동쪽에서부터 이동을 해온 사람들이다. 그리고 우리와 한 가지로 떠돌이 뿌리를 가진 형제다. 우선 엉덩짝에 몽골반점이 그렇지만 그것이 아니어도 관혼상제 등의 풍속에서 나타나는 점들이 유사하다고 설명해서 빠이얼 투의 늙은 눈에 이슬을 맺히게 한 일이 있다.

그런데 내몽골인민출판사에서 발행한 〈후룬퍼르멍민족지(呼倫貝尒盟民族志)〉를 넘겨보니 '산 아래 사는 사람'이라는 뜻의 어원커(鄂溫克)족을 어룬춘과 같은 종족으로 보면서, 그들은 바이칼 동쪽과 흑룡강 북쪽에 살던 사람들로 퉁구스 언어를 쓰는 민족이라고 한 것이 보인다. 이 활자가 틀리지 않았다면 나의 주장은 옳았다고 할 수가 있다.

'퍼르컨'은 '붉훈'이다. 그 옛날 그들 소수민족의 조상이 바이칼에서 살다가 붉훈문명을 가지고 와서 홍안령 골짜기 골짜기에 자손을 퍼뜨렸을 것이다. 이르쿠츠크 대학의 알렉세이라는 고고학 교수는 바이칼에 언제까지 사람이 살았느냐고 묻는 나에게 약 7천 년 전까지는 사람이 살았을 것으로 추정하는 게 현재 학계의 통념이라고 했다. 지질학자들이 조사한 바로는 지반이 둘러꺼지면서 호수가 갑자기 커졌고 갑작스런 환경 변화에 적응을 못하는 시절이 와서 사람들이 떠날 수밖에 없었다는 것이다.

생각컨대 홍안령에다 뿌리를 내린 소수민족들의 조상은 앙가라강의 물줄기에다 뗏목을 띄우고 내려왔을 것이다. 그 기간이 얼마였을지는 모른다. 수 십 년 세월이었을 수도 있고 수백 년이 될 수도 있다. 그러나 뗏목을 타고 내려가다 사람이 사는 고장을 만나면 짐을 풀고 자리를 잡았을 것이다. 빛나는 붉훈문명을 가지고 온 사람들이었으므로 원주민 쪽에서는 환영

할 수밖에 없었고 그들에게 떠임을 받아 왕이 되었을 것이다. 그런 소문이 자연 바이칼에 남은 사람들한테 전해지면 차마 떠나지 못해 망설인 사람들까지도 용기가 생겨 뗏목을 준비했지 않았을까?

그렇게 강에다 뗏목을 띄우는 일이 이어지면서 누구나 떠나기만 하면 정착하는 곳에서 왕이 된다 하여 '왕이 될 수 있는 강' '왕으로 가는 강' '왕가라 강'이 되었을 것이다. "어느 날인가 동녀동남 800이 흑수 백산의 땅에 내려왔는데⋯" 한 기록은 그런 것 중의 하나요 흑수 백산이라고 한 것은 흑룡강을 건너서 섬서성의 태백산으로 들어간 흔웅의 일을 전한 것일 것이다.

중요한 것은 우리 흔붉민족과 산의 관계에 대해서다. 삼성기 하편에서는 '처음 흔님께서는 천산에 올라 도를 얻어서 오래 사셨다' 했고, 〈삼국유사〉의 단군신화는 단군을 산신이 되었다 해서 우리가 산과 깊은 관계에 있는 것으로 말했었다. 또 〈서전〉에 나오는 요(堯)임금은 아침 해와 저녁 달을 손님처럼 대접하고, 하늘에 별을 살펴서 사시의 표준을 정했으며 순(舜)은 임금이 되고 나서 계절을 따라 사방의 명산에 다니면서 몸소 제사를 모셨다고 했다. 왜 이렇듯 우리 민족은 항상 산이 무대가 되고 배경이 되는지 한 마디로 뭉뚱그린 답이 태백일사의 흔국본기(桓國本紀)에 보인다.

조대기(朝代記)에서 말한다. 옛 풍속은 광명을 숭상하였으니 해로써 신(神)을 삼고 하늘로써 조상을 삼았다. 만방의 백성은 이를 믿고 서로 의심치 않았으며 아침과 저녁으로 경배하여 이것을 가지고 일과를 삼았다. 태양은 광명이 만나는 곳으로써 옛날부터 삼신이 계시는 곳이다. 사람은 빛을 얻음으로써 (생명을) 짓고, (태양이) 하는 바가 없는 듯 하여도 (사람은) 스스로 교화된다.

아침에는 가지런히 동쪽 산에 올라가서 해가 처음 뜨는 것을 경배하고 저녁에는 곧 함께 서쪽 강가로 나가서 달이 처음 뜨는 것에 경배한다.

이것으로 보면 산에서만 살았을 것이 아니라 해와 함께 살았다. 아니다. 산에서 해와 달, 그리고 나타나지 않은 별자리들과 함께 살았다. 여기서 '人得光以作'이라 했다. 해가 뜨면 사람은 움직인다. 사람의 살림, 생명의 살림을 시작하는 것이다. 해가 있는 동안에 움직이는 것은 생명의 타고난 바탈이다. 사람만 그런 것이 아니라 만물이 다 그렇다. 그리고 나서 '無爲自化'다. 태양은 실지로 아무 것도 한 것이 없는데 사람은 저절로 교화가 되었다는 뜻이다. 누가 가르쳐주지 않아도 그냥 자연에 합쳐지는 것 저절로 자연과 하나가 되는 것을 무위자화라 한다.

그렇게 천지간에 호흡으로 그런 가락으로 살아온 것이 우리 민족이다. 훈붉나라 백성이 툭하면 천문지리를 들고 나오는 것이 다 거기에 든 밑천이 있어서 그런 것이다. 부도지에서 말하는 우리 민족의 태 자리는 파미르 고원이다. 파미르 고원은 해발 7천 미터가 넘는 준령들로 이루어진 거친 산악지대다. 세계의 지붕이라는 말에 걸맞은 높은 산들이 빼곡히 쌓여서 된 높은 지대이므로 사람이 살기에는 부적당한 곳이다. 그런데 우리 민족은 거기서 태어났다. 몽골반점이 있는 민족은 다 파미르가 태 자리다. 내가 흥안령산맥에서 확인하고 다닌 소수민족들도 그런 이들이다.

산에서 자란 민족과 들에서 자란 민족은 모든 면에서 같을 수가 없다. 우선 체력과 정신력에서 현저한 차이가 나지만 특히 강한 정신에서 나오는 창조정신은 산에서 자란 민족이 월등하게 앞서는 법이다. 산이 사람을 그렇게 단련시키고 키워내기 때문이다. 산이란 변덕이 심한 곳이다. 때도 없이 안개가 밀리고 골짜기를 휘감는 바람은 앞을 가려서 사람을 안심할 수 없도록 만든다. 또 우선은 쾌청하지만 언제 구름이 몰려들어 소나기를 퍼부을 것인지 그런 예측도 어렵다. 사나운 번개가 메뿌리를 때려 인간의 가슴속에 숨은 오만을 캐려 들고 무서운 천둥이 등성이를 타고 구르면 인간은 까닭 없이 왜소하게 줄어들 수밖에 없다.

난데없는 벼락이 산불을 일으켜 인간의 역량을 한껏 시험해내고 병마가 가져오는 역병이나 생각지 못한 재앙이 덮치면 그런 상황에서의 인간 심성은 식량이나 맹수의 위협 따위를 사실상 별 것 아니게 칠 수도 있다. 산을 따라 달라지는 천문의 별자리를 그래서 자주 살필 수밖에 없고, 그런 경험이 익어서 쌓이는 사이에 일체 생명은 한 심지 숨줄로 꿰어진 것을 깨달아 마침내 천지를 내 몸 삼는 깊은 지혜가 열렸을 것이다. 겹겹이 둘러막은 능선과 깊은 구릉을 따라 열리는 거친 숲 또 수 십 길씩의 바위 벼랑 끝에 서서 우레 같은 산 울음을 들을 때 들사람으로서는 상상할 수도 없는 기량이 자라나지 않았을까? 마침내 그들의 가슴에는 궁륭한 하늘의 별들과 호흡이 녹아들어서 깊숙하고 어둑한 우주의 일부가 되었을 것이다.

그래서 날마다 산에 살면서도 언제나 산이 외경스럽고, 그래서 산의 숨결에 더 의지하게 되고, 그 심장이며 호흡에 산의 정기가 배어들어서 사람이 숫제 산이 되는 사이 조상이 죽으면 산신이 되었다고 믿고, 그렇게 가르쳐오는 동안 단군도 산신이 되었다고 〈삼국유사〉에 적히게 되었을 것이다. 단군이 산신이 되었다는 대목이야말로 당연한 사실이 당연하게 기록되었다고 본다. 훈인천제가 천산에서 도를 얻었다는 것을 보면 틀림없이 산에다 단을 묻고 제사를 모시면서 찬란한 훈붉문명을 열었을 것이다.

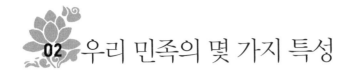

02 우리 민족의 몇 가지 특성

붉달민족이 창조적이고 기량이 큰 것은 또 배포가 크고 의연한 것은 정히 산에서 자란 민족이기 때문이다. 생각을 아무리 다잡고 파고들어도 결국에 닿는 것은 우리가 산에서 자라온 이유에서 벗어날 수가 없다. 그러나 좋은 점만 있는 것은 아니다. 쓸데없이 유행에 민감하고 제 것을 쉽게 포기하면서 남의 것을 좇는 버릇도 산에서 익은 한 습관이다.

생각해 보라. 닿는 산마다 단을 쌓고 제사를 지내지만 언제나 오래 머물지는 않는다. 사냥의 조건이 틀렸다거나 달리 환경이 나빠서가 아니다. 그저 해를 숭배하고 해한테 제사 지내면서 해의 뿌리를 찾는 일이 언제나 급했기 때문이다. 그러다 보니 눈은 늘 다음에 닿을 봉우리를 찾아 헤매게 되고 거기에 닿으면 다시 다른 능선과 봉우리를 찾기에 바쁠밖에 없다. 그렇게 정착이라는 것을 모르는 살림이 여러 만년을 반복하는 동안 육신이나 정신은 늘 새것 새로운 환경에만 연연할 뿐 제가 머무는 현실을 부정하는 습관이 저절로 자리 잡게 된다.

비싼 대가를 치르고 얻은 보물이 제 손 안에 있어도 곧 쉽게 버리고 어느새 새것을 찾는다. 그것이 붉달민족의 공통점이다. 내 손에 있는 것을 늘 버려온 습성은 항상 남의 손에 있는 것이 좋아 보이게 마련이어서다. 이른바 남의 손에 있는 떡이 내 손의 떡보다 더 커 보이고, 남의 밥그릇에 든 콩이 내 밥그릇의 콩보다 크고 많아 보인다. 그래서 다툼질이 생긴다. 끊임없이 새 유행을 찾아서 두리번거리는 게 한국 사람들이다.

그래서 한국인은 종교를 해도 꼭 남의 것을 얻어다가 하지 제 핏줄에 흐르는 본래의 감각을 귀하게 여기지 않는다. 불교 유교 기독교라는 것들이 다 외국에서 꾸어 들인 것이지 우리 것이 아니다. 아마 단군도 외국인이었다면 꾸어 들여다가 부지런히 믿을 것이다. 이조 선비들이 중국인들이 만든 성리학을 가져다가 결국 당파를 만들어 나라를 망치게 한 것도 쓸데없는 허례허식과 분수 모르는 유행 감각에서 멀지 않다고 할 수 있다.

도대체 허례허식이 넘치게 강한 것이 우리 민족이다. 때거리가 없어서 끼니를 굶고도 누가 부르면 잘 먹은 것처럼 이를 쑤시면서 나가는 것이 한국 사람이요 조선족이다. 조금 앞서 가는 놈 별난 짓을 하는 놈이다 싶으면 따져보지도 않고 귀한 사람이라 여기고, 자기한테 해악을 끼치는 놈인데도 똑똑하다는 소리만 들으면 그냥 추종을 해버린다.

산에서 산으로 이동을 할 때는 언제나 앞서는 리더가 있게 마련이다. 그 리더는 반드시 총명하고 지혜로웠을 것이다. 그렇지 않고는 부족 전체가 죽음으로 가는 위험에 직면할 수 있기 때문이다. 그 버릇이 지금도 핏줄에 흐르기 때문에 앞 서 가는 놈을 생각 없이 따르는 버릇이 있다. 한국인에게는 쥐떼 근성이 있다는 서양인의 말은 충분히 일리가 있다. 우리는 정치를 해도 전라도니 경상도니 나누어 가면서 꼭 패거리 정치를 하지 않는가.

똑똑한 놈한테 약하고, 많이 배운 놈한테는 기가 죽고, 그런 실속 없는 형식은 차라리 개나 주었으면 좋았을 텐데 너 나 없이 놓지 못하다가 기어이 학벌들이 넘쳐 나서 학력 인플레가 생기는 희안한 국가가 되고 말았다. 속이 빈 명분인데도 그저 체면 때문에 어쩌지 못하는 버릇은 여전해서 친일파와 어울리면서 술을 마시고 사기 협잡하는 잡배하고도 껄껄거리다 보니 꼴이 아주 우습게 되어버렸다.

그래서 정치판이 협잡판이 되고 기업도 몇 놈이 나눠 먹기 식으로 가고 있고 사법이나 검찰은 늘 돈 있는 놈 등 쓰다듬으면서 제 주머니만 채우면 되었지 국가질서 따위는 안중에도 없는 나라다. 조·중·동이 언론의 본분을 이탈해서 국민을 구렁으로 몰아가건만 그게 어제오늘 일이냐고, 다 배우고 똑똑한 사람들이 하는 짓인데 어쩔 거냐고 체념하는 사회다.

의료법이 잘못되어서 병원이나 의사는 환자들 주머니만 넘어다보지 정작 국민 보건은 뒷전인 나라, 그래도 그런 법에 길들여진 국민이란 명청이는 아프면 병원에 가서 합법적으로 죽고 환자가 죽어도 의사는 책임지지 않는다는 각서를 먼저 받는 데가 병원이다. 그러니까 돈은 돈대로 쓰고 사람은 사람대로 죽이는 것이다. 민방의료법이 신통해서 병원에서 죽이는 환자를 살리는 일이 흔하지만 허가증이 없으므로 사람 살리고 나서 오히려 쇠고랑을 차는 나라다. 결국 병원에서 사람을 합법적으로 죽이는 셈이다.

억울한 일 생기면 상식도 통하지 않는 재판소에 다발 돈 들고 가서 재판을 기다린다. 잘못 돼도 한참 잘못된 데가 대한민국이란 나라다. 그게 다수 만년을 산에서 산으로 떠돌면서 익혀 가지고 나온 붉달민족의 버릇이라는 말이다.

또 하나 빠뜨리지 못할 것은 이렇듯 실답지 못한 사회를 만들어서 엉터리로 사는 사람들이 정작 어떤 일 앞에서는 이상하게도 흠절(欠節)이 없는 완전을 추구한다는 점이다. '흠절이 없는 완전'은 말할 것도 없이 윤리적으로, 더 나아가서는 도덕적으로 전혀 모자라지 않는 '완벽'에 닿고 있음을 의미한다.

그러니까 현실은 더러운 개똥밭이어도 바라보는 이상은 하늘의 별처럼 영롱한 것이어야 된다고 고집을 부리는 것이다. 물론 자기도 모르는 사이 은연중의 기분이 그리되고 있으므로 따져보기 전에는 속는 줄도 모르고 지나치게 되는 공통된 버릇이다. 이것은 심각한 모순이 아닐 수 없다.

가령 어느 집 아이 하나가 이웃간이나 마을에서 제법 셈평에 밝고 똘똘하다 싶으면 그 아이는 자라면서 쉽게 '신동'이 된다. 학교에 가서는 정말 공부도 잘하고 또래 아이들이 잘 따라주므로 제법 통솔력도 발휘한다. 그러다 보면 이 아이는 매사에 모범생이 되어야 하는 것처럼 주변에서 기준을 정해 버린다. 항상 복장도 단정해야 하고 모르는 것도 없어야 되고 거친 말투나 사나운 욕설도 입에 담아서는 안 되고, 어른을 만나면 인사도 잘 해야 되고 언제 어디서나 일등으로 앞서가는 사람인 것이다.

소년기를 지나 청년이 되어도 이 모범청년은 항상 옳고 바르기 때문에 누구하고 불필요한 시비를 하는 일도 없고 추잡한 스캔들도 만들어서 안 된다. 이 청년의 일거수일투족은 항상 주변의 뉴스거리가 되기 때문에 어쩌다 연애라도 한다 싶으면 그야말로 큰 사건이 되고 연애 상대인 처녀까지 덤으로 말밥에 올라서 시끌시끌해지는 것이다. 결혼을 하고 직장을 갖고 그러다가 기회를 타서 공천을 받고 어렵지 않게 국회의원이 된다. 항상 타의 모범이 되고 옳기만 한 평소의 품행이나 언행이 주변에 두루 알려져 있기 때문에 어렵지 않게 출세를 한 것이다.

그러나 정작 국회의원의 가슴 속에는 여느 사람하고 자기가 구별되어야 하는 까닭이 없다. 그저 '신동'이었고 '모범생'이었기 때문에 조신하게 처신해왔을 뿐이다. 자기라는 사람은 따져보면 주변에서 그렇게 만들어 낸 것이지 자기의 욕망은 늘 이것은 아니라고 이것이 제 인생은 아니라고 항변하는 또 하나의 자기가 있었다고 깨닫는다.

재선에서 당선하고 삼선에 뽑히는 동안 국회의원이라는 직위를 이용해서 각종 이권과 부정에 깊이 개입해서 감추어두었던 실력을 유감없이 발휘하게 된다. 물론 모범생답게 주도면밀해서 그런 비리 따위와는 전혀 관계가 없는 사람처럼 고고하게 보였지만 꼬리가 길면 밟히게 된다던가? 급기야 일이 터진다.

진실이 옷을 벗고 드러나자 사람들은 믿었던 도끼가 발등을 찍었다고 이런 배신이 없다고 입을 모으고 자기의 주머닛돈 자기네 살림이 축이라도 난 것처럼 분해하지만, 자신들의 피 속에 흐르는 한 옛적의 제사장을 따라 제단을 만들고 제사를 모시던 그 감각이 작용해서 멀쩡한 사람 하나를 제사장 감으로 착각했다는 것은 끝내 깨닫지 못한다.

이렇게 유행에 민감하여 남의 것을 잘 따르고 속빈 허례허식을 추종할 뿐 아니라 제가 만든 착각에 빠져서 자칫 엉뚱한 결과를 자초하는 조선족의 성정에는 보다 본질적인 것이 있어서 그렇게 하는 것이다. 그것이 뭘까? 여러 만 년 세월을 산으로 떠도는 사이 산에서 터득한 검스런 지혜에 그런 혼이 깃들었다고 할 수 있다.

산은 언제나 모든 것을 다 보여주지 않는다. 다 보여주지 않아서가 아니라 산을 다 보지 못하는 것이 인간의 지혜 한계다. 가령 능선 하나가 달라지면 갑작스럽게 폭풍을 만날 수도 있고 예상 못한 두려움과 마주 칠 수도 있다. 반대로 잔뜩 웅크리고 긴장을 했는데 전혀 다른 조건의 호재가 기다리고 있는 경우도 있었을 것이다. 산은 이렇듯 언제나 신비와 경이의 숨결로 인간을 시험해 내기 때문에 사람도 어느 새 산을 닮아 보이는 것들 너머에는 반드시 다른 보이지 않는 경이와 신비가 있다고 믿어서 준비하는 점층성(漸層性)을 갖는다.

그리하여 실제보다 번지는 명성은 늘 과장되거나 더 크게 부풀려지기 마련이고, 그 명성을 뛰어넘는 능력이나 인물은 언제든 또 다시 나타나게 마련이다. 우리가 알고 있는 것이 전부가 아니라는 것을 언제라도 기억하라고 강요하는 식이다. 절집 대웅전에는 불상 후면에 후불탱화(後佛幀畵)를 세우는 것이 그것을 증명한다. 세계의 어느 나라에도 부처님 뒤에다가 하늘의 신중이나 천상세계를 거꾸 세워서 부처님의 위신력을 증폭시키는 경우는 없다. 그런데 유난히 조선족들의 대웅전에는 그런 분위기의 부처님을 모시는 것이다.

각설하고, 지금도 산에만 가면 우리는 정신이 나고 상쾌해진다. 마음이 성숙해지고 넓어지고 호연(浩然)해지는 것은 누구라도 느낄 수 있는 일이다. 그래서 예로부터 큰 도를 닦는 사람은 반드시 산으로 들어갔다. 도가 산에 있어서가 아니다. 생명의 풀무간에서 망치질을 당하면서 도를 닦는 기량이 준비되어야 하겠기에 산으로 들어가는 것이다.

그런데 우리는 처음부터 산에서 태어났고 수 만년을 산을 타고 이동하면서 자라온 민족이다. 황궁씨가 돌이 되어 인세의 혹량(惑量)을 없애고, 유인씨가 훈인씨에게 천부(天符)의 징표를 전하고 계불(禊祓)을 전수하면서 나오지 않은 것도 그 무대가 산이었다. 천산산맥이 다하면 알타이산맥을 타고 알타이에서 한가이 산맥을 넘어 바이칼에 이르는 험한 산들을 또 타고 그래서 훈인씨가 천산에 올라 도를 얻어서 오래오래 살았다고 이야기하는 것이다.

산에서 산을 건너면서 살아온 세월이 수 만년 어쩌면 수 십 만년이나 되는 민족이 우리 붉달민족이다. 역사가 문자로 적히기 전의 그 오랜 세월을 생명의 풀무간에서 달구어지고 더욱이 산마다 다른 그 고장 특유의 망치질에 적응하는 동안 마침내 죽을래도 죽을 수가 없는 불사신으로 단련된 사람들이다.

삼성기에서 말하는 파나류나라 혼국은 그 땅이 남북 5만리요 동서 2만여리다. 그러니까 얼른 말해 바이칼에서부터 중동에 이르는 넓은 땅이 몽땅 혼국이다. 시베리아와 몽골은 물론이고 서토 중원이 모두 포함되는 광활한 지역이 혼국인 것이다. 그 혼국이 나누어서 말하면 12개 연방국으로 되는데, 끄트머리에 수밀이(須密爾)라는 이름이 들어 있다. 수메르를 한자로 쓰면 수밀이가 된다. 오늘 서구문명의 초석이 된 수메르에 녹도문(鹿圖文)을 닮은 쐐기문자가 있었다는 건 다 아는 일이다.

지구라트[2]를 만든 이 수메르가 한 옛적 우리의 국토였다는 증거가 있다. 〈삼국유사〉에 나오는 구지가(龜旨歌)를 알 것이다. '거북아 거북아 머리를 내어라. 내어 놓지 않으면 구워 먹겠다.' 가락국의 구간(九干)이 구지봉에 오르니 수백명의 사람 소리가 '여기에 사람이 있느냐'고 물어왔고, '우리가 있습니다' 하자 '하늘이 나에게 명령하여 이곳에 나라를 세우고 임금이 되라 하니 너희는 봉우리의 흙을 파서 모으고 노래하라' 함으로 구지가를 부른 것으로 되어 있다.

그러나 구하구하(龜何龜何)로 시작되는 이 기록은 수메르어로 해석하면 '외쳐라! 외쳐라! 신성한 곳을 택하셨도다. 신성한 곳을 환히 비추라 명하시니, 빛나는 횃불로 화답하네' 라는 뜻이 된다. 이렇게 되면 종래로 인식해온 거북이 머리를 구워먹겠다는 요령이 통하지 않는 것보다는 훨씬 자

---

2) B.C 3천년 이전부터 메소포타미아나 이란 서부지역에서 흙벽돌로 만든 층계 모양의 제단. 구약성서에 나오는 바벨탑도 비교적 후기에 나타나는 지구라트의 하나라고 할 수 있다. 전탑(塼塔)에 역청을 쓰고 채색까지 겸했다는 이 제단은 메소포타미아 지역에 처음 나타난 이방인들이 산을 상징하는 제단을 만들면서 시작되었다고 한다. 제정일치의 고대문명이 제단에서 시작된다는 것은 천하가 아는 상식인데 그렇게 보면 메소포타미아 문명 역시 산을 상징하는 제단을 쌓고 제사를 지낸 외래민족들이 일으킨 문명이라고 할 수 있다.

연스럽게 의미가 통해지게 된다.

또 부도지는 나쁜 짓을 한 사람을 섬도(暹島) 곧 오늘의 태국 땅으로 귀양을 보냈다고 했다. 섬라(暹羅) 역시 〈삼국유사〉에 나온다. 가락국의 김수로 부인 허황옥이 섬라에서 왔다고 했다. 태국도 멀다는 조건에서는 수메르와 그리 다를 바가 없다. 그러나 태국 언어가 고립어로 되어 있는 것은 서토의 지나인들이 어느 시기에 태국 땅으로 이주했음을 의미한다. 그렇다면 태국 언어가 고립어인 것이 설명된다. 서토는 본래 붉달나라 땅이요 훈국이다. 또 태국인들의 언어나 풍속에는 한국인의 풍습과 아예 같거나 아주 흡사한 것이 있어서 관광객들을 당황하게 한다는 말도 들린다.

핀란드를 여행하는 사람들은 처마 안에다가 마늘을 매달아놓고 악귀를 쫓는 것을 흔하게 본다는 이야기를 한 바 있다. 단군신화에 나오는 마늘이 왜 갑자기 북유럽에서 부적으로 발견되는 것이며, 아메리카 인디언들은 무슨 까닭에 한사코 서구문명을 거부하면서 자연과 친화하고 합일하는 그들 문명을 고집하는가. 뒤에 오는 사람들이 밝혀내야 할 숙제가 되겠지만 여기 아시아를 넘어서 유럽은 물론 아메리카의 잉카나 마야문명에 이르기까지 붉달문명의 기운이 저들 문명의 뿌리가 되었다는 것을 증명하는 때가 반드시 올 것이다.

여기 〈훈단고기〉를 번역하고 주를 놓은 임승국의 파나류산 조(條)를 소개하자면 이렇다. "진서(晉書) 97권에는 숙신씨(肅愼氏)의 나라가 파나류국인 훈국을 가리키는 것이고 숙신의 원 이름은 조선이라고 한다. 파나류산은 부여를 떠나 60일 되는 거리에 있다…… 본문에 나오는 구다천국(句茶川國)은 오늘의 캄차카이며 선비국(鮮卑國)은 퉁구스를 말한다."

사람이 하루 동안 걷는 거리가 얼마일까? 자동차가 그리 많지 않던 내 어렸을 적만 해도 대개 하루에 백 리를 걸어내는 것으로 가늠하고 길을 나섰다. 부여에서 파나류까지 60일이 걸렸다면 그 시절 사람들의 발걸음으로는 아마 족히 만리는 되었을 것이다. 다른 이야기가 아니다. 60일 걸려서 걷는 그 넓은 땅이 곧 붉달민족의 이동 통로인데, 그렇다면 그 지역에 다른 문명은 있을 수가 없다. 그리고 그 문명들이 유럽으로 아메리카로 번져나 갔으리라는 이야기다.

삼성기 하편에서 "인류의 조상을 나반(那般)이라 한다. 처음 아만(阿曼)과 만난 곳을 아이사타(阿耳斯它)라고 하는데 꿈에 천신의 가르침을 받아서 스스로 혼례를 이루었으니 구한(九桓)의 무리는 모두 그의 후손이다" 했다. 이 내용은 태백일사의 신시본기(神市本紀)에서 보다 구체적으로 말하고 있다.

> 인류의 조상을 나반(那般)이라 한다. 처음 아만(阿曼)과 만난 곳을 아이사타(阿耳斯它)라 한다. 또 사타려아(斯它麗阿)라고도 한다. 어느 날 꿈에 천신의 계시를 받아 스스로 혼례를 이루었으니… 천해(天海) 금악(金岳) 삼위(三危) 태백(太白)은 본디 구훈(九桓)에 속한 것이며, 9황(皇) 64민(民)은 모두 그의 후예이다. 그러나 일산일수(一山一水)가 각각 한 나라가 되매 사람들도 역시 따라가 경계를 나누니 경계를 따라서 나라를 달리하게 되었다. 나라를 달리 한지 오래이니 창세의 조서(條書)의 뒤는 찾아볼 수 없게 되었다.
>
> 장구한 세월 뒤에 훈인이란 분이 나타나서 여러 사람들의 사랑으로 추대되어 안파견(安巴堅)이라고도 하고 커발훈(居發桓)이라고도 하였다. 대저 안파견이라 함은 바로 하늘을 계승하여 아버지가 되었다는 뜻의 이름이고, 커발훈이라 함은 천·지·인을 하나로 정한다는 뜻의 이름이니라. 이로부터 훈인의 형제 아홉 사람은 나라를 나누어 다스리셨으니 이를 9황(皇) 64

민(民)이라 한다…… 웅족(熊族) 중에 단국(檀國)이 있어 가장 강성했다. 왕
검 역시 하늘에서 내려와 불함산에 사시니 나라 안의 모든 사람들이 함께
받들어 단군으로 모시어 이를 단군왕검이라 한다.

어떤 눈이 본다고 해도 삼성기의 기록보다는 신시본기에서 말하는 내
용이 훨씬 유장하게 보일 것이다. 이제 하나씩 짚어보기로 하자. 인류의
조상을 나반이라 하고 짝이 되는 여자를 아만이라 하는데, 그들이 처음 만
난 곳을 아이사타 혹은 사타려아라는 고장이라고 한다. 위에서 본대로 아
이사타는 아사달을 시베리아 식으로 발음한 것을 다시 한문으로 음사(音
寫)한 것이고 사타려아는 사백력이 변한 것이기가 쉽다. 그러므로 사타려
아나 아이사타나 결국은 시베리아를 지칭하는 명칭이다.

대종교(大倧教)가 전해오는 신사기(神事記)에서도 나반과 아만이 처음
만난 곳을 송아리 얼 곧 송화강으로 말하고 있다. 처음에는 동서로 나뉘어
있어서 오가지 못하다가 오랜 뒤에 만나 서로 짝이 되니 그들에게서 비로
소 다섯 가지 인종 곧 황인종 백인종 흑인종 홍인종 남색인종이 태어났다
고 말한다. 부도지에서는 인류의 시조가 태어난 곳은 파미르 고원이고 열
두 사람의 인간 시조가 인간을 낳기 시작하여 자기 자손들을 각자가 관리
한 것으로 되어 있다. 그런데 〈훈단고기〉에서는 다시 삼성기의 내용과 태
백일사의 내용이 각기 다르게 기록된 것이다.

여기서 계연수의 역사 보는 태도가 이래서 다시 고맙고 감사한 것이다.
워낙이 깊은 역사 ─ 아시아 역사의 바탕이 되고 밑둥이 되는 역사여서 바
닥이 잘 안 보이는 우리의 역사가 사비성에서 불타서 없어지고 고구려 도
성이 불탈 때에 없어진 채로 복원하다 보니, 그러니까 맷돌 구멍에서 좀
살아나듯 어찌어찌 전해진 구차한 문헌을 전하다보니 이렇게 될 수밖에

없었을 것이다.

곳곳에서 서로의 주장과 말하는 각도가 다르지만 그것은 피차가 의지한 문헌이 다른 데서 오는 차이이므로 어쩔 수가 없는 대목이다. 같은 지리산을 다녀왔어도 노고단에서 천왕봉으로 능선만 타고 온 사람과 칠선계곡이나 백무동에서 놀다 온 사람은 본 것이 다르기 때문에 말하는 것이 다를 수밖에 없다. 그러나 확실한 것은 이들이 지리산에 있었고 지리산을 체험했다는 사실이다. 이렇게 볼 때 신사기의 기록이나 〈훈단고기〉 삼성기의 기록 또 태백일사의 기록이 내용면에서 약간 씩 다르게 사개가 틀리는듯싶게 보이는 것도 있을 수 있는 일일 것이다.

그러나 내 생각에는 부도지가 말하는 것이 가장 미더워 보인다. 박제상 공이 살았던 시절이 가장 깊다는 데서 우선 그렇지만 부도지가 의지한 것은 궁중 도서관 서책이었으므로 신빙성이 크다 할 것이다. 더욱이 신라 초기 시절이면 불교나 유교 같은 외세문화가 닿기 전이므로 우리 역사가 온전하게 살아있던 때다.

그렇게 본다면 파미르에서 추운 천산산맥 쪽으로 방향을 잡고 나온 황궁씨의 후예들이 유인씨 시대를 거쳐 훈인씨 시절에는 시베리아에 머물고 있었고, 그 지역이 바이칼였다고 보아도 아무 무리가 없다. 그런데 삼성기에서 '인류의 조상을 나반이라 한다' 했는데 절집 삼성각에 나반존자(那般尊者)[3]가 있어서 뜻있는 사람들을 생각하게 한다. 삼성각(三聖閣)은 우리 토속 신앙이 불교에 밀려서 대웅전 뒤켠으로 나앉은 것이다. 삼성을 대개 훈인 훈웅 훈검으로 보는데 훈인에 해당하는 분은 치성광여래(熾盛光如來)

---

3)   불교를 믿는 나라는 많지만 나반존자를 자기들 토속신으로 모시는 것은 한국불교뿐이다. 같은 한문문화권인 일본이나 중국에도 없다.

로 삼성각 복판에 앉아있고, 흔웅에 해당하는 분이 여기서 말한 나반존자가 되어 치성광여래의 좌측을 차지한다. 불교에서는 삼성각에 모셔진 나반존자를 독성(獨聖)[4]으로 부른다. 단군이 산신이 되었다는 것은 바로 단군신화가 전하는 소식이므로 설명하고 말 것도 없다. 산신은 치성광여래의 우측에 모셔진다.

다음은 천해(天海) 금악(金岳) 삼위(三危) 태백(太白)에 대해서다. 천해는 바이칼호 금악은 파나류산[5] 삼위는 오늘의 감숙성 돈황현에 있는 삼위, 그리고 태백은 섬서성 서안에서 서쪽으로 3백 리 거리에 있는 3,767m의 태백을 말한다고 보인다. 그렇게 본다면 천해와 금악은 시베리아에 있고 삼위와 태백은 오늘의 중국 중심부에 있다고 할 수 있다.

삼위와 태백은 〈삼국유사〉의 단군신화에서 말한 곳으로 흔웅족이 무리를 이끌고 처음 도착한 지역을 말한다. 태백산이라면 지금껏 백두산을 말한다고 생각해왔고 나 역시 그러했으나, 서안에 있는 태백산을 직접 둘러 본 뒤로는 백두산일 수가 없다고 생각하는 것이다.

---

4) 석가모니 부처님이 아직 태어나기 전에 연기법(緣起法)을 깨달은 분이 독성이다. 석가모니가 깨닫고 중생사회에다 편 법이 바로 연기법인데, 그 연기법을 석가모니보다 앞서서 홀로 깨달았다면 곧 석가모니 형님이나 한 가지다. 그런데 또 맹랑한 것은 우리 조상들이 살았던 옛 땅을 가리켜서 가섭불(迦葉佛)의 국토라고 말한다는 점이다. 이는 우리 조상들이 남긴 천부경이나 주역에서 증명되듯이 민족의 혼과 기백이 예사롭지 않았음과 결부되는 것 아닐까?

5) 붉나라산을 음사(音寫)한 것이 파나류산(波奈留山)일 것이다. 다시 말하면 한문은 뜻글자이기 때문에 번역하는 말뜻을 살려서 하는 의역이 있고, 소리 나는 대로 옮기는 음역이 있는데 음사는 곧 음역이다. 인류사 이래의 가장 빛나는 문명을 누리고 사는 나라라는 자부심에서 붉누리 곧 밝은 나라라고 했는데, 후세에 한문의 시절이 되면서 '붉나라'를 파나류라고 했다는 뜻이다. 만약 이것을 의역으로 본다면 파나류는 아무 뜻도 없는 그야말로 무의미한 말이 되고 만다.

또 신시본기에서 9황(皇) 64민(民)은 모두 9훈(桓)의 후예라고 말한 부분에 관해서다. 皇은 황제(皇帝)의 황이다. 그러니까 9황이라고 한 건 임금이 아홉 사람이었다고 보면 된다. 여기서 아홉이라는 숫자도 그렇다. 반드시 숫자가 아홉에 해당해서가 아니라, 그냥 많은 숫자를 흔히 아홉으로 대칭시킨 옛 사람들의 버릇이라고 보아야 옳다. 천부경에서도 주역에서도 9는 그냥 최고의 숫자거나 최다 숫자의 의미로 쓰인다.

그것은 뒤에 64민이라고 한 64라는 숫자에서도 나타난다. 주역에서 8괘(卦)는 하늘 아래 벌어진 음양의 온갖 것을 총체적으로 나타낸 것이므로 8×8 =64로 표현될 수 있다. 그러니까 64민이라고 하면 천하의 백성을 총칭함이지 꼭 숫자적으로 64부족이나 64민족을 말한 것이 아니라는 이야기다. 그러니까 9황(皇) 64민(民)이 모두 9훈(桓)의 후예라고 한 것은 천하의 백성이 모두 바이칼에서 나온 붉한의 자손이라는 말과도 같다.

이런 숫자의 상징적 개념은 이미 〈삼국유사〉의 단군신화에서도 만난 바 있다. 곰과 호랑이가 마늘과 쑥으로 시험을 당하는데 21을 3·7일로 말한 대목이다. 이것이 훗날까지 비결을 말하는 관습으로 굳어져서 토정이나 남사고 등의 감여가(堪輿家)들이 〈격암유록(格菴遺錄)〉같은 예언서를 남길 때는 자기들끼리 통하는 현학적인 숫자 투성이로 미래의 일을 기록했을 것이다.

훈인은 커발한(居發桓)[6]으로 불리고 안파견(安巴堅)이라고도 한다 했

6)   커발훈은 제1세 훈웅천왕의 이름이다. 그런데 훈인천제의 나라 훈국에서 벌써 이 이름이 나온다는 것은 어불성설이다. 그러나 이런 어불성설이 도처에서 보이는 것이 또한 〈훈단고기〉다. 이 책이 엉터리여서가 아니라 거대한 역사가 오래 땅에 묻히다 보니 간혹 올라오는 비늘조각들이 그나마 부스러지다 남은 상태라서 이러는 것이다. 〈훈단고기〉를 미워하는 세력은 이런 것 때문에 인정을 않겠지만, 우리는 〈훈단고기〉가 이래서 더욱 소중하게 보인다.

다. 안파견은 하늘을 계승한 아버지의 뜻이요, 커발혼은 천·지·인을 하나로 정한다는 뜻이라고 주를 놓았다. 이 말 뜻은 풀자면 하늘과 땅 사이에 만물이 존재하지만 사람만이 만물을 대표할 수 있는 존재라는 뜻이다. 마치 맹자가 '하늘이 크고 땅이 크고 왕이 크다'고 한 것과 같은 맥락의 말이다.

눈에 번쩍 띄는 대문이 하나 있다. 웅족(熊族) 가운데 단국(檀國)이 가장 강성했다는 대목이다. 웅족이라면 좀 전에 말한 곰은 3·7일만에 여자가 되었으나 호랑이는 참지를 못하여 실패하고 마는 내용이다. 웅녀는 흔웅과 결혼을 해서 단군을 낳는다. 그러니까 단군의 어머니가 곧 웅녀다. 지금 그 웅족이 갑자기 나타나더니 불문곡직하고 '웅족 가운데서 단국이 가장 강성했다'니 무슨 뚱딴지같은 이야기인가.

〈훈단고기〉 안에는 태백일사의 삼훈관경본기(三韓管境本紀)에도 웅녀족과 흔웅 이야기가 두어 군데 비치고, 신시본기(神市本紀)에서도 너 댓 군데 비친다. 그 외에도 여러 곳에서 웅족과 호족(虎族)이 함께 나오기도 하고 어느 때는 웅족과 호족을 따로 나누어서 말하기도 하고, 더러는 어느 한 쪽만을 말해서 그들이 〈삼국유사〉에 나오는 사건 이후로 각기 어떤 길을 가는지가 심심찮게 소개되는 것이 보인다.

〈삼국유사〉 내용보다 구체적이어서 훨씬 사실적인 데도 있고 비슷한 데도 있고, 어렴풋이 흘린 곳도 있다. 그래서 나로서는 실로 많이 생각할 수밖에 없던 대목인데 자세한 것은 삼황오제의 복희씨를 이야기할 때 저절로 끌려나올 것이다. 여기서는 읽는 사람이 납득될 만큼만 설명하자. 삼훈관경본기 첫 장의 나중 부분을 그대로 옮긴다.

웅녀군의 후손으로써 여(黎)라고 하는 이가 있었는데, 처음으로 단허(檀

墟)에 책봉 받아서 왕검이 되매, 덕을 심어 백성을 사랑하고 영토를 차츰 크게 넓히니 여러 곳의 왕검들이 나아와 특산물을 바치며 이로써 귀화하는 자가 천여 명을 헤아렸다.

뒤에 460년을 지나 신인왕검(神人王儉)이란 이가 있었는데 크게 백성들의 신망을 얻어 비왕(神王)이 되었다. 섭정하신지 24년 만에 웅씨의 왕은 전쟁하다가 붕어하시니, 왕검은 마침내 그 왕위를 대신하여 구훈(九桓)을 통일하고 단군왕검이라 하였다. 곧 나라의 인물들을 불러 약속을 세워 말하기를 "앞으로는 백성의 뜻을 물어 공변된 법을 만들고 이를 천부(天符)라 할지니, 그 천부란 만세의 강전(綱典)이며 지극히 존중하여 아무도 이를 어길 수 없는 것이다" 했다.

마침내 삼훈으로 나누어 나라를 통치하시니, 신훈(辰韓)은 스스로 천왕께서 다스리시고, 도읍을 아사달에 세우고 나라를 여시사 조선이라 하시니, 이를 1세 단군이라 한다. 아사달은 삼신을 제사지내는 곳인데, 후인들이 왕검의 옛집이 아직 남아있기 때문에 왕검성이라 했다.

곁가지로 뻗는 이야기가 자칫 장황하게 되면 본 줄거리를 놓질 수 있어서 그만큼 위험도가 높아진다. 그렇기는 하나 여기서는 짚을 곳이 네 군데다. 단군왕검이 나라를 세 쪽으로 쪼개서 신훈(辰韓)을 직접 통치했다는 것과 나라의 공법(公法)을 천부(天符)라고 한 것, 신인왕검이 등장하는 부분 그리고 웅녀군의 후손으로 단허에 책봉 받은 여(黎)에 관해서다.

끝에서부터 풀어보자. 辰韓은 반드시 신훈(神韓)[7]으로 읽어야 한다. 단

---

7)   辰이라는 글자는 '신' 이 될 수도 있고 '진' 이 될 수도 있다. '진' 으로 읽으면 북두칠성이 되고 '신' 으로 읽으면 북극성이 된다. 그래서 일월성신(日月星辰)이라고 하면 해와 달과 별 그리고 움직이지 않는 붙박이 별 북극성을 뜻한다. 북두칠성은 하늘에 28수

군왕검이 나라를 셋으로 나누고 그 중 하나를 다스렸다면 그 나라가 종주국이라야 옳다. 신훈이라야 삼훈의 주체가 되기 때문이다.

천부는 부도지에 나온다. 오미의 재앙을 만난 제족(諸族)이 파미르를 나와 뿔뿔이 흩어질 때 황궁씨가 신표(信標)로 만든 것이다. 장차 세월이 지나고 보면 형제끼리도 알아보지 못할 것을 염려해서다. 까맣게 잊고 있었던 본질을 여기서 만난 셈인데 그러나 이것은 뒤에도 기회가 자주 온다.

문제는 웅녀군의 후손으로 단허(檀墟)에 책봉된 여(黎)나라와 여나라가 일어난 460년 뒤에 오는 단군왕검에 대해서다. 우리는 단군세기에서 단군왕검이 외가인 웅씨의 나라에서 24년 간 견습생 왕 노릇을 하다가 웅씨의 나라를 물려받아 조선을 세웠다고 읽었다. 그리고 그 조선이란 나라는 모계의 관습을 깨끗이 청소해내고 비로소 어엿한 부계의 나라를 세운 것이라는 주장을 들은 바 있다. 여기 본문에서는 그 시기가 여나라에서 460년 뒤라 한다. 여나라는 중국인들 신화에 나오는 여와씨(女媧氏)가 다스리던 모계 습관을 못 벗어난 나라다. 그 여와씨 나라에 복희씨가 부계의 제사의식과 풍속을 가르치려고 들어갔는데 우리 쪽에서는 여(黎)라 하지 않고 반드시 진(陳)이라 부른다.

복희씨가 여와씨의 나라에 간 것은 제5세 태우의(太虞儀) 훈웅천왕 무

(宿)를 장악하면서 子 丑 寅 卯 辰 巳 午 未 申 酉 戌 亥의 12시를 관장한다. 그러나 북극성은 북두칠성이 거느리는 28수 외에도 하늘의 모든 별을 움직이지 않고 다스린다. 말하자면 제왕별이다. 명리학에서 말하는 자미성(紫微星)도 움직이지 않고 모든 별을 거느리는 이 북극성을 말한 것이다. 단군왕검이 나라를 손수 삼한─신훈 불훈 말훈─으로 나누고 그 하나를 맡았다면 말할 것도 없이 거기가 주인이고 다른 훈(韓)은 보좌역일 것이기 때문이다. 생일을 말할 때 生辰이라 쓰고 생신이라 읽는 것도 북극성이라는 제왕별의 기운으로 태어났다는 뜻이다.

렵이다. 그리고 단군왕검이 모계의 나라를 이어받아 부계의 나라를 세운 것은 웅씨가 단허에 정식으로 책봉을 받고 나서부터 460년 째 되던 해다. 여기 본문의 기록으로는 그렇다. 그렇다면 여기서 우리가 유추할 수 있는 것은 복희씨가 부계의 풍습을 가지고 들어가서도 웅씨들의 여나라는 줄 곧 자기들의 습관대로 살았거나 습관을 지켰다는 이야기가 된다.

줄잡아 셈을 대도 제5세 태우의를 거처 6세 다의발 7세 거련 8세 안부련 9세 양운 10세 갈고 11세 거야발 12세 주무신이나 13세 사와라 시절이 되어서야 그들은 단허의 왕검으로 책봉을 받은 것이 된다. 모계의 고질적인 관습을 놓지 못하는 동안은 붉달나라의 신시 정부에서도 왕검으로 책봉할 까닭이 없었을 것이다.

그렇게 신시정부가 왕검으로 책봉한 부족은 당시 여럿이었던 모양이다. 그 중에 웅족도 왕검으로 책봉된 데가 있었다는 것이고 바로 책봉된 나라 이름이 단국인데 웅족 가운데서는 단국이 가장 강성했다는 것이다. 왜 그랬을까? 단국은 바로 제1세 단군왕검의 외가였기 때문이다.

흔국의 역년이 3,301년이라는 설도 있고 63,182년 설도 있어서 어느 것이 확실한지 분명하지가 않다는 말은 지당하게 보인다. 우선 3천 년 설이라고 해도 캄캄한 그 시절에 어떻게 그런 일이 가능했겠는지 자신이 없는데 6만 년을 넘어가는 것은 너무 황당할 수밖에 없다. 그러나 나는 6만 년 설을 지지한다. 인류의 기원이 지금도 확실치 않아서 여러 설이 있는데 아무리 줄여 잡아도 수 십 만년을 넘어선다고 할 때 개벽 이후 여기 동방문명의 창세가 되는 사람들의 뿌리가 그 정도는 될 것이기 때문이다.

다섯째
마당

신시배달국

신시 연대기

역대순위	흔웅천왕들의 이름	재위 기간	세수(歲數)
제1세 흔웅천왕	커발흔(居發桓)	94년	120세
제2세 흔웅천왕	거불리(居佛理)	86년	102세
제3세 흔웅천왕	우야고(右耶古)	99년	135세
제4세 흔웅천왕	모사라(慕士羅)	107년	129세
제5세 흔웅천왕	태우의(太虞儀)	94년	115세
제6세 흔웅천왕	다의발(多儀發)	98년	110세
제7세 흔웅천왕	거련(居連)	81년	140세
제8세 흔웅천왕	안부련(安夫連)	73년	94세
제9세 흔웅천왕	양운(養雲)	96년	139세
제10세 흔웅천왕	갈고(葛古 혹은 瀆盧韓)	100년	125세
제11세 흔웅천왕	거야발(居耶發)	92년	149세
제12세 흔웅천왕	주무신(州武愼)	105년	123세
제 13세 흔웅천왕	사와라(斯瓦羅)	67년	100세
제14세 흔웅천왕	자오지(慈烏支 혹은 蚩尤)	109년	151세
제15세 흔웅천왕	치액특(蚩額特)	89년	118세
제16세 흔웅천왕	축다리(祝多利)	56년	99세
제17세 흔웅천왕	혁다세(赫多世)	72년	97세
제18세 흔웅천왕	커불단(居弗檀 혹은 檀雄)	48년	82세

훈웅천왕들의 태백산 시대 01

　지금까지 훈웅천왕이 처음 도착한 태백산은 백두산일 것으로 말해져
왔다. 혹은 황해도에 있는 구월산으로 본 의견도 있었다. 아사달의 '아'
가 '아홉'에 가깝기 때문에 아사달은 구월산이라야 한다는 주장이었다.
그러나 그것에는 그다지 주목하는 사람들이 없었고 백두산이 태백산이
라는 의견에는 많은 사람들이 동의해온 터다. 백두산은 민족의 성산(聖
山)이라는 관념들이 깊어서 별로 의심하지 않고 그 의견을 받아들였던
것이다.

　단기 4339년(서기 2006년) 6월 3일. 장마가 시작되기 전에 태백산에 가
서 훈웅천왕의 사당에 참배를 마치고 돌아올 요량으로 청도 비행장에 내
렸는데 예상외로 장마가 일찍 시작되는 바람에 정작 태백산에 닿았을 때
는 빗줄기가 점차 굵어지고 있어서 장마의 복판에 서버린 느낌이었다. 태
백산은 높이만 해도 3,767m나 되어서 2,744m의 백두산보다는 1,000m 이
상이 더 높은 산이다. 당연히 계곡이나 능선에서 받는 느낌도 백두산보다
는 훨씬 압도적이다. 중간의 2,800m까지는 버스가 닿고 주차시설도 좋은
편이었으므로 걱정할 것이 없다.

　그러나 더는 갈 수가 없었다. 공무원들이 나와서 신분증 조사를 하고는

여권을 가진 외국인에게는 더 이상의 입산을 허락하지 않기 때문이었다. 무슨 연유로 여기까지 올라온 외국인은 돌아서야 되는 것이냐고 따져 묻자, 국가 방침이 그렇게 되어 있어서 자기들은 시키는 대로만 할 뿐 자세한 연유는 모른다고 했다. 우리는 태백산 정상에 있는 사당을 참배하려고 일부러 한국에서 온 사람들이라고 하자 노골적으로 경계하는 태도를 드러냈다. 국가 방침이어서 자기들은 모른다는 사람들이 비로소 속내를 까 보인 것이다.

내가 요령이 없어서 핵심을 폭로한 것은 아니다. 누구보다 중국인의 기질이나 내면의 태도를 잘 아는 사람이 나일 것이다. 5년 동안 여기저기 찾아다니면서 취재를 한 경험이 있는데 왜 중국인을 모르겠는가. 다만 내 이야기를 듣고 그들이 어떤 반응을 보이는지 그것을 확인하자 해서였다. 그리고 내 짐작이 역시 맞아 들어간다 싶었다. 그들은 바로 흔웅천왕 사당에다 바야흐로 무엇인가를 꾸미느라고 외국인을, 특히 나 같은 한국인을 들이지 않는 것이었다.

산해관에서 시작되는 만리장성 기점을 1,000km나 북쪽으로 옮겨서 단동에 있는 연개소문의 박자성에다 만들어 놓고 만리장성 기점까지 날조해 둔 것을 내 눈으로 본 적이 있다. 그렇다면 흔웅천왕 사당에 참배를 하기는 틀린 노릇이다. 모처럼의 기회가 물거품이 되는 순간이었지만 어쩔 수 없었다. 돌아와서 나한테 흔웅천왕 사당을 소개한 한산스님에게 찍어 온 비디오를 좀 보여달라고 했다. 〈배달전서〉의 편찬자이기도 한 그는 십 수 년 전에 이미 태백산에 가서 사당을 참배하고 비디오로 찍어 온 것이다. 그때는 저들이 역사 날조에 무게를 싣기 전이고, 동북공정이라는 말도 아직 없어서 그런 일이 가능했을 것이다.

틀림 없었다. 사당은 낡고 초라했지만 거기 앉아 계시는 분은 흔웅천왕이었다. 기둥에 붙은 주련(柱聯)들이 우선 그렇고 전체적인 분위기가 여느 사당하고는 판이하게 달라 보였다. 흔웅천왕을 모신 조금 아래에는 사령(四靈)을 모신 작은 사당이 있다. 단군신화에는 비의 신 바람의 신 구름의 신은 있으되 우레의 신은 없다. 그런데 사령을 모신 사당에는 뇌공(雷公)이 있었다. 자기 몸만큼이나 큰 나팔을 입에 대고 있는 우레의 신은 산동성 가상현(嘉祥縣)에 있는 무씨사당(武氏祠堂)[1]에서 본 뇌공과 완전히 일치하는 모습이었다.

그러나 직접 현장에를 가보았다고 해도 '여기가 흔웅천왕 사당이오' 하고 써서 붙여놓지 않은 이상 그곳이 흔웅천왕 사당이라는 주장은 이제 함부로 펼치지 못한다. 날조하는 쪽에서도 얼마든지 다른 제목을 붙이면서 딴전을 부릴 수도 있지 않은가. 내가 확신을 갖는 것은 앞에서 본대로 "동남동녀 800인이 흑수 백산으로 내려왔는데……" 하는 대목이다. 이제 삼성기로 돌아가서 흔웅천왕이 태백산으로 가는 부분을 다시 보자.

---

1) 산동성 가상현에는 단군신화를 대리석 조각에다 정교하게 새긴 대리석 박물관이 있다. 평지에 지은 건물이 3동인데 안으로 들어가면 흰 바탕의 대리석들이 수 백 점이다. 그 하나하나가 천상의 신들이 움직이는 모습인데 날개 달린 용과, 구름을 타고 나는 날개 달린 사람, 역시 구름 위에서 구르는 마차들이 있다. 사냥하는 그림 농경하는 그림 등 일일이 지적하기가 벅찬 내용들이 기괴한 모습으로 새겨져 있다. 우리에게 이 무씨사당을 처음 소개한 사람은 광복이 되고 나서 초대 국립중앙박물관장을 지낸 김재원(金載元)씨다. 〈단군신화의 신(新)연구〉라는 논문을 통하여 무씨사당이 소개가 되었는데 기괴하고 괴상한 그림이 많아서 단군신화의 내용으로 보이긴 하지만 자기로서도 모를 부분이 많다고 했다. 내가 가상현으로 무씨사당을 찾아갔을 때 놀란 것은 들판에 아무렇게나 쌓인 흰 대리석이었다. 심지어는 논두렁 밭두렁이 흙으로 되지 않고 대리석 무더기로 된 것도 있었다. 무씨사당은 겉모습부터가 우중충해서 기괴하고 무거운 느낌을 준다.

뒤에 흔웅씨가 계속하여 일어나 천신의 뜻을 받들어 백산과 흑수 사이에 내려왔다. 사람의 살림터전을 천평(天坪)에 마련하고, 사람이 모여들 곳은 청구(靑邱)에다 정했다. 천부(天符)의 징표를 지니시고, 다섯 가지 일(五事)을 주관하시며 세상에 머물면서 이치를 쫓아서 가르치니 인간은 절로 크게 번창하였다.

또 신시에 도읍을 세우시고 나라 이름을 붉달(倍達)이라 하였다. 3·7일을 택하여 천신께 제사지내고 바깥 물건을 꺼려서 근신하며 문을 닫고 스스로 주문을 외워서 수행하여 공이 이루어지기를 바라신지라. 약을 복용하여 신선이 되시매 팔괘를 그려 올 것을 알며 상(象)을 잡아 신명을 움직였다. 또 여러 영검한 이들과 뭇 철인(哲人)들이 보필하도록 하셨으며 웅씨(熊氏)의 여인을 아내로 맞으시고 혼인의 예법을 정하셨으니 짐승의 가죽으로 납폐를 삼았다.

농사를 짓고 목축을 하고 시장을 열어서 교환하도록 하였으니 온 세상이 조공을 바치며 새와 짐승도 덩달아 춤추었다. 뒷사람들은 그를 지상 최고의 신으로 받들어 세세토록 제사가 그치지 않았다. 신시의 말기에 치우(蚩尤) 천왕이 청구를 개척하여 넓혔으며 18세를 전하여 1565년을 누리더라.

삼성기 전편의 이 부분은 붉달나라 흔웅천왕들 살림을 한 호흡으로 축소해서 말하고 있다. 거기에 〈흔단고기〉 특유의 상징적 언어와 감성적인 호흡이 묘하게 섞이고 있어서 자칫 잘못 해석될 우려도 있다. '사람의 살림터전을 천평에 마련하고,[2] 사람이 모일 곳은 청구에다 정했다'는 대목이

---

2)   〈흔단고기〉를 번역한 임승국은 '사람 모이는 곳을 천평에 마련하고…'로 번역했다. 원문을 직역하면 '남정네 우물과 아낙들 우물을 천평에다 만들고'하는 것이 옳다. 그

매우 그러해서다. 사람의 살림터전으로 마련했다는 천평은 생각컨대 붉달 나라의 서울일 것이다. 그 시절 '살림터전'이라는 게 사람 사는 장소와 서울을 상징적으로 아울러내는 말이기도 하지만 훈웅천왕의 서울에는 반드시 제단을 따로 두었다고 보기 때문이다.

그 제단장소가 신시일 것이다. 그 시절 법속으로써 도읍을 신시로 바로 말한다는 건 하등의 이상한 일이 아니다. 도읍의 심장이 곧 제단인 탓이다. 뒤에 밝혀질 일이지만 단군의 조선나라도 서울은 하얼빈이었으나 제사 모실 터는 특급열차로 열 한 시간을 달려야 닿는 밀산시 봉밀산(蜂蜜山)이었다. 단군의 제사 모시는 법속은 고스란히 훈웅천왕들의 법속이었으므로 서울과 제단을 따로 두었고, 그것이 사세로 보아도 옳기 때문에 그 법속을 따랐을 것이다.

그렇다면 훈웅천왕들의 서울이 천평이라 했을 때 그 천평은 어느 지역일까? 아마 지금의 서안이기가 쉽다. 거기서 태백산은 불과 3백리에

렇다. 사람이 살 터전이나 공공의 장소를 똑같이 우물로 말하면서 '남정이 쓰는 우물'과 '여자들이 쓰는 우물'을 따로 구분한 것은 남녀의 분별을 확실하게 해두는 그 시절의 표현방법이다. 다시 말해 모계가 아직도 지속되고 있는 사회였으므로 부계를 엄정하게 강조하는 방법으로 사람이 많이 모이는 공공장소에서조차 남녀의 구별을 확실하게 정리했다는 뜻이다. 이런 표현에서 우리는 모계문명과 부계문명이 뒤섞인 당시의 사회적 정황을 상상해 볼 수가 있고, 또 부계를 강조해 가는 위정자의 고충을 엿볼 수가 있을 것이다. 우물이란 것이 사람이 자연스럽게 몰려드는 곳이다. 뒤에서 보겠지만 신농씨가 물물교환의 장소로 우물을 택한 것도 사람들이 저절로 모여드는 장소이기 때문에 그런 것이다. 그리고 나서 뒤에 오는 문장이 '劃井地於靑邱'이다. 정지(井地)는 옛 사람들이 농사지을 땅을 분배받는 농지법을 말한다. 井자 모형으로 금을 긋고 보면 아홉 사람 몫씩 되는데 사실은 여덟 사람이 한 몫씩을 챙기고, 가운데 있는 것은 울력을 해서 여덟이 함께 농사를 지어 그 몫은 나라에 세금으로 바치는 법이었다. 그러니까 농사지을 곳으로는 청구가 적지였다는 소리다.

상거해 있는 지척의 거리다. 서안은 공식적으로 당나라의 수도이기도 했고 그보다 1천 5백년 쯤 앞선 주나라 때의 도읍이기도 했다. 고대일수록 물자운송 조건이 나빴으므로 수도는 옛 사람의 터를 빌리기 마련이다. 주나라는 아마도 천평의 묵은 터를 손질하고 궁궐이며 성벽을 세웠으리라.

지금도 서안에서 가까운 지역에 고구려 무덤 형식의 거대한 피라미드가 수십 개 씩 남아있는 것도 그곳이 옛날 붉달나라의 서울 천평이었음을 시사하는 것은 아닐까? 그리고 청구를 유념해 두어야 한다. 뒤에 보게 되겠지만 복희씨의 행적에도 청구와 낙랑을 거쳐서 봉토로 받은 진(陳)에 닿았다고 했다. 그 청구는 치우천왕에 와서 도읍이 되었다고 말한 곳도 있다. 여기서도 신시 말기에 치우천왕이 청구를 개척하여 넓혔다는 것을 강조하고 있지 않은가.

그러나 여타의 내용은 앞으로 자주 만나는 조건이므로 여기서는 접기로 하자. 팔괘를 그리고 혼인예법을 만들고 시장을 열어 물건들을 바꾸어 쓴 것, 오사(五事)에 관한 것 등이 그런 예이다. 헌데 여기 천부의 징표를 지녔다는 말은 아무 데서나 발견되지 않는다. 이것은 부도지를 연결해서 생각하지 않으면 전혀 납득이 안 된다. 부도지와 〈훈단고기〉를 하나로 묶어내는 단서가 바로 '천부'인 셈이다. 다시 삼성기 하편을 보자.

흔국의 말기에 안파견이 밑으로 삼위와 태백을 내려다보시며 '모두 가히 홍익인간 할 곳이로다' 하시며 누구를 시킬 것인가 물으시니 오가(五加)가 모두 대답하기를 '서자(庶子)흔웅이 있어 용맹과 지혜를 함께 갖추었으며 일찍이 홍익인간의 이념으로써 세상을 바꿀 뜻이 있사오니 그를 태백산에 보내시어 이를 다스리게 함이 좋겠습니다' 하니 이에 천부인 세 가지를 내려주시고 이에 말씀을 내려 '사람과 물건의 할 바가 이미 다 이루어졌도다. 그대 수고로움을 아끼지 말고 무리 3천을 이끌고 가서 하늘의 뜻을 열고 가르침을 세워 세상에 있으면서 잘 다스려 만세의 자손들에게 큰 모범이 될지어다' 라고 하셨다.

여기는 특별히 설명하지 않아도 좋을 것이다. 훈인천제가 서자 훈웅을 인간세상으로 보내는 대목인데, 〈삼국유사〉의 단군신화에서는 훈웅이 먼저 인간세상에다 뜻을 두었다고 했으나 여기서는 오히려 아버지 훈인이 먼저 인간 세상에 보낼 인물을 물색한 것으로 되어 있다. 그러나 다른 이야기가 아니다. 뱃속에 든 생명은 때가 차면 낳아야 하는 법이다. 만약 낳지 않는다면 그때는 두 생명이 함께 죽는 수뿐이다.

그것이 어머니 쪽에서 본다면 내보내는 것이지만 아기의 입장이라면 나온다는 표현이 옳다. 같은 내용을 두고도 〈삼국유사〉의 신화는 훈웅이 먼저 인간세상에다 뜻을 두었다 했고, 여기에서는 아버지 훈인이 아들을 보낸다고 했다. 어떻게 됐든 인간 세상을 다스릴 사람이 왔고 또 천부인 셋을 주어서 보냈다. 오가(五加)가 똑같이 훈웅을 추천했다면 그들은 산파역을 한 셈이다. 여기서 우리는 문득 공자가 표절한 〈서전〉에서 본 요임금 시절 사건이 생각나서 실소를 금할 수가 없다. 조정의 사악(四嶽)과 대신들이 이구동성으로 순(舜)을 추천하던 장면이다. 여기서는 천부의 징표라고 하지 않고 천부 삼인(三印)이라고 했다. 천부의 징표나 천부 삼인이나 결국 같은 물건이요 같은 내용이다.

그런데 신시본기는 바로 이 내용을 다른 목소리로 전 한다. 훈국에 사람이 많아지자 먹고사는 것이 문제가 되어서 훈웅이 먼저 땅 위에 광명세계를 열자는 생각을 하였고, 안파견은 ─안파견과 훈인은 앞에 본문에서 본 것처럼 같은 인물의 다른 이름이다— 아들 흔웅을 태백으로 보낸다. 여러 가지 부탁 중에서 제사를 잊지 말 것과 아비의 권위—父權—를 세우라는 내용이 나오는데 이 부분이야말로 붉달민족의 특별한 문명으로 쳐 줄만하다. 이 말이 머금은 뜻을 캐면 우리 민족은 일찍부터 생명이 태어나는 비밀을 알아 부계사회로 출발했고, 그래서 모계사회의 제사가 아닌 부계사회의 제사를 강조한 것이라고 할 수 있다. 이 대목에서 바로 바이칼 문명 곧 붉흔문명이 일어났기 때문이다. 이것은 훗날 여와씨의 여(黎)나라에 복희씨가 부계의 제사를 가르친 것에서도 증명된다.

조대기(朝代記)에서 말한다. 때에 사람은 많고 산업은 궁핍하여 그 살아갈 방법이 없어 걱정이었다. 서자부(庶子部)에 흔웅이라는 대인이 있었는데 여러 가지 사정을 살피더니 하늘에서 내려가 땅 위에 하나의 광명세계를 열려고 생각하였다.

때에 안파견이 두루 금악 삼위 태백을 살피더니 태백이 널리 인간을 이롭게 할 만한지라 흔웅에게 명하여 말하기를 '이제 사람과 물건의 업은 이미 이루진 듯하다. 그대 수고를 아끼는 일이 없을지니라. 무리를 이끌고 하늘에서 내려가 하계에 가서 하늘의 뜻을 펴 가르침을 베풀고 천신에 제사 지내는 걸 주관하라. 아비의 권위를 세워서 늙은이와 어린이를 보살펴서 모두 다 평화롭게 하라. 가르침의 도를 세워서 재세이화(在世理化)하여 자손만대의 큰 귀감이 될지어다' 하시며 마침내 천부인 세 개를 주시고 그를 보내어 다스리게 하였다.

다시 삼성기로 돌아간다.

때에 반고라는 자가 있어 괴상한 술법을 즐기며 도리를 나누자고 와서 청하매 이를 허락하였다. 드디어 재물과 보물을 쌓아두고 십간 십이지의 신장들을 거느리고 유소(有巢) 유묘(有苗) 유수(有燧)와 함께 삼위산의 라림(拉林)동굴에 이르러 군주가 되니 이를 제견(諸犬)이라 하고 그를 반고 가한(盤固可汗)이라 한다.

사람이 많고 산업이 궁핍해져서 먹고 살 방법이 막막해지자 훈웅이 먼저 방법을 찾았고, 그래서 훈인이 삼위 태백 쪽을 내려다보게 되었다는 대목은 또 다른 어법이다. 그러나 당장의 관심에서는 제외시켜도 좋은 생소한 다른 내용이 이어서 나오고 있다. 반고가 십간(十干)과 십이지(十二支)의 신장들을 거느리고 와서 도리를 나누어 살자고 한 대목이다. 얼핏 훈웅천왕을 찾아와서 신계의 백성이 되겠다고 청하고 마늘과 쑥으로 시험을 치르는 곰과 호랑이가 여기서 스친다.

그렇기는 하지만 여기 라림동굴 이야기는 〈훈단고기〉 전체에서도 전혀 요령이 통하지 않는 매우 이색적이고 독단적인 부분일 수 있다. 그 시절에 괴상한 술법을 즐기는 누가 있었다는 것쯤은 흔하게 있을 수 있는 내용이다. 그러나 하필 하늘을 열 등분으로 나누는 십간과 땅을 열 두 구획으로 긋는 십이지를 등장시키고, 그들이 함께 라림에 이르러서 다른 세상 하나를 만들었다는 것은 예사롭지 않다.

천부경과 주역은 다 같이 수리(數理)를 중시한다. 다시 말하면 팔괘의 8과, 1에서 10까지의 천지대정수(天地大定數), 그리고 십간의 10과, 십이지의 12를 숫자만 모으면 40이라는 숫자가 된다. 이것을 특별히 천문사종사십(天文四種四十)이라고 명명한다.

그래놓고 보면 하늘에 경(經: 날줄)으로 널린 28수(宿)도, 위(緯: 씨줄)

가 되는 5성(五星)도, 또 하루의 시간을 정하는 시계바늘도 되고 사계의 근간도 되는 북두칠성, 그리고 자미성(紫微星)과 자미성을 위요하는 삼태성(三台星) 등의 직분이 모두 이 숫자 안에서 벌어지는 소식인데, 이 별자리들의 직분과 위치에다가 궁(宮) 상(商) 각(角) 치(致) 우(羽) 호흡을 짝지우면 이것이 율려(律呂)의 기초가 된다. 거기에 십간과 십이지를 다시 배대시키면 율려가 거의 완성되는 것이다. 그런데 반고가 바로 그 십간과 십이지를 거느렸다고 한다.

이것은 흔웅천왕의 도리를 배워다가 흔웅천왕과 맞설 또 하나의 세계를 준비하는 작지 않은 사건이다. 무엇인가 불안하고 잘못 될 것 같은 조짐이다. 그러나 그에 대한 결말이나 궁금증은 어디에도 나타나는 데가 없다. 바로 이렇게 전체에서 벗어나서 어리둥절하게 만드는 내용까지를 빠뜨리지 않고 그것들을 편집해서 넣은 계연수의 뜻이 나로서는 늘 장하게 여겨진다고 했다. 겹치는 부분이 많고 그 때마다 시점이 다르고 횡설수설해서 어느 것이 옳은지 판단이 안 서게 하고 정작 필요하다고 생각되는 부분들은 내용이 뭉텅 뭉텅 빠져 있어서 답답하지만, 그러나 그렇기 때문에 이 기록들이 귀중한 것이다.

〈흔단고기〉 전체를 놓고 본다 할 때에도 홀로 유독 사개가 맞지 않은 이 별스러운 대문은 부도지를 배경에 세울 때 요령이 트인다. 그러니까 지유 대신 포도송이를 따 먹고 마고대신의 낙원을 앞서 나오는 백소씨 중의 한 지파가 이들일 수도 있다는 이야기다. 훨씬 훗날 마고대신의 지유 샘이 통으로 망가져서 뿔뿔이 흩어질 때에 백소씨 무리는 달이 지는 서쪽으로 방향을 정한다. 그러나 맨 처음 금단의 계율을 깨고 야반도주를 했던 사람들은 어느 곳으로 갔는지 알 수가 없다.

그들 중의 한 무리를 여기 반고가한 일파로 보면 전혀 무리가 없다. 깨어질 수밖에 없는 계율을 먼저 깨뜨린 사람들답게 그 하는 짓이 선각자적이고 어른스러운 것에서도 그렇다. 반고가한이라는 명칭에서도 그런 분위기가 묻어나지만 하필 십간 십이지의 신장이나 유소 유묘 유수라는 호칭도 서양인들 문화가 아니라 우리 쪽으로 가닥을 댈 때 자연스럽게 요령이 트이기 때문이다.

십간과 십이지의 신장 외에도 유소(有巢) 유묘(有苗) 유수(有燧)라고 한 것에 유념해주기 바란다. 유묘는 바로 묘족(苗族)을 말하는데 우리는 앞서 공자의 위작인 〈서경〉을 스쳐보면서 '…… 천하의 오랑캐들이 귀복되어서 착한 백성이 되었는데 끝까지 바탕이 거센 삼묘족(三苗族)은 흩어져 달아났'고 한 구절을 지나왔다. 그 삼묘가 여기서 말하는 유묘의 묘족이다. 〈부도지〉에서는 묘족들이 바로 유인씨(有因氏)의 자손이라고 말하지 않던가? 그렇게 보면 〈서경〉에서 삼묘를 특별하게 미워하는 까닭을 짐작할 것이다.

묘족과 함께 묻어나온 유소와 수인(燧人)은 뒤에서 만나게 될 태호복희씨 부분에서 다시 언급이 된다. '복희는 신시에서 태어나 우사의 자리를 세습하고 뒤에 청구와 낙랑을 거쳐 드디어 진(陳)으로 옮겨서 수인(燧人) 유소로 더불어 나란히 그 이름을 서토에 빛내었다'는 매우 구체적인 언급이다. 유소는 처음으로 나무를 얽어서 집을 지었다는 인물이고 수인은 나무를 비벼서 불을 일으킨 인물이다. 물론 이들은 한 부족의 대표 인물이다.

각설하고, 이들 북방민족은 후일 동아시아 역사에서 결코 무시하지 못할 크나큰 축으로 나타난다. 소위 말하는 중원에 쳐들어가서 그 땅을 송두리째 걸터타기도 했고, 반드시 큰 나라로 서지 못했다 해도 항상 한 쪽 땅에 눌러 앉아 호시탐탐 그 땅을 노렸으며, 중원을 위협한 것이 수가 없을 지경이었다. 그러나 여기서 지금 그것을 말하고 있을 때가 아니다.

　이에 흔웅이 3천의 무리를 이끌고 태백산 꼭대기의 신단수(神檀樹) 밑에 내려오시니 이곳을 신시라 하고 이 분을 흔웅천왕이라 한다. 풍백(風伯) 우사(雨師) 운사(雲師)를 거느리고 곡식을 주관하고 명분을 주관하고 형벌을 주관하고 병을 주관하고 선악을 주관하며 무릇 인간의 360여 가지 일을 모두 주관하여 세상을 교화하였으니 널리 인간세상에 유익함이 있었다.

　때에 한 곰과 한 범이 함께 이웃하여 살더니 일찍이 신단수에서 빌었다. '원컨대 변하여 신계의 못난 백성(神界之氓)이 되어지이다' 하니, 흔웅이 이를 듣고 말하기를 '가르쳐 줄 수 있다' 라고 하였다. 이에 주술로써 몸을 바꾸고 정신을 바꾸었다. 먼저 신명이 남기신 고요하고 자유롭고 영검한 것으로 그것은 쑥 한 모숨과 마늘 스무 개였다. 이에 경계하여 말하기를 '너희가 이것을 먹고 햇빛을 백일 동안 보지 않으면 쉽게 인간모습을 얻으리라' 하니 곰과 호랑이의 두 무리가 모두 이를 얻어서 먹고 3·7 일을 근신하였는데 곰은 굶주리고 추운 것을 견디며 조심시키는 바를 좇아서 의연한 모습으로 되었지만(而得儀容) 호랑이는 방만하고 게을러서 능히 참지 못하여 좋은 결과를 얻을 수가 없었다. 이는 양편의 성품이 서로 같지 않은 탓이었다.

　웅녀는 더불어 혼인할 대상이 없었으므로 제단의 나무(壇樹) 밑에서 주문을 외워 잉태하기를 원했다. 이에 잠깐 변화시켜 흔(桓)으로 만들어서 하여금 그로 더불어 혼인하고 임신해서 아들을 낳아 처소에 두었다(生子有帳).

　앞에서도 스쳐왔지만 삼위(三危)와 태백은 한 끈으로 묶어서 보는 것이

　우리 上古史 기행 - 발로 확인한 桓檀古記, 符都誌의 실상

자연스럽다. 삼위는 오늘의 감숙성 돈황현에 있으므로 태백산과는 지척이다. 〈삼국유사〉에 나오는 단군신화에도 삼위와 태백이 홍익인간 할 곳으로 보였다고 했다. 한 눈으로 내려다 볼 수 있는 곳이지 서로 멀게 떨어진 거리가 아니다. 〈훈단고기〉에서도 삼위와 태백은 언제나 붙어 다닌다. 그것이 백두산이 태백이 될 수 없는 이유이기도 하지만, 앞으로 차례차례 나오는 이야기들이 태백을 백두산으로 가정하고 보면 전혀 사개가 맞지 않는다.

미리 말한다면 태호복희씨를 머리로 삼아서 삼황오제가 줄줄이 나오지만 그 분들이 한 번도 중원 땅을 떠나 본 적이 없다. 삼황오제는 모두 붉달나라의 수도 신시의 명령을 받고 나간 제후들인데, 붉달나라의 수도가 중원을 비켜 선 귀퉁이에 있었다고 하면 무슨 말이 되는가. 한낱 변두리의 힘없는 정부가 내리는 봉토를 받아서 세계의 복판 중원을 통치했다는 말밖에 안 된다. 그것은 사세로도 틀리지만 이치에도 어긋난다.

각설하고, 훈웅이 태백산 박달나무에 도착하여 방울을 흔들고 칼춤을 추면서 익은 습관대로 제사를 지낸 다음 천부경을 설하고 사람의 도리를 밝히면서 문명살림을 시작하자, 곰 토템과 범 토템의 원주민이 찾아와서 자기들도 훈웅의 문명에 참여하여 못난 백성으로 살겠으니 받아달라고 한다. 신계지맹(神戒之甿)은 영검한 계율의 못난 백성이라는 말이다. 여기 甿은 '부스러지다 남은 백성'이란 소리다. 빛나는 문명을 가지고 나타난 사람들 앞에서 자기들을 낮추고 있는 현장의 모습이 잘 드러나는 말이다.

신시본기(神市本紀)에서는 이 부분을 보다 사실적으로 쓰고 있다.

　　　웅녀의 군장(君長)은 훈웅에게 검스런 덕이 있다함을 듣고 이에 무리를 거느리고 가서 뵙고 말하기를 원컨대 살림 살 터전을 하나만 내려 주시면 하나로 신계의 못난 백성이 되겠습니다.

이제 태백에 도착한 흔웅천왕이 무엇을 해서 붉달문명을 일으키는지 살필 차례다. 결론부터 말한다면 특별히 부지런을 내어서 한 일이 없다. 같이 온 삼천단부 중에는 풍백이니 우사니 운사니 하는 전문직이 있어서 곡식을 주관하고 명분을 주관하고 형벌을 주관하고 병을 주관하고 선악을 주관했다는 것이지만, 그것들을 재세이화 곧 하는 것 없이 했다지 않은가.

물 흐르는 대로 바람 부는 대로 되어 가는 이치에 맡겨서 이치대로 했고 이치를 따라서 일은 풀려졌다. 법령을 세워서 호령을 날리고 권위를 주장해서 폭력을 쓰지 않는데도 잘못된 것 하나 없이 세상은 돌아갔다는 말이다. 흔웅이 반드시 혼자 잘 나서가 아니다. 같이 온 전문직들이 제 맡은 일에 애를 써서도 아니다. 안파견 흔인이 태백에 가면 모든 것이 수월하게 풀릴 줄을 미리 알고 태백으로 보냈기 때문이다. 말하자면 좋은 환경으로 골라서 아들을 보내는데 그 단서가 홍익인간이다.

이 홍익인간은 반드시 인간들만 잘 살고 다른 중생 — 짐승 — 은 못 사는 그런 내용이 아니라 사람이 중심이 되어서 모든 중생들이 함께 잘 사는 세상을 말한 것이다. 사람과 짐승들뿐이 아니다. 그들이 의지한 자연환경, 이를테면 산과 강, 나무와 돌멩이, 심지어 풀 한 포기 그리고 굼실거리는 벌레 한 마리까지도 함께 어우러지는 세상이다.

하늘이 덮어주고 땅이 실어주어서 삼라만상은 존재한다. 이 삼라만상에서 중심이 되는 것이 무엇일까? 사람이 중심이다. 주역에서 그리는 세 획은 곧 하늘과 땅과 사람을 나타낸 것이다. 삼라만상을 대표하고 그 중심에 서는 것은 바로 정수리로 하늘을 떠 이고 하늘 숨을 받는 인간상징이

기 때문이다.

환웅이 도착한 지점을 여기서는 태백산 꼭대기의 신단수로 말했다. 다른 데서는 태백산 박달나무 아래로 내려오니 그곳이 신시였다고 말하기도 한다. 그렇게 보면 신단수와 박달나무는 같은 의미로 쓰인 것이다. 맞다. 도착해서 맨 처음에 한 일은 천신에게 제사를 드리는 일인데 그 장소를 산 꼭대기에 있는 박달나무 밑으로 정했다는 말이다. 그 박달나무가 곧 신단수(神壇樹)다. 단군(檀君)의 檀이란 글자도 그래서 박달나무를 의미하지만 단군(壇君)이라고 쓴 것은 임검이란 자가 제단을 쌓는 무당이었으므로 壇을 쓴 것이다.

그 제단에서는 주문을 외우는 굿이 벌어진다. 신계의 백성이 되겠다고 찾아온 곰과 호랑이에게 환웅은 주문을 외워서 몸과 마음을 바꾸었다고 했다. 곰 토템 부족과 호랑이 토템의 부족이 한 굴에 ─ 한 버렁에 ─ 살아도 무방하던 그 시절에 주문을 외워서 형체와 정신을 바꾸었다는 건 그 시절 원시사회의 풍습을 전하는 것으로 손색이 없는 대목이지만, 그러나 오늘에도 부적과 주문은 횡행한다.

주문은 언제라도 신명계(神明界)와 통하는 특수한 언어이기 때문이다. 오늘날에도 신명계의 특별한 힘을 필요로 하는 사람들이 점집이나 무당을 찾아가 비싼 부적을 찾는 것은 여전하다. 왜 그럴까? 呪라는 글자가 입을 두 개 가지고 있는 것은 특수언어로 귀신과 이야기하는 무당의 입을 상징해서다. 그 특수언어를 글자로 나타내면 이상한 도형이 되는데 그것이 부작(符作) 혹은 부적(符籍)이다. 다시 말해 부적을 말로 하면 주문이 되고 주문을 글로 쓰면 부적이 된다는 이야기다.

또 웅녀와 혼인하는 대목을 두고 본문에서는 '가화위환(假化爲桓)'이라 했고, 〈삼국유사〉 신화는 '가화이혼지(假化而婚之)'라 해서 비슷하지만 조금 다르다. '假化而婚之'는 흔웅이 슬쩍 변장해서 웅녀와 혼인을 했다는 것이지만, '假化爲桓'은 웅녀를 임시로 흔(桓)으로 변장시켰다는 것이 된다. 어느 쪽이 됐건 혼인을 한 것은 사실이지만 그러나 처가인 웅녀 부족을 무시한 것도 사실이다.

끝머리에 와서 아들을 낳아 처소에 들였다고 했다(生子有帳). 쉽게 말하면 자기가 거처하는 방에 들였다는 것이다. 이런 이야기가 왜 필요한가. 아내는 별 볼일이 없는 가문의 사람이지만 아들은 자기 아들이니까 자기와 동급으로 대우했다는 것을 말함이다. 여기에서도 부계사회의 자존심이 고집스럽게 번뜩이는 것을 감지할 수 있는 것이다. 帳은 장부의 뜻도 있지만 휘장의 의미도 있다. 휘장을 친 방에서만 볼 수 있던 것이 그 시절의 장부(帳簿)였는데 후세로 오면서 의미가 차츰 휘장보다 장부 쪽으로 옮겨진 것이다. 휘장을 쳤다면 그건 고급스러운 방안이다. 그 휘장 친 흔웅천왕의 호사스런 방에서 어린 단군왕검이 자라게 되었다는 말이다.

곡식을 주관하고(主穀) 명분을 주관하고(主命) 병을 주관하고(主病) 형벌을 주관하고(主刑) 선악을 주관하고(主善惡) 하는 오사(五事)에 대해서는 앞에서 말한 데가 있을 것이다. 한 마디 보탠다면 主命은 '생명을 주관하고'가 아니라 '명분을 주관하고'로 보아야 한다. 이것은 이 책의 앞부분에서도 지적된 것이다. 명(命)은 合(합할 합)과 卩(병부 절)이 만나서 이루어진 글자다. 卩은 옛날 창이나 칼로 전쟁을 하던 시절 서로 세작(細作: 스파이)을 풀어서 상대의 군사정보를 캐는 일이 흔했다. 그래서 아군끼리 비밀스럽게 정보를 나누는 데서 필요했던 신표였다. 이 신표가 사회로 흘러들어서 상인들 사이에서 일종의 어음 표로 되는데, 사금파리에 壽 雲 暈 등의 글자를 쓰고 그 사금파리를 쪼개서 나누어 가졌다가 결정적일 때 만나서 합쳐보고 진위를 가려내던 표였다. 그렇게 보면 卩이 쪼개진 조각을 상형한 글자임을 알 것이다.

그래서 천명(天命)이니 명령(命令)이니 할 때에 이 글자가 쓰인다. 여기 주명(主命)은 사람이 하늘로부터 타고나는 생명을 말하는 것이 아니라 그 시절 원시사회가 제단에서 내리는 절대의 명령을 지적하고 있으므로 천명(天命)의 뜻에 가깝다. 그것은 모계에서 부계로 사회가 발전되고 있음을 의미하지만 감시를 소홀히 하다보면 자칫 모계시절의 버릇이 튀어나올 수 있음으로 해서 생긴 명분이다.

> 흔웅천왕이 비로소 몸소 개천(開天)하고 생짜배기 백성에게 교화를 베풀고 천경(天經)과 신고(神誥)를 가르치니 무리들이 잘 따르게 되었다. 이로부터 후에 치우천왕이 땅을 개간하고 구리와 쇠를 캐내서 군대를 조련하고 산업을 일으켰다.
>
> 때에 구훈(九桓)은 모두 삼신(三神)을 한 뿌리의 조상으로 삼고 수두(蘇塗)를 관리하고 관경(管境)을 관리하며 벌을 다스리는 것 등을 다른 무리와 더불어 서로 의논하여 하나로 뭉쳐 화백(和白)을 하였다. 아울러 지혜와 삶을 나란히 닦으면서 온전함을 이루었다.
>
> 이때부터 구훈은 모조리 삼훈에 통솔되고 나라 안의 천제의 아들은 단군왕검으로 불렀다.

흔웅천왕이 개천을 했다는 것은 무슨 뜻인가. 새삼스럽게 개천을 들고 나오는 것은 이른바 문명을 펼쳤다는 이야기다. 그 시절에 문명의 시작은 반드시 제사로 머리를 삼았음을 의미한다. 앞서 말했지만 한국인에게 있어서 제사는 특별한 의미를 갖는다. 그리고 그 관습은 흔웅천왕들의 붉달나라에서 가지를 치고 번성해서 아주 굳어졌을 것이다. 곰이니 호랑이니 하는 무지랭이나 다름없는 생짜배기 백성들을 가르쳐내려면 제단도 자주 마련할 수밖에 없다.

또 치우천왕이 땅을 개간하고 구리와 쇠를 캐내서 군대를 조련하고 산업을 일으켰다고 했다. 이 부분은 앞서 삼성기 전편에서 "사람의 살림터전을 천평(天坪)에 마련하고 농사지을 곳으로 청구(靑丘)를 선택해 두고 있다"고 한 부분과 "신시 말기에 치우천왕이 있어 청구를 개척하여 넓혔으며 18세를 전하여……"라고 한 대목을 하나로 엮어서 생각해보자.

그러니까 흔인천제들의 바이칼 시대가 다하고 흔웅천왕 시대를 여는 선발대가 흑수와 백산 사이에 내려왔다면 그곳이 오늘의 섬서성에 있는 3,767m의 태백산일 것이요 그 태백산에서 신시 살림을 시작하는데 도읍으로서 천평과 또 번성할 미래를 미리 내다보고 청구를 점찍어 두었다는 것 아닌가. 그리고 14세 치우천왕 시절에 이르러서 비로소 점찍어 둔 청구를 정비하고 개간했다는 이야기다. 청구(靑邱)가 어디쯤일까?

많은 사람들이 청구를 산동성 일원쯤으로 생각하는 경향이 있다. 허나 나의 생각은 다르다. 청구는 오늘의 대능하(大凌河) 일원과 요하(遼河) 유역 일대일 것이다. 대개 30년을 전후해서 고고학을 하는 사람들끼리 자주 회자되는 홍산문화(紅山文化)의 유역일 것으로 추정된다는 뜻이다. 홍산은 지금 내몽골 적봉(赤峰)시의 붉은색을 띤 산에서 첫 유적이 발굴된 연유로 붙여진 이름이다. 요하의 상류랄 수 있는 시라무렌허(西拉木倫河)에서 요하가 흐르는 요녕성 일원과 요하 안쪽에 있는 대능하가 몽땅 홍산문화 유적지다.

대개 8천 년 전인 사라샹(沙拉鄕)의 샤하이(査海)문명에서 7천 년 전의 흥륭와(興隆洼) 문화, 그리고 4200에서 3700년 전에 닿는 하가점(夏家店) 하층문화와 3200에서 2500년 전의 하가점 상층문화가 발굴되었다. 그 외에도 3100년 전후로 보이는 조양시(朝陽市)의 위영자(魏營子)문화, 또 비파형동검이 대표인 능하문화(凌河文化)가 두서없이 발굴되다가 지금은 발굴을 멈추고 있는 상태다.

왜 옛 유적들을 발굴하지 않고 정책적으로 막는 것일까? 중국으로서는 파는 데마다 조선 문화만 쏟아지는 유적이 반가울 리가 없을 것이다. 그래서 흥미가 없는 건 당연지사다. 적봉박물관이나 오한기(傲漢旗)박물관에 가보면 현재까지 발굴된 유적을 한 눈에 볼 수 있도록 만들어진 축소 모형체가 있는데, 별처럼 뿌려진 푸른 조명등과 붉은 조명등이 그 넓은 산하에 가득차 있는 것을 보게 될 것이다. 박물관 직원의 말을 들으면 푸른 등은 발굴이 이미 이루어졌지만 붉은 등은 발굴 예정이라고 한다.

홍산문화는 최초로 옥을 사용해서 올빼미나 돼지 혹은 용 등 작은 부적들을 만들었다는 점과 비파형동검이 출토되었다는 연유로 볼 때 황하문명과 다른 숨결이 느껴진다고 고고학자들은 말한다. 서토인들이 지켜온 문헌에 의하면 한(漢)나라 이후 이 지역은 조선과의 국토문제[3]가 야기되던 곳이다. 황하문명과도 전혀 다른 조선의 문화가 나타난다면 여러 가지로 고려해볼 때(가령 현재까지 나타난 시기나 출토된 것들의 특성으로 볼 때) 이 지역이 붉달 시절 조선나라의 영토임이 틀림없지 않을까?

---

3) 본시 난하(灤河)를 크게 넘어본 적이 없는 것이 서토의 역사다. 저들은 한무제가 기원 108년 전에 조선을 정벌하고 난하 유역에 한사군을 설치했다고 주장한다. 그 한사군의 이름도 홰청(噲淸) 추저(萩苴) 평주(平州) 기(幾) 혹은 온양(溫陽)이다. 심백강의 저서 〈황하에서 한라까지〉에 의하면 낙랑(樂浪)이라는 이름은 요락수(遼樂水)와 백랑수(白浪水)에서 유래한 것으로 되어 있다. 물론 낙랑은 우리 조선에서 관리를 보내 지배한 것이다. 이병도가 한사군을 말하면서 대동강 이남에 있었다고 교과서에다 싣는 바람에 지금까지도 대부분은 이병도의 설을 믿고 있다.

그렇다면 우리는 이 지역을 청구로 보는 것이 자연스럽고 또 타당하다. 침하작용으로 사람이 살 수 없게 된 바이칼을 떠나서 앙가라강에 뗏목을 띄우고 살 곳을 찾아 나선 다른 부족이 흥안령지역에서 둥지를 틀 때, 그곳을 훨씬 지나서 서안의 태백산에 도착한 혼웅족은 비로소 제단을 묻고 정착을 선포하면서 천년 후의 미래를 내다보았고, 그래서 청구가 반드시 필요하다고 여겼을 것이다. 그리고 그 숙제는 치우천왕을 기다려서 이루어졌을 것이다.

다시 제단에서 문명을 가르친 신시 이야기로 돌아가 보자. 제사를 지낸 제단에서 천부경(天符經)을 강론하고 〈삼일신고(三一神誥)〉를 설하고 하는 사이에 한 뿌리의 자손이라는 공동체 의식이 저절로 심어진다. 그것이 수두를 관리하고 관경을 관리했다는 말로 적혔을 것이다. 구훈(九桓)은 하나의 하늘 아래 사는 모든 훈을 말함이지 그 숫자가 꼭 아홉이어야 하는 것은 아니라는 말도 앞에서 했다.

여기 신시본기(神市本紀)에 신시 시절 살림살이가 어떠했음을 한 자리에서 보여주는 대문이 있어서 옮겨본다.

신시가 처음 시작되었을 때는 산에는 길도 없고 못에는 배도 다리도 없고 짐승들은 무리를 이루었으니 나무들과 풀들이 자란 곳에는 짐승들의 무리가 있었다. 그리하여 만물과 짐승들의 무리는 서로 어울렸고 새의 둥지에서까지 놀면서 서로 의지했다. 배고프면 먹고 목마르면 마셨으니 그 피와 고기를 항상 쓸 수 있었다. 옷감을 짜고 먹을 것을 경작함에 편리한 대로 다 되었으니 이를 지극한 덕의 세상이라고 말한다. 백성을 살아도 일 같은 것을 모르고 걸어다닌다 해도 특별한 목적지도 필요 없었으니 길을 가되 한없이 편안했고 사물을 보되 담담하였다. 먹을 것을 모아놓고 기꺼워 배를 두

드리며 놀고 해가 뜨면 일어나고 해가 지면 쉰다. 대저 하늘의 혜택을 널리 입어 궁핍을 알지 못함이라.

후세에 이르러 백성들과 사물들은 날로 번성하더니 소박한 것은 멀리하게 되고 절름발이도 있게 되고 몹시도 마음 쓰일 일이 생기고 기운 없고 피곤하여 허덕일 일 생기고 빈둥빈둥하는 이도 있게 되어 처음으로 생계를 염려하게 된다. 여기서 밭가는 자는 이랑을 다투게 되고 물고기 잡는 자는 바다의 구역을 가지고 다툰다. 다투지 않고 이를 얻게 되면 장래에 궁핍을 면키 어렵게 된다. 이렇게 된 이후 활이 만들어지니 새와 짐승들은 도망치고 그물을 치니 물고기와 새우가 숨게 되었고 칼과 창과 병사들도 생기게 되었다. 너와 내가 서로 공격하고 이를 갈며 피를 흘리고 간과 뇌를 땅바닥에 뿌리게 된다. 이것 역시 하늘의 뜻이 참으로 이러했던가? 아아 전쟁을 면할 수 없음을 알겠다.

이제 저들의 그 근원을 탐구해보면 아마도 한 뿌리에서 비롯한 조상일 것인데 땅은 이미 동서로 갈리어 각각 한 구석씩을 차지하였으니 땅은 멀리 떨어져 사람들의 인연은 통하지 않고 백성은 나 있음을 알면서 남 있음은 알지 못한다. 그러므로 사냥하고 나무를 베는 일 외에는 일찍이 험하고 힘들 일이 없더니 천년의 세월을 셀 수 있게 되자 시국은 이미 변하여 중국(仲國)은 서토(西土)인들이 노리는 보물창고가 되어 천리 기름진 평야에 바람만 널리 마구 분다.

우리 흔족 가운데 그 지역에 나뉘어 옮겨간 사람들은 침을 흘리며 이리저리 굴러 전진하고 토착의 백성들도 역시 마구 휩쓸려 모여들었다. 여기에서 어찌 같은 집안 식구들끼리 원수를 달리하고 창칼의 움직임을 노릴손가? 이야말로 실로 만고의 전쟁의 시초더라.

신시 시절의 형편과 상황을 처음과 중간과 나중의 세 부분으로 나누어서 설명하고 있는 이 장(章)은 얼핏 보기에는 특별한 내용이 없는 것 같아서 굳이 다루지 않아도 무방할 수 있다. 그러나 정말 그럴까? 사냥하고 나무를 베고 하는 힘 든 일 말고는 따로 힘든 줄을 모르고 산 세월이 천년 가량이다. 그러니까 사냥질과 나무 베는 것도 이전의 좋은 세월에서는 모르던 수고로움이었다. 신시 초기는 새둥지에까지 사람이 놀러 다닐 만큼 어진 덕이 넘치는 시대였다.

도대체 나(我)라는 이것(此)과 너(爾)라는 저것(彼)을 분별할 줄도 몰랐고 분간할 필요도 없던 때가 초기 신시 시절이다. 지극한 무위의 시절이었으므로 배고픈 범을 만나면 죽을 때가 왔다고 느끼면서 태연히 죽고 어쩌다가 다리가 부러지거나 팔 한 짝이 떨어지는 일이 생겨도 옆에 있는 나뭇가지가 부러지거나 열매가 떨어진 정도로 여겼지 달리 생각할 줄 몰랐다는 내용이다. 그 피와 고기를 항상 쓸 수 있었다는 것은 내 피와 고기도 항상 내 것이 아니었다는 말이 된다.

중년에 와서 생계를 걱정하는 시절이 오자 활이 생기고 그물이 생겼다. 그것은 좋게 말하면 인문의 지혜가 열림이지만 질박한 시절은 이제 끝나가고 있다. 물고기와 새우가 숨고 짐승은 도망질친다. 전에는 없던 일이 생긴 것이다. 천지간의 중심이 사람인데 그 중심 되는 축이 지혜라는 것을 알아버렸으니 다른 것들도 따라서 꾀가 생길밖에 없다. 미끈하고 어엿하던 생명계가 어둑해서 옹글던 혼돈의 미망에서 바야흐로 깨어나는 중이다.

단군신화의 어법을 빌린다면 홍익인간의 환경이 깨어지고 재세이화(在世理化)하던 시절의 생태계가 깨어지고 망가진 것이다. 인간의 무위한 생각을 따라서 모든 초목과 온갖 짐승들이 자연의 은혜를 입으면서도 은

혜라는 생각도 모르고 살던 시절이 마침내 마감되는 것이다. 그 시대의 끄트머리가 사냥하고 나무 베던 시절이다. 그 시절이 천년 가량이었다고 말하고 있다.

그 다음에 오는 시절은 말세의 시절이다. '시국은 이미 변하여 중국(仲國)은 서토인들이 노리는 보물창고가 되어 천리 기름진 평야에 바람만 널리 마구 분다'고 적고 있다. 세상이 급속도로 망한다는 느낌이 강하게 든다. 붓을 든 사가의 손이 이 대목을 쓰면서 흔들렸을 것이다. 여기서 말하는 중국(仲國)은 붉달나라의 제후국들이다. 중국이란 천자가 보낸 지방장관들의 군소(群小)나라들을 가리킨다. 바이칼시절의 혼국(桓國)은 12개의 국가로 된 연방이었던 것을 기억하라. 그 자손들이 신시를 중앙정부로 하여 비슷하게 작은 나라들을 거느린 것이다. 그러니까 신시정부가 지방장관으로 보낸 삼황오제의 나라들이 이에 해당되는 셈이다.

반드시 삼황오제가 아니어도 그 당시의 형편으로서는 많은 인물을 보냈다고 할 수 있다. 중국 상고사의 임금들, 곧 나무를 얽어서 집짓기를 가르친 유소씨(有巢氏)와 나무를 비벼 불 일으키는 법을 가르쳤다는 수인씨(燧人氏)도 신시정부가 보낸 제후일 수 있다. 또 〈사략(史略)〉[4]에 복희씨를 이어 줄줄이 나오는 공공씨(共工氏) 대정씨(大庭氏)

---

[4]   원나라 때 증선지(曾先之)가 저술한 〈18사략〉을 말한다. 원나라는 몽골족이 서토 중원에 세운 나라다. 몽골이라면 우리와는 혈통이 같은 사람들이다. 그래서 공자도 사마천도 비켜간 삼황오제를 처음으로 말했을 것이다. 〈사략〉의 첫머리는 천황씨(天皇氏) 지황씨(地皇氏) 인황씨(人皇氏)라 하여 닿을 수 없는 신화기간을 천·지·인으로 말해서 뭉뚱거렸고, 그 뒤를 이어 복희씨 신농씨 헌원씨의 삼황을 적었다.

백황씨(栢皇氏), 중앙씨(中央氏) 역육씨(歷陸氏) 여연씨(驪連氏) 혁서씨(赫胥氏) 존노씨(尊盧氏) 혼돈씨(混沌氏) 호영씨(昊英氏) 주양씨(朱襄氏) 갈천씨(葛天氏) 음강씨(陰康氏) 무회씨(無懷氏)도 신시정부가 보낸 제후들일 가능성이 높다. 이외에도 장자가 더 꼽아내는 인물들이 더 있으니 용성씨(容成氏) 율육씨(栗陸氏) 여축씨(驪畜氏) 축융씨(祝融氏) 등이 다.

모계살림을 못 벗어난 원시야만의 들판에 부계문명을 기다리는 지역이 너무 많기 때문에 붉달나라에서는 힘껏 도왔을 것이다. 가는 손길마다 붉훈의 횃불을 들려서 혼인을 가르치고 부계의 제사를 가르쳐서 천하가 속히 정비되라고 거푸거푸 보냈을 것이다. 그래 그분들의 나라가 중국인데 시절이 어수선하다 보니 서토인들이 노리는 보물창고가 되었다는 것이다. 그러면 여기 서토인은 누구를 말한 것일까? 〈부도지〉 제9장의 기록이다.

> 분거제족(分居諸族)이 각지에 이르니 어느덧 천년이 지났다. 옛날에 성을 나간 사람들의 자손이 각 지역에 섞여 살면서 그 세력이 자못 강성하였다. 그렇기는 하나 거의가 그 근본을 잃고 성질이 사나워져서 새로 온 분거족을 보면 무리를 지어 추적하여 그들을 해하였다. 분거족이 이미 자리를 잡고 앉으니 바다와 산으로 멀리 떨어져 있어 내왕이 거의 없었다.

신시의 처음 시대와 중간 시대까지는 세상이 낡아지고는 있어도 아직 전쟁은 모르던 시절이다. 그러나 후기로 오면 건곤일척의 전쟁들로 천하가 들끓는다. 치우천왕과 황제헌원 간에 벌어진 전쟁이 대표적인 예다. 여기 본문에서는 무슨 명분을 두고 벌인 싸움들이 아니다. 단지 보물창고를 지키고 못 지키고 하는 싸움, 그러니까 순전히 돈을 빼앗고 뺏기는 싸움이다.

〈부도지〉가 전하는 싸움에는 명분이 있다. 부도의 법을 따르지 않고 제멋대로 오행법을 만들어서 쓰는 요(堯)임금과 추종자 순(舜)을 징계하기 위해서다. 그러나 〈훈단고기〉가 말하는 싸움에는 그런 명분이 보이지 않거나 명분이 있어도 〈부도지〉에서처럼 뚜렷하지가 않다. 그렇다고는 해도 그 시절에 명분이 없는 전쟁이란 어차피 있을 수가 없다. 서양에서 같으면 늘 물자가 딸리기 때문에 물자를 위한 전쟁이라 굳이 명분을 갖는다는 것이 우습지만 여기는 동양이다. 반드시 명분을 걸지 않고는 전쟁을 시작할 수가 없다. 〈훈단고기〉가 많은 전쟁을 말하면서 그 때마다 요구되는 전쟁의 명분을 말하지 않은 것은 워낙 귀떨어진 문적으로 편집이 자세하지 못한 책의 한계일 것이다.

전쟁 이야기는 아직 미루어 두자. 위에 본문이 신시의 겉을 나타내고 있다면, 신시의 안 모습은 어떠했는지 궁금할 것이다. 삼훈관경본기(三韓管境本紀)에 신시 시절의 문명이며 문화를 역시 한 호흡으로 훑어 내린 데가 있다.

곰 무리와 범 무리가 서로 다투던 옛날 흔웅천왕께서 아직 군림하시기 전 묘훈(苗桓)은 곧 구황(九皇)의 하나였다. 옛적 이미 우리 흔족이 유목하고 농경하던 때에 신시의 가르침이 열렸다. 토(土)로써 다스림을 삼아서 쌓임을 하나로 하고(以土爲治一積), 음(陰)은 십거(十鉅)로 세우고, 양(陽)은 무궤(无匱)를 만들면, 충(衷)은 여기에서 나온다. 봉황은 날아 모여들어 백아강(白牙岡)에 살고 선인은 법수교(法首橋)로 오갔으니 법수는 선인의 이름이다.

사람과 문물이 어느덧 풍숙하였으니 때 마침 이 때에 자부선생(紫府先生)께서 칠회제신(七回祭神)의 책력을 만드시고 삼황내문을 천폐에 진상하니 천왕께서 이를 칭찬하셨다. 삼청궁(三清宮)을 세우사 그곳에 거하시니 공공(共工) 헌원(軒轅) 창힐(倉詰) 대요(大撓)의 무리가 모두 와서 여기서 배웠다. 이에 윷놀이를 만들어 이로써 흔역(桓易)을 강연하니 대저 신지(神誌) 혁덕(赫德)이 적은 바로 천부(天符)의 유의였다.

옛날 흔웅천왕께서는 천하의 큰 것들은 한 사람이 능히 교화할 수 있는 바가 아니라고 생각해서 풍백 우사 운사를 거느리어 곡식을 주관하게 하고 명분을 주관하게 하고 형벌을 주관하며 병마와 선악을 주관하게 하여 무릇 인간세상의 360여 사를 주관케 하시더라. 책력을 만드사 365일 5시간 48분 46초를 1년으로 하니 이것이 바로 삼신일체의 윗어른이 남기신 법이다. 까닭에 삼신으로써 가르침을 세워 뜻을 펴는 기치로 삼았다.

그 글에 말하기를 '일신(一神)은 충(衷)에 내리고 성(性)은 광명으로 통하니 세상에 있으면서 이치대로 가르쳐서 크게 사람사회가 이롭게 된다'고 하였다. 이때부터 수두(蘇塗)가 세워지는 곳마다 산의 모습에는 흔웅천왕이 항상 있는 것을 보게 되었다. 산꼭대기에는 어디서나 사방에서 온 백성들이 있었는데 둥그렇게 둘러 부락을 이루었으니 네 집이 한 우물을 썼으며 20분의 1의 세를 냈다. 해마다 풍년이 드니 언덕과 산에는 곡식이 쌓이고 백성들은 기쁘고 즐거워서 태백환무(太白歡舞)의 노래를 지어 전했다.

흔웅족이 처음 왔을 때 한 굴에 살더라는 곰과 호랑이가 또 나오고 있다. 〈흔단고기〉 여러 곳에 나타나는 묘족(苗族)은 상당히 진보한 세력이었을 것이다. 구황(九皇) 곧 많은 문명족 가운데 하나였다지 않은가. 그러나 이들의 뿌리가 어디인지에 대해서는 언급된 데가 없다. 원주민인지 흘러 들어온 민족인지 설명된 데가 없다는 뜻이다. 〈서전〉에서도 삼묘(三苗)가 나오면 매우 싫어하고 미워하는 기색이 나타나는데 여기서는 묘훈(苗桓)이라 하여 아예 우리 쪽 사람으로 줄을 세우고 있다.

〈부도지〉에 오미의 재앙이 생긴 후로 백소씨 사람들이 줄줄이 야반도주로 성을 나간 적이 있다. 묘훈을 그때 처음으로 출성을 감행한 사람들의 한 지파로 보는 것은 어떨까. 그들이라면 마고성에서 나온 사람들이므로 곰이니 호랑이니 하는 원주민들과는 달랐을 것이다. 바이칼에서 붉훈의 문명을 가지고 온 황궁씨의 후예만은 못해도 백소씨의 자손이었다면 결국 한 뿌리였으므로 '묘훈은 구황의 하나였다'고 말할 수가 있었을 것이고, 그들의 문명이 원주민과 달리 상당히 진보해 있었을 것이다.

'옛적 우리 훈족이 유목하고 농경하던 때에…'하고 말하는 대목은 이런 추리를 더욱 가능하게 한다. 그들은 이미 농경을 시작한 사람들이다. 훈웅의 무리 중에 풍백 우사 운사가 나와서 농경에 필요한 비와 바람과 구름의 요소를 말하는 것과도 저절로 맥이 통한다. 먼저 도착해서 상당히 진보한 문명을 일구었는데 거기에 훈인천제로 시작해서 훈웅천왕에 닿는 빛나는 신시의 문명이 볼만하게 펼쳐진 것이다. 신시의 문명은 한 마디로 하면 '이토위치(以土爲治)' 가르침이다. 이 가르침이 신시문명을 꿰뚫는 정치사상이요 정신적 졸가리인 셈이다.

土로써 다스림 곧 가르침을 삼았다고 했다. 土는 대지 위에(一) 서 있는 풀싹(丫)을 그린 상형문이다. 그러니까 '以土爲治'라고 하면 土의 형상 곧 풀들이 나서 자라는 이치로써 가르침을 삼는다는 뜻이다. 土로써 가르침을 삼은 탓에 (지상에 나타나서) 쌓이는 것들은 (모두) 하나의 숨 줄에서 나온 것으로 본다(以土爲治一積). (아직) 나타나지 않은 가능성은 무한대의 숫자 십으로 준비해두면(陰立十鉅), 나타난 것들은 (사실상) 원칙이 없는 데서 나타난 것들인데(陽生无匱), (생명의) 올짬은 (그 속에서 저절로) 생겨난다(衷生焉).

더 설명이 필요하다고 여기는 이도 있을 것이다. 1과 10 그리고 음과 양에 대해서다. 이 네 글자가 머금은 뜻을 캐면 문제는 쉽게 풀린다. 양은 이미 나타나서 눈에 보이는 것이고 음은 나타날 수 있는 가능성을 말하고 있다. 아직 나타나지 않았기 때문에 보이거나 만질 수가 없다. 주역에서 10은 무한대의 숫자를 말하지만 동시에 음의 숫자여서 실제로 쓰이지는 않는다. 쓰는 숫자는 1에서 9까지다. 9를 최고의 숫자로 치는 것은 나타나서 쓰이기 때문이라고 말한 적이 있을 것이다.

더 풀어서 하자면 이렇다. 신시문명의 핵심 되는 정신은 다른 것에 있지 않고 土에 있다. 풀이 지표를 뚫고 나와 대지 위에 자라듯이 지상에 나타난 삼라만상은 천지간에 흐르는 하나의 기(氣)에서 나온 것들이다. 천지간에 충만한 이 기운은 사실상 한도 끝도 없는 가능성인데 지상에 나타난 것들은 어떤 원칙이나 정해진 틀거리에 의해서가 아니다. 그냥 제 가락 제 흥으로 감기고 풀리면서 나타나는 거기에 무슨 원칙이 있을 것인가. 그러나 나타났다면 생명의 알갱이는 이미 그것들 속에 충분하게 들어있다.

뒷부분에 일신(一神)은 충(衷)에 내리고 성(性)은 광명으로 통하니 재세이화하고 홍익인간했다는 말도 이것이다. 衷은 생명의 혼이요 알갱이다. 性은 생명의 바탈이다. 언설로 닿지 못하는 하나된 검스러움(一神)이 생명의 혼에 내리면 생명의 바탈은 환한 광명으로 통하니 저절로 홍익인간이 이루어졌을 것이고 재세이화의 세상이 되었을 것이다.

이토위치(以土爲治)를 기본 가르침으로 삼는 높은 통찰이 있었기에 신시의 백성은 일삼아 가르치거나 배우지 않아도 저절로 생명의 호흡을 타고 출렁거려서 삼라만상과 더불어 하나가 되는 홍익인간이 이루어졌을 것이요, 그렇게 자연의 질서와 합쳐 어우러진 무위이치의 백성이 되었음을 강조한 대목이다.

그러기에 태평성대가 아니면 나타나지 않는다는 봉황이 백아강에 날아들어 둥지를 틀고 신선들은 봉황으로 더불어 짝을 삼았다고 한다. 법수는 그 시절 신선의 다른 호칭인데, 법수교가 있었다는 것은 그 마을이 신선들이 사는 신선마을이었다는 것과 통한다. 〈삼국유사〉에서 평양을 신선지택(神仙之宅)이라 한 것도 바로 이 소식이다.

때에 삼청궁에서는 자부선생을 중심으로 공공(共工) 헌원(軒轅) 창힐(倉詰) 대요(大撓) 같은 인물들이 모여들어 흔역(桓易)으로 윷판을 만들어 가지고 천하의 백성에게 보급시키고 있었다. 여기 헌원은 나중에 치우천왕과 건곤일척의 전쟁을 일으킨 황제헌원을 말하고, 창힐은 새 발자국을 보고 문자를 만들었다고 전해지는 이다. 공공이라면 복희씨 이후에 여와씨를 이어 서는 이름이다.

이런 쟁쟁한 인물들이 한 자리에 모여 앉았다면 그것만으로도 그 시대는 복 받은 시대인 것이다. 더욱이 백성이 임검을 위해 세금을 내고 각종 노역에 종사하는 것이 아니라, 그 반대로 임검과 관료가 백성을 섬기느라 늘 하늘에 제 지내면서 하늘 뜻을 살피기 위해 온 힘을 쏟던 시절 아닌가. 정부와 임검이 백성을 위해 일하느라 겨를이 없던 시대이니 국민은 세금을 제 수확에서 20분의 1만 내면 되었고, 해마다 풍년이어서 곡식을 들에 쌓아놓고 태백환무(太白環舞)[5]나 추면서 아무 걱정이 없었을 것이다.

---

5)   太白은 흰밝이다. 環舞는 둥근 고리처럼 원(圓)을 유지하면서 춘 춤이다. 이로써 본다면 바이칼에서 출발할 때부터 이미 가지고 온 문명이 태백에 도착해서 더욱 성숙해지면서, 무슨 제사나 축제가 있게 되면 흰옷 입은 백성들은 저절로 한 덩어리가 되어 둘러서서, 발을 구르고 손을 저으면서 목소리는 가지런히 맞춰가며 그들만의 노래를 불렀다고 보여진다.

홍익인간과 인류 최초의 책력 02

하늘과 땅 사이에서 만물은 제가 있는 자리를 얻고 제 분수(分數)의 숨을 쉬면서 스스로 존재한다. 하찮은 벌레나 풀포기, 한 개의 돌멩이에 이르기까지 그 법칙에서 어긋치는 것이 없고, 위로는 해와 달 그리고 별들도 제 가락의 숨을 쉰다. 그렇게 삼라만상의 일체 것들은 한 숨줄로 연계되고 있어서 만물은 하나에서 거느린다 함이요, 그래서 이것과 저것이 다르지 않다는 것이다. 하늘은 만물의 주인으로 사람을 세운다. 그리고 사람은 홍익인간(弘益人間)으로 만물을 붙잡는다. 이 홍익인간이야말로 천지간에 고르게 흐르는 율려(律呂)의 가락이다.

우리는 〈훈단고기〉의 삼황오제 본기(三皇五帝本紀)에 나오는 말을 다시 기억할 필요가 있다. "사물은 모두 수(數)를 가졌으나 수가 사물에 다하지 못하였고, 사물은 각기 원리(理)가 있지만 원리가 아직 사물에 다하지 못하였으며, 사물은 모두 사물의 기능이 있으되 기능이 아직 사물에 다하지 못하였다. 또 사물은 모두 무궁함이 있으나 무궁함이 아직 사물에 다하지 못하였나니⋯⋯" 한 부분이다.

하늘이 준비하는 사물의 분수(分數)나 그것으로서의 원리(理)나 적합한 기능(力), 그리고 준비되는 숫자—수량—에는 한도 끝도 없다(無窮). 수와 원리 기능부분은 사물이 태어날 때 이미 풍족한 운명으로 태어난다는 것을 충분하게 알리는 부분이다. '사물은 모두 수를 가졌으나 수가 아직 **사물에 다 하지 못…**' 할 만큼 하늘이 준비해둔 사물들의 운수(運數)가 이미 충분하다면, 거기서 하나를 차례 받아서 지상에 태어나는 생명이 그것으로 모자라지 않는 운명으로 태어난다는 이야기다. 그런데 거기다가 원리와 기능과 무궁을 다시 보태서 말하고 있다.

그러니까 사람만이 운명을 가지고 태어나는 것은 아니다. 더러는 탯집(胎)을 빌려서 태어나고, 혹은 알(卵) 속에서 나오기도 하고, 어떤 것은 지렁이나 구데기처럼 습기(濕氣)에서 기어 나오고, 또 파리나 매미 같이 변화의 과정을 거치면서 생겨난 것, 그리고 얼핏 생명이 없는 듯이 보이는 이끼나 돌덩이에 이르기까지 우리 눈에 보이는 모든 것들은 모두 제 혼(魂)과 얼(魄)을 가지고 태어난다. 그렇게 태어난 것들이므로 그것 나름의 생명과 귀함이 있다. 당연히 존중되어야 하고 대접받을 권리도 있는 것들이다.

그런데 왜 천지는 만물 중에서 유독 사람을 귀하게 여겨 주인으로 내세우는가. 사람의 정수리가 하늘을 떠이고 있는 까닭으로다. 가령 식물은 머리를 땅에다가 처박고 거꾸로 크는 물건이다. 동물은 머리와 꼬리가 수평선상으로 가지런히 놓인다. 거기에 비해서 사람은 두 발로 대지를 디디고 허리를 곧추세워 머리로 하늘을 떠 이어 정수리로 하늘 숨을 쉰다. 그래서 사람이 모든 사리분별을 하는 것이고, 두렷하고 크게 우주적인 생각을 하는 것이다. 그것이 사람의 자격이고 만물로 더불어 살면서 만물을 간수하는 힘이다.

홍익인간(弘益人間)의 弘은 활시위와 과녁을 나타낸다. 과녁을 향해서 날리는 화살은 우선 시위를 어떻게 조절하느냐에 따라서 성패의 잘잘못이 결정된다. 너무 약하게 잡아당기면 과녁에도 미치지 못할 것이고, 너무 세게 당기면 쓸데없이 과녁을 넘어서는 우(愚)를 범할 것이다. 거기에 호흡의 자세가 활의 법도에서 중요한 것은 두 말의 여지가 없다. 활은 언제나 이런 신축성의 요결이 있는 것을 알고 당겨야 실수 없이 과녁에 맞는다.

그래서 군자가 활을 수행의 도구로 삼았던 것이다. 활의 이 신축성을 홍익인간에서 빌린 것은 만물을 통솔하고 거느리는 인간의 예지야말로 활시위와 과녁 관계 같다고 여겨서다. 참으로 적절하고 신통한 비유다. 우주와 삼라만상을 껴안는 큰 인격(人格)은 그대로가 신격(神格)이다. 그런 인격을 전인(全人)이라 일러온다. 이것은 서양사람들이 말하는 코스모폴리탄이나 휴머니즘 하고는 애초에 졸가리가 다른 것이다.

동물이나 식물도 운명을 가지고 태어난다고 했다. 모든 물건은 제가 가지고 태어난 제 바탈—性—대로 주변과 얼크러지면서 존재한다. 사람이 맡은 직분은 세상만물들이 제각금의 바탈대로 구김 없이 살되 서로 화육(化育)하고 번성하게 하는 것이다. 그리하여 천지자연이 낳아서 기르는 만물이 율려의 숨결을 따라 생명의 질서대로 오롯이 조화를 이룰 때, 사람은 비로소 율려가 맡긴 직무에 충실했다고 할 수가 있다. 이것이 홍익인간의 참 뜻이다.

저들의 휴머니즘은 인간의 권익을 위해서는 무엇이나 파괴하고 정복해도 좋다는 잘못된 생각이 바탕에 깔린다. 그래서 자연도 함부로 정복하고 짐승을 얼마든지 재미삼아 죽이는 것이다. 오늘 이 지구라는 별의 환경이 형편없이 망가져서 사람이고 짐승이고 살 수 없이 된 것도 모두 서양사람들의 휴머니즘이 한 노릇이다. 동양의 홍익인간 정신이나 태도가 조금이나마 있었던들 사람 사는 지구환경이 이렇게 망하지는 않았을 것이다.

가령 서구인들은 어느 곳에 집을 짓거나 정자를 짓는다고 할 때 우리처럼 자연의 법칙을 따라서 풍수를 살피는 법도 없고, 자연에게 예를 갖추어 인간의 뜻을 묻는 고사나 그런 겸손의 자세가 전혀 없다. 그저 어느 터가 결정되면 무조건 설계도면을 그려서 뚝딱거리고, 걸치적거리는 것이 있으면 남포질로 터뜨리고 중장비로 치워내면 그 뿐이다. 참 용감한 사람들이다. 그들은 그렇게 만족한다.

그런 서양인의 버릇이 교과서에 등재되면서 우리의 율려적인 가락들은 미개한 야만의 풍속으로 간주되어 다 없어지고 말았지만, 모든 사물에는 정령(精靈)이 있다고 믿었고 그 정령을 인격으로 대우한 어리숙할 정도로 착했던 우리네 조상들은 우주와 생명에 대한 커다란 통찰이 있었던 것이다.

우리의 피 속에는 살생유택(殺生有擇)*이라는 도덕적인 계율이 지금도 흐른다. 그래서 최소한 재미삼아서 생명을 죽이는 일은 없다. 지금도 시골 노인네에게는 풀 한 포기를 다치면서도 조심스럽고, 바위 하나를 치우면서도 무언가를 두려워하는 인습 같은 것이 습관적으로 몸에 배어 있다. 말하자면 율려나 홍익인간에서 내림해온 위대한 전통이 어렴풋이나마 남아 있다는 이야기다.

---

* 신라의 원광스님이 중국유학을 마치고 돌아와서 한참 인기가 높을 때, 귀산(貴山)과 추한(箒項)이란 화랑이 개인적으로 찾아가서 평생의 경구로 삼을 가르침을 청하자, 불교의 계율은 출가자가 지키는 것이라 적당하지 않으니, 본래 있는 민족의 도덕 윤리가 있으니 그것이 좋겠다하여 설한 것. 사군이충(事君以忠), 사친이효(事親以孝), 교우이신(交友以信), 임전무퇴(臨戰無退), 살생유택(殺生有擇).

해방이 되고 학교라는 것이 들어서면서 생긴 교육이라는 것이 서양인들 과학이나 관념을 마구잡이로 수용하다보니 이제는 옛말이 되었지만, 반세기 전만 해도 노인네들은 비가 내리면 '비가 오신다' 했고, 큰 나무를 눕힐 때는 '톱 들어가요' 하거나 '도끼 들어 갑니다' 하는 말을 반드시 했었다. 부뚜막을 고치느라 흙 한 삽을 파와도 막걸리 사발을 놓고 고사를 했고, 집터를 다듬거나 묘 터를 건드릴 때는 온 집안이 나설 만큼 고사가 요란했다. 그렇지 않고는 자칫 동티가 나는 까닭이다.

지금 우리가 잃어버리고 사는 홍익인간이란 생명의 도덕은 우리의 핏대 밑에서 잠을 자고 있다. 바이칼에서부터 이 정신이 있었기에 동서로 2만 여리 남북으로 5만 리 되는 거대한 혼국(桓國)을 소리없이 다스렸을 것이요, 그 홍익인간의 깊은 못에서 천부경 같은 지혜가 나왔을 것이다. 여러 만 년의 세월을 산에서 산으로 이동하는 동안 오만가지 산의 위험에 맞서면서 하늘의 별을 살피고 땅의 지세를 살피다보니, 어느새 하늘이 되고 땅이 되어 만물이 한 호흡에서 저절로 간수된다는 것을 깨달은 이들이다.

그 홍익인간의 깊은 못에서 천부경과 책력이 어떻게 나오는지 살펴보자. 태백일사 제 5권에 해당하는 '수두경전 본훈(蘇塗經典本訓)'은 첫머리를 이렇게 시작한다.

신시 때에 선인 발귀리(發貴理)가 있었는데 대호(大皞)와 동문으로 학문을 배우고 도를 이미 통하여 바야흐로 저(渚)와 풍산(風山)사이에서 노닐으니 그 이름이 널리 알려졌다. 아사달에서 제천의 예가 끝나는 것을 보고는 노래를 지었으니 그 노랫말은 다음과 같다.

대일(大一), 그 극(極)을 이를 이름하여 양기(良氣)라 하니, 있음과 없음이 섞여 있어서, 빈 듯 하면서도 갖추어 묘함이 있도다. 삼일(三一)의 그 체(體)는 일이요 그 용(用)은 삼이라.

혼묘(混妙)가 한 둘레에 있으니 체와 용은 따로 갈라질 수 없도다.

대허(大虛)에 빛 있음이여, 이것은 신(神)의 형상이고, 대기(大氣)가 오래도록 존재함이여, 이는 신의 화(化)로써 참 생명의 근원으로 만물이 여기서 나는도다.

해와 달의 아들은 천신의 올짬(衷)이 있음으로써 비추이고, 이로써 원각(圓覺)을 긋고(線) 크게 세상에 내려올 수 있었으니, 만물이 그 무리를 이룬다.

원(圓)은 일(一)이 되어 무극(無極)이고

방(方)은 이(二)가 되어 반극(反極)이며

각(角)은 삼(三)이 되어 태극(太極)이라.

대저 인간이 중심되어 만물로 더불어 함께 이롭게 되는 것은

천제의 간수하는 바요 훈웅께서 받으신 것이니

한 검스러움이(神) 속올(衷)에 내려 생명의 바탈(性)은 광명에 통하고

천지간의 호흡대로(在世理化) 인간세상 절로 된다(弘益人間).

이 법속이야 말로 신시로부터 단군조선으로 전해졌기 때문이다.

발귀리와 동문수학을 했다는 대호(大皞)는 태호(太昊)의 이두문 표기다. 백두산을 바람산(風山)으로 기록한 것도 붉산 곧 태백산을 이두음으로 적은 것임이 드러난다. 발귀리가 노닐었다는 백두산과 저(渚) 사이는 渚가 오늘의 하북성 한단현(邯鄲縣)에 있는 저하(渚河)를 말하는 것이라면 치우천왕이 수도를 옮기고 천하를 평정했던 그 당시의 청구(靑邱), 곧

홍산문명의 발굴로 시끄럽다가 그만 둔 오늘의 요하(遼河) 일원이었을 것이다. 바로 복희가 그 청구와 낙랑(樂浪)에서 모계의 원주민들에게 부계살림을 가르치느라고 여념이 없던 때이므로 둘은 쉽게 만났을 것이다. 이것은 뒤에 치우천왕과 단군의 도읍지가 하얼빈으로 선정될 때에 다시 말해질 부분이다.

수두경전본훈을 하필 발귀리의 노랫말로 여기는 것은 까닭이 있다고 보여진다. 노랫말에서 암시되고 있지만 동서가 2만 여리요 남북이 5만 리였던 일곱 어른 훈인천제들께서 당신들의 훈국(桓國)에 이미 법속으로 녹아 있던 홍익인간이나 재세이화 이념을 새 천지를 찾아 떠나는 훈웅에게 전하고 당부했으리라. 그 훈웅은 서토의 복판에 솟은 태백산에 신시라는 제단을 묻고 붉달나라를 시작한다.

발귀리 선인의 노랫말 다음에 기록되는 것은 천부경이다. 천부경을 이해하기 위해서는 원(圓) 방(方) 각(角)으로 풀어내는 발귀리의 노랫말을 반드시 참작해야 한다. 원방각은 하늘과 땅과 사람을 가리킨다. 그런데 그것에다 각기 무극 태극 반극(反極)이라는 수리(數理)적인 설명을 붙인다. 하늘은 원이면서 무극이고, 사람은 태극이면서 각인데, 땅은 방이면서 반극(反極)이라는 것이다. 반극이라는 말이 너무 반갑다. 反은 반사(反射)의 反이다. 反極이라는 말은 하늘과 사람을 끊임없는 반사작용의 호흡으로 인해서 하나로 묶어낸다는 뜻이다. 무위한 땅의 숨결이 그렇다는 말이다.

주역은 생명의 원리를 음양으로만 설명하는 논리지만 천부경은 삼신의 논리여서 항상 셋(三)을 기본 수로 삼는다. 얼른 말해 삼태극이라 해서 둥근 원 안에다가 빨강과 파랑 그리고 노란색의 물감으로 그려낸 태극도를 본 적이 있을 것이다. 흔히 여름철에 들고 다니는 부채나 안무에 쓰는 북에 그려지는 태극이다. 파란 색이 원(圓)을 상징하는 하늘, 빨간색이 방(方)을 나타내는 땅이고, 노란색이 사람을 나타내는 각(角)인데, 方인 땅이 반사의 숨결로 하늘과 땅 사이의 (사람이 중심 되는) 삼라만상을 한 숨 줄로 묶어서 완성해낸다는 것이다.

이 쯤 해놓고 천부경을 보기로 하자.

一始無始一(일시무시일): 하나는 시작된 데가 없으나 시작함으로 하나이다.

析三極無盡本(석삼극무진본): 쪼개면 천지인 삼극(三極)으로 나뉘는데 하나의 근본은 한 도 끝도 없다.

天一一地一二人一三 (천일일지일이인일삼): 하늘의 숨결은 첫 번째며, 땅의 숨결은 두번째며, 사람의 숨결이 세 번째다. -이것이 삼극의 체(體)다.

一積十鉅無匱化三(일적십거무궤화삼): 그 體의 숨결이 一로부터 시작하여 우주를 가득 채운다 해도, 달리 중심될 것도 없고 둘레 될 것도 없으므로 다시 셋으로 바뀌게 된다.

天二三地二三人二三(천이삼지이삼인이삼): (이제 용(用)으로 말해지는) 하늘의 숨결은 天地人 셋으로 바뀌지며, 땅의 호흡도 겸하여 天地人 셋으로 되며, 사람숨결도 겸하여 天地人 셋을 머금는다.

大三合六生七八九[6](대삼합륙생칠팔구): 큰 셋이 합쳐 6이 되면, (6에서)7 · 8 · 9로 벌어진다.

---

6)   六은 老陰으로 겨울을 말하고, 七은 少陽으로 봄을, 八은 소음으로 가을, 九는 노양으로 여름을 나타낸다.

運三四[7](운삼사): 크게 날금으로 서는 것은 3과 4요.

成環五七[8](성환오칠): 작게 씨금으로 움직이는 것은 5와 7이다.

一妙衍(일묘연): (시작에서) 하나라고 한 이 기운이 실수 없이 용하게 번져,

萬往萬來(만왕만래): 삼라만상으로 하여금 만 번 가고 만 번 오는 변화를 보이되,

用變不動本(용변부동본): 아무리 변화해도 (一氣의) 근본은 움직여 본 적조차 없다.

本心本太陽昂明(본심본태양앙명): 근본 핵심은 태양의 앙명-덥고 밝음- 이니,

人中天地一(인중천지일): 사람에게서 천지는 (언제나) 하나가 된다.

一終無終一(일종무종일): (따라서 우주는) 하나로 끝을 삼지만 끝이 없는 것이 하나다.

천부경에 대해서 아는 체하는 사람들은 의외로 많다. 지금 시중의 책방에 비치는 것만 해도 스무 권에 가깝다. 그러니 아직 발표되지 않은 것은 또 얼마나 될까? 그러나 주역도 제대로 못 맞추는 우리들의 세태에서 이건 좀 너무 했다 싶어진다. 주역은 우선 팔괘가 그렇듯이 그 속내를 비

---

7) 三은 天地人의 삼재(三才)를, 四는 소음 소양 노음 노양의 사상(四象)을 말하나, 사상은 동시적으로 우주를 구성하는 근본 원소인 물 불 공기 흙으로 보는 것이 옳을 듯하다.

8) 五는 하늘의 5성 곧 金 木 水 火 土요, 七은 북두칠성의 칠로 보인다. 왜냐하면 五星과 七星의 움직임에서 오는 조명(照命)이 사람의 운세는 물론 삼라만상에 항상 직접 간접의 영향을 미치는 것이므로.

밀스럽게 포장한다는 느낌이 있다. 무슨 보물찾기라도 하는 것처럼 수상한 도형(圖形)과 수리(數理)가 역시 쉽게 알아볼 수 없는 상(象)과 맞물리면서 전체적으로 퍼즐을 맞추듯이 접근하지 않고는 알 수가 없는 난해한 학문이다.

물론 이것은 근기(根機)가 하열(下劣)한 우리들 시대의 탄식이지 그 학문이 나오던 신시 같은 상근기(上根機) 시절에는 팔괘를 보고 모를 것이라고 하는 이는 아마도 없었을 것이다. 그러나 천부경은 주역처럼 감추었다는 느낌이 전혀 없다. 그냥 열려 있고 전체가 넉넉하게 개방되어 있다. 이 느낌은 주역과 천부경을 펼치는 이들이 잘 모르는 채로, 그러나 확실하게 갖는 느낌일 것이다.

천부경은 처음부터 삼신(三神) 곧 천지인(天地人)을 바로 드러내서 말한다. 그에 비해서 주역은 두 개뿐인 음과 양의 개념으로 － 陰陽概念 － 천지 인을 아울러서 말하고 있다. 그래서 천부경보다 주역이 힘에 부치고 버거운 것이 사실인데, 발귀리 선인(仙人)이 말한 땅은 방(方)이면서 반극(反極)이라고 한 이 대문을 염두에 두면 주역은 조금 쉽게 다가선다. 땅이 항상 반사의 숨을 쉬는 탓에 둥근 하늘과 네모진 땅 사이에 갖추어 있는 세모꼴의 사람, 그리고 기타의 삼라만상이 언제나 즉시적으로 하늘과 땅으로 더불어 한 덩어리일 수 있는 논리에 닿을 수가 있어서다.

훈인천제들의 바이칼 시절부터 천부경 개념은 (확실하게) 영글지 않은 채로 있었을 것이다. 그렇지 않고는 동서로 2만 리 남북으로는 5만 리였다는 거대한 국토를 무슨 수로 다스려냈을 것인가. 생각컨대 홍익인간이나 천부경 개념은 그적부터 자란 것이고, 그래서 다스린다는 생각 없이도 천하의 백성이 저절로 끌려오는 무위이치의 세상이었을 것이다. ― 마치 태양이 빛과 열을 내뿜어서 하늘과 땅 사이의 만물을 먹여 살리듯. ―

홍익인간과 재세이화가 천부경과 함께 구체적으로 영글어서 천하의 인민에게 쓰여지던 신시 시절에는 책력이라는 위대한 문명이 또 있었다. 책력은 천문(天文)을 아는 데서 나온다. 거듭 말한다면 하늘의 별자리가 어떻게 맞물려 돌아가는지 별자리가 움직이는 호흡의 법칙을 정확하게 파악하지 않고는 책력을 만들 수 없다는 말이다. 이것은 서양인들이 최근 2백 년 전까지 책력 때문에 낭패를 했던 것을 떠올리면 쉽게 알 수 있는 일이다.

서양인들에게도 나름의 천문학이 있고 천체학이 있다. 그러나 황도[9] 12궁[10]으로 졸가리를 삼는 그들 천문이라는 것은 동양의 천문학에 비기면 유치하기 짝이 없는 것이다. 그 12궁이라는 것도 별자리들이 서로의 호흡으로 맞물려 있다고 보지 않는다. 개개의 별자리가 제 개성으로 존재할 뿐이다. 그 황도대(黃道帶)를 12 등분하여 춘분점을 기점 삼아 30도 씩 고르게 배치하여 두고, 어느 별자리의 해에 태어났는가를 따져서 운세를 점치는 점성술 정도가 고대 오리엔트 시대에 시작되어 지금까지 면면히 이어졌다고 보면 된다.

그러나 동양의 별자리는 이렇게 동화적이고 단순한 것이 아니다. 하늘의 크고 작은 모든 별들이 우선 그물코처럼 서로 연결 되었다고 본다. 그

---

9) 태양이 다니는 길. 적도와 교차하는 교차점이 있을 수밖에 없는데 23.5도가 비스듬하게 경사져 있다. 황도에서 남북으로 각각 90도 각으로 떨어진 지점을 황도의 남극과 북극으로 정한다. 태양이 적도의 남쪽에서 북쪽으로 통과하는 교착점을 춘분, 북쪽에서 남쪽으로 향하는 지점을 추분이라 한다.

10) 황도를 12등분하여 춘분점을 기점으로, 양자리 황소자리 쌍둥이 자리 게자리 사자자리 처녀자리 저울대자리 전갈자리 궁수자리 염소자리 물병자리 물고기자리 등이다.

리고 그 별들을 하늘가에서 둘러싸고 있는 28수(宿)[11]의 별자리가 그물코들을 거느린 벼릿줄이라고 여긴다. 이번에는 그 벼릿줄의 손잡이 끈을 북두칠성[12]으로 상정한다. 그러니까 하늘의 모든 별들은 한 호흡의 숨줄로 꿰어진 것이기 때문에 그야말로 일사분란(一絲紛亂)할 수밖에 없다. 그래서 28수를 기(紀) 북두성을 강(綱)으로 부른다. 어느 정치나 교육 혹은 단체의 질서를 말할 적에 흔하게 들고 나오는 기강(紀綱)이란 말은 여기서 비롯된 것이다.

바이칼 문명이나 신시문명은 율려(律呂)를 바탕으로 건진 것이다. 홍익인간이나 천부경은 율려를 뿌리로 삼고 올라왔다는 이야기다. 그러므로 동방의 천체학은 언제라도 우주가 출렁거리면서 숨을 쉬는 율려를 바탕 삼을 수밖에 없다. 이쯤에서 책력이 나오는 이야기로 가보자.

자부(紫府)선생은 발귀리의 후손이다. 태어나면서부터 신명하여 도를 얻어 날아 오르사 일찍이 해와 달을 측정하여 이를 정리하고, 다음으로 오행의 수리(數理)를 따져서 칠정운천도(七政運天圖)를 저작하니 이것이 칠정력(七政曆)의 시작이다. 뒤에 창기소(蒼其蘇)가 그 법을 부연하여 이로써 오행치수의 법을 밝혔다. 이 역시 신시황부 중경으로부터 나온 것이다. 우

---

11) 하늘의 모든 별을 에워 싼 28개의 별자리 이름. 동-각항저방심미기(角亢氐房心尾箕) 북-두우여허위실벽(斗牛女虛危室壁) 서-규루위묘필자삼(奎婁胃昴畢觜參) 남-정귀유성장익진(井鬼柳星張翼軫)

12) 천추 천선 천기 천권 옥형 개양 요광 (天樞 天璇 天璣 天權 玉衡 開陽 搖光). 북두칠성은 하루 한 바퀴씩 시계 반대 방향으로 돈다. 끄트머리의 요광성이 끊임없이 28수의 별자리를 가리키는데, 이것이 12시 -子丑寅卯辰巳午未申酉戌亥- 의 지표가 된다.

인(虞人) 사우(姒禹)는 회계산에 이르러 조선으로부터 가르침을 받고 자허
선인(紫虛仙人)을 통해, 창수사자(蒼水使者) 부루를 뵙기를 청하여 황제
중경을 받으니 바로 신시황부의 중경이다. 우임금이 이를 취하여 쓰니 치
수에 공이 있었다.

발귀리 선인의 후손 중에 자부 선생이란 이가 있어 그가 칠정력을 만들
었다는 말을 따라서 여러 가지 이야기가 줄줄 끌려 나오고 있다. 동양천문
에서는 28수를 하늘에 펼친 경(經)이라고 한다. 그리고 28수 안에서 운행
하는 오성(五星)—水火木金土—을 위(緯)로 말한다. 지도에 좌표를 먼저
날줄로 읽고 다음에 씨줄로 읽어서 좌표를 읽어내듯이, 천문을 읽는 방법
도 28수를 경으로 오성을 위로 해서 읽어낸다는 뜻이다. 그런데 이 오성이
가는 길을 오행으로 말하고, 이 오성에다가 해와 달 곧 日과 月을 더하여
만든 것이 칠성력이요 칠정운천도인 것이다.

후세에 창기소라는 사람이 있어서 칠성력이 나오는 법칙을 연구하여
오행치수법(五行治水法)을 만들었다고 한다. 이것은 요(堯)임금 때 9년 홍
수로 황하가 범람하여 천하가 물구덩이가 되었을 때 하우(夏禹)가 물길을
다스린 것을 말하는 소식이다. 앞에서 이미 지나왔지만 뒤에 오는 장에서
도 여러 번씩 언급이 되므로 여겨두어야 할 대문이다. 그러나 여기는 책력
의 시작을 말한 대목이므로 딴 곳을 바라보지 말고 책력 이야기를 하는 것
이 옳을 것이다.

앞에서 소개한 부도지 제 21장부터 제 23장까지는 천체의 호흡을 말하
고 책력이 만들어지는 율려의 법칙을 말한다. 특히 23장은 천체가 어떻게
움직이며 지구라는 별이 천체의 전체적인 호흡관계에서 어떻게 영향을 받
는지를 아주 정밀하게 설명해 내는 부분이다. 서양에서는 겨우 5백 년 전

에 지동설이 나왔다고 야단이지만, 우리는 단군왕검의 조선나라가 들어서기도 전에 벌써 태양의 한 주기 공전이 365일 5시간 48분 46초 걸린다는 것을 정확하게 산출해 낸 것이다.

책력에는 태음력과 태양력이 있다. 부도지 23장은 그 중 태양력을 말한 것이다. 한 달을 28일로 하여 1년을 13개 월로 정리한다. 여기에는 윤월(閏月)이나 윤일(閏日)이 끼일 여지가 없다. 5시간 48분 46초를 1년 안에다 소화시키고 있기 때문이다.

서양에서는 2800년 전에 중국에서 현대적 과학으로 검증해도 손색이 없는 태음력이 쓰여지고 있어서 놀라움을 금할 수 없다는 그쪽 학자의 보고서를 읽은 적이 있다. 그러나 그것은 잘못된 보고서다. 그렇게 되면 주(周)나라 말기에 와서 태음력이 나왔다는 말밖에 안 된다. 사실 옳게 말한다면 우리의 배달나라 후기에 자부선인이 이미 칠성력을 만들었다 하지 않았는가.

태음력에는 윤월과 윤일이 있다. 19년 동안 7회의 윤월이 있는데 그 윤월은 일정하지가 않아서 어느 달이 윤달이 되고 어느 날이 윤날이 될지는 따져보아야 안다. 책력을 만드는 데는 일정한 법칙이 있어서 그 법칙에 해당하는 공식이 응용되는 탓이다.

가령 동양의 태음력에는 24절후(節候)[13]가 끼어든다. 대개 보름을 기준해서 절과 후가 바뀌는데 두루 아는 바와 같이 음력은 달이 작으면 29일로

---

13)   입춘 우수 경칩 춘분 청명 곡우 입하 소만 망종 하지 소서 대서 입추 처서 백로 추분 한로 상강 입동 소설 대설 동지 소한 대한을 말한다. 이 중에 절(節)과 후(候)가 있는데, 입춘이 절이면, 우수는 후가 된다. 그 다음 경칩은 다시 절이고, 경칩 다음에 오는 춘분은 다시 후에 해당한다. 이렇게 차례대로 짚어 가면 12절과 12후가 고르다는 것을 알 것이다.

끝날 때가 있다. 이럴 경우에 절기(節氣)는 있는데 후기(候氣)가 없는 달이 생긴다. 그 후기가 없는 그 달이 윤월에 해당한다. 대개 3년에 한 번씩 윤월이 생기는 것으로 알지만 어쩌다 보면 2년 만에 윤월이 올 수도 있다. 움푹짐푹해서 종잡을 수가 없는 이 윤달의 딜레마는 그러나 19년을 넘기지 않고 같은 리듬을 반복해서 되풀이 한다. 우주의 호흡이 19년을 한정으로 바뀌면서 일정한 제 궤도로 다시 들어서기 때문이다.

이 절과 후는 달의 숨결에서가 아니라 실은 해의 호흡에서 빚어진 것이다. 그러니까 음력 안에 양력이 자리를 틀고 앉아 있음으로 해서 음력과 양력이 공존하는 꼴이다. 이것이 우리의 책력이다. 서양 사람들이 우리네 태음력을 두고 '태음·태양력'으로 부르는 까닭이 그래서 그런 것이다. 자부선생의 책력이 태양력이었는지 태음력이었는지는 알 수가 없다. 칠성력이라고도 하고 칠정운천도라고도 적힌 이 책력은 음력이나 양력 어느 쪽으로도 가능하기 때문이다.

자부 선생의 행적이 소개되던 중이었으니 그 중의 한 곳을 잠깐 빼어내서 살피기로 하자. 우선 그 분의 진면목이 나타나기도 해서지만 동시적으로 우리가 잃어버린 신시문명의 흔적이 뚜렷이 나타나고 있어서다.

삼황내문경(三皇內文經)은 자부 선생이 헌원에게 주어 그로 하여금 마음을 씻고 의(義)에 돌아오게 한 것이다. 선생은 일찌기 삼청궁(三淸宮)에 사셨으니 궁전은 청구국 대풍산(大風山)의 남쪽에 있었다. 헌원이 몸소 치우를 배알했는데 가는 길에 명화(名華)를 거치게 되어 소문을 듣게 된 것이다. 경문은 신시의 녹서(鹿書)로 기록되어 세 편으로 나뉘어져 있었다. 후세 사람들이 추연(推演)하고 주(註)를 더하여 따로 신선음부(神仙陰符)의 설이라고 한 것이다. 주나라와 진나라 이래로 도가(道家)의 무리들이 의지하는 바가 되어 민간에 퍼져서 연단복식(鍊丹服食)을 하는 자가 생기고, 허다한 방술(方術)의 설이 어지럽게 마구 나와서 의혹에 빠지는 자가 많았다. 서복(徐福)에 이르러 한(韓)나라는 망했지만 역시 회사(淮泗)의 출신이기에 평소부터 진나라를 배반할 뜻이 있었으니, 이에 바다로 들어가 신선을 찾는다고 말로는 하고 도망쳐 돌아가지 않았다. 일본의 기이(紀伊)에 서불(徐市)이라는 제명의 각자(刻字)가 있다. 이국(伊國)의 신궁에는 서불의 묘지와 사당이 있다. 서복은 일명 서불이니 불(市)은 복(福)의 음이 혼동된 것이다.

서토인들의 조상 노릇을 하는 황제헌원이 자부 선생에게서 삼황내문을 받아다가 서토 중원에 신선술을 가르쳤다는 이야기는 진(晉)나라의 갈홍(葛洪)이 포박자(抱朴子)에 쓰면서 서토에 알려졌다. 서토의 신선술은 황제로부터 시작되었다는 것이 그들 사이에는 정설로 된 것이 그로부터다. 갈홍 역시 신선술을 했다고 되어 있다. 그러나 갈홍은 앞뒤 이야기를 생략하고 그냥 황제가 백두산을 지나다가 자부 선인으로부터 삼황내문을 받아 왔다고만 했을 뿐이다.

그런데 여기서는 전말이 친절하게 설명되고 있다. 자부선인은 청구국의 남쪽에 있는 대풍산 삼청궁에 살고 있었다고 했다. 앞에서도 스쳤지만 대풍산(大風山)은 백두산의 이두문 표기이다. 그 대풍산이 청구국에 있었다고 말한다. 청구는 뒤에 치우천왕이 천하를 통일할 적에 도읍으로 정했던 지명 이름이다. 그 청구를 청구국이라고 했다면 어렵지 않게 치우의 청구국이었다는 말이 된다.

헌원은 뒤에 치우천왕의 천하통일에 큰 걸림돌이 되었던 인물인데 그 헌원이 몸소 치우를 배알하러 가는 길에 명화라는 지역을 지나다가 뜻밖에 자부선생 소문을 듣게 되었고, 그 자부선생을 찾아가 생각지도 않은 '삼황내문경'까지 얻었다고 한다. 말하자면 계획에 없는 횡재다. 그러나 자부로서는 장차 세상을 시끄럽게 할 헌원을 미리 헤아리고 그릇된 마음을 씻어서 새 사람이 되라는 생각에서 한 짓이지 다른 목적은 없어 보인다. 신선도를 닦으면 새 사람이 될 것은 정해진 이치다. 그러나 황제는 그것을 가져다가 사람 몸의 경락(經絡)을 살피는데 썼으므로 훗날 서토의 의술이 반드시 삼황내문에서 나온 황제의 경락술을 말하게 되었을 것이다.

서복이라고도 하고 서불이라고도 하는 이 사람은 진시황한테 삼신산에서 불사약을 구해오겠다고 거짓말을 하고, 동남동녀 각 오백 명씩을 얻어서 바다에 배를 띄우고 나가서는 돌아가지 않았다는 옛 전설의 주인공이다. 그가 제주도를 지나가다가 사흘을 쉬고 갔다는 삼일포에는 지금도 그것을 기념하는 기념관이 있다. 그 서불이 일본으로 건너가 일본인들의 조상이 되었다는 말도 역시 전설로 전한다. 본문에서는 그의 사당이 기이(紀伊)에 있다고 본 듯이 말하고 있다.

때에 유위자(有爲者)가 묘향산에 숨어 살았으니 그의 학문은 자부선생으로부터 나온 것이다. 지나가다가 웅씨군(熊氏君)을 알현하니, 웅씨군은 '나를 위해 도(道)를 말하라'고 청했다. 대답해 가로대

"도의 큰 근원(大原)은 삼신으로부터 나오나니, 도라고 하는 것은 도라고 할 것이 없으며, 그 나타나는 것도 없는 것입니다. 도라고 할 것이 있다면 나타날 수가 없는 것이며, 나타남이 있다면 역시 도는 아닌 것이지요. 도는 항상 같은 것이 없고, 때─경우─에 따르는 것이니, 이에 도의 귀함이 있는 것입니다. 나타남-쓰임-도 항상 똑 같은 모양으로 나타나지는 않아서, 백성을 편하게 하는 것이니, 이에 나타남의 귀함이 있는 것이요, 그 겉모양

이 크지도 않으며, 그 속이 작지도 않은 것이 도이니, 이에 감싸지 못함이 없는 것입니다.

하늘에는 기틀―機―이 있으니 내 마음의 기틀에서 볼 수가 있고, 땅에는 모양이 있으니 내 몸의 모양에서 볼 수가 있으며, 사물에는 주관함―宰―이 있으니 내 기(氣)의 주관함에서 알 수가 있음이라, 이에 하나를 잡아도 셋을 포함함이며, 셋을 모으면 하나로 돌아감인 것입니다.

일신(一神)이 내려옴은 사물을 다스림이니, 바로 천일(天一)이 물을 낳은 이치요, 성품이 광명에 통함은 삶의 다스림이니, 바로 지이(地二)가 불을 낳은 이치요, 세상에서 교화를 폄은, 마음을 다스림이니, 바로 인삼(人三)이 나무를 낳은 이치인 것입니다. 대개 대시(大始)에 삼신님은 삼계(三界)를 만드셨으니, 물은 하늘을 본뜨고 불은 땅을 본뜨고 나무는 사람을 본뜬 것입니다.

무릇 나무라는 것은 땅에 뿌리를 두고 하늘을 향하였으니, 역시 사람도 땅을 밟고 서서 능히 하늘을 대신합니다" 하니 임금께서는 "착하도다 그 말씀이여!" 하시더라.

여기서 나오는 웅씨 임금은 생각컨대 원주민들의 모계사회 임금일 것이다. 태백산에 도착한 흔웅이 신단수 아래 제단을 세우고 문명의 살림을 시작할 때에 '원컨대 우리도 신계(神戒)의 백성이 되게 해주십시요' 하고 나타난 곰과 호랑이 토템의 부족을 알 것이다. 그래서 마늘과 쑥으로 시험을 치르고 흔웅 대열에 참가하게 된 곰 부족을 알 것이다.

그들은 흔웅의 문명살림을 배우려고 노력하는 사람들이므로, 우연하게 자기 고을에 들려준 유위자라는 도인에게 도를 배우려 했을 것은 당연하다. 그래서 흔웅의 도를 물은 것이고, 유위자는 삼신―天地人―에서 비롯되는 큰 도덕의 원리를 말했을 것이다. 뒤에서 보게 되겠지만 이 웅씨들은 흔 웅천왕으로부터 인정을 받고 두만강과 압록강 아래 지역을 봉토로 받는 다. 조선시대에는 마한이라 일컬어지는 이 한반도가 바로 웅씨들의 땅인 것이다. 묘향산에 숨어살던 유위자가 웅씨의 임검을 '지나는 길에 찾아뵈 었다'고 한 것은 자연스런 일이다.

그가 말하는 도는 노자가 도덕경에서 말한 도와 같다. 부언하면 '도를 도라고 부르는 것은 옳지만 항상 도라고 할 필요는 없다(道可道非常道).' '(어떤 사물의) 이름을 이름이라 해서 틀릴 것은 없지만 늘 그 이름을 고 집해서는 안 된다(名可名非常名).' 이어서 줄줄이 나오는 도덕의 원리가 공자의 유교처럼 듣기에 긴장되고 피곤한 느낌을 주는 것이 아니라 시냇 물이 흐르듯 거침이 없고 통쾌하게 다가서는 것은 그 도덕이 바로 홍익인 간의 연못에서 건져 낸 무위자연(無爲自然)의 시원스런 숨결이기 때문에 그런 것이다.

유교와 도교는 한 탯집에서 나온 쌍둥이 관계다. 또 서토대륙을 지탱해 온 두 개의 축이다. 그것들은 같으면서도 다르고 다르면서 닮아있다. 딴은 그래야 옳다. 왼 다리와 오른 다리는 한 몸이면서도 흐르는 기운이 다른 법이다. 유교와 도교의 관계에서도 이런 원리는 비슷하게 나타난다. 너절 한 설명보다 공자가 노자를 찾아가서 삼황오제의 도덕을 물었다는 다음의 예화를 듣는 편이 보다 직접적이고 효과적일 것이다.

"자네가 말하는 삼황오제는 이미 죽어서 뼈가 흙이 되었네. 그런데 이 제 와서 그 어른들의 예법을 안다 한들 무슨 보탬이 되겠는가?"

기러기를 안고 먼 길을 걸어와서 정성스럽게 묻는데도 아예 상대조차 않겠다는 태도였다. 그러나 아주 상대를 않는 것은 아니고 공자에게 던지 는 한 마디가 있다. 우리는 이들의 대화에서 도교와 유교의 색채가 장차 어떻게 다를 것이라는 것을 당장에 알아차릴 수가 있다.

"내가 들으니 현명한 장사꾼은 큰 이익이 남는 물건일수록 포장을 허술하게 한다고 했다. 노끈으로 단단히 묶고 자물쇠로 채워서 자꾸 감추게 되면 자연히 엿보는 눈이 많아지기 때문이다. 그러나 허름한 천으로 아무렇게나 가려서 구석에 두면 아무도 여겨보려 하지 않는다. 그래서 그 물건이 온전하게 간수되는 법이다. 큰 도를 아는 선비도 또한 이와 같아서 겉모습은 모자란 듯 어리석은 듯 꾸며야 그 도가 온전하게 남는다. 그런데 자네의 잘난 기상과 씩씩한 눈빛은 어째서 그런 것인가? 내 자네를 위해 가만히 근심하는 바이다."

헐렁하게 빈 것─虛─이나 내세우고, 한사코 저절로─自─ 되어가는 ─然─ 무위(無爲)를 주장하는 노자의 도교(道敎)에 비해서, 해박한 훈장처럼 모든 것을 장악해서 즉시적으로 설명해내는 공자의 유교(儒敎)는 인간의 내면적인 수행을 지나치게 강조하는 것이 흠결이다. 서양인들의 사고방식은 '언어에다 절대적 가치를 두기 때문에' 언제나 논리적인 발전만이 있다. 거기에는 책임이 따르지 않은 '논리학'이 무성할 뿐이다. 그것은 한갓 지식론을 양산하는 결과이지 책임을 져야 할 사람이 빠진 것이다. 그런 것을 보다가 '언설보다 행위'를 중시해서 '언행일치(言行一致)'를 요구한 동양의 태도가 훨씬 옳다는 것은 두 말할 여지가 없다. 그리고 공자가 말한 유교에서 그것이 강하게 나타난다.

노자는 아예 언설 자체를 부정한다는 느낌이 있다. 그의 도덕경은 전체가 그런 색감을 띠는 것이다. 그러나 유교는 그렇게까지 심하지는 않다. 공자처럼 가르치기 좋아하는 사람이 어찌 말을 배척할 것인가. 허나 공자도 교언영색(巧言令色)하는 자를 미워한다. 말만 번지르르하게 내놓고 실천이 따르지 않는 사람을 특별히 경계하고 싫어한 것이다. 그는 치열한 수행을 통해 완성된 높은 인격만이 세계와 인류를 담아낼 수 있다고 주장한다. 소위 말하는 수신 재가 치국 평천하(修身齊家治國平天下)가 그것이다. 먼저 자기를 닦아 제 집안을 다스리면 필경에는 국가도 끌려올 것이고 마침내는 온천하가 제 한 몸처럼 평정된다는 주장이다. 그러나 자기를 완성하는 수행이 어찌 쉬울 것인가. 중용에서 말하는 신독(愼獨)[14]은 바로 치열한 유위(有爲)를 전제하기 때문에 고단하고 힘에 부치는 것이다.

이제 근본으로 돌아가자. 도교나 유교나 어차피 뿌리는 삼황오제에 둔 학설들이다. 그것은 공자와 노자가 다 같이 삼황오제가 일으킨 문명의 토양 위에서 태어난 사람들이라는 점에서도 그렇지만 그들이 숨을 쉬고 물 떠 마시면서 자란 대기의 풍토도 삼황오제가 만들어 주고 간 영향권에서 벗어나지 못했기 때문일 것이다.

삼황오제의 예지(叡智)는 산에서 길러진 예지다. 삼황오제만일 것이 아니라 신시의 백성 전체가 그런 피를 간직하고 있다. 파미르고원에서 나서서 천산산맥을 타고 알타이산맥을 넘어 바이칼에 닿았다가 다시 흥안령을 밟아서 태백산에 도착하기까지의 여러 만년을 산에서 살아온 민족이다. 산마다 닥치는 위험이 다르고 느끼는 기운이 달랐을 것이다.

그때그때의 위험에 맞서다 보면 머리 위 하늘을 살피고 별을 살피면서 어떻게 대처해야 할 것인지 머리를 짜냈을 것이다. 그렇게 해서 산마다 다른 기운이 심장에 배이고 혈관에 흐르면서 사람 자체가 점점 산이 되어 갔을 것이다. 생명의 풀무간인 산에서 수없이 달구어지고 위험한 망치질에

---

14) 혼자 있을 때를 삼가고 조심하라는 경고다. 혼자 있지 말라는 뜻이 아니다. 혼자 있게 되면 자칫 흐트러지고 방만해질 수 있으므로 그런 마음의 자세를 늦추지 말고 다잡아서 자신의 내면으로 매진해 들어가라는 말이다.

얻어맞으면서 다져진 생명의 자손이다. 그러다 보니 죽으려 해도 죽지 못하는 불사신이 되어버린 것이 태백산에서 신시제단을 묻은 우리의 님들이다. 산의 예지가 어떻게 반드시 삼황오제의 핏대에서만 흘렀을 것인가.

천부경을 외우고 책력을 만들었던 조상들의 피는 지금도 민족의 혈관에서 맥맥히 뛰고 있다. 하늘이 덮어주고 땅이 실어주는 삼라만상의 주인이 되어서, 하늘의 숨결과 땅의 기운으로 살아가는 만물을 거느려 함께 살아가자는 홍익인간을 기억하는 핏줄이다. 제 12세 단군왕검의 이름은 아한(阿漢)이다. 그때 우연하게 송화강 강변으로 산책을 나온 두 사람이 이런 이야기를 주고 받는다.

2년 여름에 발이 하나인 외발 짐승이 송화강 가에 와서 놀며 슬피 울었는데, 임검께서 유위자(有爲子)에게 묻기를 '이것은 알지 못하는 짐승인데 발하나로 뛰어 다니며 슬피 우는구나 하시니, 유위자가 대답하기를,

"나라가 장차 흥하려면 반드시 좋은 징조가 있고, 나라가 망하려면 반드시 요사스런 일이 생겨서 신물(神物)이 나타나 여러 사태를 일으킵니다. 화와 복이 장차 이르게 되면 착한 것도 알게 되며 착하지 못한 것도 알게 될 것이니 이것은 천지조화의 징조입니다. 이 짐승은 하(夏)나라 남쪽의 양수(陽獸)인데 하나라가 장차 어지러울 것을 알고 그 난을 피하여 이곳에 와서 슬피 울고 있습니다. 천도(天道)의 운행을 살피면 만세의 일도 능히 알 수가 있습니다." 하니, 임검께서

"하나라를 대신하여 왕이 될 사람이 누구냐." 하셨다. 유위자가 대답하기를

"신이 하나라의 인물을 살피니 하나라에는 그런 일이 없고, 다음 가는 사람으로는 천을(天乙)이라는 사람이 있습니다. 그는 어진 보좌관 이윤(伊尹)

을 얻어 덕행을 길러서 그 이름이 세상에 높아졌으니, 하나라를 쳐서 왕이 된다면 그 자손이 600년은 이어 갈 수가 있겠습니다.' 하였다. 임검께서 '그 다음은 누구냐' 하시니, 유위자가 아뢰기를

"서이(西夷)에 성인이 나서 덕을 닦고 은혜를 베풀면 민심이 다시 돌아와 그 어진 분의 보필이 생길 것이니, 그 자손이 왕위를 계승한다면 800년은 이어갈 것입니다." 하였다. 임검께서 "내 후손의 성쇠 시기는 과연 어느 때인지 그 대략을 묻노라" 하시니, 유위자가 대답하기를

"국가 성쇠의 운수는 하늘이 정하게 되어 있는 것이므로 사람의 힘으로 이룰 수 없는 것입니다. 폐하께서는 백성을 선하게 다스리시어 덕이 만방에 넘치니, 나라의 문명 정도가 하중(夏衆)을 훨씬 초월합니다. 그러나 하중이 은조(殷朝)에 이르러서는, 예악이며 법도가 찬연히 구비될 것이며, 성현이 경전을 저술하기 시작할 것입니다. 또 여러 학자들이 그들의 이상을 말하리니, 문화의 향상이 전무후무하여 천하를 휩쓸 것이므로, 만국이 그 문화를 앙모하여 다투어 그 나라에 와서 배우고 익혀, 한학(漢學)의 전성시대가 될 것입니다. 그때에는 폐하의 자손이 혹은 북방에서 터를 보존하며, 혹은 남방에서 건국하는 자가 있겠으나, 큰 자는 땅이 수 천리 될 것이며, 작은 자는 수 백리 밖에 되지 않을 것입니다.

이 후손들이 서로 사이가 좋지 못하여, 상대를 침략하는 전쟁만을 일삼고, 문화는 점점 퇴보하여 조국의 문자는 돌아보지 않고, 모화사상만 날로 높아져서 수 천년 후에는 유학(儒學)에 미친 사람들이 나라 안에 가득할 것입니다. 그리하여 우리의 문자는 다 없애고 한자만을 적용할 것이며, 한문으로 우리나라 국명과 왕호(王號)와 관명(官名)과 지명(地名)과 모든 물건의 이름을 번역할 것이며, 이름까지 하중 사람의 이름을 써서 우리를 하중 사람들로 알게 되고, 마지막에는 자손들이 그 선조를 잃는 사람이 많게 될

것입니다. 장래를 생각하면 한심하고 심히 원통한 일입니다. 엎드려 비옵기는 오직 폐하께서는 깊이 생각하시고 염려하시어 뒷일을 미리 준비하소서." 하셨다. 임검께서

"선생은 참으로 천고의 신인이로다." 하시고, 천하에 조서를 내려 비석을 나라의 사방 경계에 세우고, 그 빗돌에 우리나라 문자로 제왕의 이름을 새겨 영원히 나라의 글자를 보전하라 하셨다.

하·은·주(夏殷周) 3대의 운명을 예언했던 12세 아한 단군왕검 시절의 유위자 말씀은 한 푼 한 획이 어긋나지 않고 정확하게 적중한다. 그리고 서토의 유학에 미쳐서 제 조상을 잊어버리는 사람들이 많을 것이라고 한 예언도 유감스럽게 적중한다. 김부식 같은 선비가 사대모화의 깃발을 세운 후, 천하에 몹쓸 성리학의 병균을 하필 단군의 국토에다 창궐케 하여, 마침내 나라를 거덜내버린 이조 유생들의 작태를 생각하면 그 답은 저절로 훤해질 일이다.

오늘 그 유위자에게 친일파와 친미파가 들끓는 대한민국의 운명을 묻는다면 어떤 답이 나올까. 그러나 우리 민족의 오늘을 유위자는 말하지 않았다. 또 유위자 같은 천문의 달인이 있는 것도 아니다. 그렇기는 하지만 천시가 불여지리(天時不如地利)하고, 지리가 불여인화(地利不如人和)라고 말한 옛 글을 반추해보면 앞일을 짐작 못할 바도 아니다. 하늘이 부여하는 기회는 땅의 직접적인 이익만 못하고, 땅이 주는 이익은 사람의 결단에 앞서지 못하다는 이 잠언은, 결국 사람의 생각 여하에 따라서 국가의 운명도 뒤바뀐다는 현실적인 말씀이다.

단군의 국토 배달의 하늘 아래 살면서 민족을 배반하여 뱃속에 든 벌레처럼 동족의 뼈와 살을 파먹고 살아온 친일파와 그 친일을 친미(親美)에까

지 연장시키는 자들의 운명이 어찌 될지는 이제 확실하다. 작금에 은성하게 번지는 친일파와 친미파를 미워하는 각성의 바람이 불길처럼 일어나는 까닭으로다. 나는 그들의 운명에 미리 진저리를 친다.

　각설하고. 12세 단군왕검의 슬픈 비석 사건은 그 후에 어찌 되었는가. 그로부터 먼 훗날, 굳이 헤아린다면 1650년 쯤이 지난 어느 봄날 한 나그네가 구월산 마한촌이란 데를 지나다가 이끼 속에 서있는 범문(梵文) 비슷한 옛 글자의 흔적이 있는 빗돌 하나를 발견하게 된다. 아마도 그 옛적 유위자의 말에 충격을 받고 조서를 내려 나라의 변두리 지역에 두루 비를 세우게 한 12세 단제의 삭은 숨결이었으리라. 나그네는 빗돌을 이리저리 만지던 처연한 시름 끝에 문득 시 한 수를 적어 남긴다.

　　　村郊稱馬韓　마을 밖 마한이란 곳에
　　　別有殊常石　매우 수상쩍은 (빗)돌 하나 있다.
　　　臺荒躑躅紅　받침대는 부스러져 철쭉꽃이 욱었는데
　　　字沒苺苔碧　글자는 마모되고 이끼만 푸럿다.
　　　生於剖判初　개벽의 처음에 태어나서
　　　立了興亡夕　(거듭되는)흥망의 황혼에 든든히 서 있구나.
　　　文獻俱無徵　글자도 징빙(徵憑)도 없지만
　　　此非檀氏蹟　이것이야말로 단군의 자취다.

　이 나그네가 누구인가. 장량과 나눈 한 잔 술에 배포가 맞아 저 유명한 박랑사(博浪沙)에서 천하의 진시황이 탄 수레를 겨냥하여 그 부거를 박살내고는 '누가 시켜서 한 짓이 아니요. 사내자식이 일을 도모했다가 실패를 했으면 그 뿐이지 무슨 구구한 소리겠소.' 하는 짓이나 몸짓이 너무 태연해서 날가죽을 벗기고 살점을 뜯어가며 취조하던 자들이 도리어 질리다가 감동해버렸다는 조선의 아들 여홍성(黎洪星)이다. 창해역사(滄海力士) 검도령(儉道令)이라면 더 알 이가 있을 것이다.

〈부도지〉가 설명하는 지동설 **03**

　앞서 말한 대로 책력이라는 것은 높은 문명을 전제하고야 만들 수 있는 것이므로 우리처럼 일찍부터 책력을 가진 민족이란 지구촌을 통틀어도 몇 안 되는 민족에 불과할 수밖에 없다. 일찍이 수메르에 태음력이 있었다하고 이집트에도 나일강의 범람을 측정하는 태양력이 있었다는 정도가 학계에 보고되어 있을 뿐이다. 로마나 페르시아 등에도 책력은 있었다. 그러나 우리처럼 처음부터 정확한 천체학을 가지고 출발한 민족은 없다.

　로마인들은 관리를 두고 초승달이 처음 뜨면 소리를 치게 했기 때문에 그것이 캘린더라는 말로 책력의 시원이 되었다고도 하고, 1년을 10개월에 한정해두고 있었으므로 매년 새로운 날을 잡아서 설날로 정하고 그 해를 시작했다고도 하는데 그것은 바로 그들한테 천체학이 아예 없거나 있어도 엉터리였음을 증명하는 결과밖에 안 된다.

　앞에서 우리는 우리 민족이 만든 정확한 태음력에 대해서 살펴보았다. 그것은 〈훈단고기〉가 전하는 책력이다. 그런데 여기 〈부도지〉에는 천체의 운행원리가 아주 구체적이고도 상세하게 조목조목 적혀 있다. 공자가 서토의 역사를 지으면서 첫머리로 삼았던 요(堯)가 오행법을 만들어 내자 인세가 망할 조짐이라하여 천도(天道)에 그런 이치가 없다는 것을 설파한 유호씨(有戶氏)의 변증이 그것이다.

〈부도지〉 제23장의 이 대목을 다시 꼼꼼히 펼쳐 보지 않을 수가 없다. 인류 최초의 지동설이라는 점에서 너무 중요하기 때문이다.

천도(天道)가 돌고 돌아 종시(終始)가 있고, 종시가 또 돌아, 4단씩 겹쳐나가 다시 종시가 있다. 1종시의 사이를 소력(小曆)이라 하고, 종시의 종시(그러니까 종시가 두 번 겹친 것)를 중력(中曆)이라하고, 네 번 겹친 종시(중력이 두 번 겹친 것이고, 소력은 네 번 겹친 것)를 대력(大曆)이라 한다.

소력의 1회를 사(祀)라 하니, 사에는 13기(期)가 있고, 1기에는 28일이 있으며, 다시 4요(曜)로 나뉜다. 1요에는 7일이 있고, 요가 끝나는 것을 복(服)이라 한다. 그러므로 1사에 52요복이 있으니, 즉364일이다. 이는 1·4·7의 성수(性數)요.

매사의 시작에 대사(大祀: 小祀가 네 번 겹친 것으로 대력과 같은 뜻일 듯함. 그렇다면 바로 대력이라 할 것이지 왜 大祀라 했을까?)의 단(旦)이 있으니, 단은 1과 같기 때문에 합하여 365일이 되고.

3사의 반(半: 3년의 절반이니까 546일)에 대삭(大朔: 달이 커서 30일인 달의 초하루)의 판(昄: 나는 호흡으로 본다. 局으로 보는 의견도 있다)이 있으니, 판은 사의 2분절이다. 이는 2·5·8의 법수(法數)요. 달이 긴 것이 1일과 같기 때문에, 제4의 사는 366일이 된다.

10사의 반(半)에 대회(大晦: 달이 커서 30일이 되는 달의 그믐)의 구(晷: 해가 남쪽에 있어서 막대기의 그림자가 북쪽에 나타난다. 이 원리를 응용한 것이 해시계 곧 日釜仰晷다)가 있으니, 구는 시(時)의 근원이다. 300구가 1묘(眇)가 되니, 묘는 구가 눈에 느껴지는 것이다. 이와 같이 9,633묘(2,889,900晷가 된다)를 지내서 각(刻) 분(分) 시(時)가 1일이 되니, 이는 3·6·9의 체수(體數)다.

우리 上古史 기행 - 발로 확인한 桓檀古記, 符都誌의 실상

이와 같이 끝나고 또 시작하여, 차차 중력과 대력에 미쳐서, 이수(理數: 數理)가 곧 이루어지는 것이다. 대저 요(堯)의 이 세 가지 잘못은 허위(虛 爲)의 욕망에서 나온 것이니, 어찌 가히 부도의 실위(實爲)의 도에 비할 수 가 있겠는가. 허위는 안에서 이치가 실답지 못해서 마침내 멸망에 이르고, 실위는 이치가 언제라도 나를 만족하게 하여 스스로 함께 존립한다.

이제 〈훈단고기〉에서 태음력이 어떻게 되어 있다는 것을 설명하였지 만, 여기는 태양력에 관해서다. 1년 안에 13개 달이 있고, 1개월 안에 4주 (週)가 있으며, 1주는 7일로 되고, 그 1년이 52주가 되는데, 날짜로 셈을 대 면 364일이다.

이것을 1·4·7의 성수(性數)로 부르고 있다. 서양책력이나 서양과학에 서는 일찍이 이런 숫자에 대한 정의개념이 없다. 다음에 나오는 법수니 체 수니 하는 것을 아울러서 하는 말이다. 맨 먼저 1·4·7을 성수라고 한다는 것이다. 그렇다면 성수는 원초적인 수(數)다. 가장 기본적인 수이기 때문 에, 상징적 의미의 상수(象數)에 해당할 수 있다.

다음에 하는 말은 1년이 시작될 때에는 대사(大祀)의 단(旦)을 1일로 가 산하기 때문에 1년은 결국 365일이 된다고 한다. 또 3년의 반, 곧 564일 째 에 대삭(大朔)의 판이 있으니, 판은 사의 2분절, 고쳐서 말하면 태양의 특 별한 호흡이 1년의 절반되는 때에 나타나므로 (3회를 겹치면) 1일이 늘어 나서 4년째가 되는 해는 366일이 된다. 이것이 2·5·8의 법수(法數)다.

1·4·7의 원초적인 수를 성수라 하더니, 2·5·8을 법수라고 한다. 성수 도 그렇고 법수도 그렇고 처음에 시작한 숫자에서 다음에 오는 수까지는 3 이라는 거리 개념으로 숫자가 높은 수로 달라지고 있음을 보게 된다. 여기 서 유념할 것은 성수가 1년을 364일로 하는 원초적인 가상수(可象數)요 기

초수였다면, 1년을 365일로 만들고 366일로도 만드는 법수는 변용이 시작되는 가용수(可用數)가 된다는 점이다.

또 10사의 반에 대회(大晦)의 구(晷)가 있다고 했다. 10년의 절반에 30일인 큰 달에서 해의 그림자인 晷가 끼어든다는 것이다. 구는 시(時)의 근원이다. 300구가 1묘(眇)가 되니, 묘는 구의 움직임이 보이는 것이다. 이와 같이 9,633묘가 쌓이어서 (비로소) 각(刻) 분(分) 시(時)가 1일이 되니, 이는 3·6·9의 체수(體數)다.

그러니까 時의 근원인 晷가 300이 쌓여야 비로소 눈에 시각이 보이는 묘(眇)가 되는데, 9,633 묘가 쌓여서, 구로 말하면 2,889,900구가 모여서 1일이 된다는 것이다. 시간의 단위가 가장 작은 것이 구(晷)요, 그 구가 300개 모여야 묘(眇)가 되는데, 구가 눈에 느껴져서 보인다는 것을 보면 묘는 요새 초침의 개념으로 보아서 무방할 듯싶다.

헌데 생각을 파도 진척이 없고, 자칭 천부경의 대가요 주역으로 살림살이를 삼는 사람에게 물어도 모를 것이 바로 여기 구(晷)요 또 묘(眇)다. 또 하나 모를 것은 1주일을 요(曜)라고 해놓고 다시 요가 끝나는 것을 복(服)이라고 했는데, 우리들 감각으로는 사실상 복은 없어도 좋을 부분이다. 여섯 번째 손가락처럼 불필요한 이 복은 왜 있는 것일까?

또 있다. 중력과 대력을 말해놓고 다시는 언급이 없는 것도 이상하다. 소력을 요새 말로 하면 1년인데, 그것을 13개월로 설정해둔 것이다. 여기에는 윤일(閏日)의 가감만 있으면 될 일이어서 애초의 윤월(閏月)은 둘 필요가 없어진다. 태양의 그림자인 구(晷)를 시간의 기초로 삼았다면 이미 태양력이지 태음력은 아니다. 도대체 〈부도지〉가 말하는 그 책력은 어떻게 되어 있었을까?

허지만 이렇게 모르는 것투성이인데도 첨단 과학시대에 산다는 오늘의 우리 보다 훨씬 시간을 정밀하게 쪼개서 장악했다는 것만은 의견이 같다. 우리가 하루 24시간을 분으로 쪼개면 3,600분이요 초로 나누면 86,400초인데 반해, 하루를 子 丑 寅 卯 辰 巳 午 未 新 酉 戌 亥의 12시로 나누었던 우리의 선조들은 2,889,900구나 되는 정밀한 단위의 시간을 이해했다니 그저 놀라울 뿐이다. 구(晷)의 시간개념은 초의 시간개념보다 33배가 더 정밀했다고 볼 수 있는 것이다.

더군다나 막막해 보이는 궁륭한 하늘의 별자리에 대한 이해에서 그런 정밀한 과학적 지식이 산출되고 있었다니 족히 두 번 놀라고도 남음이 있다 하겠다. 그러나 신시의 놀라운 천체학에 대하여 감탄하기 전에 먼저 3·6·9의 체수(體數)가 무엇인지를 짚고 가는 것이 순차일 것이다. 성수와 법수를 이어서 체수라는 말이 나온다. 체수는 완성수(完成數)다.

되풀이 하면 숫자의 시작이면서 모든 숫자의 바탕이 되는 원초적인 가상수(可象數)는 1로 시작하여 4를 지나 다시 7이 되는 1·4·7의 성수(性數)가 되고, 그 상징적이고 원초적인 성수의 바탕에서 재주를 부리는 가용수(可用數)는 그래서 한 단계가 더해진 2·5·8의 법수(法數)가 되는 것이다. 공자가 〈주역〉 계사전에다 일러놓기를 '하늘에 있으면서 아직 보이지 않을 때는 상(象)이지만, 땅에서 형상으로 구체화해서 나타나면 법(法)이 된다' 한 것도 바로 이런 경우를 두고 말함이다.

끝에 말해진 3·6·9 체수(體數)를 완성수로 말한 것도 그런 선상에서 이해가 되지 않으면 엉뚱한 말장난이 될 수 있다. 성수는 1로 시작을 해서 4를 지나 7에서 끝나고, 법수는 2로 시작을 삼더니 5를 거쳐서 8로 맺는다. 체수는 3으로 머리를 삼아 출발해서는 6에서 머물고 다시 9에서 끝을 본다. 3·6·9는 완성의 수리(數理)이기 때문에 당연히 그렇게 되어져야 한다. 어째서 그런가.

천부경(天符經)이 천·지·인(天地人)을 소재로 해서 우주원리에 완성의 의미를 두는 것이나, 천부경 81자를 가로에 아홉 글자, 세로 역시 아홉 글자로 배열해서 정리를 마치되, 하필 6을 경의 한 복판에 차례지게 한 것이다 완성의 의미를 가진 숫자여서 그런 것이다. 9가 숫자 중에서 가장 큰 수로 여겨지는 것은 숫자의 맨 꼭대기를 점유하기 때문이라는 이야기는 일찍이 한 바가 있다. 10은 숫자를 넘어선 초월의 개념이어서 구체적인 수가 아니라는 말도 했을 것이다.

성수(性數)와 법수(法數)와 체수(體數)라는 이념적 의미를 1에서 9까지의 수에다 나누어서 고루 부여하고, 그것으로 요(堯)의 잘못된 오행설을 꾸짖는 순(舜)의 부친 유호씨의 천체학설은 실은 요의 어중 떤 천동설을 부정하고 질타하는 붉달나라의 지동설일 수가 있는 것이다. 그에 대한 본격적인 논의는 이미 피할 수가 없는 대목으로 들어서거니와, 그것을 말하기 전에 〈부도지〉 23장이 어떻게 끝을 맺고 있는지 마저 보기로 하자.

이와 같이(1에서 9까지의 數가 성수·법수·체수로 나뉘어서 제 분수대로 움직여서) 끝나고 또 시작하여, 차차 중력과 대력에 미쳐서, 이수(理數: 數理)가 곧 이루어지는 것이다. 대저 요의 이 세 가지 잘못은 ─뒤에 검증이 오겠지만 오행법을 만든 것과, 낙수(洛水)에서 올라온 거북의 부문(負文)을 신의 계시로 여긴 것, 또 명협(蓂莢)을 보고 역(曆)을 만든 것─ 의지가 앞선(虛爲) 욕망에서 나온 것이니, 어찌 가히 실위(實爲)의 도에 비할 수가 있겠는가. 의지가 앞선 욕망에서 나오는 허위는, 수리(數理)가 실답지 못해 마침내 멸망에 이르고, 저절로 이루어지는 실위는 수리가 나를 언제나 만족하게 하여 늘 함께 하는 것이다.

이것은 요의 잘못에 대하여 내려지는 통렬한 비판이다. 부도의 법은 무위하여서 저절로 이루어지는 자연의 법칙인데, 요는 인간적인 자신의 헐떡거리는 욕망을 앞세워서 이치에 안 맞는 무리수를 두었기 때문에 그런 엉터리 오행법을 만들었다는 것이다. 부도의 법은 실위(實爲)인데 요는 허위(虛爲)에서 오행법과 기타 잘못된 역법(曆法)을 만들었다는 말이다. 요의 행위를 허위(虛僞)라고 하지 않고 허위(虛爲)라고 한 것에 유념해야 한다. 虛爲는 작정을 하고 몹쓸 짓을 했다는 '헛짓거리'라는 뜻이고, 虛僞는 그냥 '거짓'이라는 이야기다.

어째서 부도의 법은 실위라 하고 요의 오행설은 허위라 했을까? 오행은 먼저 요가 사악한 욕망이 있어서 만든 것이라 그 설이 부도 쪽에서 볼 적에는 장차 오는 인세를 망칠 것이 빤하므로 옳지 않다는 것이요, 부도의 법은 우주의 숨결대로 흐르는 자연법칙을 따라서 저절로 이루어낸 것이기 때문에 무너질 수가 없다는 논리다. 여기서 무엇을 우주의 숨결이라 하는가. 1에서 9까지의 숫자가 이루어내는 수리(數理)가 곧 우주의 호흡이요 자연의 법칙이다.

그런데 이런 거창한 천문학을 토해내고 있는 유호씨의 태도에 유의할 필요가 있다. 지금 유호씨는 매우 격앙되어 있다. 요가 처음 오행법을 만들자 직접 요를 찾아가서 잘못된 법을 버릴 것을 말했었다. 개인적으로 찾아간 것이 아니라 천자인 임검씨의 명령을 받들고 특사의 자격으로 찾아간 것이다. 환부(鰥夫)와 권사(權士) 등 100여 인을 인솔해서 거느리고 가는데, 그것은 당시 임검씨 정부의 의장(儀仗)규모를 엿보게 하는 대목이다.

요도 자기 잘못을 인정하고 그들을 공순하게 맞아들여서 하빈(河濱)에 살게 하고 늘 대답은 버리겠다고 했지만 정작 하는 짓을 보면 버릴 생각이 없어 보인다. 거기에 유호씨의 아들 순(舜)까지 끌어들여서 제 편으로 만들어 버렸다. 요에게는 두 딸 — 아황(阿皇)과 여영(女英) — 이 있었는데, 요의 간교한 꾀임에 넘어가서 어리석게도 아버지를 배반하고 요에게 붙은 것이다. 졸지에 아들까지 잃게 된 유호씨가 아비의 정으로 순을 자주 타일러도 보지만 순은 늘 예 예 하고 대답만 하더니, 끝내는 요의 촉탁을 받아들여서 현자들을 찾아 죽이며 동족인 묘족까지 정벌하였다.

유호씨가 마침내 안 되겠다고 생각하여 둘째 아들 유상(有象)에게 명령하여 권사를 이끌고 무리를 모아서 큰 아들 순을 공격하게 하니 경황 중에 요는 순에게 양위하고 자폐(自閉)하였다. 아버지와 동생의 공격을 받은 순은 하늘을 우러러 통곡하고, 창오(蒼梧)의 들로 도망하여 따르는 무리들도 다 흩어지는 상황이 되는데, 때에 요의 신하 우(禹) — 순에게서 양위를 받았다는 하나라의 시조 — 가 제 아비를 죽인 원한 때문에 — 공자가 편찬한 〈서경〉에는 곤(鯤)이 홍수를 다스리지 못하자 책임을 물어서 羽山에서 죽였다고 되어 있다 — 순을 죽여서 원수를 갚게 된다. 그러자 순의 두 처도 역시 강물에 투신하여 끝을 본다. 그렇게 요의 당도(唐都)는 종지부를 찍는 것이다.

그 다음에는 우의 거짓이 드러나는 대목이다. 그도 말로는 정명(正命)으로 입공(立功)하겠다고 약조한다. 正命은 부도에서 주장하는 율력(律曆)을 의미한다. 우선 율려(律呂)의 법으로 만들어진 부도의 책력을 쓰겠고, 다음으로는 신시 중앙정부 천자님 명령에 따라서 몸을 낮추고 백성을 위한 정치를 펴서 그야말로 하늘의 뜻에 맞는 아름다운 공적을 세우겠다는 것이다. 그렇게 유호씨의 군대를 위로하고 속였지만 그러나 돌아가서는 거덜난 당도를 버려 도읍을 옮기고 창과 방패를 보수하여서 유호씨에게 저항하더니 드디어 하왕을 참칭하고 나온 것이다.

이런 괴쌈한 상황을 지나와서 "요는 천수(天數)를 몰랐다……"고 시작하는 〈부도지〉 제20장에서 23장에 이르는 장황한 변증이 유호씨에게서 나오게 되는 것이다. 오행설이 어떻게 잘못되었다고 하는 제21장(오행의 잘못된 원리를 낱낱이 설명한 것)과 소위 거북과 명협을 보고 만든 요의 저역(曆)이라는 것이 거북의 역이요 명협의 역일지언정 인간을 위한 역은 아니라고 강변한다.

그 말씀에서 다분히 웅변조의 거센 호흡이 느껴지고 분노가 일렁이는 것은 참으로 어쩔 수가 없는 인간적인 대목일 것이다. 인간적인 만큼 평범한 어조로 평범한 내용이 거침없이 쏟아지고 있는 것이지 평범한 귀가 들어서 이해 못할 특수한 학설이 전혀 아니다. 적어도 그 시절로서는 그랬을 것이라는 느낌이, 그래서 아무 거리낌 없이 우리에게 다가서는 것 아닐까?

나는 유호씨의 이 천체학설이야말로 일찍이 신시 시절에 주창된 인류사 최초의 지동설일 것으로 생각된다. 지금 지구촌 어디에 아직 발표되지 않은, 그래서 우리가 모르는 지동설이 있는지는 모르겠지만, 적어도 폴란드의 천문학자 코페르니쿠스(1473~1543)의 지동설은 효시가 될 수 없다는 생각이다. 지동설뿐만이 아니라 인쇄활자나 책력의 시원 등이 모두 그러한 유(類)일 것이다.

천체의 움직임을 이렇게 각별하게 설명을 해 놓은 것은 일찍이 그 유례를 찾아볼 수가 없는 일이다. 또 이 천체학이 곧 지동설임을 알아보는 눈에는 설명 자체가 군더더기일 것이므로 공연히 번거로운 일에 속할 것이다. 그러나 사람마다 반드시 그런 것은 아닐 터이므로 설명은 불가피해진다.

여기 "천도가 돌고 돌아 종시가 있고……"하는 말은, 하늘이 일정한 호흡을 준비해두었으므로 그 호흡을 따라서 천체 역시 일정하게 움직일 수밖에 없다는 뜻이다. 행여 땅은 가만히 있는데 하늘이 일정한 궤도를 달린다거나, 하늘은 움직이지 않는데 지구가 어떤 궤도를 향해서 움직인다는 그런 말이 아니다. 하늘도 땅도 준비된 법칙을 따라서 쉬지 않고 돌 뿐이다. 쉬지 않고 돌아야 되는 것이 천도(天道)이다.

주역에서는 밤낮을 쉬지 않고, 아니 잠시 잠깐도 멈추지 않고 바뀌는 것, 그래서 바뀌고 바뀌는 그 변화를 역(易)이라고 정의한다. 여기서는 하늘도 돌고 땅도 도는 것을 천도라고 한 것이다. 따라서 여기에는 천동설이나 지동설이 아직 붙여질 수가 없다. 그저 멈추지 않고 돌고 있고, 쉬지 않고 변화한다고 한 여기에, 무슨 하늘이 움직이고 땅은 움직이지 않는다거나, 땅이 움직이고 하늘은 움직이지 않는다는 것은 아직 없지 않은가.

그러니 천동설이건 지동설이건 붙여질 수가 없다고 한 것이다. 그러나 눈치 빠른 학자라면 대뜸 이것이 지동설이라는 것을 알아챘을 것이다. 그것은 우주가 저절로 움직이는 원리, 곧 여기서 천도라고 말한 우주의 숨결이 어떻게 맞물려 돌아서 별들의 위치를 측정하고 태양과 달은 다시 어떻게 되어서 정확한 책력을 만들어 낼 수 있는지, 그 하늘의 호흡을 산출해내는 방법을 보았기 때문이다.

사실을 말한다면 천동설이니 지동설이니 하는 것은 서양인들이 가졌던 편협한 관념일 수가 있다. 그들은 코페르니쿠스가 발견한 지동설이 너무 대견하고 신통해서 그것을 과대 포장했다는 것을 그들 스스로는 모른다. 그의 과학적 체계는 태양과 행성과 지구의 삼각측량이 바탕이 되는데, 케플러의 제3법칙이나 뉴턴의 역학이 코페르니쿠스의 영향을 입어서 나왔다 할 수 있고, 그것들이 근대과학의 기초가 되었으므로 자부심을 가질 수는 있다.

그래서 역사상의 큰 변혁을 저들은 '코페르니쿠스 혁명'으로 부르고 철학에서도 '코페르니쿠스적 전회'라는 말이 생긴 것이다. 그러나 코페르니쿠스가 생각하고 상상했던 우주는 태양을 중심으로 별들이 떠돈다고 여기는 정도였으므로 오늘날 우리들이 이해하는 우주관에 비추어보면 턱없이 모자란다. 그랬기 때문에 교황청의 개력심의회(改曆審議會)에 초청되었을 때 '태양력의 1년 길이가 해결되지 않았다'는 이유를 들어 거절한 것이다.

물론 천동설을 주장하는 교황청의 의견에 부합하지 않는 지동설이 화형에 처해질 죄목임을 모르지 않아서였겠지만, 그의 학설은 근본적으로 확실성이 없었다고 해야 옳을 터이다. 이렇게 부실한 학문이지만 서양인들은 지동설의 효시로 코페르니쿠스를 꼽는데 주저하지 않는다. 그런 서양의 독을 먼저 마신 광복 전후의 엘리트라는 자들이 이 국토의 교과서를 만들 때 코페르니쿠스를 지동설의 효시로 쉽게 지목한 것이다.

우리에게 일찍부터 지동설이 있었다는 사실은 발해의 반안군왕(盤安郡王) 대야발(大野勃)이 단군기원 3060년(727)에 지은 〈단기고사(檀奇古史)〉에도 나타나고, 〈훈단고기〉에 나오는 태백일사의 수두경전본훈 〈삼일신고〉편에도 나온다. 똑 같은 문구와 내용으로 기록된 것이 아니라 각기 지적하는 목소리가 조금 씩 다르다. 같은 이야기를 하면서도 말하는 바가 서로 다르다는 것이야말로 구원(久遠)한 역사를 살아온 민족이 아니고는 안 될 것이다.

먼저 〈삼일신고〉의 기록을 보자.

너희는 총총히 널려있는 별들을 보아라. 그 숫자가 끝이 없으며 크고 작음과 밝고 어두움과 괴로움과 즐거움이 서로 같지 않느니라. 훈신께서 여러 누리를 만드시고, 태양계를 맡은 사자에게 700세계를 거느리게 하시니,

너희 땅덩이가 스스로 큰 것 같지만 한 알(一丸)의 작은 세계니라.

　속에 있는 불이 진동으로 끓고 넘쳐서 바다의 환영(幻影)이 옮겨져 뭍이 되면서 이에 볼 수 있는 형상들이 이루어 졌느니라. 혼신께서 기운을 뿜어 밑을 싸고, 햇빛과 열로 쬐시니, 기고 날고 탈바꿈하고 헤엄치고 심는 것들이 번식하게 되었느니라.

혼울님이 여러(群) 누리의 세계를 만드시고 태양이 중심되는 세계의 신(使者)에게는 특별히 7백 개의 세상을 맡기시니(勅), 너희가 사는 땅이 제법 큰 듯이 생각되지만, 한 알(一丸)의 세계일뿐이라고 깨우친다. 태양을 중심해서 모여 있는 별들이 7백이나 되는지는 모를 일이지만, 우리가 사는 땅을 분명하게 一丸으로 바로집어서 말했다. 이것은 태양계 행성들이 공처럼 생긴 모습을 실수 없이 정확하게 말한 것이다.

코페르니쿠스가 겨우 16세기에 이르러서 사개가 잘 맞지도 않은 엉성한 지동설을 말했다면 〈삼일신고〉의 지동설은 그보다 대개 30세기를 앞선다. 더욱 간과하지 못할 것은 우주의 크기가 어떻다는 것과 그 모습이 대개 어떠하다는 것이 오늘에 와서 생각할 적에 어느 쪽이 더 정확한가. 그것만이 아니다. 공처럼 생긴 지구에서 생명이 일어나는 원리까지 그 시절 언어로 상세하게 묘사하고 있다.

땅속에 있는 불이 진동으로 끓어 넘쳐서 바다의 환영이 옮겨서 육지가 되었다고 했다. 지구 내부에 끓어 넘치는 불이 있다는 것은 화산이 터지는 것을 수없이 경험하면서 자란 오늘의 인류가 너무 잘 아는 일이다. 땅위의 생명은 어떻게 일어나는가. 땅 속의 불이 끓어서 넘치는 산 숨을 쉬는 탓에 지표에 있는 바다 물이 일렁이다가 그것이 문득 보이는 현상들을 만들어냈다고 한다.

환영(幻影)이라는 말은 가장 동양적인 표현으로 환상의 그림자를 말한다. 그야말로 허망하고 맹랑한 허깨비의 그림자를 일러서 환영이라는 표현을 쓴 것이다. 이 표현은 얼핏 '눈에 보이는 모든 것은 보이지 않는 것들의 그림자'라고 설파한 플라톤의 이데아 철학이 생각나는 부분이다. 그러나 만유(萬有)는 무(無)에서 나온다고 하는, 곧 있는 것[有]은 없는 것[無]에서 나온다는 우리들의 관념으로 하는 말이다. 이 대목은 능엄경(楞嚴經)[15]에 나오는 부처님 말씀과 너무도 닮아있다.

훈울님[16]—조화주(造化主)—이 기운을 내뿜어서 밑을 싸고, 햇볕을 쪼여서 뜨거운 열로써 세상(色)을 지으시니, 기고 날고 탈바꿈하고 헤엄치고 땅에 뿌리내리는 온갖 것들이 번성하게 되었다는 말씀도 능엄경과 다르지 않다. '밑을 쌌다(包底)'는 표현을 두고 자칫 '하늘은 둥글고 땅은 네모다'는 천동설과 연관을 짓지 말기 바란다. 이미 지구를 '한 개의 둥근 공(一丸)'이라 했지 않던가? 이런 한문식의 질박한 표현이 옛 사람들의 언어 방식인 것을 알면 그만이다.

또 〈삼일신고〉의 내용이 불경과 같기 때문에 무조건 믿으라든가 혹은 믿어도 좋다는 그런 말이 아니다. 서로가 상관이 없는 문화인데도 이렇듯

---

15)   전체가 10권으로 되어있는 불경의 하나. 제4권에 우주가 생성되고 생명이 일어나는 것을 설명한 세계기시(世界起始)와 중생기시(衆生起始) 장이 있다. 세계기시는 하늘과 땅이 처음에 생겨날 적에 흙(地)과 물(水)과 불(火)과 공기(風)의 기운이 어떻게 엉기고 합치면서 조화를 이루어 세계를 형성한다는 내용이고, 형성된 세계를 의지해서 뭇 생명(衆生)이 시작되는 것을 설명한 글장이 중생기시 장(章)이다.

16)   서양인들 학계에는 '2800년 전 중국에는 이미 오늘날 쓰고 있는 정확한 태음력이 있었다'고 보고되어 있다. 말하자면 주나라 때의 책력이 동양 최초의 책력으로 보고 된 셈이다. 근원을 추어 올라가면 책력의 뿌리는 훨씬 깊어지고 그 뿌리가 바로 우리 조상님들한테서 비롯되고 있음은 두 말의 여지가 없다.

뚫어보는 혜안은 시공을 넘으면서 하나에서 만나더라는 그 일치점을 강조하고 싶을 뿐이다. 선후를 굳이 따진다면 능엄경을 설한 샤카무니보다 2천 년 가량을 앞서서 〈삼일신고〉는 이미 설해졌다고 할 수 있다.

이제 〈단기고사〉[17]에 나오는 지동설을 볼 차례다. 제5세 단군왕검이신 구을(丘乙)임검 조에 이 내용이 나온다.

15년에 감성관(監星官) 황보덕(黃甫德)이 임검께 아뢰기를 "제가 천문을 관측한지 50년이 됨으로 천체의 대강을 추측하였습니다. 천체 중에 제일 큰 것은 북극성 같은 항성(恒星)입니다. 그 다음은 태양의 종류이며 수성 금성 지구성 화성 목성 토성 천명성(天明星) 해명은성(海明隱星)[18] 명성(明星) 같은 행성이 있어서 태양을 중추로 삼아 회전하니 우리가 살고 있는 지구도 역시 태양계의 하나인 행성입니다.

17)   단기고사는 본래 발해문으로 지어졌으나 발해 건흥(建興) 8년(단기 3150)에 발해의 대 문장가 황조복(皇祚福)이 한문으로 옮겼다. 이 한문본이 긴 세월을 전해져오다가 광복 후 4282년(1949)에 김두화(金斗和)·이관구(李觀求) 두 선생들 손에서 한글과 한문 혼 용으로 발간된 적이 있고, 다시 4319년에 고동영(高東永)에 의해 한글로 번역되었다. 황조복의 한문본은 끝내 찾지 못했다고 고동영은 아쉬워하고 있는데, 우리로서 발해 문으로 된 원본이 없는 아쉬움이 사뭇 크다. 발해는 고구려 유민들이 세운 나라로 3031 년에 세워졌다가 3259년에 무너진 나라다. 공식적으로는 228년을 존속한 나라였는데 당시의 당나라가 해동성국(海東盛國)이라고 두려워했을 정도로 강성한 나라였다. 당 장에 발해문이라는 자신들의 글자로 역사를 적었다는 것만 보아도 그 위세를 짐작케 한다.

18)   고동영보다 앞서 〈단기고사〉를 번역한 정해박(鄭海珀)은 해명성(海明星)과 은명성 (隱明星)으로 나누어서 말했다. 태양의 둘레를 도는 위성이 10개인 것이다. 그런데 고 동영에 이르면 합쳐서서 9개가 된다. 이는 서양인의 천체설과 일치한다. 원문이 없으 니 재판을 할 수는 없지만, 역사의 번역은 자기의 생각을 보태는 것을 특별히 경계할 일이다.

해는 땅의 온도를 조화하여 만물의 생장을 돕는 것이며, 지구의 외곽에는 붉은 막이 포위하고 있어, 지면의 각종 기체를 보존함으로써 기체가 발산하지 못 하고, 그 범위 안에 있어 태양의 뜨거운 빛을 받아, 바람과 구름도 되고 우박도 되고 번개도 되고 서리나 눈도 되어 사계절이 서로 달라집니다.

그래서 지면에 사는 사람은 만물과 더불어 땅을 본받고, 땅은 하늘을 본받고, 하늘은 도를 본받고, 도는 자연을 본받으니, 사람이 자연의 이치를 헤아리지 못하면, 음양을 따라 사시를 좇지 못할 것입니다. 만일 음양을 따라 사시를 좇지 못하면, 백성이 농사절기를 맞추지 못하여 수확이 없어 농민이 굶게 될 것입니다.

그러니 먼저 역법을 정하시어, 우리나라 기후에 맞도록 하는 것이 가장 급한 일인줄로 압니다" 하였다. 임검께서 그렇다 하시고 국력(國曆)을 새로 만드시니, 이것이 조선력서의 시작이다.

천체학이나 지동설에 관해서만이 아니다. 여기서 몇 가지를 더 생각해 보고 싶은 것은 담긴 내용이 워낙 그렇기 때문이다. 우선 북극성 같은 항성과 태양계가 여럿인 것처럼 말해진 것, 땅에 사는 사람은 땅을 본받고 땅은 하늘을 본받고… 하는 노담(老聃)의 학설이 생뚱맞게 들어있는 것, 그리고 처음으로 국력을 만드니 조선력의 시작이라고 한 것 등이 모두 살펴져야 할 대목이다. 끝 부분에 적힌 처음 책력이 나왔다고 한 것부터 풀어보자.

결론부터 말한다면 이 기록은 처음부터 목적을 가지고 쓰여진 것이다. 대야발은 개인적으로 대조영(大祚榮)의 손아래 아우다. 그는 황제의 명령을 받들기 13년만에 비로소 단기고사를 완성했다고 서문에서 쓰고 있다.

"석실에 있는 장서와 옛 비석과 흩어져 있는 사서를 참고하다가, 돌궐국에 까지 두 번 들어가 고적을 탐사하였고, 여러 역사적 평론을 참고하여, 의심되는 것은 빼고, 있었던 일만을 기록하였다"고 말한다. 이것은 〈단기고사〉가 목적을 가지고 쓰였다는 점에서 〈훈단고기〉와는 매우 다르다는 것을 알 수 있다.

신라역사를 고려가 쓰면서 달라지고 고려역사를 이조가 쓸 때에 달라지는 것은 어쩔 수가 없는 역사문헌의 운명일 것이다. 늘 고쳐지고 구부려지고 왜곡될 수밖에는 없다. 입맛에 맞는 것은 과장하기 마련이고 떫은 것은 땡감 보듯 밀쳐두면 그만인 것이다. 대야발도 '여러 역사적 평론을 참고하여 의심되는 것은 빼고 있었던 일만을 기록하였다'고 솔직한 속내를 까보이고 있다.

같은 내용을 두고도 단군세기에는 구을(丘乙) 단군왕검 조에 "을축 4년에 처음으로 60갑자(甲子)를 사용하여 책력을 만들었다"고 되어 있다. 이 말은 60갑자를 써서 만든 책력으로는 그때가 처음임을 드러낸 것이다. 이것은 책력의 시작을 구을임검 때로 잡는 〈단기고사〉와는 분명하게 다르다. 그 말하는 태도가 우선 그렇지만 의미나 내용면에서도 같을 수가 없다는 말이다. 우리는 발해가 어떤 책력을 썼는지 확인할 길은 없으나, 아마 추측컨대 구을임검이 만든 60갑자력을 썼을 것이다.

60갑자력을 쓰는 발해는 자연스럽게 조선의 정통을 이었다는 의미가 무언중에 강조될 수가 있어서다. 신흥국가인 발해로서는 국민의 사기를 위해서도 '조선나라 발해'임을 확실히 해둘 필요가 절실할밖에 없다. 국민뿐이 아니라 황제 자리에 있는 형님을 위해서도, 아니 자손대대로 황통을 이어갈 자기네 대씨(大氏)들을 염두에 둘 적에도 이는 피할 수가 없는 대목이라고 생각했을 것이다. 그랬기 때문에 사가의 붓대가 그렇게 꺾였다고 본다.

　다음으로 볼 것은 갑작스럽게 노자의 학설이 끼어들고 있는 것에 대해서다. 내용이나 문장이 아주 똑 같아서 어느 한 쪽이 표절을 했다는 생각을 지울 수가 없다. 표절을 했다면 나이로 따져서 1천 5백년 이상 뒤에 오는 노자가 황보덕의 이론을 훔쳤다고 보는 것이 옳다. 그러나 표절로 자꾸 문제를 만들고 싶은 것은 각박한 세상을 사는 오늘의 우리들이지 옛 사람들은 그런 것으로 문제를 만들지도 않았고 만들 줄도 몰랐다.

　그저 누가 먼저 말했던 그런 이념이 있는 줄을 알았으면 깊은 수행을 통해 그 이념을 자기 것으로 육화(肉化)하는 것을 목적으로 삼았을 뿐 입으로만 외우는 지식은 길바닥에서 주운 것이라 하여 천하게 여기던 시절이다. 그러므로 노자가 앞 사람이 해버린 말을 제 말처럼 썼을지라도 수행의 책임만 질 수 있다면, 다시 말해서 그런 수행의 길로 이미 들어섰다면 그것은 순수한 노자의 말일뿐 누구의 말도 아닌 법이다.

　그러나 말의 분위기는 역시 같을 수가 없다. 황보덕이 말하는 도(道)는 노자에서처럼 갑작스럽게 불거져서 사람을 다소 억지스럽게 만드는 부자연스러움이 전혀 없다는 말이다. 부는 바람이 풀을 눕히듯이, 흐르는 물이 구덩이를 메우듯이 자연스럽게 도의 원리에 다가서는 방법을 쓴다.

　그는 먼저 "해는 땅의 온도를 조절시켜서 만물의 생장을 돕는 것이며, 지구의 외곽에는 붉은 막이 싸고 있어서, 지면의 각종 기체를 보전함으로써 기체가 발산되지 못하게 해서, 그 범위 안에서 태양의 뜨거운 볕을 받아, 바람과 구름도 되고 우박도 되고 번개도 되고 서리나 눈도 되어서 사계절이 서로 달라집니다" 하고 전제해 둔다.

　그런 후에 "지면에 사는 사람은 만물과 더불어서 땅을 본받고, 땅은 하늘을 본받고, 하늘은 도를 본받고, 도는 자연을 본받으니, 사람이 자연의 이치를 헤아리지 못하면, 음양을 따라서 사계절을 좇지 못할 것입니다" 했으므로 앞부분의 호흡이 뒤에 와서도 가지런해지는 탓에 헐떡거리지 않고 편안할 수 있는 것이다.

이제 이 단원의 처음에 나오는 천체 이야기로 다시 가보자. 미리 지적했지만 여겨서 읽으면 마치 북극성이라는 항성과 그 북극성을 축으로 삼아서 도는 태양계가 여럿인 것처럼 말해진 것이 보인다. 이것은 거대한 망원경으로 천체를 관측하는 현대판 천문학 이론을 듣는 것 같아서 어리둥절해지는 대목이다.

'북극성이라는 항성'으로 말하지 않고 '북극성 같은 항성'이라고 말하는 것은 북극성이 여럿일 수 있다는 이야기로 들린다. 더욱이 '그 다음은 태양의 종류이며……'라고 한 것은 태양계가 종류를 따라 많다는 말일 수 있다. 이것이 단지 번역을 조심스럽게 하지 않은 번역의 실수에서 나온 것이라면 더 파고들지 않고 접는 것이 옳은 일이다. 그러나 옛 기록이 너무 놀라운 데가 많다보니 여기 또한 숙제거리가 될 수 있을 법한 것이다. 그러나 기왕에 원문이 없고 보면 아쉬워도 마음을 접을 수밖에는 없다.

── 소옹(邵雍)의 황극경세(皇極經世)에 의하면 지구의 축이 23.5도가 기울어진 현재를 선천(先天)으로 말하고, 지구의 축이 바로 서게 되는 세상을 후천이라 했다. 지금 우리는 선천의 운세가 거의 다하고 후천으로 넘어가는 과도기를 사는 중이다. 우리의 태양계도 역시 북극성을 축으로 팽이처럼 도는데 1도를 움직이는 시간이 정확하게 76년이 든다. 그래서 360도를 한 바퀴 돌고 나면 27,360년이 되는데 이것을 한 성원(一星元)이라 한다. 136,800년이 지나서 다섯 성원을 이루고 나면 태양계가 본래의 제자리로 돌아오면서 새로운 국면을 맞는다. 선천이 끝나고 후천이 시작되

는 것이다.

지구도 엇비슷하게 누웠던 축이 바로 서면서 새로운 세계로 변한다. 지구축이 바로 서면 태양계의 발걸음도 자연히 바뀌는데 북극성을 도는 각도의 시간도 변해서 이번에는 1도 가는데 72년이 걸린다. 그래서 1성원이 25,920년의 시간이면 된다. 다섯 성원에는 129,600년이 걸린다. 지구의 1년도 365일에서 360일로 바뀌게 된다. 이런 내용은 일부(一夫)의 정역(正易)에도 나오고 증산(甑山)*의 천지공사에도 나온다. 태양계도 북극성을 축으로 돈다는 이야기가 우리에게는 전혀 낯설 것이 없다는 말이다.

---

* 현재 증산교(甑山敎)의 교조에 해당한다. 그러나 그는 생전에 무슨 교단을 가진 적이 없다. 그가 죽고 나자 갑자기 허탈해진 제자들이 교단을 만들었는데, 일제시절에 보천교(普天敎)는 특히 유명하다. 우리나라 인구가 2천만이었을 때 보천교가 6백만이었다는 것이다. 그는 자기를 따르는 몇몇 제자들과 함께 떠돌면서 9년 동안 천지공사(天地公事)를 해서 장차 올 인류의 살림을 미리 걱정하고 바르게 세웠다. 그는 스스로 상제(上帝)라 했고, 원한이 가득 쌓인 조선반도에 해원을 하러 왔다고 했다. 그의 일생을 조명해 볼 때 무위(無爲)한 한 사람의 표객(慓客)에 지나지 않았지만 옛 단군왕검들이나 삼황오제에 비겨도 손색이 없는 이 국토의 마지막 무당의 종장(終長)이었다고 보인다.

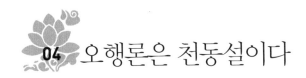

04 오행론은 천동설이다

이제 본격적으로 요의 오행설을 들여다보자. 〈부도지〉는 오행설이 나오는 배경부터 비교적 비중있게 다루고 있다. 그만큼 오행설 자체가 큰 사건일 수밖에 없는 것이다. 〈부도지〉제17장으로 돌아가서 요의 오행설이 어떻게 나오게 되었는지부터 꼼꼼하게 짚어 내보기로 하자.

이때에 — 임검씨가 동북 磁方에 새 도읍을 정하고 부도의 법을 일으켜서 바야흐로 재세이화의 천하가 볼만하게 정비되었을 때 — 도요(陶堯)가 천산의 남쪽에서 일어났다. 일차로 출성(出城)한 사람들의 후예였다. 일찍이 제시(祭市: 임검씨가 연 朝市와 海市를 말함)의 모임에 왕래하고, 서쪽 보(堡)의 칸(干)에게서 도를 배웠으나, 원래 수(數)에 부지런하지 못 하였다.

스스로 9수(數) 5중(中)이 이치를 잘 알지 못하고, 중5 이외의 8은 1이 즉 8이라고 생각하고, 내(內)로써 외(外)를 제어하는 이치라 하여, 오행의 법을 만들어서 제왕의 도를 주창함으로, 소부(巢夫)와 허유(許由) 등이 심하게 꾸짖고, 그것을 거절하였다.

요가 곧 관문 밖으로 나가, 무리를 모아 묘예(苗裔)를 쫓아냈다. 묘예는 황궁씨(黃穹氏)의 후예였으며, 그 땅은 유인씨(有因氏)의 고향이었다. 후대에 임검씨가 여러 사람을 이끌고 부도를 나갔기 때문에, 그 비어있는 기회를 이용하여 그를 습격하니, 묘예가 마침내 동·서·북의 삼방으로 흩어졌다.

요가 곧 구주(九州)의 땅을 그어 나라를 만들고, 스스로 5중에 사는 제왕이라 칭하여, 당도(唐都)를 세워 부도와 대립하였다.

때에 거북이 등에 지고 나왔다는 부문(負文)과, 명협(蓂莢)이 피고 지는 것을 보고, 신의 계시라 하여, 그것으로 인하여 역(曆)을 만들고, 천부(天符)의 이치를 폐하여 부도의 역을 버리니, 이는 인세에 두 번째의 큰 변고였다.

〈부도지〉 제17장은 이렇게 네 등분으로 나뉜다. 그의 출신성분이 맨 처음 마고대성을 떠난 사람들의 자손이라는 것과, 어리석고 미련한 요의 바탈이 부도의 법을 배우기는 해도 어긋나서 잘못되기 시작했다는 것, 마침내 부도를 배반하고 제왕이라 칭하더니, 드디어 부도의 역(曆)을 버리고 스스로 엉터리 역을 만들었다는 것이다.

일차로 출성한 사람들이어서 부도의 법이 있는 줄도 몰랐다가 나중에 변두리의 칸(干)한테 부도의 법을 배웠다면 좀 건방진 생각을 했을 수도 있다고 보아진다. 이 단원을 차례대로 짚으면서 오행설로 들어가겠지만, 제18장과 20장의 서두 부분, 그리고 22장들은 원문을 옮기지 않을 생각이다. 〈부도지〉 전문은 이미 앞에서 소개한 바 있기 때문이다.

부도에서는 요의 오행사건을 크게 걱정하여 유호씨를 보내서 타일러보지만 그가 들을 생각이 없었다는 것, 오히려 유호씨의 아들 순(舜)까지 끌어들여서 사건을 확대시키더니 마침내 정벌에 나선 유호씨가 당도(唐都)를 혁파하자 요의 신하 우(禹)가 당도를 이어 급기야 하(夏)를 세운다는 내용이 소설처럼 흐르고 있어서다.

그러나 제21장은 특별하다. 오행의 내용이 상세하게 설명되기 때문이다. 앞에서 본 제23장이 부도의 역법이 무엇인가를 구체적으로 말하는 핵심이라면, 제21장은 '부도의 역법'이 왜 설명되어져야 하는지 그 단초를 마련하는 장이다. 그래서 자세하게 살피지 않을 수가 없는 부분이다. 그러나 그것은 당해서 할 일이다. 당장은 요의 출신 성분부터 시작하자.

천산의 남쪽에서 요가 일어나던 시기는, 임검씨가 부도를 건설할 요량으로 새로운 도읍터를 찾아 나설 무렵이다. 나중에 단군왕검을 이야기할 때 구체적으로 끌려나오겠지만, 〈부도지〉에서 동북자방(東北磁方)이라고 지적한 그 땅은 오늘의 하얼빈을 말한다.

또 〈부도지〉는 그냥 임검씨라고 했으나, 이 애매한 표현 속에는 47세나 되는 단군왕검들이 한 사람인 것처럼 뭉뚱그려지고 있어서, 막연한 채로 초기의 단군왕검을 생각하게 할뿐이지 임검 된 사람의 이름이 없다. 그러나 이것도 그 때에 가서 논의될 일이다.

그는 일차로 출성한 사람들의 후예다. 자세하게 말하면 마고대성 시절에 포도를 따 먹고 오미(五味)의 맛을 먼저 알아 천품의 바탈이 혼미해지면서 지유(地乳)가 나오는 마고대성을 처음으로 떠난 백소씨(白素氏) 일족을 말한다. 아울러 신표(信標)도 없이 마고대성을 거의 쫓겨나다시피 도망쳤다는 것을 기억할 것이다. 그는 임검씨가 10년마다 여는 조시(朝市)와 해시(海市)의 모임에도 다녔고, 서쪽에 있는 조그만 성을 책임지고 있는 관원에게서 부도의 법을 배우기도 했다.

그러나 천성이 무딘데다가 열심히 하자는 생각도 없었으므로 부도의 법을 잘 이해하지 못하는 사람이었다. 그는 1에서 9까지의 수(數)를 보면 5가 늘 중심에 놓이는 것을 보고, 5가 중심이 되는 수일뿐, 나머지 여덟 개의 수는 1과 같아서 5의 지배를 받는다는 생각을 하게 된다. 그리하여 한 복판에 있는 5가 변두리에 있는 수를 지배한다는 논리를 펴 오행법을 내놓게 되었다. 그러므로 오행법은 중앙에 있는 5가 제왕이 되어서 변두리에 있는 나머지 숫자를 지배한다는 논리인 것이다.

오행법이 세상에 알려지자 맨 먼저 반대를 한 사람은 요와 함께 도를 닦던 소부(巢夫)와 허유(許由)였다. 이 세 사람은 본시 산서성에 있는 기산(箕山)에서 함께 도를 닦던 도반 사이로 요가 임검이 되고 나서 천하를 물려주려고 허유를 찾아갔다는 고사가 〈장자(莊子)〉[19]에 나온다. 허유와 소부는 당연히 오행법을 엄하게 꾸짖는다. 그들이 함께 닦았던 도는 부도에서 가르치는 율려(律呂)의 도덕인데, 공부에도 게으르고 늘 마음속에는 딴 생각을 품던 자가 제왕의 법이라는 것을 새로 세웠다니 하품이 나왔을 것이다.

그러나 무식한 자는 용감하기 때문에 늘 사고를 치는 법이다. 요는 소부와 허유의 꾸지람에도 기죽지 않고 임검씨가 부도를 비운 사이에 제 패거리를 끌고 가서 부도를 점령해버린다. 바야흐로 제왕의 법도라는 것이 시작된 것이다. 그 무렵 임검씨는 부도의 법에서 멀어지는 천하에 깊은 우

---

19)   요가 허유의 움막에 찾아와서 천하를 물려주고자 말했다.
      "자네가 한 번만 나선다면 천하는 저절로 다스려질 터인데 아직 내가 맡고 있으니 편하지가 않네. 원컨대 이 살림살이를 자네가 맡아주게."
      그러자 허유가 대답했다.
      "목마른 생쥐가 강물을 마신다면 불과 몇 방울이면 될 것이요, 뱁새가 깊은 숲에 깃들어도 둥지는 고작 작은 나뭇가지 하나면 족하다네. 그러니 내가 천하를 가진들 무엇에 쓰겠는가? 임금아, 돌아가시오. 나는 천하가 쓸데가 없다네."
      장자는 이것을 평하여,
      "요는 천하를 맡길 마음이 없었기 때문에 천하를 사양할 허유를 찾아간 것이다. 결국 요는 뜻대로 되었으니, 천하를 맡기려 했다는 명예를 덤으로 얻은 것이다."

려를 품고 사해를 돌아다니며 제족(諸族)을 차례대로 방문할 때다.

부도를 차지하고는 점령지의 기반을 다지는 수단으로 황궁씨의 후예인 묘족이 사는 땅에서 묘족을 몰아냈다. 묘족들이 살던 땅은 황궁씨의 아들 유인씨의 연고지(故鄕)였으므로 묘족을 못살게 하는 것은 그 땅을 얻는 이점과 부도의 법을 동시적으로 쫓아버리는 일석이조의 이익이 있었던 것이다.

그때 유호씨의 장자인 순(舜)이 요를 돕고 나선다. 공자의 〈서전〉에는 순이 삼묘(三苗)를 쫓아내고, 치수에 실패한 곤(鯤)을 죽여서 천하의 대의를 세웠다고 거짓된 자물쇠를 채워두었기 때문에 그 허풍이 그대로 증거가 되는 부분이다. 묘족이 흩어지면서 동 서 북의 세 방향으로 향했다면 그냥 묘족이 아니라 3묘라고 할만 하지 않은가. 공자의 입장에서 보는 묘족은 천하의 쌍것들로 중원에다가 도저히 둘 수 없는 존재로 비쳐졌던 것이다.

유호씨의 논증은 계속된다.

요는 천수(天數)를 몰랐다. 그래서 땅을 쪼개서 천지를 제 멋대로 하였다. 기회를 틈타서 독단(獨壇)을 만들고, 사사로이 개나 양을 기르기 위하여 사람을 몰아낸 후, 자칭 제왕이 되어 혼자서 처리하였다. 그후로 세상은 토석이나 초목처럼 말이 없고, 천리(天理)는 거꾸로 흘러서 허망에 빠져버렸다. 이것은 거짓으로 천권(天權)을 훔쳐서 사욕의 횡포를 자행한 죄값이다.

제왕이 만약 하늘의 권리를 대행하는 것이라면, 능히 태양과 달을 뜨고 지게 하여서 생명을 가진 것들을 살고 죽게 할 수 있을 것이 아닌가. 임검이라고 하는 것은 천수의 운행을 따르는 자이므로, 사람이 거짓으로 나서서 '내가 임검이다' 한다고 될 일이 아니다. 사람의 할 일이란 천수를 따라서 이치를 증명해내는 것이요, 세상의 일이라는 것은 증명해낸 이치로 사람의 도리를 밝히는 것이니, 이것 말고 다시 무엇이 있을 수가 있겠는가. 그러므로 부도의 법은 천수의 이치를 명확하게 증명하여, 백성으로 하여금 맡은 바 임무를 수행하게 해서 약속된 복(本福)을 받게 할 따름이다.

그러므로 말하는 자와 듣는 자가 비록 먼저와 나중은 있으나, 높고 낮음은 없으며, 주는 자와 받는 자 사이가 친숙하고 생소한 것은 있으나, 끌어들이고 몰아내고 할 수는 없기 때문에, 사해가 평등하며, 모든 민족(諸族)이 자발적으로 실행하는 것이다. 오직 그 오미의 죄업을 속죄하는 것과, 마고 대성의 일을 회복하는 것은, 언제나 제왕의 주관 아래 있는 것이요, 여러 백성이 능력이 있어서 되는 것이 아니니, 이 일은 예부터 증명해낸 이치로 사람의 도리를 밝히는 일과는 섞이지 아니하였다. 황궁씨와 유인씨의 예가 바로 이것이다.

기회를 틈타서 독단을 만들었다는 건 임검씨가 부도를 비운 사이에 부도를 점령하여 제왕의 도덕을 편 것을 말한다. 그때부터 세상은 흙과 돌 풀이나 나무처럼 말이 없는 세상이 되었다. 이것은 요가 거짓으로 하늘의 권세를 훔쳐서 허망한 짓을 시작한 것에 대한 죄값이다. 요의 말대로 제왕이 하늘의 일을 대신하는 것이라면 능히 해와 달을 뜨고 지게 하여 계절을 임의로 바꾸고 생명의 질서를 제 맘대로 할 수 있어야 된다. 그러나 그런 이치는 애초에 없는 법이다.

임검이라고 하는 것은 다만 천수(天數)의 법칙을 돕는 자이니 곧 하늘이 어둑한 숨결로 생명을 장악하여 펼치고 거두는 운행의 일에 협력하는 자일 뿐이다. 다시 말해 천수를 따라서 이치를 증명할 따름이니 인간세상의 도덕을 세우는 일은 제왕의 직분이다. 그리하여 백성으로 하여금 맡은 바 임무를 실수 없이 수행하게 해서 약속된 분복(分福)을 받게 할 따름이다. 이것 말고 다시 무엇이 있겠는가.

그러므로 말하고 듣는 것에 무슨 선생과 제자의 높낮이가 있어서가 아니요 주는 자와 받는 자 사이가 주인과 손님 같은 관계이어서가 아니다. 그저 먼저와 나중이 있고 친하고 친하지 않음이 있어서다. 그렇기 때문에 사해가 두루 평등한 것이며 모든 민족이 자발적으로 부도의 법을 따르는 것이다.

한 가지 특별하게 강조해 둘 것은 오미(五味)의 죄업을 속죄하는 것과 마고대성의 일―오미의 맛을 알기 전의 일로 지유(地乳)를 마시고 살아 천성이 사특한 것을 모르던 때를 회복하는 것은 언제나 제왕 된 자의 몫이요 백성이 충분한 복을 받아서 될 일이 아니다. 제왕의 일과 백성의 일은 그래서 예로부터 섞이지 않고 면면히 이어졌으니 황궁씨와 유인씨의 예가 바로 이것이었다. 하늘의 복이나 받고 살아야 할 백성이 요처럼 거짓으로 나서서 '내가 지금부터 임검이다' 해서 될 일이 아니지 않은가.

그런데 요에게 정말 다행스러운 일이 생긴다. 거북이가 등에다가 문양을 지고 나왔다는 부문(負文)과 이상한 풀 대궁이 마당가에서 올라와 1개월씩을 알리는 명협(蓂莢)이 그것이다. 왜 명협을 요는 신의 계시로 여겼을까? 요의 움막궁전에 하루는 풀 대궁이 하나 올라왔다. 초하루가 되면 잎이 하나 돋아나고, 초이틀이 되니 잎이 또 하나 올라왔다. 그렇게 하루한 잎씩 돋아서 보름이 되니 잎이 열다섯 개가 되었다.

그 다음부터는 하루 한 잎씩 졌다. 그믐이 되자 열다섯 개의 잎은 마지막으로 졌고, 초하루가 되면 어김없이 하루 한 잎씩 다시 돋았다가 보름이 지나서 열엿새 날부터는 또 한 잎씩 졌다. 달이 작아서 29일이 되는 달은 남은 한 잎이 떨어지지 않고 그냥 말라버렸다. 요는 그 풀 대궁을 명협이라 이름 짓고 책력으로 삼았다. 동화 같은 내용이지만 천지신명의 숨결이 그대로 인간사회에 섞이던 시절이므로 우리는 그 시대로 올라가서 가감없이 이해해주어야 한다. 서구적 과학만능의 요새 감각이 아니었다는 말이다.

그런데 또 주역에는 사개가 잘 맞지 않는 석연치 않은 구석이 있다. 복희 팔괘를 선천 괘로, 문왕의 팔괘를 후천 괘로 말하면서도 정작 낙서에서 거북을 만났다는 하우에 대해서는 '개 머루 먹듯' 해서 그냥 어물어물 넘긴 것이다. 그러나 후세의 선비들은 천하의 공자가 한 짓이므로 석연치 않다는 생각도 못하고 공자를 무조건 맹신해왔다. 앞에 사람들이 조술해온 성인인데 무슨 당치않은 생각으로 사문난적이 되려 하겠는가.

오행설이 엉터리라는 것은 누구보다 공구 자신이 잘 안다. 물론 증거를 쥐고 하는 말이다. 공구는 나이 늦어 주역에 깊이 빠져들었다. 얼마나 주역을 많이 뒤졌는지 위편삼절(韋編三絶)이란 말이 생겨날 정도였다. 종이가 없던 시절이라 책이라는 것이 대패질을 한 목간 아니면 죽간이었다. 낱낱이 흩어지는 것들을 정리해두기 위해서는 가죽오리로 묶어서 간수할 수밖에 없다. 그 가족오리가 세 번이나 닳아서 끊어졌다는 이야기다.

그냥 재미삼아서 읽기만 한 것이 아니라 〈주역〉에다가 10편이나 되는 논문을 적어서 넣었다. 그것이 이른바 십익(十翼)이다. 물론 어려워지는 〈주역〉을 후세 사람들이 쉽게 보라고 한 짓이다. 그만큼 〈주역〉의 대가요 전문가인데, 〈주역〉의 어디에도 오행이 없다는 것이 그 증거다. 요의 오행설은 공구의 판단으로도 옳지 않게 보였을 것이다.

계사전에 나오는 하도낙서(河圖洛書)는 공구가 신화적인 허구를 빌려서 만들어낸 말이었다는 것이 이제 실체가 드러난 셈이다. 도서관이니 일반도서니 할 때의 도서(圖書)라는 말은 바로 하도낙서에서 비롯되는데 우리는 모르는 채로 공자에게 사기를 당했다고 할 수 있다.

요임검이 명협으로 책력을 삼았다는 이야기는 증선지(曾先之)가 쓴 〈18사략〉에도 비친다. 〈부도지〉를 모르는 저 서토(西土)의 문헌에도 그것이 들어있었기에 증선지가 그 대목을 그대로 베껴 적었을 것이다. 초하루에서 보름까지는 날마다 한 잎씩 나고 열엿새가 되는 날부터는 날마다 한 잎씩 져서 그믐이 되면 잎이 하나도 없다가 다시 초하루부터 잎을 시작하는 신통한 풀 대궁이 있다면 누구라도 책력을 삼을 만하다는 생각이 들 것이다. 그것이야말로 신명의 계시로 여김직 하기 때문이다.

그러나 신명의 계시만으로는 역시 될 수 없는 것이 율력(律曆)이다. 신명도 제 기분 따라서 원칙을 위반할 수 있어서다. 움직일 수 없는 우주적 호흡만이 역을 끌어낼 수 있는데, 명협과 거북을 보고 만들어진 요의 역은 역시 갈팡질팡 할 수밖에 없다. 유호씨가 "삼정(三正)을 번복하여 구차스럽게 맞추고자 하였으나 얻지 못하여 하늘의 죄를 끌어들였다"고 술회하는 대목에서 그것이 잘 드러나는 것이다. 삼정을 번복했다는 것은 성수(性數: 1·4·7)와 법수(法數: 2·5·8)와 체수(體數: 3·6·9)의 원칙을 지키지 않고 형편을 따라 이리 저리 바꾸어가면서 역수를 억지로 맞추어 냈음을 의미한다.

우리는 요임검이 책력으로 삼은 명협이 천수에 맞지 않는다고 안타까워하는 유호씨의 목소리에 좀 더 귀를 기울일 필요가 있다.

또 그 역제 — 曆制: 책력을 제정하는 방법 — 는 천수(天數)의 근본을 살피지 못하고, 거북이나 명협 같은 미물에서 근본을 취하였으니, 요는 또 무슨 속셈인가. 천지 만물이 다 수(數)에서 나와 수를 상징하고 있는데, 하필 거북과 명협뿐이겠는가.

그러므로 모든 물사 — 物事: 만물이 태어났다가 없어지는 총체적인 과정을 말함 — 에 각각 그 역(曆)이 있으니 역(曆: 고유의 과정)은 역사(歷史)다. 그러므로 요의 역제(曆制)는 즉 거북과 명협의 역이요 인간의 역이 아니다.

이 말을 다시 하면 '책력을 만드는 데는 엄격한 공식이 있다. 천체가 어떻게 되어서 어떻게 움직이는지 천체의 구조와 호흡(陰陽)에 대한 파악이 있어야 한다. 거기까지 헤아리는 사람은 땅위에 있는 모든 것이 태어나서 하필 거기에 있는 까닭을 알게 된다. 사람이나 짐승뿐이 아니라 풀과 나무 하나의 돌멩이나 헝겊쪼가리에 이르기까지 소위 말하는 운명을 감지한다는 뜻이다. 요가 신명의 계시로 여긴 거북이나 명협도 그런 것의 하나일 뿐인데 그런 미물의 동태를 보고 대뜸 역(曆)을 삼았다니 가소로운 일이다' 한 것이다.

이제 요가 만든 오행법이 무엇인지, 그것이 어떻게 되어서 엉터리라는 것인지 〈부도지〉 제21장에 기록된 유호씨의 말씀부터 들어보기로 하자.

또 그 소위 오행이라는 것은 천수(天數)의 이치에 이러한 법이 있는 것이 아니다. 방위상으로 놓이는 중앙위치의 5는 교차의 뜻이지, 바뀔 수가 없는 변칙을 말하는 것이 아니다.

변하는 것은 1로부터 9까지이므로, 5는 언제나 중앙에만 있는 것이 아니며, (1부터) 9가 두루 윤회하여, 율(律)과 여(呂)가 서로 조화를 이룬 후에 만물이 생겨나는 것이니, 이는 기초수(基礎數)를 이르는 것이요, 그 5·7이 크게 번지는 고리(大衍之環)에 이르면, 그 자리가 5에 한정되는 것이 아니고, 또한 4·7이 있는 것이다.

또한 그 순역(順逆)과 생멸의 윤멱(輪羃)은 4요, 5가 아니니, 즉 원리가 되는 수(原數)의 9는 불변수이기 때문이다. 또 윤먁이 한 번 끝나는 구간은 2×4=8 사이의 7이요, 5가 아니다.

또 그 배성지물(配性之物)은 금(金) 목(木) 수(水) 화(火) 토(土)의 다섯 중에서 금과 토를 왜 따로 구별하는가. 그 약간의 차이 때문에 구별하고자 한다면, 기(氣) 풍(風) 초(草) 석(石) 따위는 어찌 같이 들지 않는가. 그러므로 다 들자면 그 수가 한이 없는 것이요, 엄별해서 들자면 金 木 水 火가 되거나 혹은 土 木 水 火의 넷이요, 다섯이 되는 것이 아니다.

더욱이 그 물건의 성정(物性)을 어떤 이유로 천수(天數)의 수성(數性)에다 짝을 지우는가. 천수에 의해 태어나는 물건(數性之物)은 그 바탕 수(原數)가 9요 5가 아니다. 그러므로 오행의 설은 참으로 황당무계한 말인 것이다. 이 오행설로써 인세(人世)의 원리를 증거한다면 속임수(誣惑)가 되어서 하늘의 재앙을 부를 터이니, 어찌 두려워하지 않을 것인가.

요가 하늘이 넉넉하게 준비한 9수를 외면하고 구차하게 오행법을 만든 것에 대한 여지없는 비판이다. 먼저 1에서 9까지를 늘어세울 때 5가 중앙에 놓이는 것을 두고 말한다. 5는 교차의 뜻이 있을 뿐이지, 변칙을 말한 것이 아니라고 한다. 곧 모든 수가 넘나들 수 있도록 균형을 잡도록 5를 가운데 두는 것이지, 중심이 되어서 다른 수를 통제하도록 된 것이 아니라는 뜻이다. 변행(變行)은 변칙이다.

요의 오행설은 중앙에 있는 5·土가 동(3·8·木) 서(4·9·金) 남(2·7·火) 북(1·6·水)에 있는 木 金 火 水를 통제한다고 생각한 법이다. 통제하고 통제를 당하기 때문에 제왕의 법이라고 말한다. 그러나 하늘은 그런 이치를 둔 적이 없다. 앞서 본대로 주는 자와 받는 자 사이는 끌어들이고 몰아내고 하는 차별이 있어서 그런 것이 아니라 친숙하고 소원한 감정관계를 따라서 자연스럽게 그리 되는 것이다. 말하는 자와 듣는 자도 잘나고 못난 것이 있어서 그런 것이 아니다. 다만 먼저 듣고 나중에 듣는 차이인 것이지 훈장과 생도 관계여서 가르치고 배우고가 아닌 것이다.

하늘과 땅 사이에 있는 만물은 고르고 평등하다. 향나무가 귀하고 잡목이 천하게 태어난 것이 아니다. 다 같이 천수(天數)의 은택으로 생겨났기 때문에 그런 것이 붙여질 수가 없다. 높은 데 있는 나무가 반드시 잘나서가 아니요 낮은 데 엎드린 풀이 꼭 미천할 수가 없다. 그런 것으로 높낮이를 찾고 귀하고 천한 생각을 갖는 것은 요의 오행에서나 있을 수 있는 것이지 율려의 숨결은 만물이 다 거기에 있어서 조화를 이루도록 한 것뿐이다.

그것은 1에서 9까지의 수가 똑같이 평등한 것이 그것을 말해준다. 먼저 오는 수가 앞선 수가 아니요 뒤에 놓이는 수가 늦어서가 아니다. 그것들은 일정한 자리에만 있는 것이 아니요 늘 교차하면서 서로의 자리를 바꾼다. 5·7이 크게 번지는 고리가 될 적에는 그 자리에 5가 한정되는 것이 아니고 또한 4·7이 있다고 했다.

무엇을 윤멱(輪冪)이라 하는가? 천체가 수레바퀴처럼 돌고 돌아서 잠시 잠깐도 멈추지 않는 상태를 통으로 말한 것이다. 그러니까 일일이 집어서 말하기가 어려운 천체의 변화를 윤멱으로 표현했다는 이야기다. 멱(冪)은 보자기로 무엇을 엎었다는 뜻이다. 덮어두었으므로 볼 수가 없는 상태다. 그러니까 천체의 움직임(輪)을 이제 보자기로 덮어두었으니, 어느 별자리와 어느 별들이 어떻게 움직인다는 것을 두고 하나하나 설명할 필요가 없어진 셈이다.

다음은 배성지물(配性之物)에 관해서다. 오행법은 동서남북의 사방에다 각각 목(木) 금(金) 화(火) 수(水)를 배치하고 중앙에 토(土)를 두는데 여기서 문제를 삼는 것은 방위에 대한 것이 아니라, 金 木 水 火 土의 다섯 물성에 관해서다. 金과 土를 왜 하나로 보지 않고 따로 보냐는 것이다. 본디 그것들은 서로 즉(卽)해 있어서 떨어질 수가 없는 관계의 것인데, 약간의 차이 때문에 나뉜다면, 기(氣) 풍(風) 초(草) 석(石)은 어떻게 하느냐고 묻는다. 우주의 원소는 물·불·공기·흙뿐이라는 주장이다.

그 약간의 차이 때문에 구별을 두어서 다 세기로 든다면 과연 숫자를 세기 어려울 지경에 이를 것이다. 그러므로 다 들자면 한정이 없는 것이요, 엄격하게 구별해서 금 목 수 화거나 혹은 토 목 수 화 라야 한다는 것이다. 화(火)와 토(土)는 하나로 본 것이다. 불타고 남는 자리에는 재가 있기 마련이므로 재와 흙은 하나로 파악되어야 한다는 주장이다.

오행설을 마지막으로 비판하는 것은 금 목 수 화 토의 성향을 어떤 근거에서 천수(天數)의 수성(數性)에다가 짝 지웠는가 하는 문제다. 수성지물(數性之物)은 숫자들의 성향을 의미한다. 곧 1에서 9까지의 전체적인 숫자들이 한량이 없는 것을 수성이라 한 것이고 아울러 세상의 만물도 쇠요 나무요 하는 다섯 가지 것만 있는 것이 아니라는 말이다.

이제 유호씨가 비판하는 오행설을 정리해보자. 천지간에 벌려 서 있는 삼라만상은 그 숫자가 끝이 없다. 그 끝을 모르는 삼라만상을 천수 — 原數와 같은 뜻임 — 에서 9로 말했다. 요는 그것을 몰랐으므로 1에서 9에 이르는 중간의 5를, 움직일 수 없는 복판의 숫자로 알고, 복판의 5가, 주변의 여덟 숫자를 통제하고 제어하는 제왕의 수라고 믿었다.

더욱이 삼라만상을 금·목·수·화·토(金木水火土)[20]의 다섯으로 한정

---

20) 〈서전〉에 나오는 오행설은 형성된 물질의 겉모습이 아니라, 그 물질들이 가지는 상(象) 곧 성정(性情)을 중시한다. 金은 종혁(從革)이다. '고치는 것을 좇는다' 는 것은

하고, 동서남북에 배치시킨 다음, 그것들이 움직일 수 없는 것으로 여길 뿐 아니라, 가운데에 있는 제왕이 절대적인 권세로 다스린다고 믿는다. 이것은 지구라는 별이 절대적으로 움직이지 않고 하늘에 있는 다른 별들에게 영향력을 행사한다고 생각한 것이다.

유호씨는 말한다. "그러므로 오행의 설은 참으로 황당무계한 말일 뿐이다. 이로써 인세(人世)를 중리한다면 속임수가 되어서, 그 즉시로 하늘의 재앙을 부를 터이니 어찌 두렵지 않겠는가?" 생각만으로도 위험한 것인데 요의 오행법은 기어이 하우(夏禹)가 지금 쓰고 있다.

여기서 한 가지 말해둘 것이 있다. 유호씨가 부도의 법이라고 주장하는 천체학설은 확인된 바와 같이 책력을 만드는데 기초가 되는 지동설이다. 그런데 지동설에 반하는 천동설이 나온 것이다. 동시에 중앙에 5가 절대로 움직이지 않으면서 동서남북에 관원(官員)을 다스린다고 생각한 요(堯)의 제왕 법은 백성을 다스리는 대상이 아니라 섬기는 대상으로 보는 부도의 전통으로 볼 때 차마 있을 수가 없는 법이다. ── 堯라는 글자에는 土가 셋이다. 이것은 그가 중앙의 土를 제왕의 수로 확정했음을 상기시키는 것일 수도 있다. ──

그러나 백성을 짐승처럼 부려먹는 제왕의 법은 마침내 쓰이고야 만다.

'고쳐서 쓴다'는 말과 통한다. 예를 들면, 쇠는 낫을 만들 수도 있고, 호미를 만들 수도 있고, 칼을 만들 수도 있다. 그리고 호미를 고쳐서 낫을 만들기도 하고, 낫으로 호미나 칼을 만들어도 된다. 얼마든지 고치는 대로 됨으로 從革이라 한다. 나무(木)는 자라는 성질이 있다. 그래서 사람도 나무에 비겨서 인재(人材)라 한다. 나무를 길러서 쓰듯, 사람도 재목으로 길러야 쓰는 법이다. 물(水)은 적시면서(濕) 흘러내리는 것이고, 불(火)은 태우면서(燃燒) 위로 올라가는 성질이 있다. 흙(土)은 쌓으면서(堆) 감추는(埋) 것이다. 그러나 요의 오행설은 중앙에 있는 土가 사방에 흩어져서 동서남북을 지키는 金木水火에게 절대적인 영향력을 행사하는 학설이다.

먼 훗날에 공자가 펴는 소위 유교가 바로 군주가 백성을 다스리는 법이다. 그러니까 공자도 어느새 요의 제왕법을 따랐다는 이야기다. 백성이라는 무지랭이는 잘난 군주가 살펴서 이끌고 다녀야 가지런하게 다스려진다고 본 것이다. 그래서 부도(父道)와 사도(師道)와 군도(君道)의 순서를, 뒤집어서 맨 앞에다 군도를 놓고 다음에 사도를 놓고 마지막에 부도를 놓는 실수를 범했던 것이다. 그러나 그것은 먼 훗날의 이야기고 지금 여기는 요임금이 처음으로 오행법을 내놓는 자리다.

결국 그렇다! 요의 오행법은 천동설에 근거한 제왕의 법이므로 이치에 맞지 않는 법이다. 이치에 맞지 않으므로 못쓰는 것은 당연하다. 여기서 의심스러운 것이 있다. 오행통수(五行通水)법이 있어서 황하의 물길을 잡았다는 대목이 생각나서다. 허나 오행으로 물길을 통하게 한 것은 창기소(蒼其蘇)가 지동설을 바탕으로 창안한 법이다. 창기소의 오행통수 이치가 황하의 물길을 잡은 것이다. 요의 오행법이 아니라는 말이다.

삼한관경본기(三韓管境本紀)의 '번한세가'에서는 이렇게 그 전말을 밝히고 있다.

9년 홍수를 당해 그 피해가 만백성에게 미치니 단군왕검은 태자 부루를 파견하여 순임금과 약속하고 초청하여 도산에서 만났다. 순임금은 사공(司空)인 우(禹)를 파견하여 우리의 오행치수의 법을 배우게 하니, 마침내 홍수를 다스리게 되었다.

갑술년에 태자 부루는 명을 받들고 도산으로 가는 길에 반 달 동안 낭야(狼耶)에 머무르면서 민정을 청문했고, 도산에 이르러서는 일들을 주관했다. 곧 회합하여 번한을 통해서 우사공(虞司空)에게 말하기를 '나는 북극 수정(水精)의 아들이다. 그대의 왕이 나에게 청하기를 물과 땅을 다스려서 백성들을 구하려 한다 했는데, 삼신상제(三神上帝)께서 내가 가서 돕는 것을 기꺼워하심으로 내가 오게 된 것이다' 하고 금간옥첩(金簡玉牒)을 내어주니 대저 오행은 치수의 요결이다.

태자는 구려(九黎)를 도산에 모으고 우(虞)나라 순(舜)임금에게 명하여, 곧 우공의 사례를 보고하도록 하였다. 지금의 우공(禹貢)[21]이 이것이다.

이 부분이 시사하는 것은 벌써 한 두 가지가 아니다. 〈부도지〉에서는 요·순을 천하를 어지럽히는 도적으로 여겨서 도저히 용서할 수가 없었는데 여기서는 전혀 그런 분위기가 아니다. 부루 태자는 중앙정부의 단군임검이 보낸 사자이므로 그 권세를 써서 구려를 도산에다 모은다. 구려(九黎)는 곧 구훈(九桓)이다. 그러니까 하늘 아래 흩어져서 사는 천하의 백성을 말한 것이다. 이로써 본다면 치수문제만이 아닌 다른 정치문제도 해결해야 할 것이 있었을 것이다. 그리고 순임금한테 명령을 하면서 치수를 돕는다.

그러나 이런 것에 끌려들다가는 이야기가 빗나간다. 지금 이 자리는

---

21)   공자가 편찬한 〈상서(尚書)〉에 나오는 우공편을 말한다. 북경대학출판사에서 출판한 〈중국고대사 지도집〉에 표시된 하(夏)의 형세라는 게 오늘의 하남성에 있는 낙양과 정주, 그리고 정주에서 가까운 개봉을 중심으로 옴닥옴닥 붙어있는 몇 안 되는 성읍이 기껏이다. 중국사회과학원이 만들어낸 〈중국역사 지도집〉에도 낙양의 서쪽으로 안읍이니 평양이니 하는 데가 더 표시되어 있을 뿐이다. 아무리 夏를 과장해서 말하고 싶어도 그 한계에는 어쩌지 못한다. 그런 작은 규모의 나라가 5,000km이 넘는 황하와 양자강의 홍수를 호미와 가래로 다스려 냈다니 말이 안 되는 것이다. 우공편에 보면 산을 뚫어서 물길을 돌리고 엄청난 제방을 쌓아서 물을 잡은 데가 수를 헤아릴 수 없을 정도로 많다.

〈부도지〉에서 유호씨가 그렇게 엄하게 꾸짖고 금하던 오행이 치수에 요결이 되었다는 것인데, 서로가 다른 이 내용을 어떻게 볼 것인가에 대해서다. 당시의 치수에 오행이 쓰였다는 내용은 저들의 〈오월춘추(吳越春秋)〉에도 보인다.

당요(唐堯) 때에 9년 홍수가 져서 당요가 하우(夏禹)를 명하여 이를 다스리라고 했다. 우가 8년 동안이나 공을 이루지 못하고 매우 걱정하여, 남악 형산(衡山)에 이르러 백마를 잡아 하늘에 제사하면서 성공을 빌었다. 꿈에 한 남자가 스스로 현이(玄夷)의 창수사자(滄水使者)라 칭하면서 우에게 말하되, 구산(九山) 동남의 도산(塗山)에 신서(神書)가 있으니, 3월을 재계하고 이를 내어보라 한다. 우가 그 말에 의하여 금간옥첩의 신서를 얻어, 오행통수(五行通水)의 이치를 알아 홍수를 다스리어 성공했다.

본대로 〈오월춘추〉의 기록은 다분히 전설적이다. 그러나 우리 쪽의 기록은 단군왕검이 태자 부루(夫婁)를 보내서 오행치수(五行治水)의 이치를 가르쳤다고 곧 바로 되어 있다. 그러니까 여기서 눈을 댈 것은 '오행치수'를 배워서 황하의 물길을 바로 잡았다고 한 대목이다. 황하의 물길이라고 했지만, 그것은 〈서전〉이 그렇게 주장하는 것이고, 사실은 황하가 아니라 회수(淮水)나 한수(漢水) 같은 작은 물줄기의 일부였기가 쉽다.

요의 도(陶)를 작은 국가라 하고 단군의 조선나라를 중앙정부라 했지만 사실은 그 시절에는 국가는 있어도 국경이 없던 때다. 공자나 맹자가 제후의 나라에 유세(遊說)를 다니던 무렵에도 국경 개념이 없어서 어느 나라가 되었건 마음만 먹으면 이웃에 마실을 다니는 것처럼 쉬울 때인데 여기는 거의 2천 년이나 파들어가는 까마득한 옛날 시절이다. 더욱이 동서가 2만

여리요 남북이 5만 리였던 흔국의 그림자가 아직은 남아 있을 때다.

또 홍익인간의 사상이 넘쳤다는 걸 생각하면 국가라는 명분보다 백성의 고통이 우선했으므로 어려운 일이 닥치면 쉽게 가서 도왔을 것이다. 훨씬 뒷세상에 공자가 국가라는 개념을 앞세워 〈서전〉을 지어서 서토중원의 자존을 세우려했고, 박제상 역시 부도지에 인간적 감정이 섞여 요순을 심하게 몰아 부쳤다고 보인다.

요가 다스렸다는 도(陶)라는 나라는 오늘의 산서성의 한 귀퉁이에 불과했다. 그 서울이라는 것이 지금의 림편시 모서리인데 지금은 요의 수도였다는 핑계로 관광지를 만들어놓고 요란을 떨지만 속내는 알만한 것이다. 삼림(森林)을 책임지고 다스려서 우(虞)라 불렸던 순(舜)임금의 능묘도 거기서 가까운 영제현이고, 우(禹)가 도읍했다는 하나라도 지척에 있다. 요가 허유, 소부로 더불어 도를 닦았다는 평류현의 기산(箕山)도 지척간이다. 택시를 타고 한나절이면 몽땅 둘러 볼 수 있는 거리에 놓여 있는 것이다.

물론 작은 정부에 큰 정치라는 건 바람직한 것이요, 그 시절이라면 그런 일이 흔하던 때다. 그렇기는 하지만 단군의 조선나라는 국가의 제사 터가 도읍터에서 특급열차로 11시간을 가서 닿을 정도다. 제정일치의 그 시절에 수두(蘇塗) 같은 제사 터 하나 못 갖춘 요순의 국가라는 게 제대로 된 나라였을 리는 없다. 더욱이 천동설을 주장하여 제왕의 법을 만든 인물이라면 정치라는 것도 미루어 알 수 있는 것 아닐까? 공자의 〈서전〉은 여러 면에서 위서일 수밖에 없다.

05 신시의 문자

한글은 지구촌의 모든 글자 중에서도 그 가장 과학적으로 되어 있다고 한다.[22] 이제 컴퓨터가 나와 인류의 문명을 하나로 묶고, 한 통속으로 살림살이를 정비할 조짐이 보이는데, 그러자면 컴퓨터에서 쓸 문자부터 통일을 봐야할 것은 불문가지다. 바로 이 대목에서 한글이 가장 유력시 된다는 말도 들린다. 이것은 붉달민족의 든든한 긍지요 자부심이다. 또 이런 훈글을 만들어준 세종대왕이 두고두고 고맙고 감사하게 다가선다.

사실 글자를 가진 민족은 의외로 많지가 않다. 대개 남의 글자를 빌려다가 자기들의 말을 적거나 아니면 숫제 제 말을 적지 못하는 민족도 있다. 전자가 유럽이나 아메리카의 국가들이라면 후자는 아프리카의 일부 국가 현실이다. 아니다. 아프리카는 어느 민족도 아직 자기 글자를 가져본 일이 없는 사람들이 사는 땅이다. 글자를 가진다는 것이 결코 쉬운 일만은 아니라는 것을 새삼 깨우치게 하는 대목이다.

그런데 우리 민족은 글자를 아주 쉽게 창안해서 쓰고 또 쉽게 버려온 민

---

22) 영국 옥스퍼드 대학에는 세계의 문자들을 비교 연구하는 학부가 있다. 그 학부가 한글을 '세계 최고의 문자' '문자 중의 문자' '문자의 사치' 라고까지 평가한다는 기사를 읽은 적이 있다.

족이다. 신시에 녹도문(鹿圖文)이 있었다지만 이제 와서는 녹도문을 볼 수가 없고, 발해 역시 발해 글자가 있었다지만 오늘에 와서는 흔적도 찾을 수가 없다. 우리 붉달민족만 그런 것이 아니라 우리의 곁가지인 만주족이나 몽골족도 제 글자를 가진 흔적이 있는 것이다.

물론 몽골은 지금도 자기네 문자를 지켜가고 있다. 내몽골의 몽골자치주에 들어서면 거리의 간판들이 어김없이 톱날 글씨로 되어 있는 것을 보게 된다. 그런 간판은 대흥안령의 복판에서도 만나고, 홍산문화의 유적지로 유명해진 적봉시(赤峰市)에서도 만난다. 아니 요하의 상류인 시라무렌허(西拉木倫河) 일대가 온통 톱날 글씨의 간판이라 해도 과언이 아니다. 아직 몽골이라는 나라가 존재하고 있고 내몽골자치주만 해도 엄연히 몽골대학이 건재하는 덕분일 것이다.

그러나 청나라가 망한지 아직 100년이 못 되는데도 만주족은 자기들의 문자를 지키지 못했다. 더욱이 청나라는 300년이나 대륙을 지배한 대제국이다. 그런 나라가 자기들의 말과 문자를 지키지 못하고 한족(漢族)들의 언어와 한족들의 글자를 쓰고 있다면 그야말로 한심한 일이 아닌가. 왜 그 모양이 되고 말았을까. 그들에게도 산에서 떠돌던 피가 흐르고 있어서 제 손에 든 것을 쉽게 포기하고 끊임없이 남의 것에 눈독을 들이는 유행병의 버르장머리가 있어서일 것이다.

만주족만이 아니다. 일찍이 동호(東胡)의 후예로 요(遼)를 세웠던 거란(契丹)은 독자적인 문자를 만들어 쓰고, 그 문자가 서하(西夏)문자와 여진(女眞)문자에 상당한 영향을 끼치기도 했다. 그 여진족이 후일에 만주족이라 불리는 사람들인데, 여진이라 불릴 때는 금(金)나라를 세워서 백년이 넘게 중원을 타고 앉아 호령을 날렸던 일이 있다. 그들은 두 번이나 대륙의 주인노릇을 했던 것이다.

문자를 말한다면 선비족(鮮卑族)도 빠뜨릴 수가 없다. 그들도 우리의 피를 나눠받은 일족이므로, 비록 흐지부지 사라지고 말았지만 이런 자리에 서조차 챙기지 않을 수가 없어서다. 그들이 역사 위로 나타난 것은 대개 2천 2백 년 전이다. 그러니까 단군의 조선나라가 망하고 나서 사회분위기가 어수선하던 때다. 그들은 처음에 대흥안령 일대에 무리지어 살면서 사냥과 목축으로 생업을 삼지만, 시절의 흐름을 따라 시라무렌허 쪽으로 남하하면서 대륙의 정세를 엿보기 시작한다.

한나라가 망하고 소위 말하는 5호16국 시절이 오자 대륙의 복판으로 진출하여 전연(前燕) 후연(後燕) 남연(南燕) 북연(北燕) 서진(西秦) 남양(南梁)을 세웠다. 결코 만만하게 평가 될 민족이 아니었던 것이다. 그후로 북조의 시절이 오자 북위(北魏) 동위(東魏) 서위(西魏) 북제(北齊) 북주(北周)의 종실 노릇을 공공연히 했고, 그 전통은 그 후로도 이어져서 수나라와 당나라의 종실들도 그 조상들이 선비족의 피를 받았다고 전해진다.

이런 민족이 자기들의 언어와 문자를 가지지 못했을 리가 없다. 지금에 와서 선비의 언어가 어느 계통이었는지 알 수는 없는 노릇이지만 추측컨대 우리와 같은 언어 곧 제사를 중시하는 언어여서 존칭어와 비칭어가 층층으로 있는 그런 언어였을 것이다. 이런 추측은 그들의 제사 내용이 우리와 비슷했다는 데서 어림잡을 수 있는 일이다.

대흥안령의 북부 지역에서 서기 1980년 여름에 카셴둥(嘎仙洞)[23]이라

---

23)   글자로만 본다면 '목이 쉰 신선의 동굴' 이란 뜻을 갖는다. 그러나 그 쪽에 사는 사람들은 한자를 쓰는 습관이 우리와 달라서 괴팍한 글자를 많이 씀으로 반드시 그렇다고만은 못한다. 내가 들은 이야기는 이렇다. 어느 옛날, 몸집이 우람하게 생긴 한 신선이 하늘에서 죄를 짓고 이곳으로 유배를 당했는데, 그럭저럭 주변의 환경과 동굴에 정을 붙이고 살만하자 다시 정배를 온 또 한 신선이 먼저 살고 있는 신선한테 동굴을 내놓으라

고 불리는 동굴이 발견되었다. 거의 원생림에 가까운 상태여서 사람들의 발길이 좀체 닿지 않는 곳이라 가려져 있다가 짐승을 쫓던 사냥꾼에 의해서 발견된 것이다. 그 지역은 아직 사냥에 의해서 살아가는 오르쫀(鄂倫春)족이 사는 지역인데 1994년의 6월에 오르쫀 민속축제[24]를 관람하기 위

고 하더란다. 당연하게 시비가 생기고 다툼질이 났는데, 그들이 낸 결론은 각자의 활을 당겨보아서 살이 많이 나가는 쪽이 이기고, 지는 쪽은 군말 없이 떠나가는 것으로 탁방이 났다. 그래 나중에 온 신선이 당긴 화살은 앞산 중턱에 가서 꽂혔지만, 먼저 온 신선이 당긴 살은 산을 두 개나 넘어 가는 바람에 뒤에 온 신선이 물러갔다는 것이다. 이것은 그 땅을 두고 부족이나 민족끼리 다툼질을 했던 옛날 일을 말하는 것은 혹시 아닐까? 이들의 설화에도 활이 등장하는 것을 보면, 사냥질로 살아온 사람들에게서 당연하게 들을 수 있는 이야기 이상의 무엇이 느껴진다. 그들이 원시적인 움막집을 셰린주(仙人株)로 곧 '신선의 집'이라고 부르는 것도 그렇다. 그들의 엉덩이에도 몽골반점이 있다. 자기들의 조상을 '퍼르컨=바이칼'으로 부른다는 이야기는 앞에서 한 바가 있다. 사후에는 저승으로 가서 재판을 받고 다시 태어나는데, 죄가 많은 영혼은 짐승으로 태어나 동족의 손에 사냥감이 된다고 믿는 것도, 권선징악을 원칙으로 삼는 우리의 삶과 많이 닮아있다. 그러나 사람이 죽으면 땅에 묻지 않고, 시신을 두꺼운 나무판자 널에다가 넣어서 한 길쯤 되는 말뚝 시렁을 만들고 그 위에다가 올려놓는 것은 확실하게 다르다.

24) 미리 준비된 나무열매를 따거나, 나뭇단을 묶어서 나르는 것은, 많이 따고 빨리 나르는 것으로 순위를 정해서 세수비누나 머리빗을 상으로 준다. 버들고리로 된 요람에서 잠든 젖먹이 애를 안고 ―게임에서는 커다란 베개를 포대기로 싼다― 외나무다리를 건너는 것도 민속축제에 들어있는 것을 보면 여자들의 살림살이가 얼마나 고단했던가를 짐작하게 한다. 이것들이 모두 여자들 몫이었던 것이다. 지금은 그런 일이 없이 개명이 되었지만, 셰린주에 살던 시절에는 여자가 해산을 앞두면 멀찌감치 또 하나의 셰린주가 만들어지고, 거기에서 여자 혼자 애를 낳았다고 한다. 끼니가 되면 산모가 먹을 밥을 그 집 시어머니나 종구라기 같은 계집아이가 심부름을 해서 해결했다. 해산을 하는 것은 남자가 전혀 관계할 수 없는 금기사항이었기 때문이다. 남자들은 사냥 외에 하는 일이, 아침 일찍 일어나서 불을 피우고 물을 끓여서 셰린주 안을 덥혀놓는 것이다. 훈훈해지면 가족들이 부스럭대고 일어나는데, 셰린주 생활을 떠나서는 술마시고 사냥 나가는 것이 전부다. 그렇기 때문에 남자들의 민속을 볼 수 없었던 것이

해 나도 참석한 일이 있다. 상고사 자료를 찾느라 홍안령의 구석구석을 누비고 다닐 때였다.

남향으로 아가리를 벌인 굴 높이가 대개 6m, 입구는 둥글어서 반원의 형태인데 밑 지름의 폭이 8m 쯤이고 깊이는 10m 남짓한 동굴이었다. 통으로 된 바위굴인데도 바닥에는 흙이 있었다. 굴 바닥은 어슷하게 15도 각도로 누워있고, 끝에 닿으면 좁아지면서 막히는 형국이라 마음대로 설 수가 없었다. 입구에서 너 댓 발자국만 들어가면 서너 명이 엉덩이를 붙이고 앉을만한 펀펀하고 네모진 돌이 두어 자 높이로 바닥의 복판을 차지하고 있다. 그 돌이 제사를 모신 제단이라는 것은 설명을 듣지 않고도 알 만 했다.

그런데 들어서면서 만나는 그 제단의 오른 쪽, 그러니까 동쪽의 석벽에 한문 형태와 비슷한 글자들이 새겨져 있다. 443년에 선비족들이 새겨 넣은 선비족의 글자라는데, 설명하는 이의 말에 따르면 일찍이 선비족들이 이 땅에서 살았다는 것과 그 우두머리를 가한(可汗)으로 불렀다는 것, 그리고 동굴 안의 제단에서 천지신명과 조상들에게 제사를 지냈다는 것 등이었다.

오르쫀은 그 동굴 앞에 있는 공터에서 민속축제를 한다. 옛날 하늘에서 내려온 신선 거인 한 사람이 그 굴에서 살았고 그가 바로 오르쫀의 조상이었기 때문에 그 분을 기념하기 위해서 자기들의 전통축제를 굴 앞에서 한다는 것이다. 그 말이 그냥 심정적인 것인지 사실인지 확인할

다. 그날 남자의 몫이라고는 부족장인 빠이얼 투가 특별출연을 해서 자작나무 나팔을 분 것뿐이다. 사냥 나가서 노루를 부를 때 부는 나팔인데, 그것은 과거의 민속이 아니라 지금도 쓰이는 현재형이다. 그날 빠이얼 투가 불었던 자작나무 나팔은 지금 내가 가지고 있다.

길은 없지만 그것이 사실이라면 선비족은 오늘 오르쫀족으로 남은 셈이다.

붉달민족이 글자를 처음 쓴 것은 신시 시절부터였다고 본다. 사개가 맞지 않는 기록들이 여기저기서 나타나 종잡을 수가 없지만 글자의 연원을 신시에다가 대는 것에는 이구동성으로 같다. 그 중에 몇 군데를 옮겨보자. 먼저 태백일사의 '신시본기'에 이런 것이 있다.

> 흔웅천황은 또 다시 신지(神誌) 혁덕(赫德)에게 명하여 문자를 만들게 하셨다. 대저 신지씨는 세세토록 명령을 전하는 직책을 맡고, 출납헌체(出納獻替)의 일을 맡고 있었는데, 다만 목소리에 의존했을뿐 일찍이 문자로 기록하여 남기는 방법은 없었다.
>
> 어느 날 무리와 더불어 사냥에 나갔는데, 갑자기 튀는 한 마리의 암 사슴을 보고 활을 당겨 쏘려고 하였으나, 둘러보는 사이에 암 사슴의 종적을 놓지고 말았다. 이에 사방을 수색하면서 산과 들을 지나 평평한 모래땅에 이르러 비로소 발자국을 발견하였는데, 어지러이 흐트러져 연결되었으나 향한 곳은 절로 확실하였다.
>
> 마침내 머리를 떨구고 침묵 끝에 다시 크게 깨닫고 말하기를 '기록으로 남기는 것은 다만 이것뿐이리라. 기록해 남기는 것은 다만 이것뿐이리라'라고 하며 그 날 사냥을 마치고 돌아와 되풀이하여 다시 깊이 생각하고 널리 만물의 모양을 관찰하여, 오래지 않아서 처음으로 문자를 만드는 방법을 깨닫게 되었다. 이를 태고 문자의 시작이라 한다.
>
> 그런데 후세에는 연대가 까마득히 흘러서 태고의 문자는 다 사라져서 존재치 않는다. 아마도 역시 그 만들어놓은 것이 아직 편리하지 못하기 때문이 아니었을까? 일찍이 듣기로 남해도(南海島)의 낭하리(郎河里) 계곡 및

경박호(鏡泊湖)[25]의 선춘령(先春嶺)과 저 우수리(烏蘇里)[26] 사이의 바깥쪽 암석 사이에서, 때에 조각된 글자가 있음을 발견하였는데, 범자(梵字)도 아니고, 전자(篆字)도 아니며, 사람들이 알 수 없는 것이라 했으니, 이게 신지씨가 만든 옛 문자가 아닌지 모르겠다. 여기에서 우리나라가 아직 떨치지 못 하고 우리 민족이 아직 강하지 못 함을 새삼 한탄한다.

붉달민족의 문자를 말할 때 빠뜨릴 수 없는 이름이 신지다. 동시에 이 대목은 한 번은 넘어야 할 고개가 아닌가 싶어진다. 신지는 사람의 이름이

---

25) 흑룡강성 목단강시에서 남쪽으로 조금 나가면 발해 시절의 동경성(東京城) 터가 완연하게 남아있고 그 옆에 영흥사(永興寺)라는 불교 사원도 있다. 거기서 남으로 방향을 잡아 택시로 한 시간 가량 달려서 호남평야보다도 훨씬 넓어 보이는 들판을 가로지르면 경박호가 나타난다. 옛날 고구려의 왕녀가 이곳을 지나다가 구리거울을 꺼내서 화장을 고쳤는데, 잠깐의 실수로 구리거울을 떨어뜨려서 발아래 둠벙으로 빠지는 사건이 생기게 되었다고 한다. 공주는 거울이 아까웠지만 할 수 없이 포기를 하고 남은 길을 갔고 그후 거울을 삼킨 둠벙은 물결이 자스락거릴 때마다 점점 넓어져서 지금은 웬만한 기선이 떠다닐 만큼 큰 호수가 되었다는 것이다.

26) 흑룡강 건너에 있는 러시아의 우수리스크를 말한다. 우수리스크에는 우수리강이 흐른다. 단군의 도읍터인 완달산(完達山) 밑에 고여 있는 홍개호(興凱湖)의 물줄기를 받아 900km를 흐르다가 하바로프스크에서 흑룡강으로 들어가는 흑룡강의 지류이다. 우수리강 하류유역에 나나이(Nanai)로 불리는 소수민족이 산다. 엉덩이에 몽골반점이 있고 사람이 죽으면 그 영혼을 새가 하늘로 인도한다고 믿으며 매장을 하는 민족이다. 자작나무 껍질로 배를 만들어 주로 어업에 종사하는데 연어나 송어를 잡아 그 껍질로 천막과 돛을 만드는 것으로 유명하다. 그들이 세운 '쓰까치알리안' 학교 옆에 암각화가 있다. 우수리 강변에 되는대로 흩어진 바위들이 있는데 여남은 개의 바위에 글씨도 아니고 그림 같지도 않은 도안들이 널려있다. 4335년 5월에 보선스님과 몽산스님 외 열 명 남짓한 스님들이 발해 고터의 유적을 찾아 나섰다가 현장에서 암각화를 보게 되었다. 단국대학박물관의 정영호 관장은 몇 번째 와보는 현장이라지만 글씨에 대한 설명은 어려웠다.

아니다. 혁덕(赫德)이라는 이름 앞에 놓이는 관형사다. 신지(神誌)를 직역하면 '검스런 기록'이다. 글자라는 것이 처음 생겨나서 어떤 사실을 기록해놓고 보니 너무 대견하고 신통해서 '기록(誌)' 앞에다가 '검스럽다(神)'는 찬탄의 말을 쓴 것이다.

문자라는 부호로 기록하는 것이 아니라 목소리에 의존했다면 비상한 기억력이 요구되었을 것이지 아직 기록(誌)이라는 말은 놓일 수가 없다. 그러므로 글자를 만들어보라고 명령하면서 '신지혁덕(神誌赫德)'이라고 한 훈웅천황의 말투에는 모순이 있었다고 할 수 있다. 물론 이야기를 펴나가는 절차상 그런 표현이 부득이 했겠지만 어법을 따진다면 그렇다는 이야기다.

어쨌거나 명령을 받은 혁덕이라는 신하는 글자를 만들 생각에 여념이 없다. 그러던 중 사슴을 쫓게 되었고 '어지러이 흐트러져 연결되었으나 향한 곳은 절로 확실한' 발자국을 보면서 머릿속에 섬광이 지나간다. 그렇게 해서 생겨난 것이 녹도문이라는 붉달민족 최초의 문자다. 그런데 연대가 오래되어 태고의 문자를 볼 수 없다고 탄식한다. 지금 탄식을 하는 사람은 태백일사를 편찬하는 이맥(李陌)이다. 이조 초기의 일이니 그 때로부터 대강 잡아도 오늘까지는 5백 년은 흐른 세월이다.

신시의 녹도문이 혹시 남해도의 낭하리와 경박호의 선춘령, 그리고 우수리의 암석에서 발견된 옛 문자가 아닌가 궁금해 하는 표정이다. '범자(梵字)도 아니고 전자(篆字)도 아니며 사람들이 알 수가 없는 것'이라고 했다는 것으로 보아 선생이 직접 확인하지는 못한 모양이다. 다행히 나는 교통이 발달하고 지구촌이 하나가 되어가는 시절에 태어났으므로 그 중에 한 두 곳은 직접 볼 기회가 있었다.

아직 보지 못한 것은 경박호의 선춘령 문자인데 내가 경박호에 갈 때는 이런 것이 있는 줄을 몰랐으므로 선춘령이란 데를 찾아볼 생각을 못한 것이다. 그러나 우수리 강변에서 만난 암각화와 오늘의 남해군 금산(錦山)에 있는 암각화는 완연히 분위기가 달라서 서로의 혈통이 다른 사람들의 흔적으로 보였다. 그리고 그것들의 어디에도 사슴 발자국을 닮은 형태는 없었다. 당신이 직접 보지 못하고 전하는 말만 들은 선생이 '행여나 그렇지 않을 수 있을까' 하는 생각을 했을 것이다. 태백일사의 수두경전본훈(蘇塗經典本訓)에는 신시 시절에 여러 가지의 글자가 있었다고 말한다.

신시에는 산목(算木)이 있었고, 치우에게 투전목(鬪佃目)이 있었으며, 부여에는 서산(書算)이 있었다. 그 산목이라 하는 것은 ━二三三丨丅ㅜ두두ㅈ✕이다. 또 전목은 ⁊ㅜㅌㅉ쫀욝ㅓ만욝蚕 이다. 단군 가륵 제2년 삼랑 을보륵이 정음 38자를 선(譔)하고 이를 가림다(加臨多)라 했다. 그 글을 보면 이렇다.

5백 년 전의 이맥 선생도 태고의 문자가 없어졌다고 탄식을 했는데 오늘의 우리가 그 글자를 만난다는 것은 더욱 있을 수가 없는 일이다. 또 늘 새것을 따르고 유행에 민감하다가 마침내 영어를 진서(眞書)로 여겨서 바야흐로 영어가 국어가 되어가는 마당에, 설사 녹도문이 나온다 해도 엿값으로도 안 칠 것이 뻔하다.

그러나 모든 사람이 유행에 휩쓸려서 허우적이고 발버둥을 치면서 흐른다 해도 썰물 빠진 바닷가에서 어떤 흔적을 살피듯, 역사가 지나온 자취를 돌아다보면서 발자국을 줍는 사람은 있게 마련이다. 자기들이 하는 짓의 값을 따지기 전에 그 일을 않으면 우선 견딜 수가 없는, 그래서 보이지 않는 손에 떠밀린 것처럼 아무도 돌아다보지 않는 짓거리를 묵묵히 해내는 사람들이다. 제 등때기에 놓인 짐을 차마 벗지 못해서 차라리 사랑해버렸다고나 할까?

신시에는 산목이 있었다고 했다. 산목(算木)이라면 셈을 놓을 때 쓰는 산가지다. 글자를 말하면서 왜 느닷없는 산가지를 말했을까. 그것은 천부경이나 〈주역〉 같은 역서(曆書)가 바로 신시 시절에 나온 것에 눈을 대야 한다. 역서는 앞서 본 대로 천문의 수리(數理)에서 나오기 때문에 그 시절 문자는 이념이나 수(數)를 동시적으로 나타내는 것이었다고 여겨진다. 그러니까 한꺼번에 두 가지 뜻을 동시적으로 머금었을 것이다. 우리는 상상조차도 어려운, 그러나 문자로서는 최고의 문자였을 것으로 짐작된다.

치우는 투전목을 만들어서 썼던 모양이다. 그것이야말로 치우다운 짓이었을 것이다. 투전목(鬪佃目)은 전쟁하고 사냥한 것을 눈금 같은 부호로 나타냈다는 뜻이다. 구체적인 문자체계가 되지 못했기 때문에 또 자기와 같은 생각으로 사는 사람들이나 잠깐 잠깐 알아보다가 없어진 것이기 때문에 목(目)이라고 가볍게 기술했을 것이다. 그러나 요점을 쉽고 간결하게 잘 나타내는 것이었으므로 그 점을 인정해서 문자의 항렬에 넣었을 것이다.

부여에는 서산(書算)이다. 쓰고(書) 셈(算)하고가 이제 나누어진 것이다. 신시 시절의 산목이나 치우 투전문 역시 나뉘지 않고 쓰는 일이 가능했지만 단군임검 시절이 오면서는 숫자와 이념을 통으로 쓸 수 있는 시절이 아니었기 때문이다. 벌써 문명이 그만큼 진보하고 생각도 가지를 치면서 복잡해지기 시작한 것이 보인다. 그래서 산목이나 투전목에는 기초가 되는 문자들이 열 자씩 소개가 되지만 부여의 신서에는 기초가 되는 문자를 애초에 적을 수가 없었을 것이다.

서산(書算)이라 할 때의 書는 손에다가 붓을 쥐고 있는 형상[聿]과 입안에 든 혀가 합쳐져서(曰) 이루어진 회의문자다. 算은 눈금이 있는 대나무 막대기 자를 두 손으로 받든 형상이다. 두 개의 형상을 합쳤으므로 역시 회의문자다. 이렇게 숫대로 하는 셈이 따로 있고 입에서 나오는 말을 적는 일이 따로 필요한 시절이어서 열 개의 글자로는 도저히 기초를 만들 수가 없었으리라는 이야기다.

그러나 이런 문자의 경험을 바탕으로 제3세 단군 가륵(嘉勒)임검은 곧 문자에 창안해서 소위 말하는 가림다(加臨多)를 만든다. 단군세기에는 '삼랑을 보륵에게 명하여 정음(正音) 38자를 선(譔)하여 이를 가림토(加臨吐)라 하였다'고 하였고, 또 단기고사는 '2년 봄에 을보륵 박사에게 국문정음(國文正音)을 정선(精選)토록 하였다'고 했다. 여기서 유념하고자 하는 것은 '가림다'니 '가림토'니 하는 호칭에 관해서가 아니다.

삼랑(三郎)으로 혹은 박사(博士)로 말한 을보륵이 펴내는 이 38자의 글자를, 정선(精選)이라 하고, 선(譔)이라 했는데 그 글자들이 무엇을 뜻하는지 뜻을 캐고 싶은 것이다. 지금 이 대목을 두고 '만들었다'고 말하는 학자들을 자주 만나기 때문이다. 결론부터 말한다면 만들어진 것이 아니다. 譔이라는 글자는 하나의 말이 세 종류 이상이어서 얽히고 설켜 서로가 기준이 필요할 때 그 중에서 하나를 골라낸다는 의미를 갖는다. 정선은 譔의 뜻을 더 분명하게 한 것이다. 실제로 사세가 그러했음을 단군세기에서는 적어 넣고 있다.

경자 2년, 아직 풍속이 하나같지 않았다. 지방마다 말이 서로 틀리고, 형상으로 뜻을 나타내는 참글(眞書)이 있다 해도, 열 집 사는 마을에도 말이 통하지 않는 경우가 많고, 백리 되는 땅의 나라에서도 글을 서로 이해하기 어려웠다. 이에 삼랑을보륵에게 명하여 정음 38자를 정밀하게 골라서 이를 가림토라 했다.

겨우 백리이면 한 나라가 되는 땅에서도 서로의 글을 이해하기 어려웠다니 도대체 글자가 얼마나 많았는지 그때 사람들이 글자라는 것을 얼마나 쉽게 만들어서 썼는지를 충분히 헤아리게 하는 말이다. 글자를 만드는 데도 나름대로는 원칙을 가졌을 것이다. 천문을 보는 데도 원리가 있듯 글자를 만들어 내는 것에도 어떤 원칙이 있었기 때문에 그렇게 많은 글자가 힘도 들이지 않고 만들어졌을 것이다.

태백일사를 남긴 이맥(李陌)도 그렇게 생각했다. 그래서 그 원리가 무엇인가에 대해 궁금하게 생각했고 그 생각을 적어서 남겼다. 오늘의 우리보다 5백년을 앞서 살다간 분이니 외국문화에 오염될 일도 없었고 외국산업이 시끄럽게 할 일도 없었을 것이다. 나름대로 순수하고 맑은 시절을 살았으니 그 분의 생각이라는 것도 순전(純全)했을 것이다.

저 유기에 '신획(神劃)이 일찍이 태백산의 푸른 바위벽에 있었거늘…' 이라는 글이 있다. 그 모양은 'ㄱ'과 같으니 세상에서는 신지(神誌)가 전한 것이라고 말한다. 어떤 이는 '글자를 만드는 시작'이라고 한다. 그 획을 직일(直一)과 곡이(曲二)라고 생각했던 듯하다. 그렇게 생각한 데는 관제(管制: 붓으로 제도를 만든다는 뜻)의 모양이 비친다. 그 형체와 그 소리는 계획된 바가 없지 않은 듯하니, 생각건대 그럴 듯하게 여겨진다. 고로 신인

(神人)의 덕애로써 사람의 세상을 고르게 하니, 이에 참된 가르침이 행해지고 결국 세상의 일이 모두 바로 된다. 이것 역시 이화(理化)의 길이다.

     .

이것으로도 글자를 함부로 만들지 못한다는 원칙은 설명이 된 셈이다. 'ㄱ'자는 훈글의 첫 번째에 놓이는 자음이다. 모양은 직선을 구부려서 곡선을 만든 것인데, 직선의 의미가 먼저가 되고, 곡선의 의미는 두 번째가 되니, 그 원리가 장차 많은 글자를 만들어낼 수 있다고 생각한 것이다. 검스런 사람(神人)의 하는 일이란 이런 법이다. 그 덕화와 인애가 사람의 세상을 바로 끌어가니 결국 세상이 저절로 바로 된다. 이것이 바로 무위이치요 재세이화(在世理化) 아니겠는가. 그러나 이맥은 글자를 만드는 원리를 다시 분명하게 되짚는다.

하나의 기(氣)가 셋으로 갈려서 지극해지면 그 자리는 곧 없음(無)으로 통한다고 전제해놓고 하늘의 근원과 사람의 근본을 설명한다. 우주에 가득해서 만물을 만들어내고 풍성하게 하는 기는 결국 그 기로 체를 삼고 동시에 용으로 삼는 삼신에 의해서 그렇게 된다는 것이다. 우리들 지혜의 근원이나 글자가 이루어지는 근원도 역시 삼신에 의해서다. 이 대목에서 우리는 우주생명에 관통하는 천부경과 주역의 강한 호흡을 느끼게 되고, 우리의 작은 호흡 또한 율려의 가락을 타고 충만하게 흐른다는 것을 인정하게 한다.

대저 문자의 근원은 나라의 풍습을 따르고 존중하는 본분에서 비롯되지 않음이 없다. 하나의 기(氣)에서 셋으로 갈려진 기는 곧 극(極)이다. 극은 없음(無)으로 통한다. 저 하늘의 근원은 삼극을 꿰뚫어서 허하여 공(空)[27]이 된다. 안과 밖이라는 것도 역시 그런 것이다. … 하늘의 흔울님(一神)은 능히 그

빈 것(虛)을 체(體)로 하지만, 동시에 용(用)이어서 만물을 만들뿐 아니라 풍성하게 한다. 저 삶을 사는 자의 체는 하나의 기에서 비롯된 것이지만 기는 언제나 삼신을 함께 하는 것이어서, 지혜의 근원도 역시 삼신에 있다. 그것이 글자가 이루어지는 근원이 된다.

이맥은 수두경전분훈에서 흔단(桓檀)의 상고 시절에는 반드시 문자의 기본이 되는 모종의 틀거리(模刻)가 있었을 것으로 추측한다. 앞 장에서 우리는 안함로의 삼성기와 원동중의 삼성기를 지나왔다. 원동중이 남긴 후편 삼성기에 옛사람이 주를 놓기를 왜(倭)와 진(辰)과 여국(餘國)에서는 혹은 횡서(橫書)하고 혹은 결승(結繩)하고 혹은 나무에다 글자를 새긴 것이 있었다는 것이다. 왜와 여국이라는 것도 흔단의 곁가지 나라로 본 것이 지금에 와서는 썩 이채롭게 느껴진다.

결승문자야 노끈을 사용한 것이고 매듭으로 간단한 셈을 하거나 먼 데 있는 사람에게 보내서 모종의 의사를 전달했다고 추측이 되지만 굳이 횡서를 했다는 것은 무슨 뜻일까. 횡서는 세로쓰기를 말한다. 아는 바와 같이 서양인들 글자는 횡서가 안 된다. 지금이야 실감이 잘 안 나겠지만 해방 직후만 해도 세로로 쓰는 횡서가 상식이었다. 편지고 잡지책이고 신문이고 거의 횡서였고 원고지도 횡서로 썼다.

물론 동양권의 문자는 종서나 횡서나간에 못 쓸 것이 없다. 근래에 들

---

27) 유(有)와 무(無)는 있음과 없음이지만, 空은 그 중간에 위치한다. 그러므로 有도 아니고 無도 아니지만, 동시에 有도 無도 될 수가 있다. 空과 虛는 별개다. 虛는 겉도 비고 속도 빈 것이어서, 처음부터 나중까지 아무 것도 없지만, 空은 有와 無를 머금은 것이어서, 無가 有로 되고 有가 無로 될 때에는 반드시 空을 거친다. 만물이 허공에서 알까져서 나왔다가 허공으로 돌아가서 없어지는 것은 이 원리에 의해서다.

어서 서양 사람들의 문자를 자주 접하다가 가로쓰기로 돌아섰지만 동양의 감각은 원래 횡서를 원칙으로 쳤다. 우연히 그렇게 되었을 그것이 무슨 대수냐고 할지 모르지만 결코 우연에서 나오는 짓이 아니었으므로 횡서가 나오는 근본을 설명하려는 것이다.

훈민정음이 자연의 섭리를 살펴서 만들어졌다는 것은 우리가 아는 일이다. 그런데 모음에서 기본이 되는 부호가 · ─ ㅣ이다. 하늘(·)과 땅(─)과 사람(ㅣ)을 형이상학적으로 그려낸 것이다. 모음은 아는 바와 같이 이 부호들을 합성해서 만들어진다. 그런데 여기서 사람을 상징한 부호가 횡으로 서있는 것은 정수리로 하늘을 떠 일줄 아는 생명이 하늘과 땅 사이에서 오직 사람뿐이라서 그렇다. 그러니까 사람은 하늘과 땅을 모개로 상징하는 사람 이상의 무엇이다. 그래서 주역도 세 획을 한 묶음으로 한다. 생각해보라. 대지에 발을 디디고 허리를 곧추세워서 하늘을 떠받치는 것이 유일하게 사람 아닌가?

이 원초적 감각에서 하필 훈민정음만 만들어진 것이 아니라 일상의 모든 면에서 이 원칙을 지켜낸 것이 우리 민족이다. 예를 들면 건축을 할 때도 이 원리를 응용했기 때문에 설계도가 없어도 훌륭한 집을 짓는다. 지금 우리 곁에 있는 덕수궁이나 숭례문 경복궁 같은 고건축들은 모두 설계도 없이 만들어진 것들이다. 서양인은 꿈도 꾸지 못할 높은 기술이 아닐 수 없다. 그 건축의 원리가 대체 어떻게 되어서 그런가.

목수는 우선 연장통에 먹통을 머리 위로 치켜들어서 움직이지 않는 직선으로 끈을 늘어뜨린다. 그러니까 기둥을 세워놓고 정말 바르게 세워졌는지 기울어졌는지를 점검한다고 생각하라. 그 직선을 이번에는 옆으로 눕혀 종과 횡으로 반듯하게 겹치게 해서 직각의 굽은 자(尺)를 한 개 만들어 낸다. 자의 길이는 손목에 있는 복사뼈에서 팔꿈치까지면 되고 첫수는 오른 손 검지의 가운데 마디를 기준 하는 것이므로 어려울 것이 없다.

그렇게 만들어진 자를 써서 칫수에 맞는 길이를 재고, 그 잣대로 필요하다고 생각되는 각도들을 얼마든지 산출해내고, 먹줄을 퉁겨서 대들보를 겨냥하거나 기둥을 마름질해내는 것이다. 여타의 설계도는 목수의 생각 속에 이미 준비되어 있는 것이므로 경우에 따라서 집을 줄이고 늘리고가 아무 문제 될 것이 없다. 오랜 세월 천부경의 지혜가 몸에 배이고 율려의 가락이 손끝으로 흐르는 민족이다. 여기서 나는 하필 글자를 횡으로 쓴다는 대목을 두고 그 버릇이 우연이 아닌 것을 설명한 것이지 무슨 건축 이야기를 하자는 것이 아니다.

이맥은 문자가 만들어지는 원리를 '나라의 풍습을 믿고 존중하는 태도'에서 찾는다. 그렇다면 신시 시절의 많은 문자들은 어떤 원리에서 비롯되었는가. 이 말은 앞에서 지나왔다. 곧 삼신(三神)을 믿고 따른 데서 나왔다. 다시 말해 삼신이 만물을 창조하고 간수하는 원리를 알고 있었으므로 문자를 쉽게 생각해낼 수가 있었다는 말이다. 삼라만상이 태어났다 소멸하는 우주의 호흡 곧 자연의 숨결에 따라서 그 많은 글자들이 알까져 나왔다고 말하는 것이다. 이맥은 더 많은 문자가 있었다고 소개한다.

세상에 전하기를 '신시에는 녹서(鹿書)가 있고, 자부에게는 우서(雨書)가 있고, 치우에게는 화서(花書)가 있어 투전문 따위는 그 남은 흔적이다. 복희에게는 용서(龍書)가 있었고, 단군에게는 신전(神篆)이 있었으니, 이들 글자들은 널리 백산(白山)과 흑수(黑水) 청구(靑邱) 구려(九黎)에서 쓰여졌다.'

부여 사람 왕문(王文)이 처음으로 전문(篆文)을 번거롭게 여겨 약간(稍) 그 획을 고쳐서(省) 부예(符隷)를 만들어 이를 사용했다. 진(秦)의 정막(程

邈)은 숙신에 사신으로 왔다가 왕문의 예법(隸法)을 한수(漢水)에서 얻었고, 또 그 획을 조금 바꿔 고쳤다. 이것이 오늘의 팔분(八分)[28]이다.

진(晉)나라 때 왕차중은 또 해서(楷書)[29]를 만들었는데 그는 왕문의 먼 후예이다. 지금 그 글자의 근원으로 삼는 것을 더듬어 들어가면 모두 신시에서 전해진 것이며, 지금의 한자도 역시 그 지류를 계승한 것이 명백하다.

살펴보고 생각할 것이 많은 구절이다. 위에서부터 차근차근 짚어 보자. 앞에서는 신시에 산목이 있다더니 여기서는 다시 녹서가 있다고 했다. 녹서(鹿書)라면 사슴 발자국을 보고 창안했던 글자로 앞에서 그 유래를 살핀 바가 있다. 다시 무슨 글자가 있었다고 나올지 모르지만 글자를 형편대로 만들어서 쓰고 버리던 시절이니 이것으로 문제를 삼지는 말자. 산목은 산목대로 또 녹도문은 녹도문대로 사용처가 있었을 것이고, 그것들이 섞여 있다고 해도 전혀 혼란스럽거나 번거롭지는 않았을 것이다. 지금도 한글과 한문을 병용하고 있고 필요하면 영어도 끼어들지 않은가?

그런데 자부의 우서나 치우의 화서에 이르면 글자의 원리가 아주 간단한 데서 시작된다는 것을 새삼 깨우치게 한다. 빗방울이 떨어지는 것을 보고, 아니면 빗방울이 떨어져서 남긴 땅바닥의 흔적을 보고 우서(雨書)를 만든 자부선인, 같은 원리로 꽃밭에 나갔다가 꽃들의 형태와 자취 혹은 꽃잎들이 날려서 땅에다 남긴 흔적에 착목(着目)해서 만든 치우의 화서(花書),

---

28) 예서(隸書)와 전서(篆書)를 절충해서 만든 서체의 하나. 그 서체가 八을 분산시킨 것 같은 데서 얻은 이름.

29) 오늘 우리가 많이 쓰는 옥편에 나오는 글씨 체.

복희의 용서(龍書)가 모두 그것이다.

혹자가 한 사람의 치우가 화서와 투전문을 만들었다는 것을 두고 고개를 갸웃거릴 수도 있다. 그러나 유념해서 보면 본문에 이미 설명이 충분하다. 화서가 있었는데 투전문 같은 것은 화서의 끄트머리라는 암시가 그것이다. 다시 말하면 화서가 엄격한 글자였으므로 간편하게 해서 쓰는 투전문 류가 있었다는 이야기다. 이것은 종류가 달라서가 아니라 복잡한 것을 쉽게 만들었다는 뜻이다. 뒤에 나오는 전서(篆書)를 예서(隷書)로 만들다가 다시 해서(楷書)로 바뀌었다는 것도 엄격하고 까다로운 것에서 쉽고 간편하게 된 것을 말한 것이다.

단군에게 신전(神篆)이 있었다는 것은 가림토 문자를 높여서 하는 말이다. 篆은 글자를 뜻한다. 한문에서 전서(篆書)는 특별한 위치를 차지하지만 여기서는 일반적인 의미로 말하고 있다. 神은 영검하다든가 검스럽다고 할 때의 儉(검)이라고 말한 바 있다.

이런 글자들이 백산과 흑수와 청구에서 두루 쓰였다고 하고 구려(九黎)에서 썼다고 말하고 있다. 백산은 바이칼을 선발대로 떠난 흔웅천왕들이 처음에 신시살림을 한 섬서성의 태백산을 말한 것이고 북만주와 러시아의 경계를 이루는 흑룡강이 흑수일 것이며 청구는 의견들이 많으나 홍산문화가 일어난 대능하와 요하 유역이기가 쉽다. 구려는 그 지역이 천하에 산재해 있어서 더욱 그렇게 할 수밖에 없다.

한자의 처음 시작은 전서(篆書)다. 자획이 까다롭고 엄격해서 흔히 '누워서 움직이지 않는 글씨'로 말한다. 전서에서 조금 융통성이 있고 유연해진 것이 예서(隷書)인데 부여의 왕문이 처음으로 썼고 부예(符隷)라고 존칭했다. 예서만 해도 '앉아있는 글씨'라 할 만큼 자형에서 자유롭다. 진나라 정박이 그 예서를 가져다가 또 팔분(八分)으로 고친다. 그 팔분이 진

(晋)의 왕치중에 의해서 비로소 해서(楷書)가 되는데 팔분과 해서는 '서있는 글씨'다. 지금 우리들이 가장 쉽게 아무데서나 만나는 것이 이 해서인 것이다. 해서에서 한 걸음 더 나간 것이 '걷는 글씨'라는 행서(行書), 더 쉽고 날렵해진 글씨가 '달리는 글씨' 초서(草書)다. 본문에서는 행서와 초서는 언급이 없다.

여기서 그냥 지나치지 못할 부분이 있다면 예서를 가져다 팔분으로 고친 진(秦)의 정막이 숙신(肅愼)으로 사신을 갔다가 한수(漢水)에서 예서를 구했다고 한 것에 대해서다. 숙신은 단군조선의 다른 이름이다. 한수는 황하와 양자강 사이에 있는 강 이름이고 그 강줄기는 양자강으로 들어간다. 당나라 군대가 역사창고에 불을 지른 바람에 본의 아니게 역사가 민멸된 우리로서는 저 서토인들이 가르쳐주는 대로 우리 역사를 인식해 온다.

그런데 저들이 자기들의 역사지도에다 그려내는 숙신은 언제라도 만주 땅을 벗어나본 적이 없다. 그러던 것이 우리의 태백일사에는 숙신이 한수에 있었다는 이야기를 무심결에 흘려내었다. 대륙의 중심부에 조선나라가 있었다는 말이다. 이 어찌된 일인가. 굳이 숙신의 옛 땅을 말하자 함도 아니요, 예서(隷書)가 팔분(八分)으로 변천하는 과정을 말하는 대목에서 묻어나온 이야기다. 더구나 수두경전본훈에서 나온 말이라면 사실일 확률은 매우 높다. 이제 생각 있는 사람은 이 대목을 마음에다 새겨둘 것이다. 그리고 글자 이야기로 돌아가자.

서토 한족(漢族)들의 문자가 변천된 과정은 여기서 본대로다. 전서에서 예서로 팔분으로 또 해서로 시절 따라서 변해왔다. 그런데 그 글자도 결국 신시에서 나왔다고 이맥은 주장한다. 다소 억지스럽다고, 한문은 '뜻글'이고 신시의 문자는 '소리글'인데, 어떻게 소리문자에서 뜻 문자가 나오느냐고 묻고 싶을 것이다. 그런 의문은 당연하다. 그러나 이맥은 틀리지 않았다. 여기서 우리는 〈부도지〉에서 흔웅천왕이 천하의 문자를 정비했다는 대목에 눈을 댈 필요가 있다.

흔인씨의 아들 흔웅씨는 태어날 때부터 큰 뜻을 가지고 있었다. 천부삼인(天符三印)을 계승하여 수계제불하였다. 천웅(天雄)의 도를 수립하여 사람으로 하여금 그 유래한 바를 알게 하였다. 어느덧 세상이 먹고사는 일에만 치우침으로, 흔웅씨는 무여율법(無餘律法) 4조를 제정하여 환부(鰥夫)로 하여금 조절하게 하였다.

1조는 사람의 마음은 때(時) 없이 돌아보고 깨끗하게 하여, 자기도 모르게 잘못하여 '크게 실수하는 일(生鬼)'이 없도록 하고, '행동이 잘못되어 지적 받는 일(魔鬼)'이 없어서, 세상으로 하여금 '통명하여 하나의 막힘이라도 남지 않게(通明無餘一障)' 하라.

2조는 사람의 잘하고 잘못한 것(聚蹟)은, 죽은 뒤에나 말하게 하여, 마음으로 잘못한 것과 행동으로 잘못한 것을 드러나게 하여서, 세상으로 하여금 '모두가 화합하여 하나의 유감도 남지 않게(普洽無餘一憾)' 하라.

3조는 고집이 세고 사특한 자는 광야(曠野)로 귀양 보내서, 스스로 그 사특함을 반성하게 하여, 사람들의 사특한 기운이 '세상에서 지워지도록(無餘於世上)' 하라.

4조는 죄를 크게 범한 자는 섬라(暹羅: 1949년까지 태국의 국호)에 유배시키고, 죽은 뒤에는 그 시체를 태워서, 죄의 덩어리(罪集)가 '땅위에 남지 않게(無餘於地上)' 하라.

또 집(宮室)을 짓게 하고, 배와 수레를 만들어서 사람들에게 거주하고 여행하는 법을 가르쳤다. 이에 흔웅씨가 바다에 배를 띄워 처음으로 타고, 사해를 순방하니, 천부(天符)를 잊지 않고 배워서 민족끼리 소통하여, 근본을 잊지 말 것을 호소하고, 주택을 지으며 배와 수레를 만들고, 익혀서 먹는 법을 가르치기 위한 것이었다.

　흔웅씨가 돌아와서 8음(音)과 2문(文)을 정리하고(修), 역법과 의약을 정비(定)하며, 천문과 지리를 기록(述)하니, 사람과 만물이 저절로 태평했다(弘益人世). 이는 세대는 멀고 법은 느슨해져서 사람마다 삿된 짓을 생각하기 때문에, 일상생활 속(日用事物)에서 밝혀두고자 함이었다. 이로부터 학문하는 풍조가 일어나니, 사람들의 성정이 어두워져서 배우지 않으면 잃어버리기 때문이었다.

우리가 아는 흔웅천왕은 18세나 되는데, 한 사람인 듯이 말하고 있으므로 호흡이 가쁠 수밖에 없다. 그래서 천웅(天雄)의 도를 수립했다는 말을 했을 것이다. 〈부도지〉는 15지(誌)나 되는 징심록(澄心錄) 중에서 제1지에 불과하다. 징심록 제4지가 바로 천웅지(天雄誌)여서 본문에서 천웅의 도를 세웠다고 말했을 것이다.

여기서 말한 무여율법(無餘律法)은 아시아 전체를 덮고 있는 대규모의 민족 살림을 돌아보는 임검으로써 참으로 불가피한 율법이었을 것이다. 그것도 호령을 날리고 겁을 주는 군주의 율법이 아니고 어디까지나 백성이 저절로 이끌려서 따라오게 하는 무위이치의 도덕이다. 임금의 호강이나 세력을 위해서가 아니고 백성을 위하고 섬기는 입장이므로 어쩔 수가 없는 자는 저 멀리 태국으로 귀양을 보내서 거기서 죽게 하고 죽은 다음에는 시체까지 태워 없애는 방법이 동원될 수밖에 없다.

사해를 순방하고 돌아와서 하는 일이 참 많다. 무엇보다 역법과 의약이 우선해야 할 문제였고, 천문과 지리도 지역이 각각 다르므로 광범위하게 돌아다보지 않고는 안 되었을 것이다. 그런데 그것들 보다 급한 것이 각 지역의 언어와 문자다. 8음 2문이 될 만큼 광대한 지역을 돌아보고 온 탓이다. 8음은 천지가 개벽하던 시절에 8여(呂)의 음이 있었고, 그 음색에서 천지가 태어났다고 한 그 8음일 수도 있다. 또 천하를 4방과 8방으로 구체화하고 8방의 백성들이 저마다 말이 달랐으므로 8음으로 말했을 수도 있다.

문제는 2문(文)이다. 문자를 두 종류로 정리했다는 뜻이다. 천하의 말을 기록하는 것이 두 종류로 가닥이 났다면 '뜻글'과 '소리글'이었을 것이다. 아니 뜻글과 소리글이 아니면 안 되었을 것이다. 우리는 제3세 단군이신 가륵(嘉勒)왕검이 을보륵에게 옛 글자들을 정선해서 가림토(加臨土)를 준비한 까닭에서 이런 것을 읽은 기억이 있다. "풍속이 하나같지 않고, 지방마다 말이 서로 틀린다. 형상으로 뜻을 나타내는 참글(眞書)이 있다 해도, 열 집 사는 마을에도 말이 서로 통하지 않는 경우가 많고, 백리 되는 땅의 나라에서도 글을 서로 이해하기 어려웠다." 이 대목에서 주목하고 싶은 부분은 '형상으로 뜻을 나타내는 참글'이다.

참글은 형상으로 뜻을 나타낼 수 있는 글이다. 척 보면 대번에 아하! 하고 뜻이 통하는 글이라야 그것이 '참글'이다. 그런 글이 정말 있을 수가 있는가? 그러나 신시 시절에 나온 글은 모두 그런 참글이었다고 생각된다. 가령 황하에서 올라온 용마의 등에 이상한 문양이 있어서 복희씨가 그것을 보고 팔괘를 그렸다고 한 용서(龍書)를 보자.

팔괘가 주역의 기본이 된다는 건 다 아는 일이고, 그 팔괘 중에서 4개의 괘가 우리나라 태극기에 나온다는 것도 아는 일이다. 이제 시험 삼아 그것이 어째서 '참글'이 된다하는지 검증해보자. 태극기에 그려지는 괘(卦)는 건괘(乾卦☰) 곤괘(坤卦☷) 감괘(坎卦☵) 이괘(离卦☲)다. 결론부터 말하면 우주의 4원소가 되는 공기·흙·물·불을 다 그렸다. 하늘은 공기가 쌓여서 된 것이고 땅은 흙이 쌓인 것이다. 태양은 불을 가리킨 것이고, 바다는 물을 상징한다.

먼저 건괘인 하늘은 양을 상징하는 부호(☰)가 셋이다. 땅을 말하는 곤괘는 음을 상징하는 부호(☷)가 세 개다. 바다를 상징한 감괘는 물을 그려 보인(☵) 水의 형상이고, 태양을 불로 상징해서(☲) 아예 火로 표기한다. 어째서 그렇다 하는가. ☲은 쏘시개나 장작이 불깃이 되는데, 가운데 두 점(人)은 불깃이고 양쪽에 표시된 점이 세차게 타오르는 불길이다. 넘쳐서 흐르는 샘물은 가운데서 세차게 흘러 중심을 이루고 가(邊)에서는 약하게 흐를 수밖에 없다.

그것만이 아니다. 팔괘의 괘효(卦爻)를 보면 숫자까지 정확해서 저절로 음양이 분명해진다. 1·3·5·7·9의 기수(奇數)와 2·4·6·8·10의 우수(偶數)를 알 것이다. 기수는 양을 나태내고 우수는 음을 나타낸다. 이를테면 건괘(☰)[30]는 3획으로 돼 있으므로 하늘이 된다. 곤괘(☷)는 6획이다. 그래서 땅이 된다. 다시 감괘(☵)는 5획이어서 양으로 물구덩이가 되고, 이괘(☲)는 4획으로 해를 나타내되 음이 되는 것이다.

지금 우리는 질박한 성품을 잊어버려서 태고인들이 가졌던 소박에서 멀어졌지만 용서(龍書)가 나오던 복희씨 시절은 그렇지가 않았으므로 사람들이 팔괘를 처음 보아도 누구나 그 뜻을 알아서 그런 부호가 훌륭한 글자 노릇이 되었던 것이다. 그것이 이른바 '참글(眞書)'이다. 한 시절에 한

---

30)　乾(☰)은 3획이면서 父다. 坤(☷)은 6획이면서 母다. 乾父 坤母 사이에 三男과 三女가 태어나서 팔괘가 되는데, 모든 괘가 4획 아니면 5획이다. 그러니까 父3과 母6의 사이에 있는 4와 5의 획들이 아들과 딸이 된다는 뜻이다. 자세하게 말하면 장남은 震(☳)이라 하는데 5획이고. 장녀는 巽(☴)이면서 4획이다. 中男은 ☵이면서 5획이고, 中女는 (☲)으로 4획이다. 또 小男은 (☶)으로 5획이고, 小女는 (☱)로 역시 4획이다.

문을 진서 곧 참글이라고 했던 것도 글자에 상형문이 많았기 때문이다. 그러나 그 수(數)로 말해도, 3과 6을 각각 아비(父)와 어미(母)로 정해놓고, 그 중간에 숫자인 4를 딸로, 5를 아들로 정하는 것도 신통하다 할 대목이다. 그러니까 글자에 형상과 뜻과 수의 3박자가 두루 갖추어진 글이 참글이었던 것이다.

이야기가 길어졌지만, 한자는 흔웅천왕이 천하를 순방하고 돌아와서 정리한 '소리글'과 '뜻글'의 2문(文) 중에서 뜻글에 속하는 문자다. 한문의 소위 육서(六書)[31]라는 게 위에서 본 참글에 가깝기 때문이다.

한문과 한자는 엄격하게 구분한다면 다르다. 문(文)은 '무늬'라는 뜻이다. 천문(天文)같은 복잡한 무늬라도 한 개의 문양이 있을 뿐이지 겹치는 무늬란 없다. 그래서 홀으로 된 글자를 말한다. 자(字)는 두 개 이상이 겹치는 글자다. 상형이나 지사(指事)는 그래서 文이지만, 회의(會意)나 형성은 字가 된다.

한문은 옛날 창힐(倉詰)이 새 발자국을 보고 만들었다고 전해진다. 삼한관경본기(三韓管境本紀)는 자부선생이 칠회제신의 책력을 만들고 삼청궁(三淸宮)에서 윷놀이 흔역(桓曆)을 강연할 때, 공공(共工) 헌원(軒轅) 창힐(倉詰) 대요(大撓)가 함께 배웠다고 해서 창힐의 이름을 적고 있다. 그렇게 신시의 문명이 높이 솟을 때이니 그가 한문의 문자를 만드는 것도 크게

---

31) 한자가 처음 생기고, 발전해온 과정을 단계적으로 알게 하는 여섯 가지 공식. 곧 사물의 형상을 본떠서 만든 상형(象形), 글자의 모양이 글자의 뜻을 나타내는 지사(指事), 둘 이상의 글자가 모여 한 글자를 이루고, 그 뜻을 합성한 회의(會意), 뜻을 나타내는 글자와 소리를 나타내는 둘을 합쳐서 뜻과 소리를 조화시킨 형성(形成), 원래의 뜻을 비슷한 다른 뜻으로도 쓰는 전주(轉注), 뜻을 나타내는 확실한 글자가 없을 때 음이 같은 글자를 빌려서 그 뜻을 대신하게 하는 가차(假借).

어려운 일은 아니었을 것이다.

그러나 한문은 6서(書)에서 완성된다고 할 때 육서를 창안하는 것은 창힐이 아니다. 신시본기에서는 그 사람의 이름을 주양(朱襄)으로 적고 있다. '옛 문자에 의지하여 육서를 전했다'는 것이다. 그렇다면 한문의 시작은 창힐이 했고 육서로써 한자를 완성한 사람은 주양이었다는 말이 된다. 주양이든 창힐이든 다 우리 쪽 사람이었고 그들이 신시 시절에 쉽게 만들어지던 참글들의 영향을 받아 또 하나의 참글인 한자를 만들었을 것이다.

후한에 이르러 허신(許愼)이 〈설문해자(說文解字)〉를 만들었다. 그때까지 전해온 문(文)과 자(字)를 일일이 검토하고 풀이해서 집대성한 것이다. 〈주역〉이 후세에 이르면서 주석이 붙은 것처럼 문자 역시 처음 시대에서 멀어지자 어려워졌기 때문이다. 허신이 물려받은 문자는 총 9,353개였다. 청나라에 와서 단옥재(段玉裁)가 허신의 〈설문해자〉에 다시 주(注)를 달았다. 허신의 설명만으로는 다시 이해가 어려운 시대가 된 것이다. 〈주역〉으로 말하면 문왕의 괘사(卦辭)와 주공의 효사(爻辭)로도 역경이 통하지 않는 시절을 맞으면서 공자가 십익(十翼)을 보탠 것에 비유될 수가 있다.

한자를 가장 많이 실었다는 청나라의 옥편 〈강희자전(康熙字典)〉에는 무려 5만 개의 글자가 수록되어 있다고 한다. 후세로 오면서 그토록 글자가 풍부해지는 것은 사람들이 글자 늘리는 것을 좋아해서가 아니라 시절 따라서 풍속이 변하고 문화가 다양해지다보니 거기에 맞는 새 문자를 창안해서 쓰기 때문에 자꾸 늘어날 수밖에 없는 것이다. 그런 것이 다 '참글'을 뿌리로 해서 변하고 있는 시대적인 변천이다.

붉달나라의 신하 삼황오제 06

이제 삼황과 오제에 대해서 말할 참이다. 붉달나라에서 봉토를 받고 제후가 된 임검들이어서 붉달나라의 기록에 있어야 옳지만 아직까지 우리의 사서에는 그 어른들에 대해서 전하는 것이 없다. 그런 기록 역시 불구덩이에서 민멸한 결과일 것이다. 태백일사에 삼신오제(三神五帝)에 대해서 말한 것이 있고 또 삼황(三皇)을 흔인·흔웅·치우라고 했지만, 서토인들이 말하는 삼황오제와는 내용이 서로 다르고 여기서 말하려는 졸가리도 아니다.

삼황은 태호복희씨(太昊伏羲氏)와 염제신농씨(炎帝神農氏)와 황제헌원씨(黃帝軒轅氏)를 말한다. 이는 삼황오제를 처음 말한 증선지의〈십팔사략〉을 따른 것이다.삼황의 업적은 문명의 기틀을 마련한 것이라고 할 수 있다. 생명이 태어나는 비밀조차 몰라서 아직 모계의 어둠이 지배하던 대륙에 문명의 햇불을 치켜들고 야만의 어둠을 몰아낸 분들이다. 혹자들이 삼황을 말하면서 여와씨(女媧氏)를 꼽기도 하지만 안 될 말이다. 모계 사회의 대표적인 추장이 무슨 개명한 짓을 했다고 그 자리에 끼는가.

공적이 있다면 여와씨에게도 관형사가 주어졌어야 한다. 앞에서 보는 것처럼 복희씨에게는 태호(太昊)라는 관형사가 있고, 신농씨에게는 염제(炎帝)라는 관형사가 있다. 그것이 그 어른들의 공적을 드러내는 대목이다. 헌원을 황제(黃帝)라고 한 것도 무언가 공적이 있었다는 뜻이다. 그런데 여와씨에게는 그것이 없다. 한 마디로 자격미달이다. 여와씨를 삼황의 하나로 꼽는 것은 저 서토의 지나인들이 억지로 만들어 낸 우화에 근거한 것이다. 무슨 우화냐? 〈회남자(淮南子)〉에 여와가 이룬 공적이 하나 있다.

복희씨가 죽고 여와씨가 왕이 되었을 때 신하인 공공(共工)과 축융(祝融)이 싸웠다. 싸움에 진 축융이 분을 누르지 못하고 머리로 부주산(不周山)을 들이받자 산이 무너져서 하늘을 괴었던 기둥이 부러져 자연의 법칙이 파괴되었다. 그때에 여와씨는 오색 돌을 반죽하여 하늘의 파손된 부분을 땜질하고 큰 거북이 발을 잘라서 동서남북의 네 기둥을 세우고 갈대의 재를 모아서 제방을 쌓아 홍수를 막아 천지를 원래의 상태로 만들었다는 것이다.

그러나 하필 여와씨가 왕이 되고 나서 불의 신 축융과 요새 말로 건설을 담당한 공공이 싸웠다는 것은 모종의 내막이 있었다고 보이는 대목이다. 생각해보면 공공이나 축융은 바야흐로 문명을 개척하던 그 시절에 함께 머리를 맞대고 같은 방향을 향해서 힘을 합쳤어야 되는 관계에 있다. 불은 문명을 일으키는 첫 조건이고 물건을 생산해내는 바치(共工)는 불을 응용하는 사람이기 때문이다. 그런 그들이 싸웠다고 한다.

그러나 어쩌면 여와를 낮잡아 본 두 사람이 힘을 합쳐서 모계족인 여와에게 도전을 한 결과였거나 처음부터 이들 두 개의 힘이 합쳐질 것을 염려한 여와의 술책에 휘말린 두 신의 싸움이었을지도 모른다. 결과는 불의 신의 패배인데, 이것은 불은 이미 충분히 사용의 용도가 밝혀져서 더 이상 신비한 물건이 아닐 수 있었다는 쪽으로 가닥을 내었다고 보인다.

당연히 이 신화는 순전히 떠돌이 외지인들이 들어와서 자기들에게 문명을 가르쳤다고 말할 수 없는 본토인의 자존심이 만들어낸 우화다. 그래서 〈회남자〉 이후로 오면서 그 이야기가 자주 회자되는 동안 증선지의 〈사략〉에까지 올랐지만 그 이전으로 가면 '여와'라는 이름은 어디에도 없다. 공자가 정비했다고 전해지는 〈예기〉만 해도 완벽한 부계사회의 문명이지 모계의 흔적은 미끈하게 지워진다. 물론 삼황오제는 요·순 외에 얼씬을 않지만 그 어른들이 남긴 체온은 충분하게 감지가 되는 것이다.

그분들은 서토 중원을 가로타고 앉은 중원의 제왕이었다. 불과 반세기 전만 해도 글자나 하는 선비라면 모를 수가 없었고, 여항의 촌로들이나 책을 끼고 다니는 아이쯤 되면 훤히 외우는 이름이었는데, 오늘에 이르러서는 대학에 있는 교수들조차도 캄캄한 이름이 되어버렸다. 비록 남의 역사에서 따온 것이고, 그 내용이라는 것도 남의 감각으로 버무려진 것이라 부실하기는 하지만, 〈훈단고기〉에는 몇 몇 구절에 그 임검들의 행적이 간헐적으로 보이고 있어 빠뜨릴 수가 없다는 생각이다.

〈부도지〉는 열여덟 분이나 되는 훈웅천왕들을 한 분이듯이 말하고 있으므로 삼황오제가 낄 자리가 없다. 아마도 천웅지(天雄誌)에서 그 열여덟 분을 자세하게 말했을 것이고, 그 과정에서 삼황오제도 거론되었으리라는 생각이다.

삼황오제는 저 서토인들의 역사에 나오는 고대의 제왕들이다. 그러나 역사 속의 임금이기보다는 전설 속의 제왕이라는 편이 차라리 더 옳을 것이다. 그 기록이라는 것이 그렇게 전설적인 감각으로 처리되어 있다. 삼황오제를 역사에다 처음 쓴 사람은 원나라의 증선지(曾先之)다. 사마천의 〈사기〉에 삼황의 끄트머리인 황제헌원(黃帝軒轅)이 기록되고는 있지만, 그것은 헌원을 자기들의 민족시조로 삼을 속뜻이 있어서 한 짓이므로 의도적인 곡필이라고 할 수밖에 없다.

이야기를 바로 한다면 서토인의 역사를 처음으로 쓴 공자가 삼황오제를 언급하는 것이 옳았다고 할 수 있다. 그러나 공자는 그럴 수가 없었던 사람이다. 이미 충분한 설명을 거쳐왔지만 그는 동이족과의 장래 관계를 염려하고 중원의 역사를 위한 초석을 만들어두자는 생각에서 〈상서〉를 편찬했다. 그러므로 동이족인 삼황오제를 들그서내다가는 동이족의 역사를 짓는 꼴이 될 위험이 있었던 것이다.

그래서 오제 중에서도 가장 말썽꾼이라고 할 수 있는 요·순을 골랐고, 말썽이 된 오행설의 주인공인 요임금은 순전(舜典)에다 슬쩍 끼어 넣는 요령을 부리면서 서토역사의 초석을 만들어냈다. 공자가 다져놓고 간 초석 위에다가 기둥을 세우고 들보를 올려서 서까래를 깔아 중원역사의 집을 지어낸 것이, 소위 말하는 전한의 사마천이요, 후한의 반고요, 삼국 시절의 진수요, 위진시대의 범엽이요, 송나라 사마광이요 하는 역사가들인데, 그들이 하나같이 공자가 의도한 설계대로 솜씨를 부린 것은 말한 나위도 없는 일이다.

다시 말하지만 그들이 삼황오제를 피한 것은 자료가 없었거나 몰라서가 아니다. 오직 자국민의 자존과 사기를 위해서 손해가 될 내용은 피했던 것뿐이다. 백성이나 민중은 제 국토가 자랑스러울 때 살아가는 맛이 난다. 집안 내림이나 족보가 떳떳한 개인이 당당할 수 있는 것처럼 과거의 역사가 못난 것뿐이라면 사기가 죽어서 그 국민은 재미가 없는 법이다. 그래서 저들은 제 국토에 사는 백성을 위해서 끊임없이 역사를 과장하고 날조해온다.

어떤 경우에도 조상의 수치스런 것을 말해서는 안 되고(爲國避陋), 타국민은 할 수만 있다면 낮추어서 말하고 자국민은 높일 것이며(自尊他卑),

자국의 일은 많이 말하고 다른 나라의 사건은 적게 말한다(詳內略外)는 원칙이 있는 것이다. 물론 그런 원칙이 문헌으로 정해져서 되풀이된다는 말은 아니다. 그들의 하는 모양새가 옆에서 볼 때 그렇더라는 말이다. 그들은 공자의 〈서전〉을 본받아 약속하지 않았어도 늘 자기 역사를 과장하는 반면 이웃의 역사는 줄여서 말해온다.

역사는 그 국토의 국민이 먹고사는 정신적 음식일 수 있다. 경제사정이 좋은 나라 국민들이 비교적 몸집이 크고 튼튼한 것은 먹는 음식에 원인이 있듯이 강한 자부심과 긍지를 가지고 어려운 환경과 위기적 상황을 극복하는 국민은 자기들의 역사를 믿는 데서 그런 힘이 발휘된다. 그래서 역사는 속여서라도 자기중심으로 강하게 쓸 필요가 있는 것이다. 저 서토의 지나인들이 공자를 본받아 늘 자기 역사를 과장하고, 바다 건너 일본도 허풍이 센 것은 모두 자국민의 사기를 돕기 위해서 하는 짓들이다. 그것을 꼭 나쁘다고 할 수 있을까?

또 역사는 깊은 숲속의 나무들 살림에 비교될 수 있다. 나무들은 햇빛을 많이 받고 가지가 무성할 때 건강한 법이다. 그런 나무라야 숲에서 살아남을 수가 있기 때문이다. 그래서 햇빛을 다투어 위쪽으로 먼저 솟으려 하고 공간을 다투어서 가지를 서로 왕성하게 뻗는 것이다. 만약 그 다툼에서 지는 나무는 속절없이 무너져서 곁에 선 나무의 거름으로 썩는 수뿐이다. 목장지폐(木長之弊)라는 말은 그래서 나온다.

사람은 큰 사람의 덕화를 입고 살지만(人長之德) 나무는 사람의 살림과 달라서 큰 나무 곁에 있으면 피해를 당할 수밖에 없다. 이런 싱거운 소리를 왜 하는가. 일본이나 중국 같은 열강의 틈에 끼어 살면서 내 민족의 역사를 한사코 깎고 줄이자는 세력들에게 하는 말이다. 그 시원을 더듬어 올라가면 이병도가 나오고 김부식이 나오고 김춘추가 나온다.

문제는 오늘도 그들의 세력이 있다는 것이고, 그 세력들이 학교 강단을 점령했다는 것이고, 그들이 가르치는 역사라는 것이 오히려 반역사적이라는 데에 있다. 반역사적이라는 평가는 당연하다. 민족의 역사를 바로 가르쳐서 이 국토에 사는 우리들로 하여금 자부심을 갖게 하는 것이 아니라 과거의 이 민족은 일본이나 지나의 중간에서 얻어맞고 짓밟히면서 비굴하게 살아왔다고 가르친다.

이것은 민족의 등뼈에 골수를 파먹는 해로운 교육이요 비상하는 혼의 죽지를 분지르는 짓거리다. 일본을 보라. 독도가 불과 백 년 전에 자기들이 도둑질한 섬이라는 것을 번연히 알면서도 제 국토로 주장한다. 왜 그러는 줄 아는가? 자기들이 식민지 시절에 가르친 역사가 한국인의 교과서에 그대로 있는 줄을 알기 때문에 그것을 믿는 것이다. 서토의 지나인은 난데없이 고구려를 들고 나와서 그 국토가 과거에 자기들의 부속국가였다고 생판 떼를 쓴다. 역시 한국은 제 뿌리 되는 붉달나라 조선을 말하지 않고 삼국부터 역사를 논해왔기 때문이다.

그들의 역사를 돕기 위해서 자국민에게 해로운 독을 끊임없이 먹이는 것이 한국의 역사교육인데 동북공정이나 독도문제가 어떻게 불거지지 않을 수가 있을까? 붉달(倍達)민족이라 말은 하면서 붉달나라를 신화로 몰아가고 단군왕검이 47세나 되건만 2천 년이 넘는 단군역사를 스스로 부정하는 자들이 대학에서 역사를 강의하는 판인데 그런 국가를 상대로 무슨 짓인들 못할까?

증선지가 늦게나마 삼황오제를 말할 수 있었던 것은 원나라가 붉달나라의 곁가지라서 그렇다고 할 수 있다. 그 이전 수·당 때의 사가들과는 달라서 삼황오제를 드러내는 것이 당당할 수 있었던 것이다. 몽골의 몸에도 붉달나라의 피가 흐르는 탓이다. 그러나 오랜 시절을 묻어둔 역사이고 보니 자료의 부족도 느꼈을 것이고 사개가 잘 안 맞는 어려움도 겪었을 것이다. 그래서 중원의 임검 여덟 분을 특별히 삼황과 오제로 높이면서도 정작 그 분들의 시대나 업적에 대해서는 자세하지 못한 기록을 남길 수밖에 없었을 것이다.

그 증거가 〈사략〉의 첫머리에서부터 나타난다. 태고에 천황씨와 지황씨와 인황씨가 있었었다는 전설로 시작을 삼는다. 천황씨(天皇氏)는 인재를 길러서 쓰고(以木德王), 정치라는 것도 그저 천하에 맡겨서 되어가는 대로 했는데(無爲而治), 12형제가 모두 1만 8천 년씩을 누렸다는 것이다. 천황씨의 시대에 든 세월만 해도 무려 21만 6천 년의 세월이다. 천황씨를 이어서 화덕(火德)으로 임검이 된 지황씨(地皇氏)도 11형제가 1만 8천 년씩을 누렸고, 그 다음 인황씨(人皇氏)는 9형제가 천하(九州)를 나누어 다스렸는데, 각자가 150세대(世代)씩 대물림을 했으니 합쳐서 4만 5천 6백년이라고 했다. 인황씨 이후에 나무를 얽어서 집을 만든 유소씨(有巢氏)가 나와서 복숭아나 자두 따위의 열매를 먹고 살았고, 그 다음으로 나무를 비벼서 불을 일으킨 수인씨(燧人氏)가 인간에게 익혀서 먹는 법을 가르쳤다 했다. 그런 후에 비로소 태호복희가 나오는 것이다.

태호복희(太昊伏羲)

복희씨를 말하는 자리에는 어김없이 여와씨가 끌려나온다. 그것은 바이칼 문명을 가지고 원주민의 모계사회에 처음 부계를 가르치려고 들어간 사람이 바로 복희씨기 때문이다. 복희가 찾은 나라는 여와씨가 다스리는 여(黎)나라였다. 그러나 붉달나라에서는 복희에게 진(陳)나라를 맡겼다고 했지 여나라가 없다. 그러나 뒤로 가면 9려(黎)니 9훈(桓)이니 해서 붉달나라와 여나라가 같은 맥락으로 통해진 것이 보인다. 〈사략〉으로 가보자.

복희씨는 풍성이었고, 뱀의 몸뚱이에 사람의 머리였으며, 수인씨를 이어서 임검이 되었고, 처음으로 팔괘를 그렸다. 그것이 글을 대신할 수 있었으므로 노끈을 맺는 정사를 폈다. 혼인법을 만들어서 한 쌍의 사슴가죽으로 폐백을 삼았고, 그물을 얽어 사냥과 고기잡이를 가르쳤다. 희생을 길러 부뚜막에서 요리했으므로 포희(庖犧)라고도 했다. 용의 상서로움이 있어서 용으로 관작을 기록하여 용사(龍師)라고도 불리었다. 목덕으로 왕노릇을 했고 진(陳)에 도읍했다. 포희씨가 죽자 여와씨가 섰다. 여와씨도 또한 풍성이다. 목덕으로 왕을 했고 처음으로 생황(笙簧)[32]을 만들었다.

증선지의 〈사략〉에 보이는 복희씨의 기록은 이것이 전부다. 불을 일으킨 수인씨를 대신하여 임검이 되었다는 것과, 그의 성은 풍(風)씨였으며 팔괘를 처음 만들었다는 것, 혼인예법을 만들고 사냥법을 가르쳤다는 것, 또 희생의 제사를 가르치고, 용으로 관직을 기록했으며, 진(陳)에 도읍을 했다는 것 등이다.

그런데 복희씨가 몸뚱이는 뱀이었고 머리만 사람이었다고 한 부분에 관해서다. 다른 것은 우리 쪽 기록도 있으므로 차차 살피면 될 일이지만 복희씨의 형체에 대한 궁금증이나 호기심은 먼저 짚고 넘길 문제일 것이다.

---

32) 13개 혹은 19개의 가는 대를 묶어서 만든 관악기의 일종. 율려가 법칙이 되던 때였으니 여와씨도 악기 하나쯤은 만들었다고 해두는 게 좋을 것이다.

생황을 만들었다는 여와씨도 그런 생김새다. 아무리 전설로 전하는 시대라고 해도 사람이 차마 그렇게 생길 수는 없는 것 아닌가. 그러나 이것으로 문제를 만들 것까지는 없다. 그 시절에 유행한 하나의 토템으로 보면 간단하기 때문이다. 전설로 전하는 토템 이야기를 중선지는 그대로 적었다고 생각된다. 그것은 염제(炎帝)를 사람의 몸뚱이에 소머리를 했다고 기록한 것과 한 가지로 보아서 무방할 대목이다.

사실 이 부분은 구시대의 선비나 학자들이 부딪히는 난관일 수밖에 없었다. 인류가 자라오면서 애니미즘이나 토테미즘 같은 원시형태의 종교나 신앙이 있었다는 것을 잘 모른 탓도 있지만, 앞 사람의 기록을 그대로 믿는 버릇이 굳게 자리 잡고 있는 유교의 버릇이 더 큰 원인이었던 것이다.

삼강오륜이 지배하는 사회에서는 존자(尊者)나 현자의 의견에 대해서는 비판을 가하지 못하는 전통이 있어왔다. 그것을 하극상으로 간주했을 뿐 아니라 심한 경우에는 사문난적(斯門亂賊)[33]으로 몰아 국가에 대한 역적과 동률로 다스렸던 것이다. 태백일사에 나타나는 기록을 한 번 짚어보자.

홈웅천왕으로부터 다섯 번을 전하여 태우의(太虞儀)홈웅이 계셨으니, 아들 열둘을 두어 맏이를 다의발(多儀發)홈웅이라 하고, 막내를 태호라 하고 또 복희씨라 하였다. 어느 날 삼신이 몸에 내리를 꿈을 꾸어 만 가지 이치를 통철하고, 곧 삼신산으로 가서 하늘에 제사하고 괘도(卦圖)를 천하(天

---

33) 사문은 유교를 말하지만, 이조에 들어와서 성리학이 분분해지면서 주로 성리학을 지칭하는 말이 되어버렸다. 사색당파가 이 성리학 때문에 생겨나는데 서로의 해석이 달라 제 당파가 아니면 용납이 안 될 뿐 아니라 피차가 원수 보듯 했으므로 이런 말이 생긴 것이다.

河)에서 얻으시니, 그 획은 세 번 끊기고 세 번 이어져 자리를 바꾸면서 이치를 나타내는 묘가 있고, 삼극을 포함하여서 변화가 무궁하였다.

밀기(密記)에서 말한다.

복희는 신시에서 태어나 우사(雨師)의 자리를 세습하고, 뒤에 청구(靑邱)와 낙랑(樂浪)을 거쳐, 드디어 진(陳)으로 옮겨서, 수인(燧人)·유소(有巢)로 더불어 나란히 그 이름을 서토에 빛내었다. 후예들은 나뉘어 풍산에 살았으니 역시 풍(風)을 성씨로 가졌다. 뒤에는 마침내 쪼개져서 패(佩) 관(觀) 임(任) 기(己) 포(包) 이(理) 사(姒) 팽(彭)의 여덟 성이 되었다… 복희의 능은 지금의 산동성 어대현(魚臺縣) 부산(鳧山) 남쪽에 있다.

먼저 본문에 '신시에서 태어난 복희씨가 진으로 옮겨서 수인씨나 유소씨로 더불어 나란히 그 이름을 서토에 빛내었다'고 한 것에 대해 해두어야 할 이야기가 있다. 여기서 말하는 서토는 은근히 '야만의 땅'이라고 멸시하는 기분이 배어 있다. 신시가 반드시 동쪽에 있고 복희씨가 다스린 진(陳)나라 땅이 서쪽에 있어서 서토라고 말하는 것이 아니라는 이야기다. 물론 어느 정도는 그렇게도 볼 수가 있지만 따지기로 들면 훈웅천왕이 처음에 도착해서 곰족과 호랑이족을 만나는 태백산은 서북쪽에 해당한다. 진나라가 있는 하남성 회양현에서 볼 때에 그렇다는 말이다.

그런데도 동남쪽에 위치한 땅을 꼭 서토라고 말하는 것은, 그리고 앞으로도 자주 만나게 되는 서토라는 명칭에는 그들 원주민을 낮잡아 보는 버릇이 은연중에 잠재한다. 거기에는 깊은 이유가 있다. 대개 청구(靑邱)라고 하면 조선족들의 본거지 같은 느낌이 있는데 청구는 동북쪽을 말한다. 주역에서 말하는 간방(艮方)이다. 생명의 호흡이 간방에서 마치고(終於艮)

간방에서 시작된다(始於艮) 해서 간방은 높고 귀하지만 상대적으로 서쪽이나 남쪽은 낮고 천한 사람들이 사는 지역이다.

그리고 '서토(西土)'를 말하고 있는 사람은 바로 태백일사를 정리한 이맥이다. 바야흐로 유교가 국교가 되는 이조 초기를 산 선비라는 말이다. 성리학과 주역을 선비의 기본살림으로 여기던 시절이어서 그들의 바닥 정신에는 알게 모르게 주역이 깔려 있을 밖에 없다. 그러므로 '서토백성'이니 '서남제족'이니 하는 대목이 나오면 구차하게 방향을 따질 것이 아니라 그 시절의 정신기류가 그렇게 흐르고 있음을 알고 넘기면 되는 일이다.

복희가 제5세 흔웅천왕인 태우의 아들이라고 한 대목은 매우 중요하다. 또 맏이는 제6세 흔웅천왕이 되는데, 그가 다의발(多儀發)이라고 밝힌 점도 중요하다. 유교의 문적에는 어디에도 복희씨의 출신성분을 말한 데가 없기 때문이다. 이것은 태호복희를 머리로 시작하는 삼황오제가 줄줄이 붉달나라의 혈통임을 증명함이요, 그 삼황오제들이 중앙정부의 천자가 아니라 천자가 내리는 봉토 명령을 받고 움직이는 한낱 지방장관이었음을 시사하는 대목이어서다. 맏이는 부계나라의 전통을 이어서 천자가 되지만 열두 번째 막내는 지방에 제후로 내보낸다. 그 제후의 나라가 여기서 말한 진(陳)이다. 그 진이 여와씨의 여(黎)나라였다는 것은 앞에서도 말했다. 그러나 자세한 내용이 뒤로 미루진 것은 바로 이 자리가 준비 되고 있어서다. 이제 〈사략〉에 있는 내용과 태백일사에 있는 내용으로 그 전말을 추어보자.

먼저 그 분을 태호(太昊)라고도 하고 복희(伏羲)라고 한 호칭에 관해서다. 羲(희)는 犧(희)와 통한다. 복희(伏羲)는 희생 앞에서 엎드린 형상을 말한다. 따라서 특별한 고유명사가 아니고 보통명사다. 희생 앞에서 엎드린 것은 그가 제사를 모시는 제사장이라는 뜻이다. 희생을 길러서 포주(庖廚)에서 요리를 했기 때문에 그 분을 포희(庖羲)라고 한다 했으니 그것으로 이미 설명은 충분하다. 그런데 그 제사가 모계로 살아온 여와씨네 풍속에서 볼 때는 너무 크고 거창했기 때문에 태호(太皥)라는 관형사를 달면서 감탄한다.

허나 모계의 제사를 부계의 제사로 바꾸었다는 것은 그때까지의 모든 사회적 풍습과 전통이 부계로 옮겨지지 않으면 안 된다. 이것은 간단한 문제가 아니다. 생명에 대한 인식이 출발에서 달라지는 것이고, 사회의 질서나 체제가 근본적으로 달라지지 않으면 안 된다. 지금까지 알고 있던 우주가 송두리째 무너지고 새롭게 일어서는 엄청난 혁신이 따르는 일이다. 그것은 문화적 혁명을 의미한다. 원시사회는 사람 사이의 예법이나 사회적인 질서가 모두 제단에서 비롯되었음을 알 것이다.

태호(太昊)의 太는 무한대로 큰 것을 말한다. 무한대로 크다면 곧 우주다. 그 시절 사람들의 관념은 늘 그렇게 통했다. 昊는 여름하늘이다. 들판 위로 솟는 해(旦)를 팔을 벌린 사람(大)이 떠 이고 있는 형상을 그린 것이라는 이야기는 앞에서 한 바 있다. 그래서 昊에는 인간의 의지가 배어있지만 햇빛이라는 뜻도 포함된다. 햇빛은 희다. 그래서 태호(太皥)로도 쓰고, 皞가 皞(호)가 되기도 한다. 그러니까 정리해서 말하면 부계의 제사를 갖고 온 제사장 — 복희 — 은 '그 덕이 하늘에 해처럼 찬란하게 빛났다'— 태호 — 는 뜻이다. 그래서 서토는 태호복희를 자기네 문명의 비조(鼻祖)로 꼽는데 전혀 주저함이 없는 것이다.

다음은 신시에서 태어나 우사(雨師)라는 벼슬을 살다가 청구와 낙랑을 거쳐서 진(陳)으로 갔다는 부분이다. 우사는 짐승을 기르는 직책이다. 아직 사냥에서 사로잡은 짐승을 길들여서 키우는 시절이었으므로 목축에 도움이 되는 조건으로 알맞은 비가 필요했을 것이다. 그래야 풀밭이 성하게 되어 목축이 잘 되는 까닭이다. 우사는 환풍호우(喚風呼雨)를 마음대로 하는 능력이 있었던 것은 아닐까? 옛날 노인네들은 비가 내리는 것을 두고 '비 오신다'고 했던 것이 그런 흔적일 것이다. 환풍호우를 하는 누군가의 업적으로 내리는 비라면 그 비마저도 두렵고 존경스런 존재다.

또 신시에서 태어났다고만 했는데 혹시 태어난 곳을 알 수는 없을까? 그러나 〈훈단고기〉에는 어디에도 복희씨가 태어난 곳을 말하지 않는다. 그런데 곡부에 있는 소호금천씨(少昊金天氏)[34] 능에 가면 묘 앞에 있는 소호의 사당에 태호에 관한 기록이 있다. 그곳 기록에 의하면 복희씨가 태어난 곳을 성기(成紀)라고 했다. 오늘의 감숙성 천수시(天水市)가 그곳이다. 진(陳) 땅에서 살았고 죽어서는 완구(宛丘)에 장사지냈으며 사당(廟)은 미산(微山)에 있다고 되어있다. 다만 진과 완구는 하남성에 있다는 주석이 있을 뿐이다.

그러나 이 기록도 다 믿기에는 석연치 않은 데가 있다. 진에서 살고 완구에서 죽었다 했는데 진과 완구는 사실상 한 곳으로 하남성에 있는 회양현이 그곳이다. 왜 한 곳을 쪼개서 말을 했을까? 그렇다면 사당이 있는 미산도 결국은 한 곳인가? 복희의 진나라가 완구에 도읍을 정했다는 말은 〈시경〉[35]에도 있는 말이다. 실제로 회양현에 가보면 복희의 사당과 능이

---

34)   소호는 작은 태호를 의미한다. 산동성 곡부시에 가면 공자의 사당이 있는 데서 동으로 8km의 위치에 수구(壽丘)가 있다. 그곳에 아름드리 측백나무 숲이 있고 少昊 흔아버지의 능묘와 사당이 있다. 사당 앞에는 글자가 마모된 5~6m 높이의 비석 두 개가 나란히 서 있다. 한 개는 소호의 碑고 한 개는 헌원(軒轅)의 비다.

35)   공자가 商·周 시대의 유행가를 모아서 편찬한 책 이름. 당시 백성들이 부르는 노래에는 어진 정치와 어진 풍속을 담은 것이 많아서 요새 유행가 하고는 차원이 달랐다. 그

한 군데에 잘 모셔진 것을 보게 된다.

그러나 미산은 장소가 다를 수도 있다. 미산호(微山湖)가 있는 강소성의 접경지대에 미산이 있기 때문이다. 그 산 아래에 어느 때 누구인지도 모를 유후(留侯)라는 사람의 사당이 있는 것도 사실이다. 이렇게 기록에 없거나 있어도 애매한 것이 나타날 때가 더러 있다. 그런 경우에는 깊이 생각해서 마음이 내키는 쪽으로 갈 수밖에는 없다. 그것이 꼭 현명한 판단일지는 모르지만 피할 수가 없는 대목이니 어떻게 하는가. 바로 청구와 낙랑이 이 경우에 속한다.

복희씨가 거쳐 갔다는 청구와 낙랑은 어디를 말하는 것일까. 낙랑이 홍산문화 유적이 있는 시라무렌강과 대능하 유역을 말하는 것이라면 청구[36] 역시 그 지역의 어느 부분을 말하는 것이라고 보여진다. 복희의 무덤이 어대현에 있다고 한 것은 현지답사가 불가능했던 시절에 다만 문헌을 보고 적었을 것이라는 생각이다. 어대현의 부산(凫山)은 날개를 편 오리가 나는 것 같다고 해서 생긴 이름이다. 내가 가서 본 양성(兩城)의 복희씨 사당에서 건너다보는 맞은 편 산은 틀림없이 오리가 나는 형상이었

러나 반드시 칭찬받을 내용만 있는 것이 아니라 잘못된 정치와 잘못된 풍속도 있어서 그 시대의 사회적 현실을 잘 반영했다. 공자는 이것을 위정자들이 정치에 참고하는 거울을 삼으라는 뜻에서 편찬했다 한다. 시전(詩傳)이 원 이름인데 〈서전〉, 〈易經〉(주역)과 함께 삼경으로 높여서 부른다.

36) 〈중국고금지명대사전(中國古今地名大辭典)〉에는 '신선들이 사는 곳'을 말한다고 되어 있다. 남해의 바다 가운데 열 개의 섬이 있는데 그 중에 하나가 몽땅 숲으로 뒤덮여 있어서 청구로 불린다 했다. 다분히 전설을 기록한 것이기가 쉽다. 그만큼 애매모호하다는 뜻이다. 또 산동성 광요현 북쪽 땅을 지목하기도 한다. 그러나 복희씨가 일삼아 찾아 간 곳으로 그런 작은 지방이 거론된다는 건 납득이 쉽지 않다. 지금 발굴을 하다가 중단하고 있는 홍산문화지역이 청구일 것이다.

으며 복희씨가 괘를 여기에서 그렸다는 비문이 사당 앞에 서 있었다.

복희씨를 풍성(風姓)으로 말한 것은 〈사략〉과 태백일사의 내용이 일치한다. 그러나 〈사략〉에 없는 내용이 태백일사에는 들어있다. 눈을 댈 것은 바로 여기다. 유교의 관념으로는 성(姓)이란 것이 조상이 태어난 과거의 땅을 말하는 것이었지 자손들이 사는 현재의 땅이 아니다. 가령 어떤 사람이 천자한테 덕망을 인정받아 한 지역을 봉토로 받고 제후가 될 때 그 사람 조상을 더듬어서 첫 조상이 태어난 땅 이름을 성으로 삼았다. 결국 조상한테 영광을 돌려서 그 영광을 함께 나누는 셈이다.

복희씨의 성을 풍이라고 한 것에 대해서 말할 것이 있다. 풍은 풍이(風夷)의 터전으로 오늘의 요녕성이다. 그곳에는 홍산문화 유적들이 산재해 있다. 유적들의 자취로 볼 때 거기 드넓은 지역에 일찍부터 훌륭한 선진문화가 은성했었다는 것이 거의 웅변적으로 증명된다. 그래서 청구를 나는 한사코 그 쪽으로 보려는 것이다. 신시에다 나라를 세우면서도 청구를 신시 못지않게 여겼던 흔웅천왕들은 그 일부가 청구에 남아서 신시정부의 살림을 돕고 협력했을 것이다. 태호복희의 직계 조상은 청구에 살다가 천자 자리를 얻어 신시로 들어갔을 것이다. 그래서 복희씨의 성이 풍이 되었을 것이다.

만약 복희씨가 천자였다면 성을 '붉달'이라 하지 않았을까? 그랬어야 한다. 그것이 법속을 해치지 않고 옳기 때문이다. 그러나 지방의 임검인 제후였기 때문에 풍으로 한 것이다. 아니 그의 성이 붉달이 아닌 것은 곧 지방장관이었다는 뜻이다. 복희씨 뿐이 아니라 삼황오제들은 모두 성을 가지고 있다. 같은 이유요 같은 맥락에서다.

그러나 복희씨보다 천년이나 뒤에 오는 단군왕검은 박달나무 아래서 태어났다고만 말한다. 그것은 단군왕검이 천자이기 때문이고 붉달로 성을 삼을 신분이기 때문이다. 또 이런 것은 태백일사에서 발견하는 비늘조각들이지 〈사략〉에는 이런 내용이 있을 턱이 없다.

그런데 신시본기에서는 그 자손들이 풍산(風山)에 살았으므로 풍성(風姓)이 되었다는 것이다. 어느 쪽이 옳고 어느 쪽이 그른가. 그러나 옳고 그르고가 아니다. 이렇게 문화가 달랐다고 하는 차이점이 있는 것이다. 〈환단고기〉나 단기고사(檀奇古史)를 읽다 보면 공자나 맹자가 우리 쪽의 앞선 문화를 표절해 써먹은 흔적이 소위 경전이라는 것들의 도처에서 수두룩하게 발견된다.

복희씨가 성기(成己)에서 태어났다고 하는 소호 사당의 기록을 나는 믿는다. 그 성기가 지금의 감숙성 천수시(天水市)라는데 그 일대가 바로 붉달나라의 신시정부가 제사를 모시는 태백산에서 멀지 않기 때문이다. 따라서 천수 일원이 그 시절에는 사람이 모여드는 도회였고 문화의 중심이었을 가능성이 높다. 천자의 아들이 그런 곳에서 태어난다는 것은 자연스럽지 않을까? 천수시에 가면 큼직한 복희씨의 사당을 볼 수가 있다.

그런데 감숙성에서 태어나 요녕성을 지나 −청구·낙랑을 거쳐− 하남성에서 마쳤다고 한 점은 얼른 생각해도 요령부득이다. 그 거리가 서로 너무 먼 탓이다. 오늘에 와서 지도를 펴놓고 보아도 지방과 지방의 언어가 잘 통해지지 않을 만큼 떨어져있는 거리다. 자동차를 타고 돌아본대도 여러 날이 소요될 판이다. 더욱이 그 시절에서는 언어는 물론이고 풍속도 서로 이국적이었을 것이다. 그렇게 멀고 동떨어진 지방들을 복희씨가 걸어서 돌아다녔다? 무슨 여행을 다닌 것도 아니고 어떤 지방에 가면 그 지방에 오랫동안 머무르면서 하는 일이 있었을 것이다.

신시본기에서도 그런 것이 충분히 암시가 되고 있다. 그냥 지나쳤다면 굳이 어디어디를 거쳐서 목적지에 닿았다는 식으로 말할 이유가 없다. 청구와 낙랑을 거쳐서 진으로 옮겼다는 것은 청구에서도 낙랑에서도 남긴 업적이 있고 진에 와서도 그런 공적이 있었다는 것을 말한 것이다. 그 공적이 정치적인 것이었음은 두 말할 나위가 없는 일이다.

도대체 어떤 일을 하느라고 그 넓은 땅을 다 밟고 다녔다는 것일까? 새로운 문화 새로운 법속을 가르치느라고 그랬을 것이다. 모계사회의 풍속을 버리고 남자가 중심되는 부계를 배우라고 부지런을 떨고 다녔고, 마침내 그것이 중앙정부에 알려지면서 크게 인정을 받아서 하남성에 있는 여와의 여(黎)나라에 진(陳)이라는 이름으로 봉토가 주어졌을 것이다.

그러니까 백성만 있고 임검은 없는 나라를 다스리라는 명령을 받은 것이 아니라, 여와(女媧)라는 임금도 있고 여(黎)라는 나라도 버젓이 있는데, 그런 나라에다가 진(陳)이란 나라 이름의 총독을 보냈다는 이야기다. 그렇게 되면 싸움이 나도 큰 싸움이 날 것 같은데 그런 기색이 없다.

하긴 그 무렵에 물의 신 공공(共工) ― 물은 음(陰)을 뜻하므로 모계를 상징함 ― 과 불의 신 축융(祝融) ― 불은 양(陽)이어서 남성의 부계사회일 수 있음 ― 이 싸워서 싸움에 진 축융이 산을 들이받아서 여와가 어쩌고 했다는 것은 모종의 충돌이 있었음을 암시한다고 볼 수 있다. 그렇더라도 별 탈 없이 사태가 잘 수습되었다는 것이 여와가 구멍 난 하늘을 땜질해서 자연의 질서가 예전처럼 되었다고 한 것으로 나타난다.

단군신화에는 태백산에 도착한 흰웅에게 호랑이와 곰이 찾아와서 사람이 되기를 희망하는 내용이 있다. 나는 거기서 흰웅에게 선택받는 웅녀가 바로 여와일 것이라는 생각을 강하게 갖는다. 단군세기에는 신화가 아닌 역사적 사실을 바로 말하고 있는데 단군이 외가인 웅씨한테 가서 24년 동안 견습왕(裨王) 노릇을 한 다음 천하를 통일한다고 되어 있다. 어느 모로 보건 충돌이나 불화가 없는 것은 부계문화를 가지고 들어간 흰웅족을 원주민 쪽에서는 환영했기 때문이다. 바로 그들의 문화가 단서다.

그런 맥락에서 볼 때 복희씨를 반대할 여와씨가 아니다. 후세로 오면서 그 둘의 관계를 남매라고도 하고 부부라고도 한 것을 보면 원주민 쪽에서 복희를 어떻게 대우했는지 짐작이 간다. 여와의 성을 풍으로 끌어 댄 것도 복희와 같은 사람임을 강조한 것이다. 〈사략〉에서는 여와를 복희의 딸이 라고 해놓고 혹자는 누이라 한다고 주석을 놓고 있다.

그러나 후세로 오면서 점차로 부부관계를 만들어버린다. 그리고 복희 를 문명의 비조라고 할 경우에는 반드시 여와를 끌어들여서 중원의 문명 을 함께 이룩했다고 주장한다. 천지개벽도(天地開闢圖)[37]같은 것이 그 좋 은 예다.

복희가 일으킨 것은 사실 문명이기보다 문화라는 것이 옳다. 그물을 얽 어서 사냥과 고기잡이를 쉽게 한 것은 문명이지만 제사를 가르쳤다는 것은 기성의 모계사회 제사를 부계사회의 제사로 바꾼 문화의 변천이기 때문이 다. 지금에 와서 생각할 적에 그 적 모계의 제사가 어떠했는지 몹시 궁금하 다. 그러나 공자가 〈예기〉를 정리하면서 미끈하게 부계의 법속만을 두었

---

37)   뱀의 몸뚱이에 사람의 머리를 가진 두 사람이 남자는 왼손에 곱자를, 여자는 오른 손에 컴퍼스를 들고, 어깨를 겸 채로 마주 보면서, 하늘의 별자리를 재는 그림이다. 수리(數 理)의 원리가 컴퍼스(規)로 원을 먼저 그린 다음에 곱자(矩)가 쓰이는 것이어서, 남자 인 복희가 컴퍼스를 들고 여자인 여와가 곱자를 드는 것이 옳은데, 서토인들은 제 원주 민의 자존을 위해서 규(規)와 구(矩)를 바꾸어버렸다. 그리고 뱀의 몸뚱이인 하반신은 교미를 상징하듯 꼬여있고 허리는 치마 한 장으로 묶여있다. 이것은 두 사람이 부부였 음을 강조한 것이다. 대표적인 그림이 신강성 투루판의 옛 무덤에서 발견된 것인데 지 금 용산에 있는 국립박물관에 가면 그 그림을 볼 수가 있다. 일본인들이 투루판 무덤을 캐내어 가지고 가던 도중 해방이 되는 바람에 가져가지 못했다고 한다. 대개 8세기에 들어와서 그려진 그림일 것으로 추정한다.

기 때문에 전혀 알 길이 없다.

그러나 혼인법을 만들어서 한 쌍의 사슴가죽으로 폐백을 삼았다는 대목은 추리가 가능하다. 모계사회는 혼인법 따위가 있을 일이 없다. 모든 암컷과 수컷이 본능에 이끌려서 교미를 하고 새끼를 치듯 남성과 여성도 본능에 충실해서 아이를 낳는다. 그러니까 아이를 낳고도 남자가 여자에게 씨를 전했기 때문에 애가 생겼다는 것을 모르는 것이다. 또 알았다고 해도 그냥 그 뿐이지 그것을 특별히 생각하려고를 않는다. 그것이 모계사회다.

당연히 생명을 낳는 여자를 중심으로 씨족이 구성되고 여자가 제 낳은 씨족을 간수하면서 그 집단의 우두머리 노릇을 한다. 늙은 암 코끼리가 코끼리 떼를 통솔하듯이 나이 먹은 여자의 명령에 의해서 모든 것이 결정되는 것이다. 제사도 여자가 중심이 되어서 지내고 사냥을 하거나 이사를 하는 것도 여자의 느낌이나 생각에 따라서 날짜와 장소가 정해지기도 하고 어긋나기도 하는 사회다. 마음에 드는 사내가 있으면 여자의 취향대로 나무 밑이든 바위굴이든 끌어들여서 정을 나누면 되고 사내가 마음에 안 드는 짓을 하면 다음 제사에 희생으로 바쳐지기도 했을 것이다.

그러나 생명이 태어나는 비밀을 알았을 때 그런 야만의 관습은 깨끗이 종적을 감춘다. 무엇보다 먼저 제단이 점거되고 남자에 의해서 생명의 존엄성이 새롭게 부각된다. 이제까지 없던 어엿한 질서와 우주에 대한 인식이 새로운 바람을 타면서 출렁이는 것이다. 그것이 부계사회다. 혼인법은 부계사회가 맨 먼저 시작한 총체적인 문화혁명을 의미한다. 그 혁명의 기운에서 걸걸한 사내들이 일어서는 것이다.

복희씨가 정한 혼인법은 한 쌍의 사슴가죽을 폐백으로 삼는 법이다. 이 말뜻은 신부를 데려오는 신랑 쪽에서 사슴가죽 두 장을 예물로—폐백으로─준비했다는 뜻이다. 그것을 신부 집에 가져다주면 혼인이 이루어진다. 받는 쪽에서도 가져간 쪽에서도 다른 절차나 격식은 없다. 그러나 사슴가죽 두 장이 내포하는 의미는 이제까지는 없던 서로간의 깊은 약속이 전제된다. 부부가 된다는 신뢰의 약속이다. 그러니까 신부 쪽에서 볼 때 사슴가죽을 주면서 자기를 데려가는 남자 외에는 몸을 허락하지 않겠다는 약속이다.

그 부부 사이에서 태어나는 생명에는 촌수가 생긴다. 부자 사이를 1촌, 형제는 2촌, 아버지의 형제는 3촌, 거기서 나온 생명은 4촌, 5촌 6촌 7촌…… 하면서 가지를 치고 번성하는 것이다. 분명히 이제까지는 없던 질서다. 이것이 혼인법이다. 후세로 오면서 사슴가죽 두 장은 붉은 비단과 푸른 비단으로 바꾸어지고 사주단자와 함께 결혼날짜가 통고되는 구체적인 혼인법으로 발전하지만 복희씨의 시작은 이렇듯이 간단했던 것이다.

염제신농(炎帝神農)

태호복희가 보통명사였듯 염제신농 역시 보통명사에서 출발하였으나 역사가 그 분을 고유명사인 것처럼 대우하는 동안에 저절로 고유명사가 된 분이다. 그는 '여름질'을 잘하는 농사꾼이었다. 신농(神農)이란 뜻은 '검스런 농사'란 말이다. 농사는 무더운 여름에 하는 일이다. 고어로 농사를 여름질이라 하고 농사꾼을 여름질꾼이라 하는 것이 그런 까닭이다. 염제(炎帝)는 불볕을 상징하는 여름의 임검이다. 태백일사의 삼훈관경본기(三韓管境本紀)에 그 분의 가계가 나온다.

웅씨가 갈라져 나간 자에 소전(少典)이라고 있었는데, 안부련(安夫連) 말기에 소전은 명령을 받고 강수(姜水)에서 병사들을 감독하게 되었다. 그의 아들 신농은 온갖 약풀을 혀로 맛보아서 약을 만들었다. 뒤에 열산(烈山)으로 옮겼는데, 한낮에는 교역하게 하여 사람들로 하여금 편리하게 하였다. 소전의 별고(別孤)에 공손(公孫)이라고 있었는데, 짐승을 잘 기르지 못하였으므로 헌구(軒丘)로 유배시켰다. 헌원(軒轅)의 무리는 모두 그의 후손이다. 사와라(斯瓦羅) 혼웅 초기의 일이다.

뒷 부분에 헌구로 유배시킨 헌원의 이야기가 묻어 있다. 그를 소전의 별고(別孤)라고 했으니 염제와 한 핏줄의 사람이다. 그도 짐승을 쳤다면 우사(雨師)벼슬을 했다는 뜻이다. 이 분이 뒤에 세력을 키워서 중앙정부의 천자와 천하를 놓고 건곤일척의 싸움을 벌이게 된다. 서토인들은 이 분을 자기들의 조상으로 삼았다는 이야기는 앞에서 했다. 염제신농의 출신배경에 대한 것이 〈사략〉에는 없다. 〈사략〉은 주로 삼황오제의 업적을 기록하는 쪽이어서 그런 것이 소홀했거나 애초에 출신성분을 말하지 않는 자료에 의지했으므로 적을 수가 없었는지도 모른다. 그러나 역사적 인물을 말할 적에 그 출신배경이 우선되는 것은 그 사람이 가상인물이 아니라는 것을 증명하는 것이어서 무엇보다 중요하다고 할 수 있다.

기왕에 출신 말이 나왔으니 출신에 대한 것을 먼저 확실히 하고 그 분의 업적에 대한 것은 뒤에 가서 보기로 하자. 그러니까 염제신농은 소전의 아들인데 소전은 웅씨(熊氏)가 갈라져 나간 웅씨 지파의 사람이라는 이야기다. 웅씨라면 단군왕검의 외가 쪽이다.

웅녀군의 후손으로써 여(黎)라고 하는 이가 있었는데, 처음으로 단허(檀

墟)에 책봉 받아서 왕검이 되매 덕을 심어 백성을 사랑하고 영토를 차츰 크게 넓히니 여러 곳의 왕검들이 나아와 특산물을 바치며 귀화하는 자가 천여 명을 헤아렸다.

뒤에 460년을 지나서 신인 왕검이라 하는 이가 있었는데, 크게 백성들의 신망을 얻어 비왕(神王)이 되었다. 섭정하신지 24년에 웅씨의 왕은 전쟁을 하다가 붕어하시니, 왕검은 마침내 그 왕위를 대신하여, 9훈을 통일하고 단군왕검이라 하였다.

나는 복희씨가 여와씨의 여(黎)나라에 제후로 부임하면서 진(陳)이라는 나라 이름을 가지고 갔다는 것을 말한 바 있다. 복희씨의 부계문화에 감명을 받은 원주민들이 마침내 여와와 복희를 부부를 만들고 공동으로 문명을 창조했다고 전하는 동안 9훈(桓)이니 9려(黎)니 해서 사실상 黎와 陳이 나뉘지 않고 하나가 되어버린다고 한 것도 기억해주기 바란다.

그런데 신농의 가계를 말하면서 신농의 아버지 소전을 "웅씨가 갈라져 나간 자에 소전이라고 있었는데" 하고 말하는 대목이다. 곧 소전은 웅씨의 봉토를 받은 어느 지역의 이름인 동시에 제후의 이름인 것이다. 다시 말해 복희씨의 덕화가 ─ 여와씨의 덕화가 ─ 이웃 지역으로 번지면서 한창 무르익어가던 것으로 '특산물을 바치며 귀화하는 자가 천여 명이 넘던 때'의 이야기다. 신시본기에는,

신농은 열산(列山)에서 일어났는데 열산은 열수(列水)가 흘러나오는 곳이다. 신농은 소전(少典)의 아들이다. 소전은 소호(少皓)와 함께 모두 고시씨(高矢氏)의 곁가지이다. 대저 당시의 백성들은 정착해서 생업을 이어갔으며, 차츰 크게 되자 곡마약석(穀麻藥石)의 (재배)기술도 또한 조금씩 갖

쳐져서 낮에는 저자를 이루어 교역하고 되돌아갔다.

　같은 내용을 두고도 이렇듯 필세가 다른 것은 계연수의 붓이 첨삭을 몰랐기 때문이라고 찬탄한 바가 있다. 웅씨에게서 갈라져 나간 소전은 웅씨의 혈통이 아니라 붉달의 혈통으로 보아야 한다. 여기서 웅씨는 여와씨의 여나라를 지칭한 것이므로 ―〈사략〉에는 황제 헌원을 유웅국(有熊國)의 군주인 소전(少典)의 아들이라고 말한다 ― 곧 복희씨의 진나라를 말한 것이다. 그것은 뒤에 복희가 소전의 아들 석년(石年)을 진의 후계자로 삼는 것에서도 나타난다. 무슨 말인가 하면 복희가 다스리는 진나라에 축융(祝融)벼슬을 사는 막배(莫杯)가 있었다. 그 막배가 복희씨에게서 인정을 받아 소전이라는 제후가 된다. 붉달의 신시에서 본다면 복희씨의 진나라도 제후국인데 소전은 그 진에서 갈려나갔으므로 따지고 들면 손자의 항렬이다.

　그 소전에게 아들이 둘 있다. 큰아들이 석년이고 작은 아들이 욱(勖)인데 욱은 뒷날 헌원의 조상이 된다. 복희는 소전막배의 큰아들을 선택해서 진(陳)을 맡기니 이 사람이 바로 신농씨라 불리는 염제다. 소전과 소호를 한 항렬로 말하면서 고시씨의 방계라고 한 것은 그들이 움직일 수 없는 신시의 혈통이었기 때문이다.

　또 그들이 살았던 당시의 백성들이 정착해서 생업을 이었다고 하는 것은 이전에는 그들이 떠돌이였음을 드러낸다. 떠돌 때는 사냥질로 살았지만 정착살림은 농경일 수밖에 없다. 정착을 해서 곡식과 삼 약초 따위가 신농씨의 농업 기술에 의해 충분히 재배되고 있었으므로 쓰고 남는 것은 다시 저자에서 서로 바꾸어가도록 처음으로 시장을 연 것도 역시 신농씨다. 그 시장터가 되는 장소가 한낮에 사람이 많이 모이는 우물이었다. 그래서 염제의 능묘[38]에 그것을 기념하는 오문(午門)이 있는 것이다.

염제의 출생에 대해서는 태백일사나 〈사략〉이나 다 같이 말이 없다. 오직 소호금천씨의 능묘에서 본 기록이 있을 뿐이다.

성은 강(姜)씨고 어머니 임사(任姒)가 화양(華陽)에 있을 때에 신용(神龍)과 감응해서 제(帝)를 낳았다. 사람의 몸에 머리가 소였으며 화덕으로 천하의 왕이 되었는데, 처음에는 진(陳)에 도읍했고, 후에는 곡부로 옮겼으며, 재위 기간은 120년이었다. 나무를 구부리고 깎아서 따비와 쟁기를 만들어서 처음으로 밭가는 일을 가르쳤다. 온갖 풀을 맛보아 의약을 만들고, 한낮에 시장을 열어 교역하도록 하였다. 사제(蜡祭)를 지냈고 죽어서는 다능에 장사지냈다.

이 기록은 소호금천의 사당과 〈사략〉에 담긴 내용이 합쳐진 것이다. 태어난 곳과 죽은 곳이 〈사략〉에는 없지만 다른 것은 〈사략〉에도 있는 것이어서 삼황오제를 말하는 선비들이 한결같이 아는 내용이다. 어머니 임사(任姒)가 화양에서 용과 관계를 가져 염제를 낳았다고 했다. 화양은 양자강 상류 지류의 여산(厲山)으로 곤륜산 자락이다. 외진 귀퉁이에서 태어났는데 대륙을 동으로 훨씬 건너와서 하남성의 회양현까지 진출했다는 이야기다. 복희씨가 후계자로 삼아 진나라를 맡겼기 때문이다.

---

38)   염제의 능묘는 호남성 주주시(株洲市) 염릉현(炎陵縣)에 있다. 호남성의 성도 장사에서 기차를 타면 5시간을 달리면 다능(茶陵)에 닿는다. 다능에서 버스로 바꿔타고 다시 1시간 반쯤 가면 허름한 식당과 그런 가게가 있는 삼거리에 '염제능묘(炎帝陵墓)'라는 표지를 만난다. 그 표지는 돌로 만들어 세운 세 칸짜리 석문이다. 거기서 또 버스로 바꿔타고 40분가량 가야 신주제일능(神州第一陵)이라는 염제능묘가 있다.

그러나 문헌에서 빠진 염제의 실제적인 활동무대는 하북성에서 보이는 신농가림구(神農架林區)가 아니었는가 싶다. 그곳에 해발 3천m가 넘는 대신농가(大神農架)가 있고 신농정(神農頂)있어서 신농씨의 사제(蜡祭)[39] 자취가 느껴지기 때문이다. 신농가림구가 하북성 지도에 특별한 구역으로 따로 표기가 될 정도라면 누구의 생각에도 그곳이 한때 신농씨가 새 문명을 일으킨 지역으로 여겨질 것이다.

〈사략〉에는 풍성(風姓)을 이어서 왕이 되었다(繼風姓而立)는 구절이 있다. 복희씨가 풍성인데 복희씨를 이어서 왕이 되었다는 것은 복희씨가 맡기는 진나라를 이어 받았기 때문이다. 부계사회의 제사를 가르치고 혼인법을 가르쳐서 한창 활기차게 뻗어나가는 진나라에 농사법을 가르치고 물물교환의 시장법을 가르친 것은 달리는 말에 채찍을 더한 것 같아서 부계 문명과 문화가 볼만하게 어우러지면서 들불처럼 번졌을 것이다. 원주민들이 그 공적을 잊지 못해서 삼황오제의 첫머리에 그분들을 기억한 것은 실로 그럴 수밖에 없는 일로 보인다.

황제헌원(黃帝軒轅)

황제헌원에 대해서는 〈사략〉의 기록상 많은 부분이 과장되어 있다.

---

39) 설달 그믐날에 지내는 제사로 모든 신들을 총 망라해서 한 자리에 모시고 한 해가 무사히 지나갔음을 기념하는 제사. 모든 제사가 다가오는 일을 위해서 신명을 달래는 성격을 갖는데 비해, 이 제사는 지나간 세월이 무사했음을 감사드리는 제사여서 그 성격이 별나다고 할 수 있다. 사제는 뒤로 오면서 나례(儺禮)로 변한다. 설달 그믐날에 민가와 궁중에서 묵은해의 잡귀를 몰아내기 위해서 벌이는 의식으로 고려 때 매우 성행했고 이조 후기에 까지 궁중에 나례청을 두는 정도였다.

무엇보다 염제와 전쟁을 벌였다는 것이 그렇다. 위에서 스쳐본 것처럼 석년(石年)의 아우 욱(勖)의 9대 자손이 황제가 되는데 어떻게 제9대 할아버지와 전쟁을 하는가. 또 치우와도 싸워서 이겼다고 했지만 태백일사의 기록에 치우와 황제의 싸움이 자세하게 나온다. 황제가 사로잡히고 졌다는 내용이다. 아무 단서도 없이 그냥 이겼다고 하는 기록은 믿을 것이 못 된다.

한 군데 문자를 만들고 배를 만들었다는 것은 〈부도지〉에도 '흔웅씨가 배와 수레를 만들었다'는 대문이 있는 것으로 보아 혹 황제가 만들었을 가능성은 배제하지 못한다고 할 수 있다. 더구나 그 이름이 수레를 상징하는 헌원(軒轅)이어서 더욱 그럼직한 것이다. 그러나 문자를 만들었다고 한 것은 동시대의 창힐이 새발자국을 보고 글자를 창안했다는 것의 표절이니 그렇다면 배를 만들었다는 것도 그런 것이기가 쉽다.

서토의 원주민들은 황제를 자기네 조상으로 삼았으므로 많은 공적을 되도록 황제 몫으로 돌리고 싶었을 것이다. 그렇게 전하는 기록을 증선지(曾先之)는 생각없이 베꼈을 터이다. 그러므로 황제헌원의 업적에 대해서는 〈사략〉의 내용을 거의 무시할 수밖에 없다. 그렇다면 무엇에 의지하는가. 태백일사가 전하는 기록을 믿고 그것에 의지할 것이다.

그의 이름이 헌원(軒轅)인 것은 오직 〈사략〉에 보인다. 후세로 오면서 헌원의 언덕에서 태어났기 때문에 이름이 되었다고들 하지만 〈사략〉에는 전혀 그런 언급이 없다. 소호금천씨의 사당에는 수구(壽丘)에서 태어났다고 했고 산동성 곡부에 수구가 있다고 했다. 그러니까 금천씨의 사당이 있는 바로 그곳이 수구인 것이다. 그래서 사당 앞에 여덟 길이나 되는 헌원의 거대한 몰자비가 금천씨의 몰자비와 함께 나란히 서있는 것일까? (황제헌원씨의 능묘는 홀로 황하의 북쪽에 있다. 섬서성 중부현 교산[橋

山에 있다)

앞에 염제신농을 말하는 대문에서 "소전의 별고(別孤)에 공손이란 자가 있었는데, 짐승을 잘 기르지 못하였으므로 헌구(軒丘)로 유배시켰다. 헌원의 무리는 모두 그의 후손이다. 사와라(斯瓦羅)훈웅 초기의 일이다" 했다. 여기에서 그의 출신성분이 드러나고 있다. 제13세 훈웅천왕의 이름이 '사와라'이다. 제14세가 되는 자오지(慈烏支) 훈웅천왕이 곧 치우천왕으로 황제헌원과 대륙의 운명을 놓고 한 판 전쟁을 하는 분이니까 연대도 정확하게 들어맞는다.

소전의 별고(別孤)라고 한 것은 직계가 아닌 방계를 뜻한다. 특별히 별고라고 한 것은 곁가지에서도 끄트머리라는 뜻이다. 아마도 제 직분에 충실하지 못한 행실을 미워해서 그런 미운 털이 박힌 소리를 들었다고 보인다. 소전에게는 석년(石年)이라는 큰아들과 욱(勖)이라는 작은 아들이 있었다고 했다. 욱에게 8대를 내려가서 계곤(季昆)이라는 이름이 나온다. 그가 헌원의 아비 되는 사람이다. 그러니까 헌원은 욱의 9대 손자에 해당한다. 그런 곁가지의 자손이므로 그들의 핏줄로 볼 때 매우 하찮은 존재인 것이다.

짐승을 치는 것은 우사(雨師)의 직책이다. 자기 직무에 소홀이 하다가 직무태만의 죄를 얻어서 헌구(軒丘)라는 곳으로 유배를 당했다고 했다. 헌구라는 유배지는 어디일까. 원주민들이 사는 땅이다. 신시본기에 "때에 공손헌원이라는 자가 있었으니 토착백성들의 우두머리였다"고 해서 유배당한 공손─헌원─이 원주민들한테 가서 두목노릇 했음을 내비치고 있다. 원주민인 한족들은 이때부터 헌원을 자기들의 조상으로 호도하기 시작했을 것이다.

그렇다면 토템을 부족의 상징으로 하던 당시의 사회에서 헌원이 선택한 부족은 어떤 토템을 가진 부족이었을까. 역시 신시본기에 흔웅이 처음 태백산에 닿던 때를 말하면서 "그때는 종족의 이름도 다르고 풍속도 서로 달라서, 원래 살던 백성을 호랑이라 하고, 새로 살기 시작한 백성을 곰이라 했다"는 대목이 있다. 그리고 많은 세월이 지나 치우천왕의 치적을 말하는 부분에서 "…이에 백성과 더불어 호랑이 무리를 따로 떼어서 하삭에 살도록 하였다"고 하였다. 朔(삭)은 흔히 북쪽의 뜻으로 쓴다. 그러니까 河朔 (하삭)이라면 하수(河水)의 북쪽을 말한다. 치우천왕이 호랑이 무리를 황하 북쪽으로 추방했다는 이야기다.

우리는 곰과 호랑이의 부족에 대해 충분히 지나왔다. 이제 마늘과 쑥의 시험에서 실패한 호랑이 토템족이 황하를 넘어서 외진 곳으로 쫓겨났다는 소식을 생각지도 않은 자리에서 확인하는 셈이다. 이것 말고도 호랑이 부족이 성정이 드세고 포악해서 화합을 못한다는 이야기는 태백일사의 여러 군데서 발견된다. 헌원은 아마도 일삼아서 그런 부족들을 찾아 갔을 것이다. 그런 부족이야말로 헌원이 거느릴만한 집단일 수 있다. 구약성서를 전해온 히브리민족을 보아도 범죄자는 범죄자끼리 모여 자연스럽게 집단을 이루지 않던가?

또 한군데 '…자부선생께서 칠회제신의 책력을 만드시고 삼황내문을 천폐(天陛)에 진상하니 천왕께서 이를 칭찬하셨다. 삼청궁을 세우시고 그곳에 거하시니 공공(共工)·헌원(軒轅)·창힐(蒼詰)·대요(大撓)의 무리가 모두 여기서 배웠다'한 대문이다.

이 내용이 다시 수두경전본훈에 언뜻 비치는데 "삼황내문경(三皇內文經)은 자부선생이 헌원에게 주어 그로 하여금 맘을 씻고 의(義)에 돌아오게 한 것이다. 선생은 일찍이 삼청궁에 사셨으니 궁전은 청구국(靑邱國) 대풍산(大風山)[40]의 남쪽에 있었다. 헌원이 몸소 치우를 배알했는데

가는 길에 명화(名華)를 거치게 되어 소문을 듣게 된 것이다. 경문은 신시의 녹서(鹿書)로 기록되어 세 편으로 나뉘어져 있었다. 후세 사람들이 추연(推演)하고 주를 더하여 따로 신선음부(神仙陰符)의 설이라고 한 것이다."

신선음부설은 도가의 의지하는 바가 되어 민간에서까지 연단복식(鍊丹服食)[41]을 하는 자가 생기고 허다한 방술(方術)이 어지럽게 마구 나와서 의혹에 빠지는 일이 실로 많았다. 그러다가 드디어 진시황한테 사기를 치고 동남동녀 5백 명씩을 싣고 삼신산에 불사약을 구하러 간다고 하고는 일본으로 건너가버린 서불(徐市)같은 이가 나타난 것이다.

이것을 동진(東晉)의 학자 갈홍(葛洪)이 도교의 기초이론을 세웠다고 평가를 받는 〈포박자(抱朴子)〉에서 말하기를 "옛날에 황제헌원이 있었다. 그가 동쪽으로 청구에 이르러 풍산(風山)을 지나다가, 자부선생을 뵙고 삼황내문을 받아, 이것을 새겨 만가지 귀신을 불러서 부렸다"고 했다. 바로 이 대목이 서토인들이 황제를 중국신선의 비조하고 꼽는 단서가 된다.

그러나 살펴 본 대로 삼황내문이란 경전은 헌원으로 하여금 본래의 순수한 마음에 돌아오도록 하는 교육서책으로 준 것이지 무슨 신선술에 관

---

40) 백두산을 이두문으로 적으면 대풍산이 된다. 大는 훈의 뜻이고 風은 '바람'이어서 '밝음' '붉'의 뜻으로 통한다. 결국 '훈붉산'의 의미로 백두산도 되고 대풍산도 된다는 이야기다. 정인보도 안호상도 모두 그렇게 설명하고 있다.

41) 도가에서 단약(丹藥)을 달여 복용하는 일이 있다. 단약은 신선이 된다는 약으로 갈홍(葛洪)이 지은 신선전(神仙傳)에는 단약에 의해 장생불사의 몸을 이룬 신선들이 수두룩하다는 것이지만 여기서는 그런 일이 있을 수 없다는 뜻으로 말하고 있다. 복식(服息)도 그렇다. 신선수행을 하는 사람들이 우주의 진기(眞氣)를 단전에다 저장하는 것인데 대개 아침 해가 오를 때 해를 마주하고 서서 해를 깊이 들여 마신다는 생각으로 입으로 들이쉰 숨을 천천히 코로 내 쉬는 방법을 쓴다.

한 경전이 아닌 것이다. 결국 태백일사에서 말하는 황제헌원은 좋은 사람이 아니라 나쁜 사람이다. 마침내는 세력을 키워 중앙정부의 천자한테 덤벼드는 망나니 제후다. 그리고 사로잡힌다. 그러나 토착민들이 쓴 역사는 전혀 그렇지가 않으니 과연 어느 쪽의 기록이 맞는 것일까? 그러나 그 이야기라면 뒤에다 따로 장을 만들 생각이다.

소호금천(少昊金天)

〈사략〉에서는 복희 이후에 당요(唐堯)까지는 연대가 나타나는 경전이 없다고 했다. 그래놓고 중선지 생각에 경전에 자취가 없는데도 전해진 것은 그런 역사적 사실을 기록할 수 없는 굳은 이유가 있었을 것이라고 말한다. 그래서 자기 귀로 들은 것들을 다 믿을 수밖에 없다고 털어놓는다. 중선지 생각은 옳은 것이다. 결국 그는 정식으로 쓴 역사서책에는 없지만 다른 문헌에 나타나는 것, 이를테면 누구네 족보나 문집에 묻어서 전해오는 흔적들을 참고할 수밖에 없었을 것이다.

> 소호금천씨는 이름이 현효(玄囂)이며 황제의 아들이다. 일명 청양(靑陽)이라고도 한다. 임금의 위에 오르자 마침 봉황이 춤을 추며 날아왔다. 그래서 관직에 새 이름을 붙였다.

〈사략〉에 보이는 것은 이것이 전부다. 그러나 당신의 사당에는 출생에 대한 비밀과 도읍 등에 관한 것이 보인다. 우선 성은 기(己)였고 이름이 지(摯)였다는 것, 어미 여서(女書)가 큰별이 무지개 아래서 감응하는 것을 보고 화저(華渚)에서 낳았다는 것, 곡부 동북에 있는 궁상(窮桑)을 영지로 삼았고, 곡부에 도읍을 정해서 임검 노릇이 84년이었다고 했다. 태호복희의 법을 닦았고 새 이름으로 관직명을 삼았으며, 공정(工正)과 농정(農正)을 베풀었고, 도읍을 바로 정비한 뒤에는 쇠수레(牛車)를 만들더니, 이어 베(布)로 돈(貨)을 만들었다. 정밀한 것을 장려하는 정치를 꾀하니(勵精圖治) 멀고 가까움이 다 복종하였다. 백세를 살았고 곡부의 동북에 있는 운양(雲陽)에 장사했다.

영지를 삼은 궁상이라는 곳도 곡부의 동북이라 했고, 죽어서 장사를 지낸 땅도 곡부의 동북에 있는 운양이라고 말하고 있다. 곡부는 공자의 사당이 있는 곳이니 움직일 수가 없는 지명이다. 그렇다면 궁상과 운양이 같은 지역의 다른 이름일까? 어쨌거나 확실한 것은 곡부에서 2십리 떨어진 곳에 소호금천의 무덤과 사당이 있다는 사실이다.(소호금천씨의 능묘는 산동성 곡부에 있다)

전욱고양(顓頊高陽)과 제곡고신(帝嚳高辛)

전욱고양씨와 제곡고신씨는 사당도 한 군데 있고 능묘도 한 지역에 나란히 있다. 작은 동산을 방불케 하는 거대한 능묘가 백여 보를 상거해서 나란히 모셔져 있고, 사당은 그 능묘들에서 200m쯤 앞에 작은 건물이 있는데, 그 건물 안에 두 분의 소상이 어깨를 맞대고 있다. 업적도 행적도 역사의 두꺼운 먼지에 덮여있는 이 어른들을 그래서 한 자리에 모신다. 하남성 안양시 내황현에 이제릉(二帝陵)이 있다.

전욱고양씨는 창의(昌意)의 아들이며 헌원의 손자다. 소호씨의 뒤를 이어 즉위했는데, 소호의 정치가 쇠퇴하면서 여씨(黎氏)를 일컫는 아홉 사람의 제후도 덕을 잃고 도를 어지럽혔으므로 백성과 신이 섞여 살아서 쉽사리 이것을 구별할 수가 없었다. 전욱씨는 이와 같은 난세를 이어받았으므로, 남정(南正)의 직책에 있는 중(重)이라는 사람에게 명하여 하늘에 관한 일을 관리하게 해서 그에게 모든 종교행사를 맡겼다.

또 화정(火正)의 직에 있는 여(黎)에게 지상에 관한 일을 관리시켜 그에게 모든 민정을 맡겼다. 그래서 백성과 신이 서로 범하는 일이 없고 욕되게 하는 일이 없게 되었다. 또 역서(曆書)를 만들어 맹춘(孟春)으로 원(元)을 삼았다.

〈사략〉은 역시 출생지나 죽어서 마치는 땅이 없다. 다시 소호의 사당에 적혀있는 문헌으로 돌아가 보자. 거기에는 도읍지라든가 인품에 관한 것이 비교적 자세하다.

황제의 손자요 창의의 아들이다. 서로 전해오기를 그 분은 약수(若水)에서 태어났고 제구(帝丘)―하남성 복양(濮陽)이라는 주석이 붙어 있다. 하남성의 동북지방에 복양시가 있고 복양시 안에 복양현이 있다. 산동성과 인접한 지역이어서 하택시(荷澤市)에 있는 요(堯)의 능묘를 참배하고 이제(二帝)를 찾는다면 복양시를 지나야 내황현에 닿는다―에서 살았다. 열두 살에 소호가 천하를 다스리는 일을 도왔고 스무 살에는 제위에 올랐다. 처음에는 궁상(窮桑)―곡부라고 되어 있다―에 도읍했으나 후일에 상구(商丘)로 옮겼다. 남정(南正)의 직책을 만들어서 천신을 제사하도록 했고, 북정(北正)의 벼슬에게는 백성을 다스리는 일을 맡겼다.

깊은 못과 같은 지혜가 있었으며 일을 알아서 적절하게 소통시켰다. 재

우리 上古史 기행 - 발로 확인한 桓檀古記, 符都誌의 실상

목이 될 만한 이는 가르쳐서 한 지방을 맡겨서 아름다운 풍속을 이어가니 위엄이 천하에 넘쳤다. 재위는 78년이었다. 죽어서는 동군 돈구성 밖 광양리에 장사했다.(여기서 다시 하남성 내황현 양장향이라는 주석을 달고 있다)

약수(若水)에서 태어났고 복양(濮陽)에서 성장하다가 12세의 어린 나이에 소호에게 발탁되어 벼슬을 살다가 스무 살에 임검이 되었다고 했다. 복양은 지금 능묘가 있는 내황현에서 남쪽에 위치하지만 지척간이다. 궁상(窮桑)을 소호에서는 곡부 동북이라고 했는데 여기서는 바로 곡부라고 말하고 있다. 같은 사당의 한 좌석에서 이렇듯 차이가 지지만 그것을 따질 일은 아니다.

그런데 신과 사람이 섞여 살았다는 것은 무엇을 뜻하는 것일까? 원주민과 떠돌이 사이에 생긴 모종의 마찰을 말하는 것인지도 모른다. 다시 말해 부계와 모계 사이에서 어떤 불화가 생겼을지도 모른다는 이야기다. 그래서 천신에게 제사를 모시는 일과 백성의 일이라고 확실하게 금을 그어서 말했을 것이다. 백성의 일을 맡아서 하는 관원을 〈사략〉에서는 화정(火正)이라고 하고, 사당의 기록에서는 북관(北正之官)이라 했다. 아마도 火는 北의 오자(誤字)일 것이다.

제곡고신은 현효의 손자이며 황제의 증손이다. 나면서부터 신성을 갖추고 있어 갓난아기 때부터 자기 이름을 스스로 말할 수 있었다. 전욱의 뒤를 이어 즉위하고 박(亳)에 도읍했다. 세기(世紀)에는 현효가 극교(極蟜)를 낳았고 극교가 제곡을 낳았다. 고신(高辛)이라는 이름은 그가 태어난 땅 이름이다. 인하여 (자손은) 씨족을 나타내는 명칭이 되었다. 목덕(木德)으로 임금이 되었고 재위는 75년이었다고 했다.

이것이 〈사략〉의 내용이다. 제곡에서 태어났다는 것과 박에다 도읍을 정했다고 하는 것 외에는 아무 것도 말하는 것이 없다. 박은 뒷날 은나라가 도읍했던 고을이다. 역시 소호씨 사당에 세수와 능묘에 관한 것이 있다.

넓리 만물을 이롭게 했으나 자기를 위해서 하는 일은 없었다. 눈이 밝아서 먼 곳에 일을 알았으며 지혜는 미세한 것을 지나치지 않았다. 천지간의 질서를 따라서 백성들의 위급함에 응대했고 어질되 위엄이 있었으며 은혜롭되 미더웠다. 몸을 닦는 것으로 천하를 다스렸기 때문에 일월이 비치는 것 같고 바람과 비가 알맞게 내리는 듯해서 귀복치 않음이 없었다. 세수는 105세였다. 동군의 돈정성 남쪽에 장사지냈으나 지금은 유사(流砂)[42]에 가려진바 되었다.

다른 것은 모르겠으나 무덤을 두고 이야기한 것은 지적할 수 있을 것 같다. 유사에 가려졌다고 했기 때문이다. 밀리는 모래에 무덤이 묻혔다고 하는 것도 당치가 않고 유사(流沙)가 증선지 당시의 어느 지역을 말한다고 해도 틀리는 말이다. 이제릉(二帝陵)은 지금까지도 엄존하고 있다.

---

42)　모래가 흐르는 강이란 뜻이다. 〈상서(尙書)〉 우공편(禹貢編)에 유사(流砂)가 있다. 곤륜산 넘어 약수(弱水)가 있는데 그 약수의 상류가 유사다. 〈서유기〉에는 당나라의 현장법사가 구법의 길을 갈 때 여기서 유사 밑에 숨어살던 사오정을 만나서 손오공, 저팔계와 함께 일행이 된다는 이야기가 나온다. 제곡임검의 능묘가 그렇게 멀리 있다는 것도 우선 요령부득이지만 〈서유기〉라는 소설이 증선지 시대에는 아직 없었다.

태어난 땅 제곡이 이름이 되었고 아울러 그 자손들을 지칭하는 씨족명 칭이 되었다 했다. 제곡은 하남성의 남부(南府)에 있는 땅 이름으로 옛날 은나라의 도읍지 박(亳)에서 서쪽으로 가까운 지역이다. 문헌이 이렇듯 빈약하고 보니 다만 증선지가 복희씨 이후의 삼황오제는 나타나는 데가 없다고 한 말을 상기시키고 싶을 뿐이다.

제요도당(帝堯陶唐)과 제순유우(帝舜有虞)

요·순에 대해서는 '공구가 표절한 무위이치'에서 살펴본 셈이다. 그러나 〈사략〉에서 말한 요·순이 다시 있고 우리 쪽의 기록도 있다. 거기에서는 어떤 내용을 말하고 있을까. 먼저 〈사략〉에서 말하는 요는 성이 이기(伊祈)다. 또 〈서전〉(書傳)에서는 요의 이름을 방훈(放勳)이라고만 했으나 〈사략〉은 제곡의 아들이라고 해서 혈통까지 밝히고 있다. 평양(平陽)에다 도읍을 했으며 띠집에 살았는데 처마를 가지런히 자르지도 않았다. 흙으로 만든 섬돌은 세 층이었다 했다.

여기까지만 옮겼으면 나머지는 그냥 원문이 없이 이야기해도 될 것이다. 요임금을 제요도당씨(帝堯陶唐氏)라고 하는 것은 그가 세운 나라가 도(陶)요 서울이 당(唐)였다는 뜻이다. 그러니까 평양에다가 도읍을 했다면 그 평양이 당(唐)인 것이다. 오늘의 산서성 임분현(臨汾顯)이 그곳이다. 그런데 증선지는 나라와 수도에 관한 것을 밝히지도 않고 그냥 평양에 도읍했다고만 했다.─제요도당씨의 능과 묘는 산동성 하택시의 북쪽인 목단구에 있다. 그러나 1936년에 왜놈들이 사당도 능도 다 파헤쳤기 때문에 지금은 산동성에서 세운 표지석만 남아서 복원을 기다리는 중이다.

이것을 단순한 실수라고만 하기에는 무언가 허전한 구석이 느껴진다. 그 허전한 느낌이 뭘까? 증선지도 〈서전〉을 안다. 그러니까 공자가 제왕의 모범으로 삼은 요·순을 그도 덩달아 모범을 삼은 것으로 보인다. 〈사략〉의 내용이 그것 이상을 넘어가는 것이 없기 때문에 요·순을 모범 삼았다고 말할 수가 있다.

그의 말대로 문적이 없었으므로 공자가 초석으로 다져 둔 요·순이 세월의 강물을 타고 흐르는 사이에 한껏 부풀려져 있다는 사실을 모르고 전해오는 이야기들을 그냥 비판 없이 주워서 썼거나 오히려 더 다듬고 꾸며서 썼으리라는 이야기다. 아니면 후세로 오면서 증선지의 글에다가 가필을 하는 사람이 있었을 수도 있다. 서토대륙의 역사에는 그런 일이 종종 있었다는 것을 우리가 알지 않은가. 어쨌든 〈서전〉에는 없는 이야기가 다음과 같이 붙어 있다.

먼저 명협(蓂莢)이 나온다. 백성의 수고로움을 생각해서 초막에 살았는데 처마를 가지런히 자르지도 않아서 비가 오면 지붕에서 떨어지는 낙수물이 뜰곽을 적시는 집이다. 다만 임금의 궁전인 것을 나타내기 위해서 세 층으로 된 섬돌이 있을 뿐이었다. 역시 돌로 만든다면 고생하는 백성이 있을 것이다. 그래서 손수 흙을 파다가 만든 섬돌이다.

그렇게 백성을 생각하는 임금인데 이 동화 같은 궁전의 뜰에 이상한 풀 대궁이 나타난 것이다. 보름을 한정하고 날마다 한 잎씩 나서 열다섯 개가 되면 이튿날부터는 날마다 한 잎씩 떨어져서 그믐이 되면 한 잎도 없는 맨 대궁이 되는 이상한 풀이었다. 혹시 달이 작아서 스무 아흐레가 그믐이 되는 달에는 남은 한 잎이 떨어지지를 않고 대궁에 붙은 채로 말라버린다. 그러므로 일삼아 역(曆)을 셈하지 않아도 능히 초하루와 그믐을 알 수가 있다. 요는 이것을 신명이 주는 계시라고 생각해서 그것으로 책력을 삼은 것이다. 이 이야기는 〈부도지〉에서 유호씨가 '요의 역제(曆制)는 거북과 명협의 역이요 인간의 역이 아니다'고 설파했던 것을 기억할 것이다.

이렇게 천하를 다스리기 50년이었다. 거친 베옷을 입고 잡곡밥에 명아주 국을 먹으면서 오로지 마음 닦는 일에나 부지런했을 뿐 다른 생각을 해본 적도 없었고 할 줄도 몰랐다. 호강이나 세력하고는 애초에 상관이 없었던 것이다. 그 무렵 요의 마음속에 문득 의심이 생겼다. 백성들이 정말 잘 다스려졌는지, 행여 실수가 있어서 굶주리거나 죄를 짓는 일은 없는지, 자기를 좋아 하는지 마는지를 알 수가 없었던 것이다. 그래서 측근에게 물어 보았지만 모두 모른다고 했다. 다시 조정의 여러 신하에게 물었으나 역시 잘 모른다는 대답이었다.

그 밥에 그 나물이라는 말이 있거니와 그 임금에 그 신하였던 것이다. 임금이 도 닦는 데에 전념했으므로 신하라는 사람들도 도 닦는 것이 일이었다. 임금의 비위를 맞추고 눈치를 살피는 사람이 있을 턱이 없다. 한 정부에 관원들이 모두 임금을 닮아서 하는 것 없이 정사를 살피는데 그러고도 천하가 편하지 않을 수가 있었을까? 임금은 마침내 직접 알아보기로 했다.

평복으로 갈아입고 번화한 거리에 나가서 동요를 들었다. '우리 백성이 나아감은 임금의 은혜로세. 아는 듯 모르는 듯 임금의 덕이라네.' 다시 들판으로 나왔다. 한 늙은이가 점심바구니를 둔 두렁에서 무엇인가를 씹으면서 흙덩이를 까는데 곁에 가서 수작을 걸었다. 당신은 혹시 임금을 아느냐고. 그러자 만고에 걸어두고 싶은 격양가(擊壤歌)가 그 늙은이 입에서 나온다. '해뜨면 일하고 해지면 잠자네. 우물 파서 물마시고 밭갈아 밥먹는다. 임검의 힘 따위가 나에게 무슨 소용.'

제순유우씨(帝舜有虞氏)에 대해서도 그렇다. 〈사략〉에서,

성을 요(姚)라하고 혹자는 이름을 중화(重華)라고 했다. 고수(瞽瞍)의 아들이요 전욱의 6대 손자다. 아비 고수는 후처에게 빠져서 거기서 낳은 아들 상(象)을 사랑하여 순을 죽이려고 했다. 그러나 순은 부모에게 효도하고 아우를 사랑하여 화목에 힘썼으므로 부모와 아우는 차츰 선도되어 간악한 길에 빠지지 않게 되었다. 순이 역산(歷山)에서 밭갈이 할 때는 그 지방 백성은 다 순의 덕화에 감화되어 서로의 밭두둑을 양보할 만큼 겸양해졌고, 뇌택(雷澤)에서 고기잡이를 서로가 좋은 낚시터를 양보하게 되었으며, 하빈(河濱)에서 질그릇을 구울 때는 서로가 다투어 불량품이 없이 만들게 되었다.

이리하여 순은 이르는 곳마다 1년이 되면 모여드는 사람이 마을을 이루었고, 2년이 지나면 읍이 되었으며, 3년째에는 도시가 되었다. 요임금은 이런 순의 덕망을 듣고 마침내 밭고랑에서 뽑아 올려 크게 쓰고 아황(娥黃)과 여영(女英)의 두 딸을 시집보냈다. 마침내 순은 요의 재상이 되어 섭정을 했는데, 간신 환도(驩兜)를 쫓아버리고, 공공(共工)을 귀양 보내고, 곤(鯤)을 가두고, 삼묘(三苗)를 멀리 추방하였다… 순은 남쪽을 순행하고, 창오(蒼梧)의 들에서 죽었다. 재위는 61년이었다. 우(禹)가 즉위했다.

여기서도 그가 왜 제순유우씨(帝舜有虞氏)인가를 말하지 않는다. 혹 그럴 생각이 없는 것은 아니었을까? 그는 요의 뒤를 이은 임금이었으니 나라가 따로 있지 않다. 그러니까 유(有)는 그 사람의 성(姓)일밖에 없다. 유호씨(有戶氏)의 아들이었고 유상(有象)의 형이었으니 순임금도 성이 유씨(有氏)일 것은 자명하다. 유우(有虞)의 虞는 요에게서 받은 벼슬이름이다. ─제순유우씨는 호남성 영원현 구의산에 사당이 있다. 영능은 내가 가서 본 고장 중에 가장 산수가 빼어난 곳이었다. 임금의 능묘는 산서성

우리 上古史 기행 - 발로 확인한 桓檀古記, 符都誌의 실상

영제현에 있다. ―

산택(山澤)을 다스리는 임무였으니 당시의 9년 홍수를 다스렸다는 것이 바로 나타나는 대목이다. 역산에서 밭갈 때는 코끼리가 와서 돕고 김맬 때는 까마귀가 와서 도왔다는 것은 맹자가 지어낸 시나리오였다는 이야기를 한 바가 있으므로 그것으로 충분할 것이다. 그런데 역산에서 밭갈고 뇌택에서 고기잡이를 하고 하빈에서 질그릇을 구웠다는 이야기는 이중환의 〈택리지(宅里志)〉가 사민총론(四民總論)에서 꾸어다가 쓸 만큼 유명한 고사가 되어버렸다.

사대부가 되지 못하는 백성의 네 계급인 사(士) 농(農) 공(工) 상(商)의 유래를 순임금의 행적으로 설명하면서, 역산에서 밭가는 것은 농사꾼의 일이요, 하빈에서 질그릇을 만든 것은 바치의 일이요, 뇌택에서 고기를 잡아다가 판 것은 장사꾼의 일로, 백성된 자가 마땅히 가지는 직분으로 말한 것이다. 잘되었든 못되었든 한 번 문헌이 되고나면 이렇듯이 영향은 만대에 미치는 법이다.

그런데 속이 보이는 대문이 하나 있다. 끄트머리에 순임금이 남쪽 나라를 순행하다가 창오에서 병들어 죽었다고 하는 말이다. 〈부도지〉에서는 '하우가 순에게 아비를 죽임당한 원한이 있으므로 창오에서 죽여 버렸다'고 하지 않았는가. 〈사략〉에서 '곤(鯤)을 가두었다'고 하는 대문은 13년이나 홍수를 다스리지 못하는 곤을 우산(羽山)에서 죽인 일을 말하는 것이다. 당시는 순이 섭정을 하던 때라 곤에게 국법으로 책임을 물을 수밖에 없던 때다. 이 일은 공자의 〈서전〉에도 실려 있다. 그런데 〈훈단고기〉에는 유순(有舜)에 대하여 좀 색다르게 보이는 기록이 있다.

단군왕검은 제요도당과 나란히 군림했다. 요임금의 덕이 날로 쇠퇴하자

서로 땅을 다투는 일을 쉬지 않았다. 천왕은 마침내 우순(虞舜)에게 명하여 땅을 나누어 다스리도록 병력을 파견하여 주둔시키고, 함께 요임금의 당(唐)나라를 칠 것을 약속하니 요가 마침내 힘이 달려 순에게 의지해 생명을 보전하고 나라를 양보하였다.

　이에 순의 부자와 형제가 다시 돌아와서 같은 집에 살게 되었으니 대저 나라를 다스리는 길은 공경하고 효도하는 일을 앞세우게 되었다… 이에 우(虞)를 낭야성에 두어서 이로써 구려분정(九黎分政)의 뜻을 정했다. 〈서경〉에서 말하는 바의 '동순하여 망제(望祭)를 지내고 마침내 동후(東后)를 찾아 뵙다'는 기록이 이것을 말함이다.

단군왕검이 요와 나란히 등극했다는 기록은 〈삼국유사〉의 기록과 일치한다. 조선의 역사를 삼국으로 시작하는 〈삼국사기〉나 〈삼국유사〉라면 이 대문을 특별히 생각할 것이 없다 하겠으나, 기왕에 붉달민족의 뿌리부터 역사를 더듬어온 우리는 그럴 수가 없다. 〈부도지〉에서는 요의 배반을 확실하게 말했고 〈훈단고기〉에서는 9년 홍수를 두고 몇 군데서 요·순이 단군의 도움을 받아 물길을 잡았다고 했다.

　여기서는 천왕이 우순을 명령하여 함께 요를 칠 것을 약속하고 군대까지 보낸다. 여기서 말하는 천왕은 단군왕검이다. 모계의 습관이 전승되던 붉달 ─ 배달 ─ 나라의 묵은 전통을 말끔히 씻고 확실한 부계의 나라로 천하를 통일하면서 조선을 세웠다면 그 조선의 첫 번째 천자가 제1세 단군왕검이기 때문이다. 그러나 부도의 법을 배반하고 떨어져나간 요(堯)까지는 흡수하지 못한 불완전한 천하통일이다. 우리는 이것을 전제하고 이 부분을 읽어야 한다.

　그런데 삼훈관경본기의 마훈세가(馬韓世家)에서는 갑작스럽게 유순(有

舜)과 함께 요를 공격하는 것으로 되어 있다. 〈훈단고기〉의 어느 부분에도 이런 이야기가 없다가 불쑥 튀어나온 사단이다. 이것을 어떻게 보아야 될까. 더구나 유순의 부자와 형제가 다시 돌아와서 한 집에서 살게 되었다고 한다. 이것은 〈훈단고기〉에는 빠져 있지만 〈부도지〉에서 말하는 대로 유순이 오행법을 주장하는 요에게 붙은 사단으로 인해서 그들 부자의 사이가 나빠졌었음을 은연중에 암시한다. 그리고 다시 한 집에서 살게 되었다는 것은 가정의 불화가 끝났음을 말하는 것이다.

요의 당나라가 단군왕검과 순의 협공을 견디지 못해서 순에게 나라를 양보하고 목숨을 구걸했다는 내용은 아직까지 어느 문헌에도 없는 내용이다. 〈맹자〉의 만장(萬章)편에도 그렇고, 〈부도지〉의 주장하는 바도 그렇고, 순이 요의 두 딸에게 장가를 든 것은 거의 확실한테 그렇다면 둘 사이가 나쁠 턱이 없지 않은가. 무엇인가 우리들이 모르는 사정이 있는 듯도 하지만 그러나 그것이 그리 중요한 것은 아니다.

중요한 것은 유순을 낭야성에 두고 그때부터 구려분정(九黎分政)의 뜻을 정했다고 한 것이다. 낭야성은 오늘의 청도에서 지척인 산동성 제성시 부근이다. 그곳을 우순(虞舜)에게 맡기면서 드디어 구려(九黎)를 나누어서 다스리기로 작정을 세웠다는 것이다. 짧게 지나치는 말이지만 내용은 결코 단순하지 않다. ─앞뒤 일의 얼개를 헤아리건대 우순(虞舜)은 결국 단군왕검의 명령을 좇아서 요를 배반하고 있다. 그렇게되자 앞뒤가 모두 막혀버린 요는 우공 벼슬─虞는 산천을 다스리는 벼슬 이름이다─의 순에게 자기의 나라 도(陶)를 넘기고 죽었다고 보인다. 거의 포위가 된 상황에서 피할 수 없는 운명을 맞은 것이다.

9훈과 9려는 복희의 붉달나라 [桓]가 여와가 다스리던 모게나라 [黎]와 합쳐지면서 넘나들던 이름이다. 따라서 9려를 나누어 다스리기로 했다는 것은 곧 천하를 나누어 다스리기로 했다는 말과 맞통한다. 이것이 어떻게 간단한 사건일 수 있는가.

실은 순으로 처음 번훈(番韓)을 삼았기 때문이다. 말훈(馬韓)·번훈(番韓)·신훈(辰韓)의 삼훈을 알것이다. 처음 말훈이 된 사람은 웅백다(熊伯多)였다는 것이 말훈조(馬韓條)에 나온다. 신훈은 물론 천자인 단군왕검이 다스린다. 구려를 나누어서 다스리기로 했다는 것이 이제 이해가 되었을 것이다.

그러나 단군왕검이 순으로 번훈을 만들었다는 이 기록을 나는 의심한다. 순은 〈부도지〉에서 유호씨가 말하는 대로 창오(蒼梧)에서 하우(夏禹)의 손에 죽은 것이 맞기 때문이다. 순의 두 아내 아황과 여영도 소상강 물에 투신해서 죽었다는 것은 저 서토인들이 기록해서 전하는 모든 문헌에 들어 있는 말이다. 악양루가 있는 동정호로 소상강은 들어간다. 그 소상강(簫湘江) 주변에 대나무가 이비(二妃)의 피눈물에 아롱아롱 얼룩이 졌다는 것도 그것의 한 증거일 것이다.

창오에서 죽은 순에게는 상균(商均)이라는 아들이 있었다. 그의 이야기가 〈부도지〉에도 〈훈단고기〉에도 들어있지 않지만, 그는 아버지인 순(舜)을 따르지 않고 할아버지의 나라 조선에서 벼슬을 했다는 기록이 있다. 그 상균이 단군의 명으로 번훈이 되었다고 하면 사개는 맞는다. 태백일사에는 그것을 두고 순의 부자가 다시 한 집에서 살게 되었다고 짝이 안 맞는 소리를 했을 것이다.

여기까지가 삼황오제에 대해서 드러나는 대략이다. 삼황오제라고 해서 특별히 덕망이 높은 여덟 분들을 선별해놓고도 자료가 없어서 안타까워했던 증선지의 심정이 어떠했을까. 그의 착잡한 심사가 보이는 듯도 하다. 더욱이 그는 삼황오제로 전해지는 분들이 자기네 원나라와 같은 혈통을 가진 민족이라는 것 말고는 더 이상 아는 것이 없었을 것이다.

다시 말해 그 여덟 분들이 서토대륙의 천자가 아니라 천자에게서 봉토를 받은 지방제후라는 사실을 잘 몰랐다는 이야기다. 그랬기 때문에 황제와 치우의 한 판 싸움을 두고 서토인들이 전하는 그대로 치우가 황제에게 졌다는 '치우패전설'을 그대로 기록하는 우를 범했던 것이다. 토박이 한족들이 기록해온 역사에 염증을 내고 몽골족의 입장에서 옳은 역사를 지어보자해서 붓을 든 그가 또 다시 황제가 치우를 사로잡았다고 말해 원주민들 편을 든 것은 서글픈 난센스다.

실제로 그가 역사를 잘못 기록했을 수도 있었다는 방증이 그가 쓴 〈사략〉에 흔적으로 남아 있다. 여와씨가 죽고나서 공공씨(共工氏)·대정씨(大庭氏)·백황씨(栢皇氏)·중앙씨(中央氏)·역육씨(歷陸氏)·여연씨(驪連氏)·혁서씨(赫胥氏)·존노씨(尊盧氏)·혼돈씨(混沌氏)·호영씨(昊英氏)·주양씨(朱襄氏)·갈천씨(葛天氏)·음강씨(陰康氏)·무회씨(無懷氏) 등의 풍성이 15세를 전했다고 기록하고 있다. 뿐 아니다. 염제가 죽고나서도 제승(帝承)·제임(帝臨)·제칙(帝則)·제백(帝百)·제양(帝襄)·제유(帝楡)의 여덟 임검이 강성(姜姓)을 520년을 전했다는 것이다.

우리는 이 대목에서 생각해야 한다. 여와씨가 죽은 뒤에 풍성을 가진 임검이 15대를 전했다고 했지만 실제로는 14대뿐이어서 1대가 모자란다. 염제에서 황제에 이르는 강성의 임검들도 8대라고 했지만 2대가 빠진 6대뿐이다. 왜 이렇게 되고 말았을까. 또 그 이유가 무엇일까. 생각하고 생각한다. 15대가 된다는 숫자는 어렵지 않게 전해질 수가 있지만 정작 이름을 전한다는 것은 그리 녹녹한 대목이 아니다.

그렇게 생각한다면 역사의 먼지가 이미 두껍게 쌓였을 그 시절에 1대만 상실하고 14대를 전했다는 게 오히려 다행스럽기까지 하다. 허나 염제에서 황제에 닿는 시절은 다르다. 후세로 많이 당겨져 있기 때문에 두 분씩이나 이름조차 잃어버렸다고 한다면 누구의 느낌에도 수상할 것이다. 더구나 황제가 서토인들의 조상이라면 그 직계에 대해서는 더욱 잊을 수가 없는 법이다. 그런데 강씨 임검들을 8세라 해놓고 6세 밖에 쓰지 않았다.

그렇다면 일부러 2세를 제외시켰을 가능성을 배제할 수가 없다. 그 2세가 혹시 중앙정부의 천자들 편을 들었거나 아니면 부도(符都)의 법을 받아들이자 해서 헌원의 정치적인 감각이나 풍속에 해가 되는 짓을 한 것은 아니었을까? 우순이 부도를 배반했듯 그쪽이라고 해서 그런 인물이 나지 말라는 법은 없다. 정말 그렇게 된 것은 아니었을까?

건곤일척의 탁록전 **07**

여기서 말하려는 탁록(涿鹿)의 싸움은 대개 4천 8백 년 전에 치우와 헌원이 패권을 다투어서 생긴 것으로 그때까지는 일찍이 유례가 없던 큰 전쟁이었다. 이 싸움에 대한 결과는 전하는 기록에 따라 다르다. 서토인들은 황제가 이긴 싸움이라고 하고 우리 쪽에서는 치우가 이겼다고 전해온다. 까닭이 있다. 서토인들에게는 황제헌원이 제 조상이므로 늘 조상편을 들 수밖에 없어서다. 그러나 헌원은 엄연히 치우와 같은 동이족의 자손이다. 동족끼리 치고받은 싸움이었지 서토의 원주민 핏줄과는 아무 연이 닿지 않는다.

헌원은 그 혈통이 붉달나라에 속한다. 소전(少典)으로 불리는 진(陳)의 신하 막배(莫杯)의 아들이기 때문이다. 또 소전을 유웅국(有熊國)의 군주라고 했지만 그도 복희씨가 그랬던 것처럼 곰 토템의 모계나라에 부계문명을 전하러 갔을 것이다. 막배에게는 아들 형제가 있었는데 큰아들이 석년(石年)이고 둘째가 욱(勖)이다. 욱의 자손이 8대를 내려가면 계곤(季昆)이라는 이름이 나온다. 헌원은 계곤을 아버지로 해서 태어난다. 여기까지는 앞에서 말한 데가 있다. 그리고 막배의 큰아들은 복희에게 발탁되어서 진(陳)의 후계자가 되는 신농씨라는 말도 했다. 이렇게 헌원의 혈통을 밝히는 것은 저들의 기록이 아니라 우리의 태백일사다.

황제헌원이 서토 원주민들의 조상이 되는 데는 그럴만한 이유가 있었다. 그 이유도 앞에서 밝힌 바 있다. 신시에서 우사(雨師) 벼슬을 얻은 헌원은 무슨 일인지 제 직책에 소홀하다는 죄를 얻어 치우천왕으로부터 쫓겨나게 된다. 그리고 그 앞에 치우천왕으로부터 먼저 황하의 북쪽으로 내쫓김을 당한 호랑이 토템족을 찾아간다. 붉달나라의 법속에 들어오지 못하고 끝내 외진 변두리로 같은 무렵에 내몰린 원주민을 역시 붉달나라의 치우천왕으로부터 쫓겨난 헌원이 찾아간 것은 자연스런 노릇이다.

원주민들이 그를 환영했다는 것은 보지 않았어도 훤하다. 그때부터 그들은 서로를 하나로 생각했고, 배포 크고 머리 좋은 헌원이 우두머리가 되었다는 것도 어렵지 않게 짐작할 수 있다. 신시본기에서는 호랑이 토템족이 마늘과 쑥의 시험에서 미끄러지는 까닭을 '굶주림·추위·아픔·고통을 견디지 못하고 태만하고 조심성이 없어서 계율을 지키지 못했'고 했다. 헌원 또한 우사 벼슬을 살면서도 짐승을 치는 제 직무에 충실하지 못하고 엉뚱했다면 미련하고 고집스럽지만 자기네 전통을 잃지 않으려는 무리들과 기질적으로 맞았다고도 할 것이다.

당연하지만 〈사략〉에는 헌원에 대한 혈통이 없다. 그냥 성이 공손(公孫)이었고 또 희(姬)라고도 했다는 것과 유웅국(有熊國) 군주인 소전(少典)의 아들이었다고만 했다. 여기 유웅국의 군주 소전의 아들이라고 한 대목은 유웅국이 곰 토템의 원주민들 나라로 여와씨(女媧氏)가 통치했던 여(黎)나라인 것을 쉽게 떠올릴 것이다. 그 모계사회의 여나라를 복희씨 쪽에서는 반드시 진(陳)으로 기록한다는 것도 말했고, 뒤로 오면서는 차츰 9려(九黎)나 9훈(九桓)으로 말해서 복희의 진나라가 여와의 여나라와 한 덩어리가 되어 있다는 것도 이미 말했다.

그렇다면 유웅국은 아직 모계의 습관을 벗지 못한 여와씨의 제후국인 것이 가늠된다. 모계사회에다 부계의 살림을 가르치는 것이 목적인 복희씨는 뛰어난 신하 막배를 유웅국에 군주로 보냈고, 그 모계의 나라 유웅국에서 부계살림을 전파하는데 성공했으므로 소전이라는 자랑스런 칭호를 얻게 되었을 것이다. 그러니까 소전은 막배에게 붙이는 관형사에 해당하므로 소전막배(少典莫杯)가 되는 셈이다.

　　이어서 〈사략〉에서는 그 어머니가 큰 번개가 북두칠성의 첫째별인 추성(樞星)을 감싸는 것을 보고 감응해서 헌원을 낳았다고 했다. 헌원(軒轅)이라는 이름은 그가 헌원이라는 곳에서 살았으므로 그것이 이름이 되었고 황제(黃帝)인 것은 토덕(土德)의 왕이었기 때문이다. 부도의 법에서 보면 동서남북 그리고 중앙방위에다가 금·목·수·화·토를 비정하는 것이 아무 근거 없는 엉터리다. 그런데도 황제는 중앙을 거느리는 토덕(土德)의 제왕으로 표기된다. 그러니까 끝내 부도의 법을 무시한 셈이다. 염제의 시대가 쇠약해질 무렵 제후들이 전쟁을 일으키는 것을 보고 헌원은 방패와 창을 만들어서 정벌을 시작하자 많은 제후들이 귀복했으며 염제와는 판천(阪泉)에서 싸워 이겼다고 했다.

　　그러나 방패와 창을 만들었는지는 모르지만 염제와 싸웠다는 것은 맹랑한 소리다. 헌원의 아버지 계곤이 욱의 8대 손자인데, 욱의 친 형님되는 석년 — 염제신농 — 과 어떻게 전쟁을 했다는지 요령부득이기 때문이다. 굳이 따진다면 염제가 황제의 9대 할아버지가 된다. 일이 이렇게 된 것은 토박이 원주민들이 황제헌원의 가계를 불분명하게 만들고 그 틈을 이용하여 이런 터무니없는 허위를 만들었기 때문일 것이다. 이런 허위가 왜 필요했을까? 그 허위의 요소가 치우와의 전쟁에서 잘 드러난다.

치우가 세상을 어지럽히기 시작했는데 그 사람은 이마가 구리쇠였으며 능히 큰 안개를 일으킬 수 있었다. 황제는 지남거(指南車)를 만들어서 치우와 싸워 탁록의 들에서 그를 사로잡았다. 마침내 염제를 대신해서 천자가 되었다.

염제를 대신하여 천자가 되었다고 한다. 이것만으로도 염제가 천자가 아니라는 것을 아는 눈에는 허위의 요점이라 할 만하다. 그러나 그것은 어차피 여기서 캐고 들 문제가 아니다. 문제를 삼을 것은 바로 치우를 사로잡았다는 대목인데, 이제 때가 이르렀으므로 차분히 살펴보기로 하자.

치우와 황제가 전쟁을 시작하는 동기는 치우가 유망(楡罔)의 진(陳)을 정벌하면서부터다. 그러니까 복희씨에서 시작된 진나라가 신농씨를 지나 신농의 8세 손자인 유망에 이르러서 휘청거렸던 것이다. 그 시절에 나라가 휘청거렸다면 그 속내는 곧 임검된 자의 실덕을 의미한다. 또 그 시절 전쟁의 명분은 덕을 잃고 백성을 고단하게 하는 군주를 쳐서 백성들을 구하는 것이었다.

…유망(楡罔)의 정치가 쇠약해지자 군대를 일으켜서 정벌했다. 집안과 가문에서 장수가 될 만한 인재를 81명을 골라 여러 부대의 대장이 되게 하고, 갈로산(葛盧山)의 쇠를 캐서 도개(刀鎧) 모극(矛戟) 대궁(大弓) 호시(楛矢)를 만들어 하나 같이 잘 다듬더니 탁록을 공격하여 함락시켜서 9주를 평정시켰다(登九渾). 연전연승하는 그 위세는 질풍과도 같아서 만군을 겁에 질려 굴복케 하고 위엄은 천하에 떨쳤다.

한 해 동안에 무릇 아홉이나 되는 제후의 땅을 점령하고 다시 옹호산(雍狐山)에 웅거하여 구야(九冶)[43]로써 수금(水金)과 석금(石金)을 개발하여 예과(芮戈)와 옹호(雍狐)의 창을 만들어 내고, 다시 군사를 정돈하여 몸소 이들을 이끌고 양수(洋水)를 건너 출진하더니 재빨리 공상(空桑)에 이르렀다. 공상은 지금의 진류(陳留)이며 유망이 도읍했던 곳이다.

이 해에 12제후의 나라를 점령하고 죽이니 쓰러진 시체가 들판을 가득 메우게 되었다. 이에 서토의 백성들은 간담이 서늘해 도망쳐 숨지 않는 자가 없었다. 때에 유망은 소호(少昊)로 하여금 마주 싸우게 하였으나 대왕은 예과와 옹호극을 휘두르며 소호와 크게 싸우고 또 큰 안개를 일으켜 적의 장병들로 하여금 혼미케 하여 스스로 혼란에 빠지게 하였다. 소호는 대패하여 변방으로 도망치더니 공상으로 들어가 유망과 함께 달아났다.

때에 공손헌원(公孫軒轅)이란 자가 있었으니 토착백성들의 우두머리였다. 처음 치우천왕이 공상에 입성해서 크게 새로운 정치를 편다는 말을 듣고 감히 저 혼자 즉위하여 천자가 될 뜻을 품고 크게 병마를 일으켜 공격해 와 더불어 싸우려했으므로, 치우천왕은 먼저 항복한 장수 소호를 보내 탁록에 쳐들어가서 이를 에워 싸 전멸시켰다.

……이에 이르러서 기주(冀) 연주(兗) 그리고 회수(淮)와 태산지방의 땅(岱)을 모조리 점령하고자 하여 곧 탁록에 성을 쌓고 회수와 태산지역을 점령하였다. 이에 헌원의 무리는 모두 다 신하 되기를 원하며 조공을 바쳤다. 대개 당시의 서토인들은 함부로 활과 돌의 힘을 믿고 갑옷의 쓸모조차 알지 못했는데, 치우천왕의 법력이 높고 강력함에 부딪쳐 마음에 놀랍고 간

---

43)   冶는 쇠를 불에 익혀서 망치로 두들기는 것을 말한다. 곧 풀무질이다. 풀무질을 아홉 번을 했다는 것인데, 쇠는 풀무질을 통해서 잡티가 빠지면서 강해지는 법이다. 그 시절에 벌써 그런 제련기술이 있었으니 무기가 뛰어날 수밖에 없다. 서토인들의 무기는 무겁고 둔하지만 조선의 무기는 가볍고 명쾌하다. 능히 쇠를 자르는 명검은 바로 풀무질을 잘하는 데서만 나온다는 것이 이것을 두고 하는 말이다.

담이 서늘하여 싸울 때마다 늘 패했다.

치우천왕은 더욱더 군세를 갖추고 사방면으로 진격하여 10년 동안 헌원과 싸우기를 73회였으나 장수는 피로의 기색이 없고 군사는 물러설 줄 몰랐다. 뒤에도 헌원은 여러 차례 싸웠으나 매양 졌으므로 분(憤)은 더욱 높아졌다. 크게 군사와 병마를 일으켜 우리 신시를 본떠 널리 병장기와 갑옷을 만들고 또 지남거(指南車)도 만들어서 감히 온갖 싸움에 출전하였다.

천왕은 불 같이 진노하시어 노여움에 부들부들 떠시더니 형제와 집안에 권속들(宗黨)로 하여금 싸움의 준비에 힘쓰도록 하면서 위세를 떨쳐서 헌원의 군대로 하여금 감히 공격해 올 생각을 못하게 하셨다. 헌원으로 더불어 한 바탕 큰 싸움이 일어나자 한 모서리(一陣)를 마구 죽여버린 후에야 분을 눌렀으니, 이 싸움에서 우리 쪽 장수에 치우비(蚩尤飛)라는 자가 불행히도 급하게 공을 서둘다가 (부상을 입고 돌아와서) 진중(陣)에서 죽게 되었다. (《사기》에서 말하는 '치우를 잡아 죽이다'라고 기록한 대목은 아마도 이것을 말한 것인 듯하다)

천왕은 크게 화가 나시어 군대를 움직여 새로이 돌을 날려 보내는 기계를 만들어서 진을 치고 빈틈없이 진격하니 적진은 종내 저항할 방도조차 없었다. 이에 정예(精銳)를 나누어 파견하여 서쪽으로는 예(芮)와 탁(涿)의 땅을 지키고, 동쪽으로는 회(淮)와 대(岱)의 땅을 취하여 성읍을 삼게 해서, 헌원의 동쪽 침략의 길을 막게 하였다.

이외에도 상당한 기록이 있지만 황제헌원과 벌인 전쟁을 전하는 것은 이 정도로 충분할 것이다. 10년 동안 73회를 싸우고도 정작 결판을 짓는 싸움이 그 후에 있었다면 가히 건곤일척의 전쟁이었다고 할만하다. 전쟁의 시작 지점과 중간에 전쟁의 무대가 되는 지역들의 이름 그리고 마무리가 어떻게 되는지를 나누어서 살펴보면 전체적인 귀추가 드러날 일이다.

유망이 실덕을 해서 나라가 어지러웠으므로 그 백성을 구제하기 위해 치우가 군대를 일으켜서 생긴 전쟁이다. 유망의 나라는 본시 완구(宛丘) —오늘의 하남성 회양현— 에서 복희씨가 시작한 진(陳)이다. 그런데 유망의 도읍을 공상(空桑)이라 해놓고 지금에 와서는 진류(陳留)라고 했으니 이 기록을 남긴 이맥의 시대에 이르러서는 다시 이름이 바뀐 것이다. 복희에서 신농을 거쳐 유망에 이르는 세대가 9대이니 그 동안에 시절이 변해졌음을 알 수 있다.

그런데 진류로 정벌을 나서는 치우천왕은 어디에서 출발을 한 것일까? 그러니까 천자가 있는 중앙정부는 어느 곳에 있었느냐는 이야기다. 궁금하기로 들면 이 대목이 가장 궁금하다 하겠는데 태백일사의 어디에도 이것이 없다. 그냥 미끈하게 빠져있는 것이다. 그러나 여러 가지로 상고하건대 청구(青邱)가 아니었을까 생각해본다. 청구가 아니고는 태백일사의 많은 기록이 사개가 맞지 않는다. 아니 〈훈단고기〉 전체가 뒤틀리는 것이다.

그래서 청구로 가정을 해둔다. 홍산문화가 발견된 시라무렌허와 요하 일대 특히 대릉하 유역이 청구라야 된다는 비정은 앞에서 거처 온 바가 있다. 꼬집어낼 수가 없는 요녕성의 어느 지역이거나 적봉시가 있는 내몽골의 어디쯤에 치우천왕의 장엄한 궁궐이 있었고, 그래서 천자의 궁궐과 웅장한 규모의 중앙정부 건물들이 즐비하게 늘어선 그곳을 일컬어 청구로 불렀을 것이다. 아니면 홍산문화의 중심이랄 수 있는 인근의 조양시(朝陽市)나 부신(阜新) 같은 지역이 될 수도 있다.

—앞에서 우리는 헌원이 청구국의 대풍산을 지나다가 자부선생의 소문을 듣고 찾아가서 삼황내문경(三皇內文經)을 받아 왔다는 대문을 읽은

바 있다. 그리고 청구에 있던 치우천왕은 황하 건너에 위치한 제후국인 유망의 진(陳)나라가 정치를 바로세우지 못하는 것을 보고 정벌에 나섰을 것이다.

갈로산(葛盧山)과 옹호산(雍狐山)의 쇠를 캐서 아홉 번씩 풀무질을 한 다음에 여러 가지 무기를 만들었다고 했다. 〈사기〉의 태강지지(太康地志)에 낙랑의 수성현에 갈석산(碣石山)이 있어서 지금의―사마천 시대의―조선과 경계가 된다고 했다. 갈석산과 갈로산은 발음에서도 비슷한 데가 있지만 갈석산은 실제로 좋은 쇠가 난다. 언젠가 텔레비전의 '역사 스페셜'에서 고구려 병장기에 쓴 쇠가 아주 질이 좋아서 현대의 공구에 비겨도 거의 손색이 없다는 내용을 본 적이 있다.

고구려의 병장기 역시 아홉 번씩이나 풀무질을 하는 제련의 기술이 없고는 안 될 것이지만 일단 좋은 쇠였다는 데에 무게를 실은 방영이었다. 서토인들의 무기가 크고 무거워서 실전효능이 떨어지는 반면 고구려의 무기는 작고 가벼워도 능히 서토의 무기를 대적하고 남았다는 것이 까닭이 있는 것이다. 그 까닭을 나는 치우천왕의 9야(冶)에서 찾는다.

또 공상으로 부르다가 진류라고 부른 유망의 도읍지는 어디일까. 하남성 개봉 부근이다. 오늘의 하남성 성도인 정주와 지척간인데 개봉에서 동남쪽으로 26km 떨어진 곳에 진류진(陳留鎭)이 있다. 지금은 보잘것없는 시골 면단위의 행정부가 들어서 있지만 그곳 주민들 말을 들으면 본래 개봉부가 그곳에 있었다고 한다. 시절 따라서 그런 변천이야 있을 수 있는 일이다.

그렇다면 양수(洋水)를 건너서 공상에 이르렀다 했는데, 여기의 양수는 어느 물줄기를 말하는가. 정주나 개봉이 황하에 기대고 있는 것으로 보아 혹 하수(河水)를 말하는가? 그럴 수도 있다. 또 하수 아래에 회수(淮水)라는 큰 물줄기가 양자강으로 들어가면서 많은 지류들을 거느리는데 그 중에 양수가 있을 수도 있다.

그러나 문맥으로 보아서는 전쟁이 시작되면서 곧장 공상으로 진격을 한 것이 아니라 여러 해를 지나서 양수를 건넌다. 회수의 지류가 되는 양수일 수도 있고 바로 황하를 건넜다는 말일 수도 있다. 요점은 그 양수지역이 서토대륙의 중심부에 있다는 점이다. 여기서 치우천왕이 전쟁 중에 휩쓸고 다녔던 여러 지역의 이름들이 나온다. 회(淮) 대(岱) 예(芮) 탁(涿) 기주(冀州) 연주(兗州) 등이다. 이 이름들이 거의 모두 서토대륙의 중심부에 위치한다.

연주와 기주는 〈〈서전〉〉의 우공편에도 익히 소개가 된 지방 이름이다. 기주는 오늘의 산서성과 하북성 일대요 연주는 산동성과 하남성을 걸터타고 있다. 회·대·예·탁은 모두 그 안에 들어있는 지방 이름이다. 연주 안에 회수(淮水)와 대(岱)—泰山—가 있고, 기주에 예(芮)라는 지명과 탁록(涿鹿)이 있는 것이다. 그러니까 하수를 가운데 두고 벌어지는 넓은 지역을 치우천왕과 헌원은 10여 년의 전쟁으로 마구 어질렀었다고 보면 된다.

치우천왕은 제14대 흔웅천왕의 다른 이름이다. '치우(蚩尤)는 번개와 비를 크게 내려서 산과 강을 바꾸는 것을 뜻한다'고 했다. 서양인들로 치면 그리스 신화에 나오는 제우스나 로마 신화의 주피터 이상의 신이라 할만하다. 올림포스 산정에 앉아서 손에 벼락을 들고 있기 때문에 신들 중에서도 우두머리 신 노릇을 하지만 그들에게도 산과 강을 바꾸는 권능은 없다.

치우에게 이런 개벽의 능력이 있다고 생각한 것은 당시의 사람들이 얼마나 그를 두려워했는지 짐작케 한다. '구리 머리에 쇠 이마'로 소문이 난 사람이다. 〈운급헌원기(雲笈軒轅記)〉란 책에 "치우가 처음으로 갑옷과 투구를 만들었는데 당시의 사람들이 알지 못하고 구리로 된 머리에 쇠로 된 이마라고 치우를 말한다"고 해서 그 자초지종을 설명하고는 있다. 뿐이 아니라 그에게는 큰 안개를 만들어서 상대방을 혼란에 빠뜨리는 신통력도 있다.

헌원이 안개 속에서도 정확한 방향을 알 수 있는 지남거를 만들어서 대항한 것은 역시 대단하다. 그야말로 헌원다운 짓을 한 것이다. 그러나 한계를 헤아릴 수 있는 헌원의 지혜와 한계를 넘어서는 치우의 권능은 처음부터 비교대상이 아니다. 결국 10년 동안에 73회나 싸우고 또 한 판을 더 싸운 전쟁에서 헌원은 패전의 막을 내린다.

기주와 연주에 들어있는 노른자위 땅들을 다 내주게 되니 그 땅이 회·대·예·탁이다. 패전을 한 헌원에게는 그후에 어쨌다는 뒷말이 없다. 제후로써 천자에게 도전장을 낸 것이 하극상 죄목의 분수를 넘은 짓인데도 그것에 대한 도덕적 평가가 없고 치우 쪽에서도 어떤 처벌을 했다는 이야기가 전혀 없는 것이다. 다만 치우에 대해서는 이렇게 전한다.

> … 유방(劉邦)은 동이 계통의 인물이 아니라고 하지만, 병대를 풍·패(豊沛)에서 일으켰는데 곧 풍과 패의 풍속은 치우에게 제를 지내므로 나라도 역시 그 풍속을 따라 치우에게 제를 지냈다. … 진나라 땅이 이미 평정되니 축관(祝官)에게 명하여 치우의 사당을 장안에 세우게 하였다. 그가 치우를 존경함이 이 같았다.

진(晉)나라의 천문지(天文誌)는,

> 치우깃발은 꼬리별인 혜성과 비슷하여 뒤가 꼬부라져서 깃발을 닮았다.

깃발이 보이는 곳 바로 밑에 병란이 있다 했으니 이는 치우천왕이 승천하여 별이 되신 때문이다.

무릇 인간사에 전하는 이런 유형의 신화가 있다. 생로병사를 벗어나지 못하는 것이 인간이로되 그 능력이 능히 천지개벽을 했다거나 하늘에 올라가서 별이 되었다고 말하는 유형이다. 지금 치우가 바로 그렇다. 그렇게 인간의 능력을 초월해 있는 치우에게 인간의 능력뿐인 헌원이 싸워서 이길 수는 없는 노릇이다.

이렇게 해서 복희씨가 봉토로 받았던 진나라는 어질지 못한 9대째의 자손 유망에 이르러서 정벌을 당하고 사라진다. 그 정벌이 단서가 되어 일개 제후였던 헌원이 천자인 치우에게 감히 도전장을 냈으나 탁록에서 사로잡히고 천하는 마침내 평정된다. 만약 헌원이 그 싸움에 끼어들지 않았다면 건곤일척의 큰 전쟁도 없었을 것이고 자오지(慈烏支) 훈웅천왕도 조용한 생을 마감해서 굳이 치우라는 영웅칭호를 얻을 일이 없었을 것이다.

지금 하북성의 탁록현 반산진(磻山鎭)에 가면 중화 삼조당(中華三祖堂)이라는 사당이 있다. 헌원(軒轅)을 가운데에 모시고 염제(炎帝)와 치우(蚩尤)를 좌우에 모신 사당이다. 이 분들이 중원문화를 찬란하게 일으켰다는 미사여구가 많지만 속 내용은 염제와 치우를 그 들판에서 싸워 이겼다는 것을 증거 삼는다는 속셈일 것이다. 염제와의 싸움은 판천(阪泉)이 배경이 되고 치우와의 싸움은 탁록(涿鹿)이 무대인데 시절 따라서 이름만 다를 뿐 이명동처(異名同處)다. 사방이 모두 고르게 산으로 막혀 있고 들판의 지름은 대개 50km 좌우로 보였다.

그러나 염제는 황제의 9대 할아버지가 되는 욱(勗)의 바로 친형님인데 어떻게 9대 할아버지와 전쟁을 했다는 것인가? 또 염제의 행적을 보아도 섬서성 보계시에 있는 기산현(岐山縣)에서 발원하는 강수(姜水)에서 나고 자랐다. 그의 아버지 소전(少典)을 유웅국(有熊國)의 군주라고 했다면 기산현 지역이 유웅국이었을 것이다. 염제가 태어날 무렵 소전은 제8대 안부련(安夫連) 흔웅천왕의 명령을 받들고 그 지역에서 병사들을 감독 중이었기 때문이다. 또 염제도 신시 중앙정부에서 짐승을 치는 우사(雨師) 벼슬을 살다가 복희씨에게 발탁되어서 진(陳)의 후계자가 된다.

그 분의 업적을 보면, 의약을 처음 발명하고, 물물교환 법을 만들어서 시장을 개척하고, 따비와 쟁기를 만들어 농사법을 가르치고 했다는 것뿐이다. 도대체 전쟁하고는 아무 상관이 없는 것이 염제신농의 생애인데 어느 겨를에다 전쟁놀음을 가져다 붙일까? 지금 호남성 주주시(株州市)에 있는 염제 사당에 가보면 양 이마에 뿔이 솟은 염제 할아버지가 각종 곡식 이삭을 들고 있는 소상(塑像)이 있다. 그 소상이 진정으로 농경문명을 일으킨 염제신농의 참 모습이라는 말이다.

또 있다. 탁록에 있는 '중화삼조당'에는 이렇듯 염제와 치우를 헌원의 양편에 갈라서 모시고 있지만 정작 이 분들이 싸웠다는 전쟁의 내용에 대해서는 전혀 설명이 없다. 그냥 중원문화를 일으켰다고만 했고, 굳이 전쟁 내용이나 흔적을 찾는다면 사당 밖의 왼쪽 앞에 팔괘진(八卦陣)의 진법대로 만들어진 미로의 공간이 있어서 관광객들의 발걸음을 잡는다. 그러나 팔괘진 진법으로 누구하고 싸웠다는 것도 없다. 만약 황제가 벌써 그 시절에 팔괘진 진법으로 전쟁을 했었다면 과장하기 좋아하는 서토 사람들은 기회 있을 때마다 그것으로 큰 자랑거리를 만들었을 것이다. 그러나 그 진법은 삼국 시절의 제갈량을 기다려서야 비로소 나타난다. 결국 그들 스스로 황제의 탁록 전쟁을 허위라고 인정하는 셈이다.

'치우는 속된 말로 번개와 비를 크게 내려서 산과 강을 바꾸는 것을 뜻한다'는 이 말 뜻을 여기서 생각해보자. 이것은 청구를 개간하고 도읍을 옮기던 시절의 놀랍던 상황을 민중의 입으로 전하는 사이에 생겨난 속담이었을 것이다. 치우천왕이 안개를 토하고 모래와 돌을 날리는 능력이 있었다면 '번개와 비를 크게 내리고 (그래서) 산과 강을 바꾸는' 여러 술법을 청구로 도읍을 옮기는데서 충분히 썼을 수 있기 때문이다.

후세에 까지 해석이 구구한 그 전쟁이 잘된 것인가 아니면 잘못된 것인가? 어쨌든 지난 일은 돌이킬 수 없는 것이고 역사에는 가정이 없다. 흘러가버린 물에 손을 씻을 수 없는 것처럼. 그 뒤로 천하는 태평했던 듯하다. '그 뒤 3백 년은 별일이 없었는데 다만 전욱과 한 번 싸워 이를 이겼을 뿐이다' 했다. 신시본기에 이 말이 있다.

그런데 후세에 영웅으로 전하는 자오지 훈웅천왕은 서울을 태백에서 청구로 옮기었다는 생각이 자꾸 든다. 앞에서도 '사람의 살림터전을 천평(天坪)에 마련하고, 사람이 모여들고, 농사짓고 생활할 터를 청구로 정했다'는 대문이 있었고, 그 내용을 파보는 것은 뒤로 미루어두자고 한 것이 있다. 그런데 여기에서 결정적인 단서가 다시 나오고 있다. 신시와 청구와 조선을 확실하게 나누어서 말한 것이 그것이다.

대변경에서 말한다.

신시씨는 전(佺)으로써 계(戒)를 닦고 사람을 가르치고 하늘에 제 지내었다. 이른바 전이란 사람이 스스로 완전이라 여기는 바를 따라 능히 그 성품에 통하고 이로써 참을 이루는 것이다.

청구씨는 선(仙)으로써 법을 만들고 사람에게 관경을 가르친다. 이른바 선이란 사람의 태어난 바에 따라 명(命)을 알고 이로써 선(善)을 넓힘이다.

조선씨는 종(倧)으로써 왕을 세우며 사람들에게 가르쳐서 화를 공동으로 책임지게 하였다. 이른바 종이란 스스로 근본이라 여기는 바에 따라 능히 정신을 잘 지키고 이로써 아름다움을 이루는 것이다.

그러므로 전은 허(虛)하면서도 하늘에 근본을 두고, 선은 밝음에 있으면서도 땅에 근본을 두며, 종은 건전하면서도 사람에 근본을 둔다.

전(佺)으로 수행을 닦은 신시씨와, 선(仙)으로 수행을 바꾼 청구씨, 그리고 종(倧)이 수행살림살이가 된 조선씨를 큰 획으로 선을 긋고 있다. 처음에 신시씨는 바이칼을 떠난 훈웅천왕이 처음 도착한 태백산 시기를 말하는 것이요, 두 번째 청구씨는 18세나 되는 훈웅천왕들이 누군가 청구로 도읍을 옮긴 후에 수행의 패턴이 크게 변했음을 가리킨 것이요, 세 번째 조선씨는 단군왕검이 조선을 세운 후에 수행의 문화가 또 달라진 것을 말하고 있다.

이 대문은 우리에게 여러 가지를 생각케 하고 또 여러 가지를 시사한다. 그러나 '선으로써 법을 만들고 사람들에게 관경을 가르쳤다'고 한 청구씨가 과연 누구를 말하는 것이며, 그 청구가 어디인가를 밝히는 것이 중요할 일이다. 결론부터 말한다면 청구씨로 말하는 훈웅천왕은 제14대 자오지천왕 곧 치우천왕을 말하는 것이며, 청구는 홍산문화가 발굴되는 시라무렌허와 대릉하, 그리고 요하가 있는 그 일대가 적중하다고 본다.

이렇게 생각하는 데는 몇 가지 단서가 있다. 우선 황하문명보다 홍산문화가 1천 년 가량 앞선 점이다. 이것을 해석하는 데는 훈웅천왕이 처음 신시에 도읍을 정하면서도 자주 청구를 돌아보고 큰 비중을 두는 것이 무엇을 의미했는지를 먼저 밝혀야만 풀릴 문제다. 생각컨대 청구는 신시 못지않게 중요한 터전으로 여겼었다고 보인다. 지금은 대륙을 장악하는 일이

급해서 중심지인 태백산으로 들어가지만 때가 오면 청구는 개척해서 크게 쓸 곳이다.

그런 생각들이 두루 있었을 것이다. 그것은 요하와 대능하 유역의 기름 진 땅이 누구의 생각에도 그럼직했기 때문이다. 복희씨 행적에도 '성기 (成己)에서 태어나 청구를 거쳐 진(陳)에 가서 임금이 되었다' 는 것이 무 엇을 말하는가. 아무 상관없는 청구가 나오는 것은 그 시절 사람들이 청구 에 비상한 관심을 가졌다는 것을 의미 함이다. 비단 복희씨 한 사람만의 행적에서가 아니라 많은 복희가 청구를 줄기차게 내왕했을 것이다. 그리 고 그곳은 항상 큰 도회를 이루고 북적댔다는 것이 황하문명보다 1천년을 앞서는 홍산문화로 나타나는 것 아닐까?

치우천왕은 이제 청구를 개척할 때가 되었다고 판단했을 것이다.

그래서 차제에 아예 서울을 그쪽으로 옮기고 백성에게는 농사를 짓게 하되 정전법(井田法)을 써서 효과를 높여야겠다고 생각했을 법하다. 치우 란 말은 속어로 '번개와 비를 크게 움직여서 산과 강을 바꾸는 것을 뜻한 다'고 한 것을 보면 대능하와 요하의 거대한 물줄기와 마주 서서 초인적인 힘과 능력을 과시했을 것이란 생각이다. 그렇지 않고야 신에게나 쓸 찬탄 의 능력을 감히 인간에게 부여했겠는가.

여기 본문에서 청구씨의 살림을 신선수행으로 졸가리를 삼으면서 사람 들에게 관경(管境)을 가르쳤다고 말하고 있다. 관경은 땅을 쪼개서 나누고 관리하게 했다는 의미다. 삼성기 전편에서 '사람의 살림터전을 천평에 마 련하고 사람이 모여서 농사지을 곳은 청구로 정했다…… 신시 말기에 치우 천왕이 청구를 개척하여 넓혔다'는 것은 바로 이것을 지적함일 것이다.

치우천왕이 개척하고 서울로 삼았을 것으로 추측되는 청구는 뒤에서 살펴보게 되는 번한세가에서 치우천왕의 후손인 치두남을 단군왕검이 번한으로 임명하고 우순(虞舜)의 정치를 감독케 하였다는 대목에서도 증명되고 있다. 곧 요중(遼重)에 열 두 개의 성을 쌓게 하였다는 것이 그것이다. 요하를 당시로서는 대요수(大遼水)로 불렀기 때문이다.

　─심양박물관에 가서 홍산문화를 정리해둔 방만 보아도 그것이 조선의 문화라는 것이 드러난다. 그 유물들이 발굴된 현장들을 더듬고 다니면 더 확실하게 여러 가지를 확인할 수가 있다. 그리고 저들이 더 이상의 발굴에 흥미를 못 느끼는 것도 충분히 이해가 된다. 발굴을 할수록 조선 문화뿐인데 무슨 맛에 발굴을 서두르겠는가. 이것이 홍산문화가 곧 청구씨의 문화라는 증거다.

　이 청구를 산동성에 있는 동래(東萊)지역으로 보기도 하고 광요현(廣饒縣)으로 말하기도 한다. 또 본래 바다 가운데 푸른 숲으로 덮인 신선들의 낙원이라고 믿어온 것이 서토인들의 관념이다. 그러나 바다 가운데 섬은 그들의 막연한 개념이라 탓할 것이 없지만 청구를 산동성의 어느 지역으로 꼽는 것은 그때 당시의 정황을 모르는 사람들의 짓이다.

　산동성과 강소성은 하·은·주 3대가 다 지날 때까지 우이(隅夷) 양이(陽夷)가 점거하고 있었고 양자강을 넘어서면 도이(島夷)가 있었다. 단군살림에서 다시 보게 되겠지만 서토대륙의 노른자위가 몽땅 조선의 초기 국토였는데 지금 여기는 붉달나라의 역사를 말하는 장이다. 신시의 힘이 더 깊이 뿌리를 내리고 있었다는 것은 의심의 여지가 없다. 청구를 지금의 요녕성 일대로 비정하는 것은 너무나 당연하지 않을까?

여섯째
마당

단군왕검의 조선나라

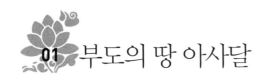

01 부도의 땅 아사달

조선을 세우는 단군왕검은 제18세 거불단(居弗檀)환웅천왕의 아드님이다. 14세에 외가인 웅씨나라에 뽑혀가서 24년 동안 비왕(裨王)을 하다가 웅씨의 나라를 인계하면서 조선(朝鮮)이라는 이름을 건다. 웅씨라면 대뜸 생각이 날 것이다. 환웅이 태백산에 내려서 신시를 열 때 호랑이족과 곰족이 찾아와서 마늘과 쑥으로 시험을 치르던 일을. 그리고 호랑이족은 시험에서 미끄러지지만 곰족은 마침내 여자로 환신하여 드디어 단군을 낳았던 일.

그때 낳은 아드님이 외가의 나라에 가서 견습왕 노릇을 했다는 것은 앞에서 여러 차례 소개 했다. 그 앞에 복희씨가 제후로 봉토 받은 나라는 여와씨가 다스리는 모계의 여(黎)나라였지만, 제1세 단군왕검이 견습왕으로 간 모계의 나라는 그냥 웅씨의 나라라고만 했지 무슨 나라였다는 국가적인 명칭이 없다. 그러나 이름이 있고 없고는 중요하지 않다. 다만 웅씨의 나라가 복희씨의 진(陳)이 아니라는 것은 확실하다. 단군왕검은 곧바로 천자의 자리를 이을 사람이기 때문이다. 중요한 것은 '웅씨나라 임금이 전쟁에 나가서 죽자 웅씨의 떠임을 받아서 나라를 세우고 조선이라 하였다'는 것이 어떤 내용인지 그 속내가 중요하다.

맨 처음에 복희씨가 여와의 모계사회로 부계문화를 가지고 간 것이 단군왕검에서 올려다보면 대개 1천 년 전이다. 그 1천년이라는 기간이 피차가 부계를 가르치고 배운 세월이다. 복희씨를 이어서 여와씨가 왕이 되고 여와씨를 이어서 풍성(風姓)이 15세를 전했다는 것이 바로 부계에 바쳐진 세월이고, 공공씨 대정씨 백황씨 중앙씨 역륙씨 여연씨 혁서씨 존노씨 혼돈씨 호영씨 주양씨 갈천씨 음강씨 무회씨가 다 부계문화를 위해 힘쓴 이들이다.

헤아리건대 〈사략〉에 적힌 이 분들도 복희의 진(陳)나라를 직접 이은 것은 아닐 터이다. 태백일사가 복희는 직접 염제를 발탁해다가 진의 후계자로 삼았다고 말하는 것이 훨씬 설득력이 있다. 그렇다면 〈사략〉에 나오는 공공씨로부터 무회씨에 이르는 열 네 명의 임검들은 각기 서토의 다른 곳에서 부계사회를 만드느라 땀을 쏟은 분들이기 쉽다. 또 이들 외에도 이름조차 전하지 않은 많은 분들이 있었다면 있었을 것이다.

천년의 세월을 그렇게 노력을 해왔는데도 모계의 버릇은 아직 남는다. 그것이 제1세 단군왕검이 웅씨의 나라에 비왕으로 뽑혀 가는 대목까지다. 물론 그 분도 부계의 살림을 열심히 가르친다. 혼인법을 가르쳐서 부자지간의 윤리를 강조하고 형제자매가 무엇이라는 것을 가르친다. 희생을 바치는 부계살림의 제사도 그렇게 가르치고 농경의 문명도 가르친다. 드디어 때가 온다. 웅씨의 임금이 전쟁에 나가서 전사한 것이다. 그래 당신이 직접 견습왕 노릇으로 민심을 얻어둔 사람들한테 떠임을 받아 모계사회를 아우르면서 새 나라를 세운다. 그게 조선이다.

제18세 거불단흔웅천왕의 아드님이 붉달의 법통을 이었으니 제19세 흔웅천왕이 옳은데 그렇게 하지 않고 '단군왕검'이라는 이름으로 '조선'을 건국한 것이다. 단재(丹齋)는 조선을 말하여 '처음 샌 나라'라는 뜻의 '처샌'이라고 정의한다. 옳은 말이다. 이제부터는 모계사회의 흔적 따위를 깨끗하게 지우고 천하의 국토가 걸걸하고 어엿한 부계사회로 시작되는 살림살이다. 그 새 나라를 '처샌'으로 부르는 것은 너무 당연하다.

처샌의 조선나라가 도읍으로 정한 곳은 아사달(阿斯達)이다. 아사달을 두고 황해도 구월산이니 백두산이니 말들이 많았지만 단재는 하얼빈에 있는 완달산(完達山)을 아사달로 보았다. 완달산이 이두문으로 풀이하면 'ᄋ스대'여서 그렇다는 주장이다. 나는 육당이나 단재의 천재성에 놀라는 일이 많다. 과연 기우(氣宇)와 지혜가 큰 분들이었다는 생각으로 왜소한 내가 초라해지는 것이다. 또 내가 가지고 있는 자료와 내가 가본 곳을 그 분들이 가졌고 가볼 수 있었다면 나보다 훨씬 일의 진척이 수월했을 것이라 여긴다.

신시본기에는 '…그 뒤 이름을 단군왕검이라 하는 분이 도읍을 아사달에 정하시니 지금의 송화강이다'해서 도읍을 하얼빈으로 정했음을 말한다. 또 수두경전본훈에서는 '신훈의 옛 서울에 단군조선이 도읍을 하니 아사달이 그곳이다. 즉 지금의 송화강 하얼빈이다'한 구절이 있다. 그러나 여기까지 만이라면 부족하다. 완달산이 언급되지 않았기 때문이다.

그런데 삼훈관경본기에 '…산 이름은 불함(不咸)[1]이라 하더니 지금은 또 완달이라 하니 그 음이 비슷한 바 있다. 뒤에 웅녀군이 천제의 신임을 받아 비서갑의 왕검이 되었다'고 해서 완달이라는 이름이 나온다. 그리고 그 완달산에서 모계인 웅씨의 군장이 세습된 왕검이 되었다는 것까지를 아울러내고 있다.

---

1) 불함은 훈(訓)에 의미가 있는 것이 아니라 음(音)에 뜻이 있다. 곧 붉훈—발칸—을 한문으로 적으면 그렇게 된다. 육당(六堂)이 백두산을 불함산으로 여겨서 '불함문화론'을 지은 것이 대표적인 예다.

이 정도면 단군의 도읍터를 하얼빈으로 말하는데 부족함이 없을 것이다. 특히 끄트머리에 나오는 웅녀군이 비서갑의 세습왕검이 되었다고 하는 부분은, 완달산이 곧 모계사회로 내림해온 지역임과 함께 첫 번째 단군왕검의 처가라는 사실을 알게 한다. 태백일사의 어느 부분에도 단군의 처가집 이야기는 없다. 그러나 단군세기나 단기고사에는 똑 같이 '비서갑 하백의 딸'로 기록되고 있다.

'비서갑'이나 '하백'이라는 말이 모두 의미가 심장하게 들린다. 그것을 밝혀내면 단군왕검의 처가 비밀이 드러날 것이다. 그러나 그것보다 먼저 짚을 것이 있다. 하얼빈과 완달산을 한 개념으로 묶는 것에 관해서다. 그 이유는 우리가 안다. 도읍지에는 반드시 제사 터가 우선적으로 정해져야 했기 때문이다. 무엇보다도 제사가 국가행사가 되는 시절이었다는 점을 감안하라. 그래서 하얼빈과 완달산이 나란히 한 켤레를 이룬다.

하얼빈에는 산이 없다. 스무 층이 넘는 건물옥상에서도 사면팔방이 보이느니 아득한 들판뿐이다. 완달산은 하얼빈역에서 기차를 타면 러시아 국경을 바라보고 무려 11시간을 달려서야 닿는다. 그러나 그 완달산이 제터가 되었기 때문에 하얼빈이 단군왕검의 수도가 될 수 있었던 것이다. 산에서 산으로 생활의 터전을 옮기면서 그때마다 제단을 묻었던 사람들다운 버릇이다.

태백산은 북쪽을 달리는 산으로 높고 높게 비서갑의 경계에 우뚝 서 있다. 물을 뒤로 업고 산을 끌어안고 있는데, 크고 둥그렇게 돌아 모이는 곳이 있으니 곧 대일왕(大日王)이 하늘에 제사지내던 곳이다. 세상에 전하기를 흔웅천왕이 여기까지 순수하시어 사냥하셨기 때문에 그분을 제사지내는 곳이라 한다. 풍백은 천부를 거울에 새겨 앞서 가고, 우사는 북을 치면서 돌아가며 춤을 추고, 운사는 백검(佰劍)으로 천제를 호위하였으니, 대저 천제가 산에 임하실 때의 의식은 이처럼 장중하였다. 산 이름은 불함이라 하더니 지금은 또 완달이라하니 그 음이 비슷한 바가 있다.

삼훈관경본기 첫머리에 있는 이 기록은 완달산이 어떻게 위치하고 있는지를 잘 설명한다. 물을 뒤로 업고 산을 끌어안고 있는 여기는 실은 완달산맥이 시작되는 첫머리에 다름 아니다. 그 첫 자락이 바로 비서갑이다. 비서갑(斐西岬)의 岬은 '곶'이다. 물가에 내밀어서 잠긴 땅이 곶인데 홍개호(興凱湖)[2]라는 바다만한 호수가 있어서 완달산맥이 이 호수에서 기어 올라왔다고 하면 이해가 될 것이다. 그러니까 비서갑이라는 말도 하백(河伯)이라는 말도 한꺼번에 설명이 된 셈이다.

〈부도지〉 제13장은,

임검씨가 돌아와 부도를 건설할 땅을 택하였다. 곧 동북의 자방(磁方)이었다. 이는 2와 6이 교감하는 핵심지역이요 4와 8이 상생(相生)하는 결과의

---

[2]   흑룡강성 밀산시에 있는 중국국경지대 최대의 호수. 호수의 만(灣)에 폭이 10여m 길이가 40km에 이르는 모래언덕이 있는데, 소나무와 잣나무, 그리고 각종 야생화가 어우러져 풍광이 자못 아름답다. 동서의 폭이 60여 km 남북의 길이가 130km이고 주변을 한 바퀴 도는 데는 400여 km나 소요되는 넓은 면적이다. 10km쯤 떨어진 봉밀산(蜂蜜山)에서 내려다보면 차라리 바다라는 생각이 들 정도다. 밀산시는 1972년 7월 호수에 갇힌 모래언덕에서 신석기 시대 묘지 32좌(座)와 생선을 저장했던 움집 10좌 외에도 여러 가지 장신구와 생활도구를 발견한 일이 있다. 보고서에 따르면 만주족과 조선족의 자취들인데 대개 6천 년 전 문명으로 되어 있다. 천자가 제사를 지내러 오면 돌 틈서리에서 흘러내리는 꿀을 그릇으로 떠 마셨을 정도로 꿀이 흔해서 봉밀산이라는 이름을 붙였다고 한다.

땅이었다. 밝은 산과 맑은 물이 만 리에 뻗어있고 바다와 육지가 서로 통하여 시방(十方)으로 갈리어 나가니 즉 9와 1의 끝과 시작이 다하지 않은 땅이었다.

삼근영초(三根靈草)와 오엽서실(五葉瑞實)과 칠색보옥(七色寶玉)이 금강의 심장부에 뿌리를 내려 전 지역에 두루 가득하니, 이는 1과 3과 5와 7의 자삭(磁朔)의 정(精)이 모여 바야흐로 물체를 만드는 복된 땅이었다. 곧 태백산 밝은 땅의 정수리에 천부단(天符壇)을 짓고 사방에 보단(堡壇)을 설치하였다. 보단의 사이에는 각각 세 겹의 도랑 길로 통하게 하였다. 도랑 길의 사이는 천리였으며 도랑 길의 좌우에 각각 관문을 설치하여 지키게 하였다. 이는 마고본성(麻姑本城)에서 그 법을 취한 것이었다.

부도의 하부를 나눠 마을을 만들었다. 삼해(三海)의 주변은 둥그렇게 잠기어 빛나니(圓涵澤於三海之周) 4진(津)과 4포(浦)가 천리 간격으로 연결되어, 동서로 줄을 지어 둘러쌌다. 진과 포 사이에 또 6부(部)를 건설하니 6부에는 제족(諸族)이 살았다. 부도가 이미 이루어지니 웅장하고 수려하며 빛나고 밝아서 족히 사해(四海)를 총화할 만 했으며 제족의 산 맥(生脈)이었다.

일찍이 흔웅천왕이 순수(巡狩)를 했던 산이면 단군왕검에게도 친숙한 산이었을 터이다. 그러므로 부도를 세울 땅으로 하얼빈을 생각한 것은 극히 자연스러운 일이다. 산 이름을 바로 완달로 시작하지 않고 태백으로 시작해서 뒤에 어원을 밝히는 것은 흔웅천왕이나 단군왕검의 시절에는 태백산으로 불렸기 때문이지만, 편찬자로서도 태백을 앞에 쓰는 것이 옳게 여겨졌던 것이다.

단군왕검이 건설해낸 부도는 우리의 상상을 훨씬 초월한다. 우선 선택된 그 땅이 길지인 것은 동북의 자방(磁方)이기 때문이다. 磁는 자기장을 의미한다. 그 땅에서 전류가 흐르듯 자기가 흐른다. 옛 사람들 생각으로는 자기장 이상으로 좋은 땅은 없다. 남극에서 일어나는 자기가 북극에 닿으려면 반드시 통과해야 되는 곳이요, 서방의 기운이 동방으로 향할 때 거치는 땅이다. 1에서 9까지의 우주호흡이 충분하게 교감하는 지역이다. 그러니까 1·3·5·7의 북방자기(北方磁氣)가 고루 모이는 그 땅에는 산삼과 잣과 일곱 가지 색깔의 보옥이 얼마든지 산출된다.

밝은 산과 맑은 물이 만 리에 뻗어있고 바다와 육지가 서로 통하여 시방세계(十方世界)의 모든 곳에 두루 닿는다면 천하를 거느릴 사령탑 자리로 넉넉하다. 그런 곳에 터를 잡고 단군의 나라살림은 바야흐로 시작된다. 그러나 마고본성을 본떠서 만들었다는 천부단의 규모를 솔직히 어떻게 이해하고 받아들여야 될지 우리로서는 어안이 벙벙해진다. 우리가 반도 안의 올챙이가 되다보니 기우가 작아져서 이제 큰 것을 수용할 수 없음인가? 아니면 〈부도지〉의 기록이 처음부터 너무 터무니없고 황당해서 믿을 수 없는 것인가.

보단의 사이는 각각 세 겹의 도랑 길로 통하게 하였는데 도랑 사이가 천리였으며 도랑 길의 좌우에는 각각 관문을 설치했다고 한다. 이것만 해도 큰 나라의 규모일 것이다. 그래 놓고 삼면—북·동·서—바다의 주위가 둥그렇게 잠겨서 볼만했고, 네 개의 나루터와 다시 네 개의 포구가 천리 간격으로 연결되어서 동서로 줄을 지어 둘러쌌다고 했다. 나루와 포구 사이에는 6부를 설치하고 그 6부에는 모든 민족이 살았다고 했다. 이것이 형식을 갖춘 천부단이라는 제단의 규모다. 그러니 그 국토의 크기는 어떨지 가히 상상이 어려운 것이다. 이런 규모의 국토를 오늘의 우리로서 감히 상상이나 할 수가 있을까?

'보단의 사이를 각각 세 겹의 도랑 길로 통하게 하였는데 도랑 사이가 천리였다' 했다. 이 대목의 도랑을 인위적으로 만들었다는 것인지 천연의 강줄기를 이용했다는 것인지 알 수가 없다. 인위적으로 했다면 백성에게 부역을 매겨서 강제로 노동현장에 불러냈을 것이다. 이것은 백성을 섬기는 자세로 정치라는 것을 이해한 재세이화(在世理化)의 규범에서 벗어나는 짓이요, 천리 간격으로 벌어진 준비된 도랑이 있었다면 도대체 그 도랑이 오늘의 어느 강줄기를 두고 말한 것인지 지적해야 한다. 이것은 중대한 모순이다.

그러나 이 모순은 기성의 틀거리에 익숙해진 오늘 우리들의 관념이 빚어낸 모순이다. 사실 단군임검은 완달산을 조선나라 서울의 제단 터로 삼고 천하의 형세를 살펴보면서 그 산천의 짜임새가 그렇다는 것을 말함일 것이다. 그러니까 훈인천제가 훈웅천왕을 지상에 내려 보낼 때 홍익인간할 곳으로 삼위와 태백을 점찍었다는 전례로 가닥을 대보면 여기 중간에 천리의 간격으로 도랑이 있는 것이나 도랑 길의 좌우에 각각 관문을 설치한 것 등이 모두 이미 그렇게 준비되어 있는 자연환경에다 적절하게 관문을 세웠다는 표현일 것이다.

삼해(三海)의 주변이 둥그렇게 잠기어 빛났다고 하는 대문이나 4진과 4포[3]가 천리 간격으로 연결되었다는 데에 이르면 더욱 그 판단을 놓을 수가 없다. 지게나 소쿠리를 대서 괭이로 파고 가래질로 떠넘겨서 만들어 내는 토목공사 작업으로는 애시당초 이야기가 안 되기 때문이다. 바다가 육지를 세 방향에서 둘러쌌고, 네 개의 큰 나루터와 네 개의 포구가 천리 간

---

3)   진(津)은 민물이 드나드는 작은 항구.
      포(浦)는 바닷물이 드나드는 작은 항구.

격으로 연결되어 동서로 줄을 이어 둘러쌌다는 것도 크고 작은 항구가 많은 우리 한반도의 지형조건을 그대로 표현했다고 생각하면 잘못일까?

이야기를 하나 보탤까 한다. 누구나 알고 있는 노자(老子) 이야기다. 지금까지 세상에 소개된 노자는 귀가 어깨에 닿을 만큼 커서 이름이 담(聃)이라는 것과, 태어날 때부터 머리털이 희었으므로 자연스럽게 노(老)라는 성이 붙었다는 것, 그가 주나라 수장실(守藏室) 관리를 살고 있을 때 공구(孔丘)가 가서 예를 물었다는 것, 만년에는 세상에 뜻이 없어 청우(靑牛)를 타고 서쪽의 관문을 빠져 나가려하자 그를 알아본 문지기가 '선생은 장차 숨으려 하십니다. 나를 위하여 가르침을 주십시오' 하자 그날 밤으로 5천 자에 이르는 글을 써주고 간 것이 후세에 〈도덕경〉이 되었다는 정도다.

세상을 등지고 은둔해버린 그는 과연 나타나는 일이 없었다. 그래서 죽은 일도 없고 막연하게 신선이 되었을 것이라는 소문이 종잡을 수 없이 나돌 뿐이다. 그런데 여기 태백일사의 번한(番韓)조에 다소 생뚱스런 노자의 이야기가 비친다. 아마도 태백일사를 편찬한 이맥(李陌)은 성리학이 나라 살림의 기틀이 되어가는 세대를 살면서 얼핏 보이는 노자의 행적을 놓치지 않고 번한조에다 적었을 것으로 짐작된다.

계미년에 노나라 사람 공구(孔丘)는 주나라에 가서 노자(老子) 이이(李耳)에게 예를 물었다. 이(耳)의 아비의 성은 한(韓)이요 이름은 건(乾)이니 그의 선조는 풍(風)의 사람이다. 뒤에 서쪽으로 관문을 지나 내몽골로부터 이리저리 돌아 아유타(阿踰陀)에 이르러 그 백성을 개화시켰다.

풍(風)땅이라면 지금의 요녕성 요하 일원이다. 서토인들은 저들대로 소위 구이(九夷)의 분포지역을 말할 적에 그 땅을 풍이(風夷) 혹은 남이(藍夷)의 땅이었다 하고 복희씨의 자손들이 많이 살았다고 소개한다. 신시 시절부터 조상들이 터를 잡았다면 자손들이 많을 것은 당연하다. 그래서 복희씨도 진(陳)으로 부임하기 전에 고향인 '청구와 낙랑'에서 노닐었을 것이다. 그러니까 풍이와 남이는 같은 족속의 다른 이름이다.

서토인들의 기록에서는 증발해버린 노자가 우리 기록에서는 그 사람 뿌리도 확실하고 만년을 지낸 곳도 확실하다. 아유타에 가서 그 백성을 개화시켰다고 한다. 우리는 〈부도지〉에서 섬도(暹島)라는 이름을 본 적이 있다. 흔웅천왕의 무여율법 중에 하나가 죄인을 섬도 곧 오늘의 태국으로 귀양 보냈다는 대목에서다.

그런데 일찍이 그 섬도를 훨씬 건너뛰어서 아유타국 곧 인도로 장가를 들었던 사례가 있다. 바로 가라국의 수로왕이 부인을 아유타국에서 맞이했다는 〈삼국유사〉의 이야기가 그렇다. 어느 날 아유타의 왕은 상제를 만나는 꿈을 꾸고 그 꿈이 지시하는 바에 따라 황옥(黃玉)이라는 이름의 공주를 많은 종자와 함께 바다에 띄워서 보내는데, 그 배가 바다를 건너서 드디어 가락국에 닿았고 수로왕 역시 꿈에서 만난 상제의 명을 받들어서 그를 아내로 맞았다. 그들 부부 사이에 왕자가 아홉이나 태어났고, 그래서 한 왕자를 어머니 몫으로 성을 하사하다 보니 그 성이 허(許)씨가 되었다. 남은 일곱 왕자는 지리산으로 들어가 도를 닦으면서 생을 마친 그 자취가 오늘의 칠불암(七佛庵)이라는 것은 우리가 아는 대로다.

너무 아득하여서 황당하게 조차 들리는 이야기들이지만 내가 말할 수 있는 것은 옛 기록일수록 허구를 몰랐으므로 사실이 아닌 것은 아예 쓰지를 않았다는 점이다. 따라서 〈부도지〉에 나오는 흔웅천왕의 섬도나 〈삼국유사〉에 기록된 허황옥의 이야기, 그리고 〈흔단고기〉가 노자의 만년을 아유타국으로 말한 것들은 모두 믿어도 좋다는 이야기다.

아니 믿을 수밖에 없다. 단 〈삼국유사〉의 기록은 상제가 꿈에 나타나서 계시를 주었다고 했지만 그건 그 시대의 기록의 방법이요 실제로는 정확한 해도(海圖)에 의해서 서로의 교류가 잦았다고 생각할 수도 있을 것이다. 교류가 잦았다면 같은 정치 울타리 권(圈)이었다고 보는 게 가장 타당하지 않을까?

이제 도랑 길로 다시 가보자. 〈부도지〉의 기록이 거짓은 아닐 터이다. 다만 책상에 앉아서 센티미터 자를 들고 생각하듯이 그렇게 정확하고 치밀한 좁은 소견머리의 설계도를 미리 구상하지만 않으면 천리 간격으로 말하는 도랑 길을 이해 못 할 바도 아닐 것이다. '하늘의 그물은 넓고도 넓지만 그 성근 그물은 어느 것 하나 놓지는 법이 없다'고 한 옛 늙은이의 잠언을 생각해 보라. 이는 대충 그런 감각으로 이해할 대문이다.

단군왕검이 태백산에 쌓았다는 천부단을 중심으로 사방 3천리씩을 잰다면 북으로는 연해주를 건너 시베리아 지역의 어디까지가 될 것이요, 남쪽으론 한반도 전역이 될 터이다. 동은 바다에 막힌 지역이라 가량할 것이 없겠으나 서쪽은 오늘의 길림성과 요녕성을 넘어 거의 하북성까지 미친다. 천부단의 규모만 해도 이렇게 큰데 그렇다면 국토의 크기는 어떠했을까? 당시로서는 하늘 아래 사람이 사는 곳이면 땅 끝까지라고 여겼을 것이다. 그것이 태국과 인도와 중동지역을 아우르는 아세아 지역의 전체 판도가 아니었을까?

삼한관경본기에 의하면 제22세 단군왕검인 색불루(索弗婁)는 제도를 개정하여 삼한(三韓)을 삼조선(三朝鮮)으로 바꾸는 분이다. 아직 이름을 바꾸기 전에 옛 법에 따라서 7일을 재계하고 백두산에서 제사를 모시는데 그 제문에 '…삼신의 맑은 명을 받으사 큰 덕으로 은혜를 베풀어서 이미 삼혼 5만리의 땅을 주시고…'하는 대문이 있다. 이로써 본다면 당시의 국토가 5만리에 이르고 있음을 알 수가 있다.

일찍이 '파나류산(波奈留山) — 붉나라 산 — 밑에 흔님의 나라가 있으니 천해(天海) — 바이칼 — 동쪽의 땅이다. 그 땅이 넓어 남북이 5만 리요 동서가 2만 여리다…'한 것과 맞추어보면, 후대로 오면서 더욱 강성해졌을 단군왕검들의 나라는 강역이 여전히 5만 리에 이르고 있었다는 것을 알게 한다. 부도의 법을 본떠서 착수한 단군의 부도 건설이 한반도와 서토대륙의 절반에 걸치는 것이었다 해도 놀랄 일은 아닌 것이다.

〈부도지〉제12장에는 '임검씨가 뿌리를 먹고 이슬을 마심으로 몸에는 털이 길게 나 가지고 사해를 널리 돌아다니며 제족을 차계로 방문하였다. 백년 사이에 가지 않은 곳이 없었다'고 하는 구절이 있었다. 그러니까 백년을 한정하고 돌아다녀야 빠진 곳이 없이 다 돌아다닐 만큼 임검씨의 천하가 넓어졌다는 이야기다. 앞에 있는 구절과 완전히 합치하는 내용일 것이다.

이제 단군왕검이 그 천부단과 국토에서 무슨 산업을 일으키며 어떤 일을 경영해 가는지 〈부도지〉의 기록부터 살펴보자. 먼저 천부단에는 황궁씨의 직계 손들부터 챙겨 살게 한다. 그리고 그들 중심으로 천부단이 운영된다. 천부단에서 하는 짓은 마고대성을 떠날 때 황궁씨가 원력을 세우고 맹세했던 '해혹복본(解惑復本)'을 위한 의식이다. 이것은 유인씨를 지나고 흔인씨 시절을 지나면서 계승된 정신의 횃불이고 흔웅씨들이 한결같이 이어온 전통이다. 이제 단군왕검의 시대가 되면서 그것이 다시 가닥을 잡은 것이다.

이에 황궁씨의 후예 6만이 이주하여 지키고, 곧 나무를 베어 뗏목 8만을 만들어서 신부(信符)를 새겨 천지의 물에 흘려보내 사해의 제족을 초청하였다. 제족이 그 신부가 새겨진 뗏목을 얻어서 보고 차례로 모여들어 박달나무 숲에 신시(神市)를 크게 열고 수계정심(修戒淨心)하여 천상(天象)을 살핀 후 마고의 계보를 닦아 그 족속을 밝히고 천부(天符)의 음에 준하여 그 어문(語文)을 정리하였다.

북신(北辰)과 칠요(七耀)의 위치를 정하여 반석(盤石)의 위에서 속죄의 희생물을 구워 전(奠)을 올리고 모여서 노래하며 천웅의 악(樂)을 연주하였다. 제족이 방장산 방호의 굴(方壺之堀)에서 칠보의 옥을 채굴하여 천부를 새기고 그것을 방장해인(方丈海印)이라 하여 칠난(七難)을 없애고 돌아갔다.

이로부터 매 10년마다 신시(神市)를 여니 이에 어문이 같아지고 천하가 하나로 되어 인세가 태화(太和)하였다. 인하여 바닷가에 성황(城隍)을 지어 천부(天符)에게 전을 올리고 제족으로 하여금 머물러서 집을 짓고 살게 하니 그 뒤로 성황이 전역에 널리 퍼졌다.

10년마다 신시를 열고 서로가 다른 말과 글을 정리하였다고 한다. 한 뿌리의 자손이라도 너른 하늘 아래 이리저리 흩어지다 보면 더러는 산천이 다르고 풍토가 다른 지역으로 찾아들기도 하고, 거기서 뿌리를 내리는 사이에 그 산천의 호흡과 풍토의 영향을 받아서 언어도 다르게 마련이다. 그러다 보면 글자도 다를 수 있고 풍속도 전혀 엉뚱하게 변질될 수도 있는 법이다.

그것은 좋게 보면 발전이지만 한 동아리의 통일에는 거침돌이다. 더욱이 한 뿌리의 문화로 결속해야 하는 사람들로서는 그리 반갑지 않은 발전일 것이다. 그렇다고 저절로 뻗어나가는 뿌리와 가지를 막을 수도 없는 법.

그렇게 어긋나게 발전하는 것을 막는 길은 무엇보다 어문을 정리하는 길 밖에 없다는 것도 드러난 결론이다. 어문이 같다면 아무리 천하가 넓어도 그것이 걱정거리가 되지 못한다. 그래서 임검씨가 어문을 정리하고 십년 마다 한 번씩 신시를 열어 정리해놓은 어문이 다시 흩어지는 일이 없도록 각별히 유념하지 않으면 안 되었을 것이다.

그러나 신시를 여는 데는 하나의 방법이 동원된다. 바로 국가 산업을 그 기회에 장려하고 증진시키는 일이다. 그 대표적인 것이 팔택(八澤)[4]을 중심으로 매년 10월에 열리는 조선제(朝鮮祭)다. 그러나 단순한 산업만을 위함이 아니고 민족의 목표인 해혹복본을 위해 겸해서 하는 노릇이다. 해 혹복본의 그 산업행사를 왜 반드시 조선제라는 호칭으로 불러야 했을까. 그것은 조선이라는 나라가 그 행사에다 안팎의 모든 힘을 쏟아 붙는 동안

---

4) 황하를 끼고 있는 산동성에서부터 양자강 너머의 강서성까지 있는 여덟 개의 천연호 수. 대륙택(大陸澤)은 하북성 남단의 형태시(邢台市)에 있는 임현(任縣)과 융요현(隆 堯縣)에 걸친 축홍구(畜洪區)를 말한다. 뇌택(雷澤)은 산동성 서쪽의 복현(濮縣) 하택 시(荷澤市) 접경에 있는 호반. 맹자는 일찍이 이곳에서 순임금이 고기잡이를 해서 아 비를 봉양했다고 했다. 코끼리가 쟁기질을 도왔다는 역산(歷山)과도 멀지 않은 지역이 다. 맹저(孟猪)는 하남성 상구시(商丘市) 동쪽으로 누워있던 호반이었지만 지금은 자 취도 남아있지 않아서 전설이 되고 말았다. 형택(滎澤)은 하남성 개봉시에 있었다고 되어 있지만, 후한의 학자 정현(鄭玄)에 의하면, 일찍이 한나라가 메워 없애고 그곳에 형택 북쪽에 살던 사람들이 옮겨 살면서 한갓 형택이란 이름을 전했다고 한다. 대야택 (大野澤)은 산동성에 있는 거야(鉅野)를 가리킨다고 했고, 일명 하택(荷澤)으로 통한다 고 했지만 지금은 존재하지 않는 못인 듯하다. 파양호(鄱陽湖)는 양자강 넘어 위치한 강서성의 머리 쪽 부분에 거대하게 놓여 있다. 일찍이 팽려호(彭蠡湖)로 불렸다. 태호 (太湖)는 강소성 남단을 거대한 알처럼 장식하고 있는 둥글넓적한 민물호수다. 태호의 오른 쪽에는 거대한 항구도시 상해가 지척에 놓여 있다. 한 시절에는 진택(震澤)으로 불린 적도 있다. 운몽택(雲夢澤)은 호북성에 있던 두 개의 호수를 말하는데, 지금은 평 지가 되어 마을이 들어서버렸다고 한다.

에 저절로 생겼을 이름이지 요새처럼 정책으로 미리 결정을 한 것은 아니었을 것이다.

또 예양(澧陽)이 교차하는 중심지에 조시(朝市)를 설치하고, 팔택(八澤)에 해시(海市)를 열어 매년 10월에 조제(朝祭)를 행하니, 사해의 제족이 모두 지방 토산물을 함께 들었다(方物供進). 산악의 족속들은 사슴과 양을 바치고 해양에 사는 족속들은 물고기와 조개를 들여놓고 송축하기를 '조제에 공진하는 것은, 물고기와 양의 희생이니, 오미의 피를 신선하게 하여, 창생의 허물(咎)을 그치게 하네'하였다. 이를 가리켜 조선제(朝鮮祭)라 하였다.

이때에 산악과 해양의 제족이 생선과 고기를 많이 먹으니, 교역하는 물건이 거개가 저린 어물과 조개와 가죽류이기 때문에, 곧 희생제(犧牲祭)를 행하여 인간으로 하여금 반성하고 기른 공에 보답하게 하였다. 피에 손가락을 꽂아 생명을 성찰하고 땅에 피를 부어 기른 공에 보답하니, 이는 물체가 대신 오미의 잘못을 보상하여 재앙을 멎게 하기를 원하는 것이었다. 곧 육신이 고충스러움의 고백이었다.

언제나 세제(歲祭) 때에는 물화가 폭주하므로 사진(四津)과 사포(四浦)에 해시(海市)를 크게 열고, 몸을 깨끗하게 하여 지리(地理)를 거울삼아 교역의 법을 시행하여 그 값과 분량을 정하며, 물성(物性)의 근본을 분별하여 이용하는 법을 밝혔다. 또 부도 팔택의 모양을 본떠서 못을 파고, 곡수(曲水)의 사이에서 보새(報賽)를 지내고, 잔치를 열어 물건을 제도하는 의식을 행하였다.

예양(澧陽)은 예(澧)라는 물줄기 북쪽에 있는 땅을 말한다. 한강의 북녘에 있는 지역이 한양인 것과 같은 경우다. 예로부터 산남수북(山南水北)이라 했다. 산은 남쪽에 있는 땅을 남쪽이라 하고, 물은 북쪽에 있는 땅이 남(南)이 된다고 일러 왔다. 그런데 이 대문에서 모두 크게 오류를 범했다. 〈부도지〉를 낸 출판사도 예(灃)와 양(陽)을 두 개의 강줄기로 말했고 번역을 한 사람들도 그랬다. 〈부도지〉를 우리한테 소개한 박금(朴錦) 선생도 이랬을까?

앞서 〈부도지〉를 통으로 소개하는 과정에서 보아 알겠지만 "예(灃)와 양(陽)이 교차하는 중심지에 조시(朝市)를 설치하고…"로 되어 있어서 양(陽)이라는 물줄기를 찾느라고 무던히 애를 먹었던 기억이 새롭다. 단기 4339년 8월의 일이었다. 고생을 할 만큼 하고 난 끄트머리에서 문득 글을 잘못 해석했다는 지혜(!)가 떠오른 것이다. 상덕시(常德市) 예현(灃縣)에서였다. 주민들 말을 들으면 '예현'을 옛날에는 '예양현'으로 불렀고, 지금도 '예양진'이 있는 것이 그 까닭이라는 것이다.

예수(灃水)는 하남성 동백현 서북에 있는 태찬산(胎簪山)에서 발원하여 비원현(沘源縣)을 지나서 당하(唐河)로 들어간다. 당하는 하북성을 흘러서 황하와 합쳐진다. 그러나 이런 것은 중요하지 않다. 예현에서 서북으로 10km 떨어진 성두산(城頭山)에서 1979년 이후 대대적인 발굴이 있었는데 출토된 유물들이 놀라운 것이었다. 6천 년 전에 이미 의관을 갖추었고 구리거울이 일상생활에 쓰였다는 흔적이 발견된 것이다.

저들은 시기로 보아 요(堯) 순(舜) 우(禹) 3대 시절 유물이라고 반가워하고 이미 구석기 전부터 인류가 서식했다는 여러 증거를 들어 무엇이 어쨌다고 수선을 떨지만, 여기 출토 된 유물들을 기록한 보고서를 보고 있으면 그들의 허황된 주장이 너무 생뚱맞다고 느껴진다. 홍산문화에서 발굴된 것들이 거의 대부분을 차지하는데다가 그 중에서도 여러 채색 도자기와 '세발가랑이솥'이 나왔다는 것은 움직일 수 없는 동이족의 유물이라는 생각에서다. 무딘 눈에도 그것들은 심양박물관이나 적봉(赤峯)박물관, 그리고 오한기(敖漢旗)박물관에서 본 채도기나 세발가랑이솥과 혈통을 같이 하고 있었다. 거기 예현은 조선족들의 문화가 자란 고장이었던 것이다. 그곳이 그 옛날 단군왕검들이 '오미의 피를 신선하게 하여 창생의 허물을 그치게 한……' 조선제를 지낸 조시(朝市) 터였을 가능성이 크다는 이야기다.

세발가랑이솥만이 아니다. 이렇게 내놓고 3이라는 숫자를 강조하는 것은 우리 조선족이 아니고는 세계의 어느 민족에서도 그 유례가 없다. 셋이라는 숫자는 주역에서 상징하듯이 삼신을 말하는 것이어서 우리 조선족의 고유상징이 되고 말았다. 왜 3이라는 숫자가 조선족의 상징이 되었을까? 생명의 숫자이기 때문이다. 아니 생명이 시작되는 그 첫 시작이 3으로 비롯되기 때문이다. "상계로부터 삼신이 계셨으니 곧 한 분의 상제(上帝)시라. 주체는 곧 일신(一神)이니 각각 신이 따로 있음이 아니나, 쓰임은 삼신이시라" 하는 대목을 상기하기 바란다.

주체는 한 분의 신이되 그 쓰이는 용에 이르면 삼신이라고 말한다. 잊을 만 하면 튀어나오는 체(體)와 용(用)을 여기서 작정을 하고 풀어내보자. 어떤 경우에도 체(體)는 움직일 수가 없다. 아니 움직일 수 없는 것을 체(體)라고 한다. 그러니까 상징성이다. 그러나 움직이지 않는 상징성뿐이라면 그 상징성은 우리하고 아무 관계가 없다. 말하자면 가상의 세계에서나 있을 수 있는 것이지 피가 튀고 분노가 있는 현실의 세계와는 연이 닿지 않는다는 이야기다. 숨을 쉬고 움직인다는 자체가 이미 용(用)인 것이다. 그게 삶이다.

가령 한 사람의 생명이 태어날 때 남녀가 만나서 관계를 갖기 시작하는 과정이 체(體)다. 핏덩이가 엉기고 달을 채워서 태어나는 과정을 상(相)이라고 한다. 그리고 성장해서 사람노릇을 하는 결과를 용(用)으로 말한다. 굳이 나누어서 말하자면 이렇지만 그러나 체·상·용은 언제라도 동시적인 법이다.

또 하나 단군왕검들의 거창한 산업행사로써 빠뜨리지 못할 것이 해시다. 해시(海市)는 팔택에서 벌어진다. 서토대륙에 흩어져있던 여덟 개의 천연호수는 지금은 많이 메워져서 자취를 감추었지만 산동성과 하북성 호북성을 지나 강소성과 강서성을 걸터 탄 너른 지역에 뿌려져 있었다. 물론 강서성의 파양호나 강소성의 태호는 지금도 여전하게 남아서 번성했던 시절을 증명한다.

저 서토인들이 사람의 살림에 필요한 생필품을 가리켜서 '뚱시(東西)'라고 하는데, 그것은 동쪽과 서쪽의 물자가 모여드는 사이에 자연스럽게 그런 이름이 형성 되었다는 것이다. 이 뚱시의 개념이 단군왕검 시절의 조시나 해시 같은 조선제와 반드시 관계가 있을 것이다. 물류의 통로가 막혀서 잠자던 물자들이 어느 시기가 되면 동서남북에서 일시에 들고 일어나서 한 군데로 집결하는 모양을 상상해보라.

이렇게 대륙의 곡창지대를 몽땅 깔고 앉아서 해마다 10월이 오면 정해진 지역에서 조선제를 열고 폭주하는 물량을 마음껏 유통하도록 도운 붉달나라 조선은 명실상부한 아시아의 중심국이었을 것이다. 그저 물질의 부나 깔고 앉아서 배를 두드려서 먹기만을 일삼았다면 한낱 야만의 백성에 지나지 않았겠지만 조선나라의 백성은 하늘민족답게 한시도 도덕정신을 잊어본 적이 없다.

'지리를 거울삼아 교역법을 시행하여, 그 값과 분량을 정하고 물성의 근본을 분별하여 이용하는 법을 밝혔'고 했다. 그것은 그들이 말 없는 가운데서 하늘의 뜻을 늘 살피고 있었다는 증거다. 그들은 어떤 순간에도 조상에게서 내림한 정신의 전통을 굳건하게 지킨다. '희생의 피에 손가락을 꽂아 생명을 성찰하고, 땅에 그 피를 부어 기른 공에 보답하는' 것 역시 마고성에서 지유를 먹고 살았던 순수에 돌아가고자 서원하는 해혹복본의 의식이 아니던가?

제1세 단군왕검은 모계사회를 아울러 새 나라를 세우는 시작부터 국토를 세 등분으로 나누고 신훈(神韓)과 불훈(弁韓)과 말훈(馬韓)으로 명칭한다. 삼신의 자손임을 잊지 않겠다는 서약을 그렇게 표현한 것이다. 그게 '처샌' 곧 조선나라의 구도다. 물론 신훈이 천자국이 되므로 자신이 직접 통치하고, 불훈과 말훈은 제후국이므로 각기 봉토를 받는 사람이 있기 마련인데, 첫 말훈은 웅씨국의 사람으로 웅백다(熊伯多)를 지명한다. 그가 봉토 받은 땅은 나중에 두만강과 압록강으로 선이 그어지는 이 조선반도로써 끝까지 말훈에 해당한다.

불훈은 번훈(番韓)이라고도 한다. 番은 울타리의 뜻이 있다. 저 서토의 한족들과 국경을 맞대고 때로는 으르렁거리는 일이 자주 있기 때문에 자연 그런 이름이 붙은 것이다. 치우천왕의 후손으로 지혜와 용기가 뛰어난 인물이 있어서 단군왕검은 번훈으로 임명하는데 그가 치두남(蚩頭男)이란 사람이다.

그 국토는 옛날 치우천왕이 한때 서울로 삼았던 청구(靑邱)지역으로 지금의 요녕성이다. 치두남을 그 번훈에 임명한 것은 그 아래쪽인 회대(淮岱)에 웅거한 우순(虞舜)을 감시하고 감독하게 하기 위해서였다. 번훈세가에 의하면 그 무렵 순은 천자인 단군왕검에게 항복하고 함께 요임금의 당(唐)나라를 쳐서 평정시켰지만 요의 두 딸을 아내로 데리고 있는 탓에 확실하게 믿을 수가 없는 처지였던 것이다.

〈부도지〉에서는 '요는 유폐중에 죽고 순은 우(禹)에게 쫓겨서 창오산으로 도망했지만 마침내 잡혀서 죽임을 당했다. 전에 우의 아비 곤(鯤)이 (홍수를 다스리지 못하자) 순에게 죽은 원험이 있으므로 기회에 아비의 원한을 갚았다'고 했지만 〈훈단고기〉는 '순의 부자형제가 다시 돌아와 같은 집에서 살게 되었다'고 했으니 어느 쪽 주장이 맞는지 모를 일이다. 그러나 순의 이비(二妃)가 상강에서 피눈물을 뿌려 죽은 탓에 상강 대나무들이 반죽(斑竹)이 되었다는 것을 보면 〈부도지〉의 기록이 믿음이 간다. 상강에 대나무는 정말 아롱반점이 있어서다.

순임금이 처음 범람하는 물길을 바로 잡으라고 일을 맡긴 것은 숭백(崇伯) 벼슬에 있는 곤(鯤)이다. 그러나 사실대로 말한다면 처음 곤에게 막중한 소임을 맡긴 것은 요임금이다. 요임금 시절에 '산을 덮쳐서 에워싸고 능묘 꼭대기까지 흙탕물이 넘실거리는(湯湯洪水-方割ㅎ야 蕩蕩懷山襄陵)' 홍수가 있었고, 천자인 요가 적임자를 직접 뽑았던 것이다. 그러나 열세 해 동안을 애를 쓰고도 전혀 물길이 다스려질 기미가 보이지 않자 국법에 의한 책임을 물어 곤을 죽인 것이 순이었을 뿐이다.

곤을 죽이고 나서 순임금은 곤의 아들 우(禹)에게 아비가 못 이룬 소임을 맡겼다. 그러나 국법에 의한 형벌일지라도 아들은 아비의 죽음을 기억할 수밖에 없다. 그것이 부자지간이라는 천륜에 얽힌 의리겠지만 당장 그 시절 순임금 행적을 보아도 아버지의 원수는 갚는 것이 천하의 대의였던 것이다. 우가 도산에서 순을 죽였다는 이야기는 타당하다. 또 순도 천하의 명분을 중하게 여기는 대인으로써 자기의 죽음을 당연하게 웃음으로 받아들였을 것이다.

순임금에게는 상균(商均)이라는 아들이 있었다. 그러니까 상균은 유호씨의 손자다. 상균은 어려서부터 아버지 편이 아니라 할아버지 편의 사람이었다. 그 상균이 단군왕검의 조정에서 신하 노릇을 했다. 여기 번한으로 하여금 회대(淮岱)에 있는 순을 감독케 했다는 것은 순임금의 후계자가 되어 아버지의 나라를 다스리고 있는 순의 아들 상균을 두고 하는 말일 수도 있다. 그러나 순임금이 애초에 부도를 배반한 사람이라면 그 아들 역시 감시의 대상일 수 있었을 것이다.

─소상강은 소하(簫河)와 상강(湘江)이 합쳐진 이름이다. 영주시(永州市) 복판을 가로지르는 소하만 해도 푸른 물폭이 100m는 넘는다. 그렇게 큰 흐름이 작은 물줄기들을 거느리면서 저대로 흐르다가 호남성의 물이라는 물은 다 거두어들이는 상강과 마주치는 곳이 동정호 입구다. 동정호 둘레가 자그만치 7백리라는 게 실감이 난다. 거기 군자도(君子島)라는 섬이 있는데 소상반죽(簫湘斑竹)은 거기서 난다. 백평이 안돼보이는 대나무 대나무 밭에 이비(二妃)의 무덤이 있다.

그러나 소상반죽을 보기 위해서 반드시 군자도에 갈 필요는 없다. 천리나 남쪽에 있는 산이지만 순임금의 능묘(陵墓)가 있는 구의산(九嶷山)에 가도 똑같은 반죽이 나기 때문이다. 아황과 여영 두 아내가 억울해서 뿌린 피눈물은 소상강이 맞지만, 그래서 소상강 물이 고이는 동정호에 그 피눈물을 기억하는 반죽이 나지만, 순임금의 혼이 깃든 구의산에도 두 아내의 억울한 혼은 머물고 있어서 4천 년이 지난 지금도 아롱대가 청청히 나고 있다니 기특하고도 무서운 일 아닌가?

얼핏 보기에는 병이 든 대나무 같은데 무작위로 배어있는 검은 반점들은 흡사 혈흔(血痕)같아서 보는 가슴을 메이게 한다. 그 대나무가 특이해서 순임금 사당에 소속된 관리들은 크고 작은 붓을 매어서 관광객을 꾀인다.

단군왕검들의 조선이 어떻게 마무리 되고 또 어느 시기 누구에 의해서 어떤 나라가 들어서는가를 보자면 마한세가와 번한세가는 어차피 끌려 나온다. 마한세가에 '단군왕검은 천하를 평정하시더니 삼한으로 나누어 관경을 만드시고 곧 웅백다(熊伯多)를 봉하여 마한이라 하셨다'는 대문이 있다.

그러나 어느 단군왕검이 그렇게 했다는 말은 없다. 단군세기에도 웅백 다를 마한으로 삼았다는 대목은 발견되지 않는다(단기고사와 규원사화에 도 없다). 그런데도 제4세 오사구(烏斯丘) 단군왕검이 람(藍)·진(眞)·변 (弁)의 3부 병력을 움직여서 백성들을 모질게 대하는 하나라 임금 상(相) 을 정벌했다는 기록이 있다. 이로 미루어 본다면 삼한의 체제는 그 이전에 이루어졌다는 말인데, 그런 내용이 빠진 것은 민멸해버린 역사의 자투리 와 비늘 조각을 주워서 〈훈단고기〉를 엮은 계연수가 자기 의견을 보태지 않고 그냥 있는 대로를 편찬한 결과일 것이다.

상고해보면 웅백다에게 마한을 봉하고 치두남(蚩頭男)에게 번한을 봉 하면서 조선나라를 삼한으로 시작한 것은 제1세 단군왕검이었을 것이다. 이렇게 생각하는 데는 까닭이 있다. 황궁씨가 해혹복본(解惑復本)의 원력을 서원하면서 파미르 고원을 떠나고 계불전수(禊祓專修)의 천산의 유인씨 시대를 지나 흰인 7세 — 안파건흰님·혁서흰님·고시리흰님·주우양흰님·석제임흰님·구을리흰님·지위리흰님 — 의 무대가 되는 바이칼 시대부터는 확실하게 삼신을 믿고 당신들을 삼신의 자손으로 여겼기 때문이다.

그것이 바이칼 시절에도 구체화된 것이 없고 태백산의 흰웅천왕들도 국토를 경영하는데 까지는 생각이 미치지 못했을 수도 있다. 그러나 단군왕검의 시대는 다르다. 마음속에만 다져지던 신앙이 국토를 삼신 몫으로 나누어서 경영할 수도 있다고 생각했을 것이다. 생각의 진화다. 더욱이 '몸이 길게 털이 나가지고 100년 사이에 돌아다니지 않은 곳이 없을…' 만큼 직접 돌아본 국토가 5만리에 이를 지경이면 그 머리에 삼신의 국토에 대한 생각이 미리 준비되었을 것이다.

단군왕검은 천하를 평정하시더니 삼한으로 나누어 관경을 만드시고 곧 웅백다를 봉하여 마훈이라 하였다. 달지국(達支國)에 도읍하였으니 역시 백아강(白牙岡)이라고도 불렀다… 단군왕검 51년 천왕은 운사(雲師)인 배달신(倍達臣)에게 명령하여 삼랑성(三郎城)을 혈구(穴口)에 쌓고 제천의 단을 마리산(摩离山)에 쌓았으니 강남의 장정 8천인을 선발하여 이들에게 일을 하도록 하였다.

신유년 3월 천왕은 몸소 마리산으로 행차하여 하늘에 제사 지냈다. 웅백다가 재위 55년에 죽으니 아들 노덕리(盧德利)가 즉위하였다. 노덕리가 죽으니 그의 아들 불여래(弗如來)가 즉위하였다. 이때가 부루 단군 12년 임자(壬子)가을 10월이다. 영을 내려 7회의 책력을 백성들에게 나누어 주었다.

천하를 평정했다는 것은 두 가지 의미가 함축되어 있다. 쪼개져 있던 국토를 하나로 통일했음을 이름이요, 모계풍속을 이어오던 지역과 나라들의 풍속을 말끔하게 부계로 바꾸어냈음을 의미한다. 명실상부한 부계의 조선나라를 이루어 낸 것이다. 이로 본다면 웅백다로 마한을 삼은 분은 제1세 단군왕검이 맞다.

마한의 수도를 달지국이라 했는데 그 달지국의 다른 이름은 백아강이다. 백아강이라면 낯설지 않을 것이다. 앞에서 '봉황은 날아들어 백아강에 살고 선인(仙人)은 법수교를 오갔으니…' 했던 그 백아강이다. 일산(一山)과 일수(一水)가 한 나라가 되던 시절이므로 마한의 수도가 되는 백아강은 달지국이 있던 자리였다는 말이다.

삼랑성을 쌓고 제천단을 묻은 혈구는 오늘의 강화섬이다. 당시는 그 섬에 다른 이름이 없고 그냥 혈구라고만 했으니 혈구(穴口)는 혈처(穴處)와 같은 말로 몹시 중요한 자리라는 뜻이다. 다시 말해 제천단과 삼랑성을 쌓도록 하늘이 미리 점지한 땅에다가 사람이 그 사업을 완성했다는 말이다.

단군가륵 3년에 불여래가 죽고 아들 두라문(杜羅門)이 즉위했다. 을사년 9월 천왕께서 칙서(勅書)를 내려서 이렇게 말씀하셨다.

"천하의 대본(大本)은 우리 마음의 중일(中一)에 있나니, 사람이 중일을 잃고는 성취되는 일이 없고 물건이 중일을 잃으면 물체는 곧 뒤죽박죽이 될 뿐이다. 임금의 마음은 자못 위태롭고(君心惟危) 사람들 마음은 오직 여릴 뿐이다(衆心惟微). 옹근 사람은 고르게 붙잡아서 잃지 않은 연후에 이에 하나를 평정한다(全人統均 勿失然後 乃定于一也).

유중유일(惟中惟一)의 도(道)는 아비가 되어서는 마땅히 자애롭고, 자식이 되어서는 마땅히 효성스러울 것이며, 임금 된 자는 마땅히 의로워야 하고, 신하 된 자는 마땅히 충성스러우며, 부부 되어서는 마땅히 서로 공경할 것이다. 형제 된 자들은 마땅히 서로 사랑해야 하며, 노소는 마땅히 순서가 있으며, 친구는 마땅히 신의를 둘 것이다. 식신(飾身)·공검(恭儉)·수학(修學)·연업(鍊業)·계지(啓智)·발능(發能)·홍익(弘益)에 서로 힘쓸 것이며, 성기(成己)·자유(自由)·개물(開物)·평등(平等)하면 천하는 저절로 된다.

  마땅히 국가의 대통을 존중하여 나라 법을 지키고, 각자가 맡은 바 직책에 힘써서 부지런히 산업에 힘쓸 것이다. 나라에 일이 생겼을 때는 몸을 던져 옳음을 따르며 힘껏 앞으로 나아간다면 만세의 부강한 나라를 이룸에 큰 힘이 되는 것이다. 이는 짐이 그대들 국민과 더불어 처절하게 행하여 바꾸는 일이 없을 것이다. 모두 성현의 지극한 뜻이나니 모두 받들어 공경할진저.″

  유가의 선비가 이것을 읽는다면 대뜸 채침(蔡沈)의 〈서전(書傳)〉 서문을 떠올릴 것이다. 인심은 유위(惟危)하고 도심(道心)은 유미(惟微)하니 유정유일(惟精惟一)하야 윤집궐중(允執厥中) ― 사람의 마음은 너무 위태하고 도를 닦는 마음은 오직 정밀하나니 정밀해서 잡되지 않은 그 하나를 붙잡아 지도리(樞)를 삼으라 ― 이라고 한 대문이 위의 한 부분과 너무 닮아있기 때문이다. 그러나 이 글장은 제3세 단군왕검인 가륵천자께서 칙서로 내린 것이기 때문에 남송의 끄트머리를 살았던 채침보다는 3천 5백 년쯤 앞서서 발표된 문장이다.

  천자의 명령을 적은 글을 칙서라고 한다. 이 칙서의 내용을 한 마디로 간추린다면 사람이 사람노릇을 바로 하라는 내용이다. 임금은 임금답게 신하는 신하답게 아비답게 아들답게 남편답게 아내답게 친구답게…… 각자가 제 위치의 제 노릇을 하라는 말이다. 지금은 초등학생만 되어도 알 수 있는 것을 임금이 칙서를 내려 강조했다면 웃음이 나겠지만 지금 여기는 4천 2백 년이나 앞에 있던 옛날이다. 더욱이 마한이라면 곰 토템을 가진 부족으로 모계의 풍속으로만 살아온 탓에 부계사회의 질서가 이렇다고 강조하는 중이다.

4천 2백 년 전의 이 칙서에는 당시로서는 없던 말이 하나 있다. '산업(産業)'이라는 낱말이다. 바로 이 대목을 지적하여 〈훈단고기〉를 위서로 치는 세력들이 있다. '한국사 시민강좌'라는 민간단체가 내놓은 자료를 보면 그들은 처음부터 자국의 역사를 폄하하기로 작정을 하고 나선 인간들이라는 생각이 든다. 궁금하다면 내 손에 든 이 친일 사학자료[5]를 구해서 보라.

　　…… 두막해가 죽으니 기축년에 아들 독로가 즉위하였다. 독로가 죽고 단군 고흘제의 경오년에 아들 아루가 즉위하였다. 아루가 죽고 무오년에 동생 아라사가 즉위하였다. 해에 고등(高登)이 모반을 일으켜 개성에 웅거하면서 천왕에게 항거했다. 마흔이 드디어 군사를 일으켜 이를 토벌하고자 하여 홍석령(紅石嶺)의 경계 지점에 이르렀을 때 천왕께서 고등을 용서하고 우현왕으로 삼았다는 소문을 듣고 곧 토벌을 멈추었다.

　　을미년에 천왕은 해성에서 욕살 서우여(徐于餘)에게 선양하시고자 하니 마한은 이의 불가함을 주장하였으나 허락하지 않았다. 우현왕의 아들 색불루(索弗婁)가 즉위하니 마흔은 군사를 정돈하여 몸소 이끌고 나아가 해성(海城)에서 싸웠는데 싸움에 지고는 돌아오지 못하였다.

---

5)　　대표적인 하나만 지적하면, 경남대학교 사학과 교수 조인성(趙仁成)이다. '규원사화'와 '환단고기'라는 논문이 한국사 시민강좌 1988년 제2집에 들어있다.

고등이 모반을 일으킨 때는 제21세 단군왕검 소태(蘇台)천왕이 재위하던 시절이다. 그런데 무언가 안정이 안 되고 불안한 기미가 보인다. 모반을 일으켰다면 그 까닭이 무엇이든 죽여 마땅한 죄다. 천자의 권위와 국가에 대한 정면도전이기 때문이다. 고등의 모반 소식을 듣고 오히려 마흔이 군사를 일으켰지만 정작 천자인 소태 단군은 고등을 용서하고 우현왕(右賢王)으로 받아들인다. 마치 힘센 강적에게 질질 끌려가는 행색이다.

이듬해에는 천자가 자기 무기력을 통감하고 서우여란 신하에게 천하를 주려 한다. 그 내용도 애매해서 알 수가 없다. 어쩌면 서우여도 야심이 있는 사내여서 힘을 길러 천자의 자리를 넘보고 협박을 했는지도 모른다. 그 꼴을 보고 있던 마흔이 강하게 불가함을 주장했으나 오히려 정권은 고등의 아들 색불루에게 넘어가버린다. 측근—우현왕—이 되어서 천자를 곁에서 모시는 고등이 무언가로 정권을 가로챘다는 의심을 지울 수가 없는 부분이다.

마흔은 마침내 군사를 정돈하여 해성이란 곳까지 진격하여 일전을 벌이지만 중앙정부의 군대에게 패전하고 돌아가지 못한다. 이때 중앙정부를 걸터타고 있던 천자가 고등의 아들 색불루였음은 설명하고 말 것도 없다. 그러나 역사는 이긴 자가 쓰게 마련이다. 다음에 삼한을 삼조선으로 명칭을 바꾸는 사람이 바로 고등의 아들로 제22세 단제가 되는 색불루다. 어디에도 그가 쿠데타를 해서 미안한 흔적은 없고 끝까지 당당하고 미끈하다.

단군 색불루가 아버지께서 이루어 놓으신 힘을 계승하여 대병(大兵)을 장악하니 신한(辰韓)은 스스로 무너졌고 나머지 두 한(韓)도 이길 수 없어 패해버렸다. 전제(前帝)—蘇台天王—는 사람을 시켜 옥책(玉册)과 국보를 전하여 제(帝)의 자리를 물려주었다. 새 임금이 백악산(白岳山)에 도읍을 골라 세우니 여러 욕살들이 아무도 승복하지 않았으나 여원흥(黎元興)과 개천령(蓋天齡)이 명령을 받아 저들을 설득했다. 이에 모든 욕살들이 빠짐없이 따르게 되었다.

병신 원년 정월에 마침내 녹산에서 즉위하니 이곳을 백악산 아사달이라 한다. 3월에 조서를 내렸다… 이에 단제는 날을 택해 몸과 마음을 깨끗이 한 후에 향과 축문을 여원흥에게 내려 주었다. 16일의 이른 아침에 삼한 대백두산의 천제단에서 몸소 제사를 모시고 여원흥으로 하여금 축문을 읽게 하였다. 그 서고문(誓告文)에 이르기를,

"짐 소자 색불루는 손을 모아 머리를 땅에 대고 절하옵니다. 친히 천제의 아들로써 스스로를 닦고 이로써 백성에 미치게 하여 반드시 공경하고 제천하도록 하겠습니다. 황상(皇上)은 심신의 밝은 명을 받으사 큰 덕으로 은혜를 베풀어서 이미 삼한 5만 리의 땅을 주시고, 더하여 사람들에게 널리 이로움을 베풀어 누리도록 하셨으므로, 마흔 여원흥을 보내어 삼신일체인 상제의 단에 제사 올리게 하였습니다……

녹산(鹿山)을 백악산 아사달이라고 했다. 그래놓고 백두산에서 제사를 모시고 있다. 말을 에둘러서 했지만 실은 백두산을 말한 것이다. 그러니까 백두산은 백악산 아사달이라 해도 옳고 녹산이라 하여도 옳다는 뜻이다. 그 백두산에서 천자가 몸소 제사를 모시는데 축문은 여원흥을 시켜서 읽게 한다. 아마도 그것이 천자가 제사를 모시는 당시의 법도였으리라. 서고문으로도 불리는 축문의 내용은 5만리 국토의 삼한의 왕업이 무궁하도록 해달라는 것이며 곡식이 풍성하여 백성이 풍족하도록 비는 기원이다.

5월에 제도를 개정하여 삼한(三韓)을 삼조선(三朝鮮)이라 했다. 조선이란 관경을 말한다. 신조선(辰朝鮮)은 천왕이 몸소 다스리고 땅은 곧 옛날의 신한대로 하고 정치는 천왕이 친히 다스리도록 하니 삼한이 모두 명령에 하나같이 복종하였다. 여원흥에게 명하여 마한이 되어 막조선을 통치케 하고, 서우여로 하여금 번한을 삼아 번조선을 통치케 하였다. 이를 통틀어 이름하여 단군의 관경이라 한다.

...무자년에 마한은 명을 받고 도읍에 들어와서 간하기를 도읍을 영고탑으로 옮기라고 하였다. 그러나 불가하다고 하시며 이에 따르지 않았다. 여원흥이 죽으니 기축년에 아들 아실이 즉위했다. 기묘년에는 은나라가 망했다. 3년 뒤의 신사년에 아들 서여가 거처를 태행산맥의 서북의 땅으로 피하여 가니 막조선은 이를 듣고 모든 주(州)와 군(郡)을 샅샅이 조사하더니 열병을 하고 돌아왔다. 아도가 죽자 경술년에 아들 아화가 즉위하였고 아화가 죽자 병술년에 동생 아사지가 즉위했다····

을묘년에 융안(隆安)의 사냥족들 수만이 모반을 일으켰다····

병진년에 상장(上將) 구물(丘勿)이 마침내 사냥꾼들의 두목 우화충(于和冲)을 죽여 버리고 도성을 장당경으로 옮겼다. 이보다 먼저 가리의 손자라는 이유로 전나가 들어가 막조선을 계승하니 이때부터 정치가 날로 쇠퇴했다. ...무술년에 수유(須臾)의 사람 기후(箕謝)가 병력을 이끌고 번한에 들어가 웅거하고 자립하여 번조선 왕이라 칭하였다. 연나라는 사신을 보내와 우리와 함께 기후를 치자고 했으나 막조선은 따르지 않았다.

계해년에 단군 고열가가 마침내 왕위를 버리고 아사달에 들어가셨다. 진(眞)조선은 오가(五加)와 함께 진시황 정(政)에게 복종하더니 끝내 미처 회복하지 못한 채 종말을 맞았다.

물론 빠진 것이 많다. 신한 말한 불한 하던 이름을 어느 새 잊어버리고 진(眞) 막(莫) 번(番)으로 사가의 붓대에서 힘을 잃고 있는 보잘것없는 역사여서 그 귀추가 어떻다는 것을 보여주는 것으로 충분하다는 생각이 들어서다. 옮기면서 빠뜨린 말혼 곧 말조선의 계보는 아래와 같다.

웅백다(熊伯多) 노덕리(盧德利) 불여래(弗如來) 두라문(杜羅門) 을불리(乙弗利) 근우지(近于支) 을우지(乙于支) 궁호(弓戶) 막연(莫延) 아화(阿火) 사리(沙里) 아리(阿里) 갈지(曷智) 을아(乙阿) 두막해(豆莫奚) 독로(瀆盧) 아루(阿婁) 아라사(阿羅斯) 여원흥(黎元興) 아실(阿實) 아도(阿度) 아화(阿火) 아사지(阿斯智) 아리손(阿里遜) 소이(所伊) 사우(斯虞) 궁홀(弓忽) 동기(東杞) 다도(多都) 사라(斯羅) 가섭라(迦葉羅) 가리(加利) 전나(典那) 진을례(進乙禮) 맹남(孟男)

03 번한세가

치두남(蚩頭男)은 치우천왕의 후손으로 지혜와 용기가 뛰어나게 세상에 알려졌다. 단군은 곧 불러보시더니 이를 기이하게 여기시고는 곧 그를 번한 으로 임명하고 겸직하여 우(虞)의 정치를 감독케 하였다. 경자년에 요중(遼重)에 12개의 성을 쌓았으니 험독(險瀆)·영지(令支)·탕지(湯池)·용도(俑道)·거용(渠鄘)·한성(汗城)·개평(蓋平)·대방(帶方)·백제(百濟)·장령(長嶺)·갈산(碣山)·여성(黎城)이 그것들이다.

치두남이 죽으니 아들 낭사(琅邪)가 즉위하였다. 이해 경인 3월에 가한성 (可汗城)을 개축하므로써 예상하지 못했던 일에 대비하였다. 가한성은 일 명 낭사성(琅邪城)이니 번한의 낭사에 세워진 때문이다.

번한은 이민족과 국경을 맞대고 있는 국경지대요 변두리 지역이다. 중 앙정부의 명령도 잘 닿지를 않아서 그 지역 토호나 새롭게 일어나는 신흥 세력들이 멋대로 활개를 칠 수 있지만, 더 마음이 쓰이는 것은 호시탐탐 국 경을 넘보는 타국의 군대. 과연 지혜와 용기가 뛰어난 재목이 아니고는 다스려내기가 어려울 것이다. 그래서 단군왕검은 특별히 치우천왕의 후손 인 치두남(蚩頭男)을 불러서 그에게 번한이란 막중한 책임을 맡긴다.

앞에서 치우천왕이 청구를 개척하고 문명을 일으킨 사실을 기억하고 있다. 그곳이 홍산문화가 있는 오늘의 요하지역으로 치우천왕이 옮긴 도읍 터였을 것으로 말해왔다. 그렇다면 치우천왕에 대한 존경과 두려움이 섞인 설레는 심정으로 사람들은 치우천왕의 후손을 맞이할 터이다. 그것은 절반의 통치는 이미 이루어졌다고 볼 대목이다. 그러나 만일 치우천왕이 그 지방에서 궂은 짓을 했거나 나쁜 소문이라도 전해온다면 그의 후손을 보낼 수가 없다. 그런데 다행스럽게 그런 부정적인 이미지가 없었으므로 단군왕검은 치두남을 만나본 후 번훈으로 결정한다.

치두남이 번훈이 되어서 할 일은 첫째가 우순(虞舜)의 정치를 감독하는 일이다. 그러나 우순은 일찍이 창오(蒼梧)의 들에서 하우(夏禹)에게 죽임을 당했기 때문에 순(舜)의 아들 상균(商均)을 말한 것이기 쉽다. 어쨌거나 국경을 튼튼히 할 요량으로 12개의 성채도 새로 쌓는다. 그 12개의 성이 들어서는 곳을 요중(遼中)이라고 했다. 그 당시로서는 요하를 대요수(大遼水)로 부르던 때다.

앞에서 태자 부루가 오행통수의 요결을 가르치기 위해 도산회합(塗山會合)에 갈 때도 번한을 거친 적이 있다. 반 달 동안을 낭야성에 머무르면서 우순의 정치를 보고 받고 삼신을 태산에서 제사 지내도록 했기 때문에 회수와 태산지방 사이에서 삼신 받드는 풍속이 크게 행해졌던 것이다. 그 번한지역이 바로 요중이겠는데 역사의 문적을 지키지 못한 탓에 12개의 성이 오늘에 와서는 어디인 줄조차 모르게 되어버렸다.

단군 색불루(索弗婁)는 처음 삼한을 합치더니 나라의 제도를 크게 개혁하였다. 은나라의 왕 무정(武丁)은 사신을 보내어 조공을 약속하였다. 이보다 앞서 서우여를 폐하여 서인을 만들었더니 서우여는 몰래 좌원(坐原)에 돌아와 사냥꾼 무리 수 천인과 짜고 군대를 일으키니 개천령(蓋天齡)이 듣고 즉각 토벌하려 했으나 패하여 싸움터에서 죽고 말았다. 단제께서는 몸소 삼군(三軍)을 이끌고 토벌하러 갔다. 이에 먼저 사람을 보내 서우여에게 비왕(裨王)에 봉할 것을 약속하시며 다시 설득하니 서우여가 이에 따르므로 단제께서는 서우여를 번한으로 삼으셨다.

번한도 힘에 의해서 달라지는 것이 보인다. 처음 단군왕검이 치두남으로 번훈을 삼은 것으로부터 1천 년쯤을 지나서 생기는 일이다. 앞에서 마한의 살림살이를 말할 적에 살펴 본 대로 제22세 단제 색불루는 할아버지 고등이 반란을 해서 순전히 힘으로 빼앗아 앉은 천자 자리다. 여기 본문에서 '앞서 서우여를 폐하여 서인을 만들었더니…, 한 대문의 얼거리를 알 것이다. 그렇게 힘에 밀려서 천자의 자리를 빼앗긴 서우여가 '몰래 좌원으로 숨어들어서 사냥꾼 수천 인과 군대를 일으켰던' 모양이다.

개천령이 듣고 즉시 토벌에 나섰으나 역부족으로 패하여 죽는다. 그는 아마도 번한의 으뜸가는 장수였을 것이다. 그러자 색불루 천왕이 직접 나선다. 천왕의 위엄으로 삼군을 갖추어 나선 전쟁이니 서우여를 사로잡자 했으면 너끈히 사로잡았겠지만, 그러나 사람을 보내서 번훈 자리를 주겠다고 달랜다. 사실을 말한다면 지금 색불루 천왕이 차지하고 있는 임검 자리는 서우여에게 넘어가던 자리였다.

여기서 잠시 생각해보자. 색불루 천왕이 못난 사내였다면 서우여를 짓밟았을 것이다. 후세에도 이런 비슷한 싸움이 있었다. 묘청을 꺾으러 나간 김부식의 경우가 이 같았다. 그때 김부식도 싸우기 전에 사람을 7,8회나 보내서 묘청을 회유하려고 했다. 그러나 묘청이 듣지 않자 싸움으로 갔는데 나중에는 묘청의 목을 들고 와서 투항을 하려 해도 투항하겠다는 사람을 옥에 가두어버렸다.

제가 이길 수 있다는 자신감이 들어서 한 짓이겠지만 그랬기 때문에 묘청파에서도 죽기로써 저항을 하여 피차의 손실이 컸을 뿐이다. 밖에서는 여진의 금나라가 국경을 압박하는 판인데 나라의 대신이란 자가 제 비위를 건드렸다 해서 한갓 필부의 용기를 뽐내고 있었던 것이다. 그러나 색불루 단제는 서우여를 껴안음으로써 불만이 많은 적을 자기편으로 만들어버린다.

4년 기해에 신조선은 천왕의 칙서를 전하였는데 '그대들 삼한은 천신을 위로 받들고 백성들도 이에 따르도록 교화하라'고 했다. 이때부터 백성들에게 예의, 누에치기 베짜기 활쏘기 글 등을 가르쳤으며 백성들을 위하여 여덟가지 금법(禁法)을 만들었다. 사람을 죽이면 같이 죽여서 다스리고, 남을 다치게 하면 곡식으로 배상하고, 남의 물건을 훔치면 남자는 신분을 무시해서 그 집의 종이 되게 하고, 여자는 계집종이 되게 하며, 수두(蘇塗)를 훼손하는 자는 가두며, 예의를 잃는 자는 군에 복무케 하고, 부지런히 일하지 않으면 부역에 처하며, 음란한 행동을 한 자는 태형에 처하고, 사기를 치면 타일러서 돌려보내나, 스스로 속죄하려 하면 공표하여 여러 사람에게 알리는 것만은 면해주지만, 백성들이 오히려 수치스럽게 여겨서 결혼도 할 수 없었다.

이로써 백성들은 끝내 서로 도둑질 따위는 하지 않았으니 문을 닫거나 잠그는 일도 없었고 부녀자들은 정숙하여 음란하지 않았다. 밭이나 들 도읍지를 막론하고 음식을 바쳐서 제사를 모시니 어질고 겸양하는 풍속이 가득했다. 신축년에 은나라 왕 무제(武帝)가 천왕께 글을 올리고 방물(方物)을 바쳤다.

여기서 보는 이른바 팔조금법(八條禁法)은 영특하고 잘난 임검 색불루 단군이 만든 조선의 법이다. 이것을 지나간 세대는 서토의 기자가 가르친 법이라고 배워왔다. 그러나 기자가 내놓은 법이라면 수두에 관한 조목이 들어 있을 리가 없다. 수두는 순수한 조선족 문화이기 때문이다. 뿐만 아니라 팔조금법에는 마치 물이 흐르듯이 자연스럽게 관통하는 인간적 호흡이 있다. 넘치지도 않고 모자라지도 않은 건강한 원시사회의 풍속이 잘 나타난다는 말이다.

서토인에게는 이런 자연스러움이 없다. 〈환단고기〉를 읽다보면 우리가 자연스럽게 흘려낸 말을 저들은 자기들 규범에다 맞추어서 소위 경전이란 것을 만들지만, 그 경전 속에는 언제나 자연스럽게 흐르는 감성 대신 경직된 이성이 웅크리고 앉아서 일방적인 훈계태도를 만들어버린다. 대학(大學)·중용(中庸)·맹자(孟子)·논어(論語) 등 사서(四書)에 특히 그런 것이 많지만 〈예기〉나 〈춘추〉에도 그런 대목은 심심치 않게 나타난다.

예를 들면 '음란한 행동에는 태형이 따른다'는 구절만 해도 그들은 궁형(宮刑)[6]으로 발전한다. 그게 과장으로 부풀리기를 좋아하고 그것을 부끄러워하기보다 오히려 자랑으로 여기는 질박하지 못한 사람들의 행티다. 무엇인가로 주목받는 특별한 짓거리는 필요한데 그게 생각처럼 쉽게 되질

---

6) 공자가 살았던 주나라에 오형(五刑)이 있었다. 죽여서 갚는 대벽(大辟), 이마에 자자(刺字)를 하는 묵형(墨刑), 코를 베는 의형(劓刑), 발꿈치를 깎는 월형(刖刑, 그리고 거세를 시키는 궁형(宮刑)이다. 남자라면 불알을 바르지만 여자는 불꼬챙이로 지져서 유폐를 시켰다. 성행위 자체를 못하도록 만드는 것이다. 매를 때려서 끝내는 쪽에 비겨서 얼마나 참혹하고 잔인한가. 문제는 이 궁형이 반드시 '음란행위'에만 한정된 것이 아니고 여러 죄목에다 적용시키는 확대해석이 가능했다는 사실이다. 〈사기〉를 저술한 사마천도 전쟁에 나가서 항복한 사람을 변명하다가 궁형을 받았다는 점을 감안해보라.

않고 마음만 앞서다 보니 헐떡거리고 급한 데서 오는 무리수다.

      ‥‥계미년에 노나라 사람 공구(孔丘)는 주나라에 가서 노자(老子) 이이
(李耳)에게 예를 물었다. 이(耳)의 아비의 성은 한(韓)이요 이름은 건(乾)이
니 그의 선조는 풍(風)의 사람이다. 뒤에 서쪽으로 관문을 지나 내몽골로부
터 이리저리 돌아 아유타(阿瑜陀)에 이르러 그 백성을 개화시켰다... 임오
년에 연(燕)나라 사람 배도(倍道)가 쳐들어와서 안촌골(安村忽)을 공격했
다. 또 험독(險瀆)에서도 노략질하니 수유(須臾)의 사람 기후(箕詡)가 자식
과 제자들 5천인을 데리고 와서 싸움을 도왔다.
      이에 군세가 떨치기 시작하더니 곧 진(眞) 번(番) 두 훈의 병력과 함께 협
격하여 이를 대파하고 또 한쪽으로 군사를 나누어 파견하여 계성(薊城)의
남쪽에서도 싸우려 하니, 연나라가 두려워하며 사신을 보내 사과하매 대신
과 자제를 인질로 삼았다.

이 대문의 앞부분은 이미 지나친 바 있다. 얼핏 상관없어 보이는 공자
와 노자의 이야기는 여기가 번한 땅이기 때문에 담은 것이다. 단군조선이
힘을 잃게 되자 신훈(神韓), 불훈 하던 것이 진훈(眞韓), 번훈(番韓)으로 마
구 불리는 것이 보인다. 그러면서 기씨(箕氏)가 등장한다. 기씨 등장은 조
선사에서 한 획을 그어야 할 정도로 말이 많고 그만큼 중요한 사건이다.
이 대목을 서둘지 말고 풀어보자.
  그러기 전에 짚어두어야 할 것이 있다. 노자의 행적에 내몽골이 묻어나
오는 점이다. 서토인의 고대 역사에는 내몽골이 나오지 않는다. 나올 이유
가 없기 때문이다. 공자가 〈서전〉에다 요임금으로부터 서토의 역사를 시
작했지만 하·은·주 3대를 거쳐도 내몽골 지역까지는 아직 세력을 뻗치지

못한다. 우선 요임금의 나라라는 것이 오늘의 산서성 안의 한 구역에 한정되어 있다. 그 서울이라는 것도 임분시(臨汾市)의 한 귀퉁이가 고작이다. 그래서 임분시에 가면 지금도 '요임금 도읍지'를 기념하는 요도구(堯都區)가 있는 것이다.

순임금도 산서성 평육현(平陸顯) 일대에 우(虞)라고 하는 지역을 가졌을 뿐이다. 궁실이 있던 곳도 오늘의 영제현(永濟顯) 정도다. 당시로는 포판(蒲阪)이란 동네였다. 〈서전〉이 말하는 대로 한다면 하나라는 정식으로 나라꼴을 갖추었을 터인데도 내몽골 지역은 캄캄하다. 훈육(熏鬻)이 살고 있는 지역이었고 나라 형세도 겨우 하남성의 하수(河水) 언저리가 기껏이다.

산동성과 안휘성 강소성이 있는 동쪽의 노른자위 땅은 우이(嵎夷)·회이(淮夷) 등의 구이(九夷)가 다 차지해버렸다. 후에 주나라가 일어나게 되는 서쪽의 낙수(洛水)·경수(涇水)·위수(渭水) 지역은 견이(畎夷)의 지역이요, 양자강 유역에는 묘족(苗族)들이 터를 누르고 있는데 회수(淮水)와 한수(漢水)가 흐르는 너른 중간지대가 훤하게 비어 있다.

은나라도 하나라와 크게 다르지 않다. 하긴 70리의 땅으로 나라를 시작했다고 했으니 큰 나라이기를 기대하는 게 잘못일 수도 있다. 그 무렵의 내몽골에는 귀방(鬼方)이란 나라가 있었다. 귀방의 동쪽 그러니까 송화강과 흑룡강이 있는 만주 땅에는 거대한 나라 숙신이 버티었다. 낙수·위수·경수가 있는 서쪽은 귀방에게 밀려서 내려온 훈육이 자리를 잡았고, 그 서쪽으로는 새로 일어난 강(羌)이 무서운 힘을 과시하는 중이다. 〈중국역사지도집〉에 그렇게 표기되어 있다.

주나라는 앞의 두 나라보다는 좀 큰 나라다. 그러나 낙양으로 도읍을 옮기고 춘추전국(春秋戰國)이 시작된 후의 일이지, 초기 서주(西周) 시절은 여전히 빈약하다. 그야말로 도낀 개낀이다. 숙신은 여전히 송화강과 흑룡강을 타고 앉은 거대한 나라요 정북 쪽의 귀방이 무슨 일이 있었는지 산융(山戎)과 땅을 반분하고 있다. 서쪽에 강족은 바야흐로 힘을 키우고 있는 형세요 나라 터를 잡았던 위수(渭水)지역은 엄윤(嚴允)과 견융(犬戎)이 차지해버렸다. 동쪽 노른자위 땅은 여전히 이족(夷族)이 할분하고 있고 양자강 쪽으로 약간 세가 늘기는 했으나 전에 없던 민족들이 일어나서 너른 땅은 그들이 다 차지한 채다.

노자는 공자와 당대 사람으로 춘추 시절 사람이다. 그들이 죽고 나서 천년이 지나도 서토의 역사지도에는 여전히 내몽골 지역이 그려지지 않는다. 산해관에서 시작되는 만리장성을 넘지 못하는 것이다. 그런데 우리 번한의 역사에서 내몽골을 말했다는 것은 대견한 일이 아닐 수가 없다. 거기에 우리 문화와 풍속이 없었다면 풍 땅의 사람인 노자가 무슨 볼 일이 있다고 거기에를 갔겠는가. 새삼 바이칼에서 아유타에 닿던 국토의 크기를 생각하지 않을 수가 없다.

앞에서 친일사학이 〈훈단고기〉를 위서로 몰아붙이되 그 이유를 '산업(産業)'이라는 생소한 말이 그 시절에는 없었다는 주장을 밑천 삼는다고 말했었다. 그렇다면 여기 내몽골은 다시 그들의 좋은 반론거리가 될 것이다. 내몽골이라는 공식적 표기는 17세기 청나라가 세워진 이후의 일이다. 더 자세하게 말하면 청나라 초기에 투항해오는 명나라 사대부들이 늘자 이들의 도움으로 청에는 비로소 중국식 행정조직이 갖추어지게 된다.

태종은 이를 기반으로 대륙을 통일하기 위하여 먼저 배후의 위협을 제거하고자 정묘년과 병자년에 조선을 침략하여 항복을 받은 뒤 동북의 몽골을 병합하였다. 우리에게서 백 년도 안 되는 그야말로 손에 잡히는 시절을 살다간 계연수가 어떻게 몽골을 말할 수 있느냐고 반문할 것이다. 그렇다면 노자가 실제로 살았던 춘추 시절로 올라가서 동호(東胡)와 숙신(肅愼)이 내몽골을 반분했던 것을 내 보이면 그들은 무어라고 할까? 전국(戰國) 시절에 가서야 비로소 만리장성이 나타나 국경을 삼으면서 동호와 흉노를 경계하는 것이 보이는데 춘추시절을 살다간 노자는 실제로는 그들이 말하는 동호지역을 누비고 다닌 셈이 된다. 그렇다면 '노자가 동호 땅을 밟고 다녔다'고 해서 요령없는 표기를 했어야 옳을까?

이제 수유의 기후가 번한에 끼어드는 대목을 보기로 하자. 단서는 연나라 사람 배도(倍道)가 번한을 침범하면서부터다. 안촌골을 공격하더니 또 험독에서 노략질을 했다고 한다. 험독이라면 제1세 번한 치두남(蚩頭男)이 대요수(大遼水) 지역에 쌓았던 12개의 성채 중에 하나다. 안촌골도 필시 요하의 어디일 것이다. 기록의 태도로 보아서는 당시의 번한은 배도를 막을 힘이 없었다고 보인다. 거기에 엉뚱한 수유국의 사내 기후(箕詡)가 나타나서 난제를 풀어준 것이다.

그렇다면 기후는 어떤 사람이며 여기 수유(須臾)[7]는 어디에 있던 나라인가. 기후를 말하기 전에 먼저 기자를 짚고 넘어 가야 한다. 〈서전〉을 읽

---

7)   눈을 한 번 깜박하는 순간을 '찰라'라고 한다. 수유도 찰라와 같다. 태백일사의 저자 이맥은 기자의 동래설을 어쩔 수 없이 받아들이면서도 기자를 미워하여 그가 머물고 있던 망명정부를 찰라라는 의미의 수유라고 했던 듯하다. 물론 외국인이 자국의 국경을 침범한 것을 두고 기분 좋게 생각할 사람은 없다. 그러나 은나라를 세운 성탕(成湯)도 따지고 들면 우리와 같은 동이족 사람이다. 성탕의 윗대 할아버지 설(偰)이 제곡고신씨(帝嚳高辛氏)의 아들로 순임금의 조정에서 벼슬을 살았는데, 성탕이 하나라를 전복시키고 상(商)을 세웠을 때 商이란 이름이 바로 설이 태어난 땅이었던 것이다. 서토 중원을 삼황오제가 장악했었다는 것은 중원이 바로 조선이라는 증거다. 이맥의 시대는 한창 성리학에 취해 있어서 그 자체로 사대모화를 벗어날 수 없었다. 민족주의자 이맥은 삼황오제를 서토인들로 오인하고 있었으므로 기자를 서토인으로 알고 수유라는 표현을 골랐다고 생각된다.

은 사람이라면 은나라 기자가 남의 나라 전쟁에 나섰다는 걸 의심할 것이다. 당연하다. 기자는 제 입으로 한 말이 있다. '나는 이제 누구의 신하도 되지 않을 것이다(我罔爲臣僕).'[8] 그래서 무왕이 기자를 조선에 봉하려고 해도 듣지 않았으므로 끝까지 신하 대우를 하지 못했다고 한다. 공자가 편찬한 〈서전〉의 홍범장(洪範章)에 있는 말이다.

단군세기에서는 제25대 단군 솔나임검 37년 조에서 '기자가 서화(西華)[9]에 옮겨가 있으면서 인사를 받는 일도 사절하였다'고 쓰고 있다. 당연하게 설명이 요구되는 구절이다. 우선 솔나임검 37년은 은나라가 망하고

---

8)   이 이야기가 적히는 데는 곡절이 있다. 공자는 망한 은나라에 성인이 셋 있었다고 제가 지은 〈서전〉에서 술회했다. 기자(箕子)와 비간(比干)과 미자(微子)다. 나라가 망할 조짐을 보이자 이들 세 사람이 한 자리에 앉아 머리를 모았다. 굳이 촌수를 따진다면 미자는 주(紂: 주지육림으로 방탕한 생활을 한 은의 마지막 왕)의 이복형이고, 기자는 숙부였고, 비간은 당숙뻘이다.

먼저 미자가 말했다.

"아 하늘에 열조들이 벌려 서 계신데 술에 빠진 우리 꼴은 어찌 되려는가. 들길을 걸으며 거듭 생각해도 아득할 뿐이다. 대체 어떻게 하면 좋은가."

기자가 답했다.

"당신 말대로 하늘은 이 왕조를 버렸다. 우리는 일어나서 그 재앙을 받아야 한다. 신분상 책임을 면할 수 없어서다. 나는 상(商)이 망할 줄은 알지만 이제 누구의 신하되는 일은 없을 것이다. 그러나 당신은 다르다. 조상의 제사를 받들 책임이 있다. 그러니 안전한 곳으로 도망쳐주기 바란다."

비간은 말이 없이 듣고만 있었다. 그는 그러면서 자기의 할 바를 작정했던 것이다. 그후 비간은 망하는 임금에게 바른 말로 대들다가 죽임을 당했다.

"바른 말을 하는 성인이라면 심장에 구멍이 일곱 개 있다고 들었다. 네 심장에 일곱 개의 구멍이 정말 있다면 나는 네 말을 들을 것이다."

그래서 가슴을 열고 심장을 확인했던 것이다. 그후 미자는 제기(祭器)를 챙겨서 메고 은을 떠났고 기자는 거짓 미쳐서 떠돌다가 주(紂)의 눈에 띄어 옥에 갇혔다.

9)   서화는 옛날 기자의 땅이다. 개봉부에서 서쪽으로 90리 되는 곳에 있다. 처음에 기자가 송나라 기(箕)에 살았기 때문에 기자라고 한 것이다. 지금 읍 가운데 기자대가 있다.

3년째 되던 해다. 종적이 안 보이던 기자가 갑자기 서화에 나타난 것이다. 서화(西華)는 지금의 하남성 개봉시다. 본래 그 지역에 살았던 이라 말하자면 제 고향으로 간 것이다. 고향이라면 친지들과 따르는 사람이 있게 마련이다. 그는 거기서 뜻을 지키고 살다가 죽었을 것이다. 그리고 나서 거의 1천년을 지나서 기자의 후손 기후가 자식과 제자들 5천을 거느리고 번한에 나타났다면 하등 이상할 것이 없다. 기자가 번한에 나타났다는 것은 〈부도지〉 제27장에도 기록되어 있다.

은나라의 망명자 기자(箕子)가 패군과 난민을 이끌고 부도의 서쪽에 도망하여 왔다. 명예를 위하여 당·우(唐虞;곧 堯舜을 말함)의 법을 행하고 오행삼정(五行三正)을 써서 홍범무함(洪範巫咸)을 시행하였다. 천웅의 도와는 절대로 서로 용납할 수 없었다. 은의 군민이 무력으로 부도의 유중(遺衆)을 억압하므로 유중이 마침내 명지(明地)의 단(壇)을 봉금(封禁)해버리고 동해의 물가로 피신하여 살았다. 즉 옛날의 사례벌(斯禮伐)의 공지(空地)였다.

사례벌은 긴 기(長旗)니 광야(曠野)에 유배된 사람이 아침에 내걸고 저녁에 거둬들여 먼 곳에 살면서 지키는 사람으로 하여금 도망가지 않았음을 알게 하는 것이었다. 곧 육촌(六村)을 설치하고 인접의 제족과 분담하여 함께 지키되 각각 한(韓)이라 하고 보위(保衛)하였다. 한은 보위의 뜻이다. 북쪽의 마한(馬韓)과 남쪽의 변한(弁韓)과 동쪽의 신한(辰韓)의 삼한이 부족의 자치를 행하고, 선세(先世)의 도를 굳게 지켜 이후 천년 사이에 기자의 법을 받아들이지 아니하고, 보위 방비하는 일에 전념하여 거의 여력이 없었다.

이때 하토(夏土)에 쟁탈의 바람이 점차 격심하여 동요와 혼란이 삼한에 파급됨으로 육촌 사람들이 서로 모의하고, 서쪽의 화가 점차 임박하여 보수하기가 장차 위태로우니, 어쩔 수 없이 통합 방비하지 않을 수 없다 하고, 마침내 경계를 정하고 요새를 세워 혁거세를 추대하여 통어(統御)하는 일을 위임하였다. 제족도 역시 수령을 추대하여 방비하였다. 남은 백제요 북은 고구려였다. 고구려가 곧 북보(北堡)의 땅을 회복하여 서침(西侵)하는 사람들을 쫓아버리고 그 지역을 완전하게 보위하였다.

〈부도지〉의 이야기 방식은 자세하게 풀어서 해야 할 내용도 대충 한 마디로 뭉뚱그려서 두루뭉술하게 내놓는 식이었다. 가령 18세나 되는 흔웅천왕 시대도 '흔웅씨'가 어떻다고 해서 한 호흡으로 끝내고, 단군왕검도 47세의 단군이 있는데 '임검씨'가 어쨌다고 한 단원의 문장으로 말해버리는 식이다.

그러나 여기에서는 그런 서두름이 비교적 완화되어 있다. 신라의 후손으로 태어난 박제상공이 신라의 뿌리를 말하는 자리이므로 그렇다고 볼 수도 있으나 부도의 적통이 신라로 이어졌다면 당연히 그 연유되는 부분을 자세하게 말하는 것이 먼저라야 옳다. 번한은 국경지대이므로 언제든지 위험한 세력들이 몰려올 수 있는 곳이다.

은나라가 망하면서 기자가 제 유맹(流氓)들을 이끌고 주나라를 피하여 온다. 그러나 부도의 법과는 합쳐 질 수 없는 요순의 도를 주장하고 도리어 무력으로 위협하므로 단(壇)을 봉금하는 것은 부득이한 노릇이다. 그래 단을 봉금한 후에 찾아든 곳이 동해의 물가였고, 그 물가가 그대로 훗날의 신라가 되는 땅이다.

아는 바와 같이 신라의 본 이름은 서라벌이다. 서라벌을 여기서는 사례벌(斯禮伐)이라 했다. 어쨌든 그 음이 비슷하여서 문제가 되지는 않을 것이다. 중요한 것은 그 땅이 당시로서는 비어있는 공지였고 그래서 주인이 없는 그 공지를 다툼질 없이 차지한다. 왜 비어있는 공지인가는 충분히 설명되어 있다. 신시 시절 죄인들의 유배지였던 것이다. 도착하여서 그들은 곧 육촌(六村)을 설치한다. 그리고 육촌이 자체적으로 홍범무함(洪範巫咸)의 요순의 도를 방어하다가 드디어 혁거세를 추대하여 통합 방비하기에 이른다.

혁거세 거서간(居西干)이 등극하는 것은 B.C 58년이다. 기후(箕詡)가 등장하는 시기는 B.C 263년 ― 기후가 신훈의 명령을 받고 군령을 대행하던 무술년 ― 이고 보면 여기도 2백년 시간대에 대한 설명이 요구된다. 그것도 급박하게 물고 물리는 소용돌이 격동기의 내용을 아주 간단하게 처리해버려서 궁금증의 폭은 훨씬 클 수밖에 없다. 〈부도지〉가 이렇게 친절하지 않은 것은 징심록(澄心錄) 15지 가운데 천웅지(天雄誌)같은 전문지들이 더 있으므로 제1지에 해당하는 〈부도지〉가 이렇듯 성글 수밖에 없었으리라고 설명한 바 있다.

차제에 하나 더 말하고 싶은 것이 있다. 단군세기는 단군 2096년 역사를 따로 과목을 치지 않고 47세의 단군을 차례대로 말했는데, 단기고사는 '전단군조선'과 '후단군조선'으로 분류를 해서 제1편에 '전단군조선'을, 제2편에는 '후단군조선'을 각각 배정시키고 있다. 그리고 '후단군조선'에 이어서 '기자조선(奇子朝鮮)'을 따로 둔다. 그러면 어느 단군 때가 그 분수령이 되느냐? 바로 제25세 솔나(率那)단제다. 그 단제가 영고탑(寧古塔)[10]으로 천도를 하면서 그렇게 된다.

솔나 단제는 88년을 제위에 계신다. 그런데 39년 되던 해에, 그러니까

---

10) 흑룡강성 영안현 서남쪽으로 택시를 타고 1시간 남짓 달리면 발해 시절의 상경 용천부 유적지가 나타난다. 그곳이 영고탑이 있던 자리다. 토성과 성안에 주춧돌이 지금도 흐트러지지 않고 남아서 나그네의 발길을 붙잡는다. 물론 발해 시절의 주춧돌이다.

단군조선이 시작되고 나서 1222년 되던 해에 도읍을 영고탑으로 옮기고 그 해를 다시 후단군조선으로 친다는 말이다. 도읍을 옮기고 나서 무엇이 달라졌느냐? 번한 곧 번조선을 기자조선으로 부르는 것이다. 가령 번조선에서 공식적인 업무를 가지고 오는 사람이 있으면 '기자조선에서 사절이 왔다' 하는 식이다.

번조선을 기자조선으로 한 것은 서우여(徐于餘)를 번훈으로 임명하면서부터다. 제21세 소태(蘇台)단제 때 개사원(蓋斯原)의 욕살(褥薩) 고등(高登)이 자기를 우현왕으로 삼아 달라던 사건을 기억할 것이다. 그러나 단제는 일군국(一軍國)과 양운국(養雲國)의 군대를 장악하고 있는 그를 위험하게 여겨서 썩 내키지가 않았는데 거듭 청하매 마지못해서 허락하고 두막루(豆莫婁)로 부르게 했다.

고등에게는 색불루(索弗婁)라는 손자가 있다. 고등을 이어 우현왕을 세습한 색불루가 서우여에게 천왕의 자리를 넘겨주려는 소태단제를 반란으로 무너뜨리고 등극하여 제22대 단제가 되어버린다. 이 이야기는 앞에서 본 바 있다. 소태단제는 장당경으로 제기를 싸들고 쫓겨가면서 할 수 없이 서우여를 폐하여 서인을 만든다.

서우여는 몰래 좌원으로 숨어들어서 힘을 길러 번한으로 쳐들어가서 번훈인 개천령(蓋天齡)을 죽여버리고 색불루 단제와 맞서자, 색불루는 서우여에게 번훈의 자리를 약속하면서 질긴 싸움을 끝낸다. 번훈 서우여와 색불루 단제 사이에는 이런 얽힌 사연이 있었으므로 피차가 껄끄러운 것도 사실이다. 그래서 서우여의 자손들이 세습으로 지켜가는 번한은 기자조선이 된 것이다.

그런데 단기고사는 왜 서우여의 번조선을 기자조선으로 특별하게 분류를 했을까? 속뜻이 있어서다. 실은 고구려 유민들로 이루어진 자기들의 대

여 섯 째 마 당 _ 단 군 왕 검 의 조 선 나 라

진국(大震國)이야말로 단군조선의 정통이라는 의미에서다. 신라가 신조선을 이었고 백제가 말조선을 이었다면 고구려는 번조선을 이었다고 볼 수 있다. 다시 말해 당나라를 끌어들여서 치욕스런 통일을 이룬 신라에는 단군민족의 정통성이 없다는 강한 주관에서 〈단기고사〉가 편찬되었다는 뜻이다.

그 자존심은 대야발(大野勃)의 서문에서도 유감없이 나타난다. "····단기(檀奇)의 계통을 이어 천하의 살만한 곳을 정하시고···· 단기고사(檀奇古史)를 편찬하라 하시니" 그래서 '전단군조선'과 '후단군조선'을 나누어서 말하고 '기자조선'을 따로 세울 수밖에 없었던 것이다.

단군세기에는 제21세 소태(蘇台)천왕이 개사원의 욕살이던 고등(高登)에게 위협을 받아 마음에도 없는 우현왕을 삼고, 다시 고등의 손자 색불루(索弗婁)에게 정권을 탈취당한다고 되어 있는데, 단기고사에는 그런 저간의 사정을 미끈하게 덮으면서 '첫해에 맏아들 색불루를 태자로 삼았다'고 적어 진실을 은폐시키는 것이다.

다시 기자로 가보자. 기자가 패군과 난민을 이끌고 나타났다는 부도의 서쪽은 오늘의 하남성 개봉시다. 신훈이 있는 하얼빈에서도 서쪽이 되겠지만 요하를 중심해서 벌려선 번한에서 볼 때도 개봉은 서쪽이다. 지금 이 자리는 번한을 말하는 자리이므로 번한에서 서쪽이라고 하는 말일 것이다.

―실제적으로는 남쪽인데 서쪽이라고 말하는 것은 폄하하는 뜻이 있다고 태호복희를 말하는 대목에서 살폈다.

그 무렵의 번한은 번창하는 것이 아니라 무언가로 어수선하고 힘을 잃고 있었다고 보여진다. 그랬기 때문에 연나라 사람 배도가 안촌골을 공격하고 험독에서 노략질을 하고 있어도 얼른 손을 쓰지 못했을 것이다.

그런 이웃 사정을 잘 알고 있는 기후는 그다운 의리를 앞세워 번한을 도왔고 그것이 단초가 되어서 생각지도 않은 어부지리로 번훈의 자리에 올랐다고 보인다. 대개 1세기 쯤 뒤에 오는 사람으로 백이 숙제가 있었다. 공자가 그들을 평하여 '의를 구해서 의를 완성한 현인이었다'고 했거니와 나는 여기 기자야 말로 '뜻을 구해서 뜻을 지킨 아름다운 사람'이라고 말하고 싶어진다. 특히 그의 후손들이 제 조상인 기자의 뜻을 잘 지켜서 남의 국토를 탐내지 않고 염치와 의리를 지킨 것은 높이 쳐줄만한 대목이다. 그것이 기비와 해모수 관계에서 환하게 비치고 있다.

— 청주한씨(韓氏)들은 자기들의 뿌리를 기자조선에 대고 있다. 위만에게 밀려서 바다로 나간 후 돌아오지 않았다는 기준(箕準)의 8대 손인 기원(箕元)에게 아들 3형제가 있었는데, 맏이인 우평(友平)은 고구려에 입사하여 선우씨(鮮于氏)가 되고, 둘째인 우량(友諒)은 신라에서 벼슬하고 상당한씨(上黨韓氏)가 되고, 세번 째 우성(友誠)이 백제에서 기씨(箕氏)가 되었다는 주장이다. 오늘의 청주에 상당구(上黨區)가 있는 것은 청주시가 상당에서 비롯되었기 때문일 것이다.

그러나 삼국 시절에 아들 3형제가 각자 3국에서 벼슬해서 성을 얻었다는 대목은 쉽게 끄덕거릴 수 없는 모조품 냄새가 나는 이야기다. 어느 시절에 그렇게 되었는지는 모르겠지만 기왕에 말을 만든다면 맏이가 청주한씨가 되어 적통을 이었다고 할 것이지 왜 하필 둘째인가. 신라가 삼국을 통일해서인가? 공연히 남의 성씨를 시비하자 해서가 아니다. 이 국토가 단군의 국토인데도 사대모화를 일삼아온 우리의 부끄러운 역사를 이제 이렇게라도 지적하지 않고는 견딜 수가 없을 것 같아서다.

무술년(B.C 263)에 수한(水韓)이 죽었는데 후사가 없으매 이에 기후(箕詡)가 명을 받아 군령을 대행하였다. 연나라는 사신을 보내 이를 축하하였다. 이 해 연나라도 왕이라 칭하고 장차 쳐들어오려고 하였으니 기후도 역시 명을 받아 번조선왕이라 칭하고 처음에는 번한성(番汗城)에 머무르며 만일의 사태에 대비했다.

　　기후가 죽자 아들 기욱(箕煜)이 즉위했다. 기욱이 죽고 신미년(B.C 230)에 아들 기석(箕釋)이 즉위했다. 이 해 각 주(州)군(郡)에 명하여 어질고 지혜 있는 자를 추천하게 하니 일시에 선택된 자가 270인이었다. 기묘년(B.C 222) 번훈이 교외에서 몸소 밭을 가꾸었다. 을유년(B.C 216) 연나라가 사신을 파견하여 조공을 바쳤다. 기석이 죽고 경술년(B.C 191)에 아들 기윤(箕潤)이 즉위하였다. 그가 죽자 기사년(B.C 172)에 아들 기비(箕조)가 즉위하였다. 처음 기비는 종실의 해모수(解慕漱)와 몰래 약속하여 제위를 찬탈하려 했으니 열심히 명령을 받들어 보좌했다. 해모수가 능히 대권을 쥐게 된 것은 생각건대 기비 그 사람 때문일 것이다. 기비가 죽으니 아들 기준(箕準)이 즉위했는데 정미년(B.C 146)에 떠돌이 도적인 위만(衛滿)의 꼬임에 빠져 패하고 마침내 바다로 들어간 후 돌아오지 않았다.

　　그 무렵 서토에는 6국을 통일하고 들어선 진(秦)나라를 뒤엎고 다시 신흥국가인 한(漢)나라가 올라온다. 한을 세운 유방(劉邦)은 변경의 연(燕)을 자신이 총애하는 노관(盧綰)에게 맡기는데, 노관은 유방을 배신하고 이웃 흉노에게 붙어버렸다. 신흥국가인 한은 아직 기반이 다져지지 않아서 모든 것이 위태위태하고 또 먼 곳에 있다. 그러나 당장 국경을 맞대고 있는 흉노는 너무 무서운 강적이어서 노관은 실세를 따른 것이다.

　　위만은 본시 노관을 섬기던 노관의 부관이다. 그런데 노관이 위만에게 상의한 바도 없이 갑작스럽게 흉노에게 귀순을 해버려서 그는 홀로 버려진 꼴이 되고 말았다. 자기들의 연나라가 그렇게 거덜이 나버리자 무리를 거느리고 기씨들의 나라로 망명을 한다. 당시 기씨조선의 왕 기준(箕準)은 위만의 망명을 받아주었을 뿐만 아니라 후하게 대접하여 서쪽으로 1백리의 땅을 나누어 주고 그쪽 국경을 지키도록 배려해 주었다.

그러나 흘러들어오는 연의 유민들은 강물처럼 불어나서 위만으로 하여금 딴 생각을 품게 했고, 시기가 익자 드디어 은혜를 원수로 갚은 것이다. 아침에 나라를 얻었다가 저녁에 다시 잃어버리는 일이 비일비재했던 그 무렵의 어수선한 와중에서 은혜나 배신은 오히려 사치가 될 수 있었으니, 위만은 그 나름의 영웅이었다고 할 수 있다. 다음은 번혼의 임검들의 계보다. 말혼은 35세를 전했고 번혼은 무려 74세를 전한 셈이다.

치두남(蚩頭男) 낭사(浪邪) 물길(勿吉) 애친(愛親) 도무(道茂) 호갑(虎甲) 오라(烏羅) 이조(伊朝) 거세(居世) 자오사(慈烏斯) 산신(散新) 계전(季佺) 백전(伯佺) 중전(仲佺) 소전(少佺) 사엄(沙奄) 서한(棲韓) 물가(勿駕) 막진(莫眞) 진단(震丹) 감정(甘丁) 소밀(蘇密) 사두막(沙豆莫) 갑비(甲飛) 오립누(烏立婁) 서시(徐市) 안시(安市) 해모라(奚牟羅) 소정(小丁) 서우여(徐于餘) 아락(阿洛) 솔귀(率歸) 임나(任那) 노단(魯丹) 마밀(馬密) 모불(牟弗) 을나(乙那) 마휴(麻休) 등나(登那) 해수(奚壽) 오문루(奧門婁) 누사(婁斯) 이벌(伊伐) 아륵(阿勒) 마휴(麻休) 다두(多斗) 나이(奈伊) 차음(次音) 불리(不理) 여을(餘乙) 엄루(奄婁) 감위(甘尉) 술리(述理) 아갑(阿甲) 고태(高台) 소태이(蘇台爾) 마건(馬乾) 천한(天韓) 노물(老勿) 도을(道乙) 술휴(述休) 사양(沙良) 지한(地韓) 인한(人韓) 서울(西蔚) 가색(哥索,) 해인(解仁) 수한(水韓) 기후(箕詡) 기욱(箕煜) 기석(箕釋) 기윤(箕潤) 기비(箕조) 기준(箕準).

04 북부어

〈부도지〉는 신라의 박제상공이 저술했기 때문에 특별히 신라의 맥을 잇는 〈소부도지〉를 따로 두어 신라의 법통을 세운다. 그러나 〈흔단고기〉를 편찬한 계연수 선생은 고구려를 민족의 정통 맥(脈)으로 파악하고 있어서 신라가 아예 낄 자리가 없다. 계연수 선생의 속마음을 까볼 수는 없지만 당나라 군대를 불러들여서 못난 통일을 이룬 신라가 못 마땅했을 것이다.

당연하다. 통일을 이루었다면 다시 말해 흩어진 삼국을 한 덩어리로 모았다면 최소한으로 국토는 지켜냈어야 옳았다. 그리고 얼과 정신을 바로 세워서 분출하는 민족의 혼과 기상을 보였어야 한다. 그것이 통일의 진정한 뜻이요 통일을 바라는 역사의 명분이다. 그러나 신라의 통일은 당장 국토부터 지켜내지 못했다. 120만 평방키로가 넘는 고구려의 너른 땅을 모두 당나라에 넘겨주고 대동강 이남으로 바짝 줄어들어든 손바닥만 한 국토를 가지고는 통일을 했다 할 명분이 없다. 그리고 나서도 그 국토를 아까와 하는 기색조차 없다.

통일의 과업(?)을 이룬 문무왕이 하는 짓을 보라. 호국용이 되어서 나라를 지키겠으니 자기의 시신을 동해에다 장사지내라고 한다. 기특하고 신통한 말이지만 그러나 가당치가 않다. 기껏 동해안에서 좀도둑질이나 해 가는 왜구를 지키겠다고 그런 호국용의 원력을 세우는데, 생각이 있는 임 금이라면 제가 잃어버린 고구려 땅을 수복하겠다고 했어야 한다. 그래야 용서가 되고 민족의 기상이 죽지 않는다. 그래야 역사가의 붓 끝에 정기가 살아난다는 말이다.

당장에 문무왕의 뜻이 그러했으니 신라의 귀족이나 정치권이 하는 짓 도 대개 빤하다. 고구려 땅을 찾자는 소리는 한 번도 나온 일이 없고, 대신 대동강 이남에만 복작거리면서 당나라의 선진문화를 바라보는 데는 목이 다 빠진다. 논귀에 갇힌 올챙이가 다 된 것이다. 그런 끄트머리 결과가 고 려의 김부식이다. 김부식은 통일신라의 썩은 늪에서 올라온 독버섯이지 갑자기 고려에 와서 준비되는 물건이 아니다.

〈훈단고기〉에 북부여를 넣고 가섭원부여를 쓰는 것은 고구려의 맥이 어디에서 흘러와 닿는가를 설명하려는 의도에서다. 나도 그 물줄기를 따 라가면서 독자를 인도할 것이다. 그렇기 때문에 요점만을 보려는 것이지 전체를 보자는 생각이 없다. 다시 말해 연원을 추어내자는 것이므로 정작 고구려는 보지 않겠다는 말이다.

시조 단군 해모수(解慕漱)¹¹⁾는 임술(B.C 239)년을 원년으로 친다. 제47 세 천왕이신 고열가(高列加)단군의 57년 되던 해에 웅심산(熊心山)에 의지

---

11)　단군세기의 고열가 천왕조에 해모수는 선조가 고리국(藁離國)사람이라고 했다. 그런 데 서기 1980년 1월 25일자 한국일보에는 이런 기사가 있다. "핀란드 헬싱키 대학의 몽 골과학원 한국학연구원인 고송무(高松茂)씨가 자료를 보내왔다. 그 동안 베일에 가려 있던 부여와 고리국에 관하여 몽골과학원의 베 슈미야타바르 교수는 새로운 주장을 펴고 있다. '고리에서 온 동명왕이 오이 마리 협보 세 사람과 살았던 홀승골(忽昇骨)은

하여 궁실을 난변(蘭邊)에 쌓았다. …… 기사 8년(B.C 232)에 단제께서 무리를 이끌고 가서 옛 도읍의 오가(五加)들을 회유하시니 마침내 공화의 정치를 철폐하게 되었다. 이에 만백성이 추대하여 단군이 되었다.

경진 19년(B.C 221) 기비(箕조)가 죽으니 아들 기준(箕準)을 번조선 왕으로 봉했다.

계미 22년(B.C 219) 창해역사 여홍성(黎洪星)이 한나라 사람 장양(張良)과 함께 진(秦)왕 정(政)을 박랑사(博浪沙)[12]에서 저격하였으나 빗나가 부거(副車)만 박살이 났다.

임진 31년(B.C 209) 진승(陳勝)[13]이 군대를 일으키니 진(秦)나라가 크게 어지러웠다. 이에 연(燕)·제(齊)·조(趙)의 백성들이 도망해서 번조선에 귀순하는 자가 수만이었다. 이들을 상하의 운장(雲障)에 나누어 살게 하고 장수를 파견하여 감독케 하였다.

기해 38년(B.C 202) 연나라 노관(盧綰)이 한나라를 배반하고 흉노로 망명하니 그의 무리인 위만은 우리에게 망명을 요구했으나 단제께서는 이를 허락지 않으셨다. 단제께서는 병으로 인해 스스로 결단을 내리지 못하고 있

몽골의 할힌골 강이며, 〈삼국사기〉에 적힌 비류(沸流)는 몽골의 부어르 호수를 말한다. 몽골족의 지파인 브리야트인들은 지금도 자신들을 코리(藁離)로 부른다. 부여는 북위 43~45도 동경 115~120도 지역에 걸치는 곳으로 현재의 몽골에 있었으며, 코리 또한 몽골에서 건설된 나라였다.'" 이 학설을 받아들일 경우 지금까지도 확실하지 않은 웅심산이나 난변은 몽골내륙에서 찾아야 할지도 모를 일이다.

12) 하남성 양무현(陽武縣)의 동남에 있는 지명. 그곳에 가면 지금도 진시황을 저격했던 장사 이야기가 어렴풋하게 전한다.

13) 진(秦) 말기에 농민들 반란을 일으킨 것으로 유명하다. 진승은 농민들을 선동하는 말로 '왕후장상이 어디에 씨가 따로 있느냐?' 고 했다. 그래도 춘추 시절에는 혈통을 보고 백성이 움직였고, 전국이 되자 권력을 쥔 힘센 놈이면 아무나 패권을 다투었는데 진승의 시대에는 아주 막나갔다고 볼 수 있다. 이런 것이 역사의 진보일 것이다.

었는데, 번조선왕 기준이 크게 실수하여 마침내 위만을 박사로 모시고 상·하의 운장을 떼어서 위만에게 봉해주었다. 이 해 겨울에 단제께서 붕어하시고 웅심산 동쪽 기슭에 장사지내니 태자인 모수리가 즉위하였다.

제2세 단제 모수리(慕漱離) 정미 원년(B.C 194), 번조선 왕은 오랫동안 수유국에 있었다. 뒤에 떠돌이 도적떼에게 패하여 망한 후에 바다로 들어가서는 돌아오지 않았다. 오가의 무리들은 대장군 탁(卓)을 받들어 모두 함께 산을 넘어 월지(月支)¹⁴⁾에 이르러 나라를 세웠다. 월지는 탁의 태어난 고향이니 이를 가리켜 중마한(中馬韓)이라 한다. 이에 이르러 변한과 신한도 역시 각각 자기들의 땅 백리를 가지고 도읍도 정하고 나름대로 나라 이름도 정했는데 모두 마한의 다스림을 따르며 세세토록 배반하는 일이 없었다.

제3세 단제 고해사(高奚斯) 임신 원년(B.C 169), 정월에 낙랑왕(樂浪王) 최숭(崔崇)이 곡식 3백 섬을 해성(海城)에 바쳤다. 이보다 앞서 최숭은 낙랑(樂浪)¹⁵⁾으로부터 진귀한 보물을 산처럼 가득 싣고 바다를 건너 마한의 서울 왕검성에 이르니, 이때가 해모수 단군 병오(B.C 195)년의 겨울이었다.

경신 49년(B.C 121), 일군국(一軍國)이 사신을 보내 방물을 헌상하였다. 이 해 9월에 단제 붕어하시고 태자 고우루가 즉위하였다.

제4세 단제 고우루(高于婁) ― 解于婁 ― 신유 원년(B.C 120), 장수를 보

---

14) 어느 지역인지 알 수가 없다.

15) 〈황하에서 한라까지〉를 저술한 신백강은 요락수(遼樂水)와 백랑수(百浪水)의 물 이름에서 낙랑은 나왔다고 주장한다. 백랑수는 오늘의 대능하이고 요락수는 서요하를 말한다.

내 우거(右渠)[16]를 토벌했으나 이로움은 없었다. 고진(高辰)을 발탁하여 서압록(西鴨綠)[17]을 수비하도록 하니 병력을 늘리고 많은 성책을 설치하여 능히 우거를 대비하는데 공이 있었으므로 승진시켜 고구려후로 삼았다....

계유 13년(B.C 108), 한의 유철(劉徹) — 한무제 — 이 평나(平那)를 노략질하여 우거를 멸망시키더니 4군[18]을 두고자 하여 사방으로 병력을 침략시켰다. 이에 고두막한(동명왕)이 의병을 일으켜서 가는 곳마다 한나라 침략군을 연파하였다.

갑오 34년 10월 동명왕 고두막한은 사람을 시켜서 고하기를 '나는 천제의 아들인데 장차 이곳에 도읍을 정하고자 하니 왕은 이 땅에서 옮겨가시오'라고 하니 단제는 매우 곤란해졌다. 단제는 마침내 걱정으로 병을 얻어 붕어하였다. 동생인 해부루(解夫婁)가 이에 즉위하였는데 동명왕은 여전히 군대를 앞세워 이를 위협하기를 끊이지 않으매 군신(君臣)이 이를 매우 어렵게 여겼다.

이에 국상(國相)인 아란불(阿蘭弗)이 '통하(通河)의 물가 가섭(迦葉)의 벌판에 땅이 있는데 땅은 기름지고 오곡은 썩 잘 됩니다. 서울을 둘만한 곳입니다'라고 하며 마침내 왕에게 권하여 도성을 옮겼다. 이를 가섭원부여

---

16)   위만조선을 세운 위만의 손자를 말함.

17)   요하를 '아리수' 혹은 '압록'으로 부르기도 하였다. 요하는 서에서 발원하여 동으로 흐르다가 다시 꺾이어 남으로 흘러서 발해로 들어간다. 서압록이라면 필시 시라무렌허(西拉奈河)를 말할 것이다.

18)   이병도가 한반도 안에다 낙랑·현도·진번·임둔이 있었다고 발표하여 해방 후의 교과서에 실렸던 소위 한사군을 말한다. 한무제 유철이 난하 일원에 설치했다고 사마천의 〈사기〉는 쓰고 있지만, 싸워서 이기고 돌아온 장수들을 기시(棄市) — 죽여서 길거리에 버리는 형벌 — 에 처했다고 하여 저간의 사정이 매우 수상쩍다. 유철이 난하(灤河) 유역에 설치했다는 4군은 홰청·평주·추저·기로 되어 있다.

(迦葉原夫餘)라 하며 또는 동부여(東夫餘)라고도 한다.

제 5세 단제 고두막(高豆莫) — 豆莫婁 — 은 계유년을 원년(B.C 108)으로 한다. …졸본(卒本)[19]에서 등극하고 스스로 동명(東明)이라 하였다.

을해 3년(B.C 106), …마침내 군대를 이끌고 구려하(九黎河)를 건너 요동의 서안평(西安平)에 이르니 바로 옛 고리국(藁離國)의 땅이었다.

을미 23년(B. .86), 북부여가 성읍을 들어 항복하였는데 여러 차례 보전하고자 애원하므로 단제가 듣고 해부루(解夫婁)를 낮추어 제후로 삼아 분능(坌陵)으로 옮기게 하고는 북을 치며 나팔을 부는 이들을 앞세우고 수 만 군중을 이끌고 도성에 들어와 북부여라 칭하였다.

임인 30년(B.C 79) 5월 5일에 고주몽(高朱蒙)이 분능에서 태어났다.

제6세 단제 고무서(高無胥)는 임술년(B.C 59)에 졸본천(卒本川)에서 즉위하고는 백악산에서 함께 모여 사례(史例)에 따라 널리 하늘에 제사할 것을 약속하니 모두가 크게 기뻐하였다.

계해 2년(B.C 58) 10월에 (고무서) 단제가 붕어하고 고주몽이 유언에 따라 대통을 이었다.

이보다 앞서 (고무서) 단제는 아들이 없었는데 고주몽을 보고 사람이 범상치 않음을 느끼고는 딸로써 아내를 삼게 하였는데 이에 이르러 즉위하니 이 해에 나이가 23세였다. 이때에 부인이 그를 죽이려 하였는데 오이(烏

---

19) 오늘의 압록강 하류에 있는 한인(桓仁)이라고 믿어왔으나 이설(異說)이 생기고 있다. 거기서 가까운 오녀산성(五女山城)이 동명왕의 비상시 궁터였다는 게 학계의 정설이지만 현장에를 가보면 오녀산성도 한인도 한 나라의 궁궐이 있었다고 하기에는 너무 비좁고 작다는 느낌을 지울 수가 없다. 단 한인에는 궁궐 터 옆에 많은 돌무덤들이 발굴되고 있어서 궁터였을 것이라는 믿음도 들지만, 새로운 이설들에도 귀를 기울일 만한 점은 충분하다고 하겠다.

伊)·마리(摩離)·협보(俠父) 등 세 사람과는 덕으로 사귄 친구였던지라 어머니의 말씀을 따라서 함께 길을 떠나 분능수(岔陵水)에 이르렀다.

　　그러나 건너려고 해도 다리가 없으므로 뒤쫓아 오는 군사들에게 몰릴까 두려워하여 물에 고하기를 '나는 천제의 아들이요 하백의 외손인데 오늘 도주함에 있어 추격병은 다가오고 있는데 이를 어찌하면 좋은가' 하니 이때에 물고기와 자라가 떠올라 다리를 만들어 주므로 주몽이 건너가자 물고기와 자라는 다시 흩어졌다.

　　북부여의 내막을 대충 한 번에 볼 수 있도록 군더더기를 빼고 정리해 본 것이 위의 글장이다. 그러나 첫 번째 단군이신 해모수에 대해서는 설명이 필요하다. 갑작스럽게 북부여가 나오는 것이 아니라 동기가 있기 때문이다. 단군세기에 의하면 해모수는 종실(宗室) 사람으로 몰래 수유(須臾)[20] 와 짜고 옛 서울 백악산을 습격하여 점령하고는 자칭 천왕랑(天王郎)이라

---

20)　'수유'는 잠깐 혹은 찰나의 뜻으로, 번조선이 기후(箕詡)의 기씨들 조선이 되자 태백일사를 저술한 이맥(李陌)이 기씨들을 미워하여서 번조선을 그렇게 호칭했다고 추측된다. 그러나 〈단기고사〉를 쓴 대야발은 자기들이 세운 대진국(大震國)―발해―의 정통성을 주장하기 위하여 번조선을 기자조선(奇子朝鮮)으로 호칭했다고도 한다. 그러니까 기자조선(箕子朝鮮)의 箕를 奇로 바꾼 것인데 이런 일은 역사를 쓰는데서 가끔 있는 일이다. 예를 들면 연개소문(淵蓋蘇文)을 김부식은 천개소문(泉蓋蘇文)으로 불러서 淵을 泉으로 바꾸는 식이다. 淵은 흐르는 물이 웅덩이를 만나 소용돌이를 치면서 빙빙 도는 것을 상형한 것이다. 그러니까 깊은 물이고 한 번 빠지면 좀체 나올 수가 없는 위험천만한 물이다. 그래서 용연(龍淵)이라는 말이 생겨난다. 거기에 비하면 泉은 옹달샘을 상형하고 있으므로 작은 물이다. 먼저 白이다. 물구멍에서 나오는 물이 웅덩이에 가득찼음을 형상한다. 水는 웅덩이를 채운 물이 쫄쫄거리며 넘치는데, 그 흐름세가 복판은 줄기차게 흐르지만 가에서는 물줄기가 자꾸 끊기면서 약하게 흐른다. 白과 水가 합친 것이 泉(샘)인 것이다. 그러므로 淵과 泉은 물웅덩이라는 점에서 서로 통한다. 그러니까 淵蓋蘇文을 泉蓋蘇文으로도 쓸 수가 있다는 말인데, 같은 맥락에

한다. 그리고 나서 기비(箕丕)를 번조선 왕으로 삼고 상하의 운장(雲障)을 지키게 했다. 북부여는 여기서부터 시작된 것이다.

왜 서울의 백악산을 점령했을까? 백악산은 백두산이다. 그 말은 서울이 백악산에 있어서가 아니라 옛 사람이 제사지낸 제터를 장악했다는 뜻이다. 앞에서 우리는 왕가의 왕족이 피난길에 오를 때 하필 제기(祭器)를 챙겨서 떠나는 대목을 보았다. 제정일치의 시대였으므로 제사지낼 터를 장악하는 것이 무엇보다도 우선이다. 제터를 장악했다면 서울의 심장을 장악한 것이다.

이렇게 시작되는 북부여를 고구려의 전신으로 보는 것은 사계(斯界) 학자들의 통념이다. 그러나 해모수에서 바로 고주몽으로 이어지는 〈삼국사기〉나 〈삼국유사〉의 성급한 판단을 여기 〈훈단고기〉의 태백일사에서는 엄숙하게 경고한다. 그리고 그에 대한 내막이 상세하게 설명되고 있다. 제1세 단군 해모수(解慕漱), 제2세 단제 모수리(慕漱離), 3세 고해사(高奚斯), 4세 고우루(高于婁)를 지나야 비로소 제5세 단제이신 고두막(高豆莫)이다.

이 분이 동명왕이다.[21] 옛날 제21세 소태(蘇台) 단군왕검 시절에 고등(高登)이 힘으로 위협하여 우현왕을 얻어내고 연이어 아들 색불루(索弗婁)가 소태를 쫓아내고 제22세 단군왕검이 되었는데 이 분도 그 전철을 그대로 밟는다. 다른 것이 있다면 고등은 지방장관인 욕살(褥薩)이란 지위가 있었지만, 이 분은 혼자서 즉위하고 스스로 동명왕이 된 것이다.

서 箕子朝鮮을 奇子朝鮮으로 고치는 것도 있을 수가 있다는 말이다.

21) 정신세계사가 펴낸 〈훈단고기〉에서는 "동명왕은 고두막한에게 사람을 시켜서 고하기를" 하고 번역했기 때문에 동명왕과 고두막한이 다른 사람인것처럼 보이지만 번역의 잘못이다. 동명왕이 고두막한이다.

조선의 경계에 4군을 두려 하는 한무제 유철을 연파하고 수비하는 장수까지 사로잡는 위세를 보이자 북부여를 다스리던 고우루 단제가 나라를 통째로 들어서 바친다. 아니다. 고우루 단군에게 '나는 천제의 아들인데 장차 이곳에 도읍을 정하고자 하니 왕은 이곳에서 옮겨가라'고 자주 으름장을 놓는다. 마침내 고우루는 화병으로 죽고 아들 해부루(解夫婁)를 강등시켜 제후로 삼자 해부루는 분능(坌陵)으로 옮겨서 가섭원부여(迦葉原夫餘)를 세운다.

동명왕은 고두막한으로 지낸 것이 22년, 그리고 북부여를 인계하여 정식으로 천자 노릇을 한 것이 27년이다. 합해서 49년이지만 실제로는 고두막한에서 천자로 가는 1년이 2년으로 겹쳐 있으므로 48년을 왕위에 있은 셈이다. 그 기간이 그 분의 통치기간이다. 그런데 북부여기에 그 분이 고두막한이 된 적이 없는데 그런 이름을 붙이는 것은 납득이 안 된다. 이 부분이 계연수의 편찬에서 빠진 것도 쪽 떨어진 비늘을 줍다보니 그리되었을 것이라고 나는 짐작한다.

제3세 단제 때 낙랑왕이 곡식 3백 섬을 해성(海城)에 바쳤다는 것도 여겨 볼 대목이다. 해성은 지금도 요녕성 요하 하구에 있는 해성시(海城市)를 말한다. 옛날 요하를 타넘는 적군을 막기 위해서 이곳에 성을 쌓은 흔적이 지금도 있다. 바로 여기에 3백석이나 되는 곡식을 바치는 낙랑은 어디에 있었을까? 지금의 대능하(大凌河)와 서요하(西撓木河)지역이다.

제4세 고우루 단제는 고진을 시켜서 서압록을 수비케 한다. 서압록은 곧 서요하다. 또 낙랑이 서요하와 대능하를 타고 앉을 때에만 이 말이 무리가 없이 맞아 떨어진다. 그런데 납득이 안 되는 것은 고진에게 고구려 후(侯)를 삼았다 한다. 지금까지 고구려란 이름이 나온 적이 없는데 갑작스럽게 나온 것이다. 그러나 이 대목도 나는 크게 문제를 삼지 않는다. 〈훈단고기〉에는 이런 부분이 자주 있으니까.

　제6세 단제는 고구려를 세우는 고주몽의 아버지 되는 분으로 이름이 고무서(高武胥)이다. 이 분을 우리는 동명왕 고주몽으로 잘못 알아왔다. 〈삼국사기〉와 〈삼국유사〉가 그렇게 전했기 때문이다. 그러나 여기서는 분명한 계보를 짚어가며 다른 이름을 전하고 있다. 해모수는 북부여를 시작하는 시조에 해당한다. 그러나 해모수의 자손은 제4대에 가서 북부여를 동명왕에게 넘겨주고 북부여에서 사라진다. 그리고 가섭원부여를 창건한다.

　제5세 동명왕은 북부여를 제6세 고무서에게 넘기고 고무서는 다시 고주몽에게 넘겨주지만 고주몽은 고구려의 시조에 해당하기 때문에 북부여라는 이름은 다시 나타나지 않는다. 이것이 고구려로 가는 북부여의 계보인 것이다.

05 가섭원 부여

시조 해부루(解夫婁)는 을미(B.C 86)년에 분능(坌陵)으로 옮겨 가섭원부여를 세우고 38년을 통치하고 역사의 무대를 내려간다.

임인 8년(B.C 79), 앞서 하백녀(河伯女) 유화(柳花)가 나들이를 나갔는데 부여의 황손 고모수(高慕漱)가 유혹하더니 강제로 압록강변의 어떤 집에서 자기 멋대로 하고는 고모수는 승천하여 돌아오지 않았다. 유화의 부모는 유화가 무모하게 고모수를 따라갔음을 책망하여 마침내 딸을 구석방에 가두었다. 고모수는 본 이름이 불리지(弗離支)며 혹은 고진의 손자라고도 한다.

왕은 유화를 이상히 여겨 수레를 함께 타고 궁으로 돌아와서 깊숙한 곳에 유폐시켰다. 그 해 5월 5일 유화는 큰 알 하나를 낳으니 한 사내아이가 그 껍질을 부수고 나왔다. 그 이름을 고주몽이라 불렀는데 생김새가 뛰어났으며 나이 7세에 저 혼자 활과 화살을 만들어서 쏘았는데 백발백중이었다.

갑진 10년(B.C 77), 왕은 늙도록 아들이 없어 어느 날 산천에 제사지내고 아들 있기를 빌었더니 타고 있던 말이 곤연(鯤淵)에 이르자 큰 돌을 마주하고 서서 눈물을 흘렸다. 왕은 이상하게 여겨 사람을 시켜서 큰 돌을 굴리게

우리 上古史 기행 - 발로 확인한 桓檀古記, 符都誌의 실상

하였더니 어린애가 있었는데 금색의 개구리 모양이더라. 왕은 몹시 기뻐하며 '이 아이야말로 하늘이 나에게 내리신 아기로다' 하시고 곧 거두어 기르니 이름을 금와(金蛙)라 하고 그가 장성하매 태자로 책봉하였다.

임술 28년(B.C 59), 나라 백성들이 고주몽을 가리켜 나라에 이로움이 없는 인물이라 하여 그를 죽이고자 했다. 고주몽은 어머니 유화부인의 명을 받들어 동남쪽으로 도망하여 엄리대수(淹利大水)를 건너 졸본천에 이르러 이듬해에 나라를 세우니 이 분이 고구려의 시조가 된다.

계유 39년(B.C 48), 왕이 죽고 태자 금와가 즉위했다.

제2세 금와왕(金蛙王)은 갑술 원년(B.C 47)에 사신을 보내 고구려에 특산물을 바쳤다.

정유 24년(B.C 24), 유화부인이 죽었다. 고구려는 호위병 수만으로 졸본으로 모셔와 장사지냈는데 황태후의 예로써 산 같은 능을 만들고는 곁에 묘사(廟祠)를 짓게 했다.

갑인 41년(B.C 7), 왕이 죽고 태자 대소가 즉위했다.

제3세 대소(帶素)왕은 재위 28년이다. 임오년(A.D 22) 2월에 고구려가 힘을 모아 쳐들어오니 왕은 몸소 무리를 이끌고 출전했는데 진흙탕을 만나 왕의 말이 빠져서 나오지 못하자 고구려의 상장군 괴유(怪由)가 곁에 있다가 살해하였다. ...여름 4월에 왕의 동생은 해두왕이 사냥 나온 것을 보고는 그를 죽이고 그 백성들을 취하였다. 갈사수(曷思水) 변두리에 자리를 잡고 나라를 세웠으므로 이를 갈사(曷思)라 한다.

갈사는 태조 무열제(武烈帝)의 융무(隆武) 19년 8월에 이르렀을 때 도두왕(都頭王)이 고구려가 날로 강성해짐을 보고 마침내 나라를 들어 항복하니 대저 3세 37년만에 나라가 망했다. 고구려는 도두를 우대(于台)로 부르도록 하고 훈춘(琿春)을 식읍으로 동부여후(東夫餘侯)에 봉했다.

가을 7월에 왕의 친척 동생이 여러 사람에게 '선왕께서는 시해 당하시고 나라는 망하여 백성은 의지할 곳이 없다. 갈사는 두루 안락하기는 하지만 스스로 나라를 이루기 어렵고 나 또한 재능과 지혜가 부족하여 나라를 새롭게 일으킬 수가 없으니, 차라리 항복함으로써 살기를 도모하리라' 하고 백성 만여 명을 데리고 고구려에 투항하니 고구려는 그를 봉하여 왕으로 삼고 연나부(椽那部)에 안치하였다.

그의 등에 띠와 같은 무늬가 있었던 까닭에 낙(絡)씨 성을 하사하였는데 뒤에 차츰 자립하여 개원(開原) 서북으로부터 옮겨 가 백랑곡(白狼谷)이 이르니 바로 연(燕)나라 땅에 가까운 곳이었다. 문자열제(文咨烈帝)의 명치(明治) 갑술(494)에 이르러 나라를 들어 고구려의 연나부에 편입하니 낙씨는 마침내 제사조차 끊겼다.

북부여의 마지막 단제이자 고구려 창업의 초조(初祖)가 되는 고주몽은 고진(高辰)의 손자이다. 고진이라면 북부여의 제4세 단제인 고우루께서 아직 고두막한 — 동명왕 — 의 위협에 시달리기 전에 서압록을 수비하라고 발탁했던 장수의 이름이다. 그 고진이 '병력을 늘리고 많은 성책을 설치하여 우거(右渠) — 위만조선을 세운 위만의 손자 — 를 대비한 공이 인정되어서 고구려 후로 승진'된 일이 있음을 알 것이다.

또 고주몽을 밴 유화가 처녀의 몸으로 애를 뱄다하여 친정 부모들한테 갇히는데 가섭원부여의 해부루 왕 눈에 어떻게 해서 띈 것인지도 설명되지 않고 있다. 불문곡직하고 해부루의 수레를 타고 간 유화가 다시 유폐되더니 큰 알을 낳았고 그 알에서 나온 사내아이가 주몽이었다는 것이다. 부여에서는 활 잘 쏘는 사람을 주몽이라 했으니 7세 때부터 혼자 활을 만들어 백발백중이었다면 그를 주몽이라 부른 것도 그럼직하다.

유화부인이 죽자 고구려가 수만 명의 군사를 보내서 시신을 모셔다가 장례를 모시고 묘사(廟祠)를 짓게 했다는 것도 수긍이 된다. 그러나 대소왕 때 '압록곡에 이르러 해두왕(海頭王)이 사냥 나왔는데 그를 죽이고 백성들을 취하였다'는 대목은 갑작스럽다. 역시 해두왕이란 이름이 처음 나오기 때문이다. 그렇기는 하지만 북부여의 사실을 가섭원부여에서 말하는 것이 전혀 어색하지가 않고 오히려 훌륭한 보완점이 되는 것은 왜일까?

사족(蛇足)

　　뱀한테 발이 있을 리가 없다. 그런데도 뱀을 그리고 나서 발을 그리는 사람들이 간혹 있다. 지금 이 책의 경우가 그렇다. 읽고 나서도 잘 모르겠으니 전체를 바르집는 한 마디를 두면 좋겠다는 의견이 있어서다.

　　이 책은 배달민족의 뿌리를 더듬어낸 우리들의 태 집 소식에서 강보에 싸여 젖을 먹고 걸음 발을 타던 유년시절 이야기이다. 그리고 율려에 관한 이야기다. 아니 율려의 가락을 타고 출렁거리면서 여기까지 밀려온 우리들의 상고시절 이야기다. 아직 문자가 없던 어둠의 시대여서 혈거(穴居)로 지내던 여러 만 년의 소식을 알 수가 없고, 더러는 인신(人身)을 희생으로 삼아서 천지신명의 비위를 맞추었을 시절의 제사내용도 짐작을 할 수가 없다.

　　불을 발견한 후 문명이 시작되기는 했지만 저 석기시대의 살림이 어떠했는지 그리고 초기 원시문명의 생활이 어떠했으며 그 적 사람들이 우주를 어떻게 이해하고 받아들였는지 여전히 캄캄하기로는 매일반이다. 그러다가 문명의 새벽이 오고 어슴푸레하게 밝아지는 여명을 따라서 사람의 자취가 드문드문 드러나기 시작하니 이른바 신화의 시기다.

　　부도지가 전하는 신화는 우리 배달민족의 첫 살림터가 파미르고원이었다고 한다. 땅에서 솟는 지유를 마시고 살다가 오미(五味)의 재앙을 만나 동서남북으로 뿔뿔이 흩어지기로 드는데 우리의 조상인 황궁씨는 하필 북풍의 칼바람이 모질게 닿는 천산으로 방향을 잡는다. 부족들의 맏형자격으로써 오미의 재앙에 책임을 통감하고 수계재불(修戒齋祓)의 완성을 위해 수행조건이 가장 열악한 북녘 풍토를 찾아든 것이다.

파미르고원을 떠나서 천산산맥을 지나 알타이산맥을 밟고 바이칼에 닿으니 그 때가 흔인천제들의 시기다. 딱히 증명할 수는 없지만 뒤에 오는 여러 조건이나 조짐으로 보아서 바이칼 시절에 이미 볼만한 문명살림을 일으켰던 것은 말할 수가 있다. 지금 흥안령산맥에 흩어져서 사는 소수민족들, 이를테면 몽고족 만주족 허절족 시바족 오르쪽족 어원커족 다굴족들은 하나 같이 자기들의 조상을 퍼르컨으로 말한다. 퍼르컨은 곧 바르칸 ―붉흔 ―바이칼에서 변형된 이름이다.

퍼르컨이 세상을 창조했고 사람살림을 마련했다는 것이다. 오늘 인류 문화사에서 말하는 이들 일곱 민족은 모두 바이칼에서 살다가 떠나온 사람들이다. 그러니까 7천 년 전에 바이칼이 침하하면서 기후풍토가 고장을 일으키자 앙가라강에 뗏목을 띄우고 살 곳을 찾아 나선 사람들의 후예가 그들이라는 이야기다.

그러나 그 중에서도 가장 영민하고 선택받은 흔웅족은 흑룡강을 건너고도 흥안령에 머무르지 않고 곧장 대륙의 중심부에 있는 섬서성의 태백산으로 짓쳐들어 가서 제단을 챙겨 세우고 나라를 세우니 그 곳이 신시(神市)요 그 나라가 붉달나라 ―倍達國― 이다. 그것을 증명하는 단서가 아직도 태백산 정상에 있는 흔웅천왕의 사당이요 그 흔웅천왕들이 제후로 봉한 삼황오제(三皇五帝)들의 능묘(陵墓)와 사당이 오늘도 여전히 대륙의 복판을 타누르고 있다. 서토인들은 삼황오제를 늘 자기들 문명의 비조(鼻祖)로 선전하지만 그러나 그 주장들이 사개가 전혀 맞지 않은 것은 그 어른들이 바로 우리 조상이요 그들의 조상이 아닌 탓으로다.

조선을 세운 단군왕검은 제18대 커불단(居弗檀)흔웅천왕의 아드님이다. 사실대로 하면 그 어른이 제 19대 흔웅천왕이라야 옳다. 흔웅천왕들의 법통을 고스란히 잇고 있다는 점에서 그렇다. 그런데 굳이 왜 새 나라를 세우고 조선─처음 샌 나라─이라는 이름을 붙이는가. 고립어를 쓰는 저 원주민들의 고질 병통인 모계사회의 습관과 인습을 말끔히 없애고 명실공히 부계의 나라를 세웠기 때문이다. 제 5세 태우의(太虞儀)흔웅천왕의 열두 번 째 아드님인 태호복희씨가 모계사회인 여와씨의 여(黎)나라에 진(陳)이라는 국명으로 봉토 받고 나서 천 년 만에 이루어내는 장한 쾌거였기 때문이다.

그 복희씨 이후 삼황오제가 모두 부계의 법속을 가르치기 위해 애쓰는데, 삼황오제 외에도 대정씨 백황씨 중앙씨 역류씨 여연씨 혁서씨 존노씨 혼돈씨 호영씨 주양씨 갈천씨 음양씨 무회씨…… 등의 현자들이 함께 애쓰고 수고했으리라고 하는 그런 저간의 소식들이 이 책 안에서 증명되고 있다.

그런데 어쩌다가 이 반도에 갇혀서 지지리도 못난 오늘에 닿았는가. 김춘추가 머저리 외교를 하면서 조선의 국토를 당나라에 거의 내어준 삼국통일을 만들더니, 김부식의 삼국사기가 나오고, 이병도의 식민사학이 나오고…… 드디어 허리 잘린 국토에 괴뢰정권이 둘로 나뉘어서, 한 켠의 인민은 배고픈 짐승으로 죽고, 또 한 쪽은 친일파 친미파들이 기득권을 챙기는, 그래서 나머지 국민은 허섭스레기로 버려지는 오늘을 만들었는가. 이 국토는 분명 단군의 국토인데 왜 국민이 설 자리를 잃어 버렸는가.

겨울잠을 자는 개구리는 피가 차갑기 때문에 언 땅에 웅크리고도 얼어 죽지 않는다. 그 개구리를 찬물이 들어있는 냄비에 넣고 모락모락 느린 속도로 불을 지피면, 물이 더워져서 김이 날 지경이 되어도 여전히 헤엄을 친다는 것이다. 처음부터 김이 나는 물에 넣었다면 즉시로 죽겠지만 개구리는 냉혈이기 때문에 찬물인 줄을 몰랐고, 물의 온도가 변하는 대로 적응을 한 결과가, 제가 죽을 환경을 당해서도 여전히 체감을 못한다는 이야기다.

제 주권과 명분을 송두리째 협잡 당하고, 가지가지 수모와, '별난 가난'의 벼랑으로 내몰린 절대다수의 국민들이 득실대는 대한민국은, 알아 갈수록 '개구리 냄비'라는 혐의가 짙다. 이승만이 반민특위를 해체하고 친일파를 들어 쓴 결과는 박정희의 공화국이 가능할 수 있었고, 마침내 이명박의 세상이 되는 데에 이르렀지만, 이토록 국가가 망가져서 도저히 국민이 살 수가 없는 환경인데도 근본적인 원인을 규명해보자는 소리는, 이제 어느 구석에서도 들리지 않는다. 오히려 박정희와 이승만을 내놓고 찬양하고 그리워하는 수구세력들의 세상이 되어가는 것은 왜인가. 그것은 조·중·동으로 일컫는 거대 언론의 작태가 빚어낸 치욕스런 결과물이다.

한 국가의 언론은 사람 몸의 피에 비교될 수 있다. 피가 맑으면 무엇을 먹어도 건강하지만, 피가 오염이 되고 나면 천하에 없는 영양식으로 장복을 한대도 온갖 병이 유발되는 법이다. 그 논리의 잣대로 잰다면 이 나라의 모든 병통은 조·중·동이라는 수구언론에다 책임을 물을 수밖에 없다. 천연덕스런 종교의 거짓 말, 전혀 가망이 안 보이는 정치판의 비리, 수도 없이 분칠을 하고 얼굴을 바꾸지만 '역시나'로 되풀이 되는 사법의 협잡, 아예 염치를 모르는 재벌의 이기주의, 민족역사와 윤리를 가르치지 않는 교육의 타성 등은, 옳게 선 언론만 있으면 애초에 싹수가 자랄 수 없는 것들이기 때문이다. 그런데 우리는 운수 사납게도 반민족적인 데다, 반역사적이고, 반언론적인 조·중·동한테 코를 꿰인 것이다. 권력을 감시하고 국민에게 알 권리를 제공해야 할 그들은, 제 언론의 본분을 져버리고, 오히려 돈과 권력의 시녀가 되려고 작정을 하고 나선 꼴이다.

프랑스는 겨우 5년 동안 나치의 억압을 치렀지만, 광복이 되고 나서 국가가 합법으로 처단한 부역자가 2만이 넘었다. 그 5년 동안 레지스탕스들이 비공식으로 살해한 숫자도 거의 그 수준이었다는 말이 있다. 비겁자들에게 쓴 맛을 안기고 난 당시의 드골대통령은 이렇게 말했다. '……또다시 식민지 시절이 올 수도 있다. 그러나 프랑스에 두 번 다시 배신자는 없을 것이다.' 한 때 비열한 짓거리를 한 죄를 그만큼 철저하고 혹독하게 다스렸던 것이다. 그런데 우리는 일제 36년을 지나왔는데도, 민족의 반역자를 한 개도 처형시킨 일이 없다. 오히려 그들 대부분이 무슨 공로가 있는 것처럼 국가적인 명분으로 포장 되었고, 뒈져서 송장이 되면 당연한 듯이 국립묘지로 향했다. 거짓이 진실을 디디고 서서 그것이 정의인 것처럼 목청을 돋우는 나라. 이것이 대한민국의 실상이다.

이런 상황을 견디면서도 율려(律呂)의 조(調)가 바뀌는 과도기 현상이라고, 옛 조선의 구변진단도(九變震檀圖)가 마지막으로 맞아 떨어지는 중이어서 그렇다고, 은사(隱士) 훈붉선생은 말씀한다. 독일에 축구 유학을 갔다가 은사(恩師) 한스 렝크의 권고로 단군에 입문했다는 훈붉은, 선천의 운세가 다하고 바야흐로 후천개벽 운이 다가서는 중이라고, 증산(甑山) 상제가 천지공사를 그렇게 매듭지었기 때문이라고 담담하게 일축해버린다.

그러나 사람의 숨결로 만들어 가는 역사에 사람의 생각과 의지와 분노가 없이 어떻게 하늘의 혁명인들 저절로 가능할 수 있을까?